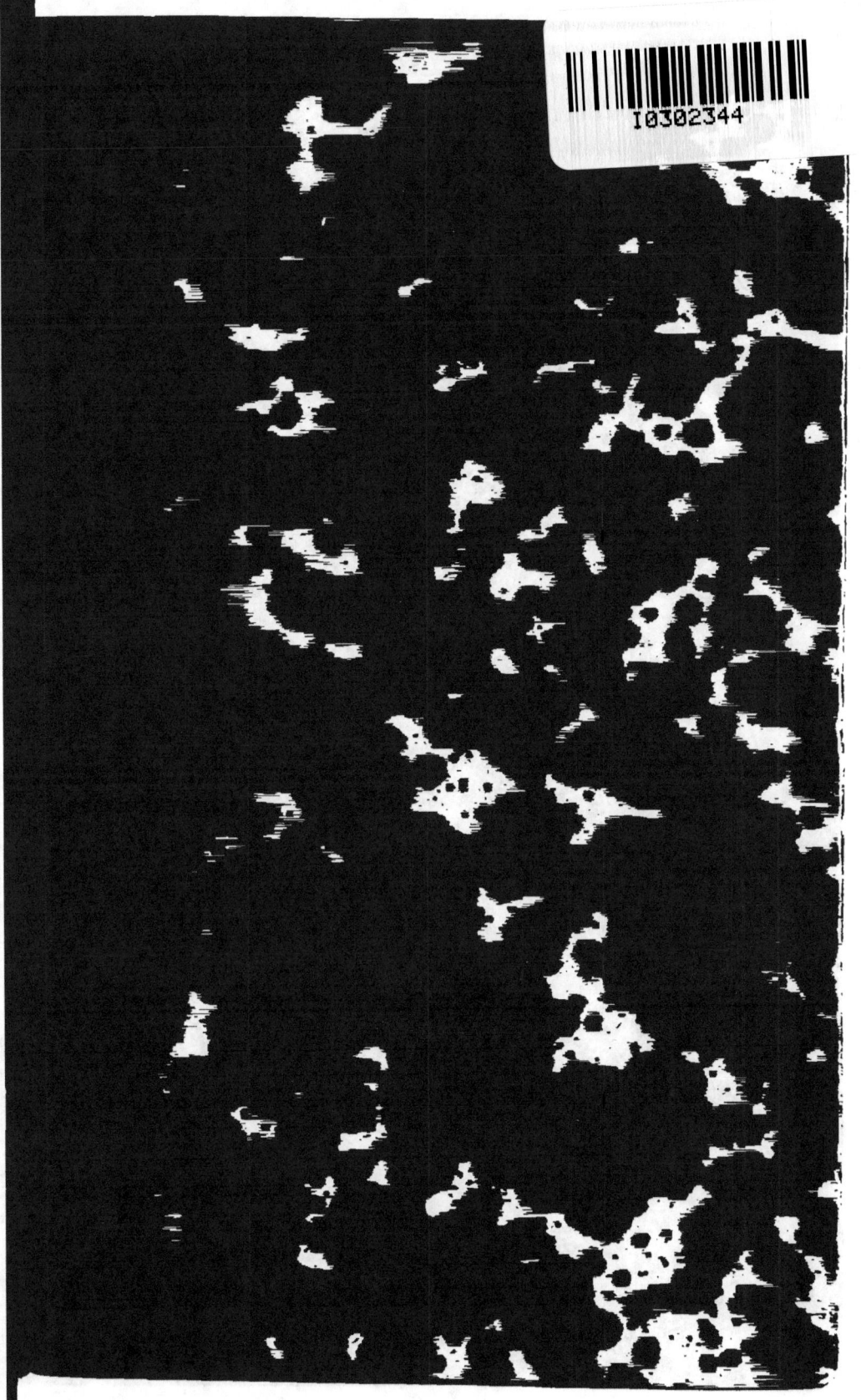

M. Dupré
25 rue des Grands Augustins.

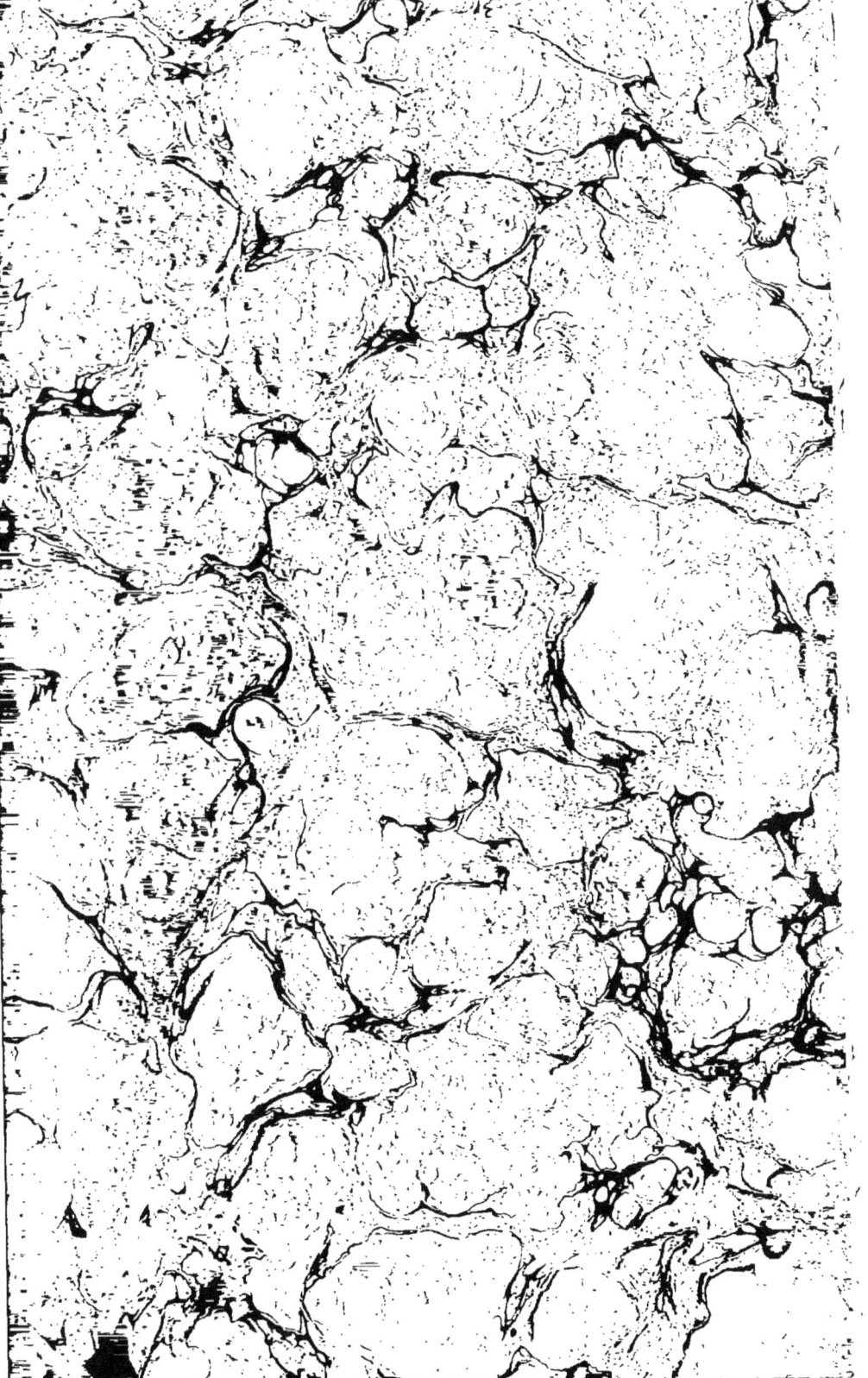

RÉVOLUTION
DE
JUILLET 1830.

Cet ouvrage se trouve aussi :

Chez MM. DELAUNAY et J. LEDOYEN, Palais-Royal.
BOHAIRE, boulevard des Italiens, n° 10.
REMOISSENET, place du Louvre, n° 20.

IMPRIMERIE ET FONDERIE D'EVERAT,
16, rue du Cadran.

RÉVOLUTION
DE
JUILLET 1830.

SON CARACTÈRE LÉGAL ET POLITIQUE.

HÉRÉDITÉ DE LA PAIRIE,
MAJORATS, AINESSE ET SUBSTITUTIONS :

Épisodes de la révolution de juillet ; — Propagande, question de la guerre et de la paix ; — clubs, associations, émeutes, troubles de Lyon, Grenoble et Paris ; — Situation intérieure, état des partis, opinion et direction de la majorité au 9 janvier 1834 ; — Questions parlementaires, de présidence du conseil, d'enquête, d'amnistie, de réélection des députés promus à des fonctions publiques, et d'extradition des députés poursuivis pendant la durée des sessions législatives : —Discours du Président à la Chambre, au Roi, et sur les tombes de Daumesnil, C. Périer et Bailliot.

Par M. Dupin,

ANCIEN BATONNIER DE L'ORDRE DES AVOCATS,
PROCUREUR-GÉNÉRAL A LA COUR DE CASSATION, PRÉSIDENT DE LA CHAMBRE DES DÉPUTÉS.

Et quorum pars.

PARIS.
JOUBERT, LIBRAIRE-ÉDITEUR,
Rue des Grès, 14, près l'Ecole de Droit.

1835.

PRÉFACE.

La révolution de 1830 a consacré une *ère nouvelle*.

La Charte n'a pas seulement été amendée dans quelques-uns de ses articles : elle a été assise *sur d'autres bases*.

Le préambule de 1814 a été retranché par ce motif « qu'il » blessait la dignité nationale en paraissant *octroyer* aux » Français des droits qui leur *appartiennent* essentielle- » ment. » —Ainsi la thèse a été renversée : au lieu de *recevoir la loi*, c'est la Nation elle-même, *usant de son droit*, et prenant l'*initiative* par l'organe de ses Représentans, qui a *Déclaré* à quelles conditions, réglées d'avance, une Dynastie nouvelle serait appelée au Trône.

En effet, par la Charte de 1830, tous les pouvoirs politiques ont été *modifiés* :

Celui du Roi ;
Celui de la chambre des Députés ;
Celui de la chambre des Pairs.

Les droits publics des Français ont été ou étendus ou expliqués ; les cultes replacés dans un état d'égalité plus complète ; la censure interdite à jamais ; la faculté de rétablir des cours prévôtales effacée de notre législation ; la possibilité de puiser une dictature dans l'article 14, remplacée par l'obligation absolue de se conformer aux lois ; enfin, des lois secondaires ont été promises pour organiser plusieurs de nos institutions d'une manière conforme à l'esprit du pacte fondamental et de la révolution de juillet.

a.

Les deux chambres ont déclaré le trône VACANT en *fait* et en *droit!*.. Quelle preuve plus manifeste de la *séparation* opérée entre la dynastie ancienne qui cessait de régner, et la *dynastie nouvelle* qui devait la remplacer?

Le vœu national a ainsi substitué la branche cadette à la branche aînée ; et le nouveau Guillaume de ces autres Stuarts est devenu plus antipathique à leurs partisans, que Napoléon qui avait été leur Cromwell. C'est une des garanties de la révolution de juillet.

L'organisation de la *chambre des Députés* a reçu d'importantes modifications :

Le double vote a été aboli ;

L'âge nécessaire pour être élu Député a été réduit à 30 ans ; — celui des électeurs à 25 ;

Les Députés promus à des fonctions publiques ont été soumis à réélection ;

La chambre a été réinvestie du droit de choisir son Président ;

Enfin, le droit d'initiative dans la proposition des lois, jusque-là exclusivement réservé à la couronne, est devenu commun aux deux chambres législatives.

La *chambre des Pairs* a subi des modifications plus graves :

Et d'abord, la chambre des Pairs depuis 1830, et la chambre des Pairs sous la Restauration, ne doivent pas être confondues : il n'y a pas *identité*. On a donc eu tort de s'émouvoir pour la chambre actuelle des reproches adressés aux actes de l'ancienne : il n'existe entre elles aucune *solidarité*. Ces reproches, en quelque sorte historiques, pouvaient affliger quelques membres, mais ne pouvaient affecter le corps même de la pairie de 1830. Pour cette chambre, comme pour la Dynastie, la Charte de 1830 a fait titre nouveau [1].

Dans ce grand événement de juillet, la chambre des Dé-

---

[1] M. Sauzet, séance du 25 mai 1835 : « La pairie actuelle ne date pour moi que de 1830. » (*Moniteur* du 24 mai, page 1284, colone 1.)

putés a seule pris l'*initiative* des résolutions et des actes ; la chambre des Pairs n'a fait qu'*adhérer*.

Par une disposition expresse de la déclaration de la chambre des Députés, acceptée par l'autre chambre et devenue l'article 68 de la Charte, soixante-seize Pairs ont été exclus de la pairie ; et cette exclusion partielle des uns est devenue la confirmation implicite des autres. *Exclusio unius fit inclusio alterius.*

Ce changement n'affectait que le personnel de la pairie ; mais le fond même de l'institution, tenu en échec par la réserve exprimée dans la Charte, de soumettre son art. 23 *à un nouvel examen*, a subi une profonde altération par la loi du 29 décembre 1831.

Cette loi, qui a remplacé l'art. 23, a changé totalement *l'état de la pairie*, en proclamant que cette dignité était conférée *à vie, et n'était plus transmissible par voie d'hérédité.* Aussi, dès qu'elle eut été rendue, on vit d'anciens Pairs, qui avaient d'abord accepté la révolution de juillet, et *adhéré à l'exclusion de leurs soixante-seize collègues*[1], donner leur démission et se retirer du moment où ils virent que la pairie cessait d'être inféodée dans leurs maisons. Pères de famille plus encore que Pairs de France, ils ne purent se plier à l'idée que leurs fils seraient désormais réduits à la condition de faire leur chemin par leurs services personnels, et de gagner, comme on dit, leurs éperons !

En effet, des catégories furent établies pour constituer une candidature légale, hors de laquelle il serait défendu de choisir ; et parmi ces catégories il n'en est aucune qui soit réservée aux *titres nobiliaires*[2]. Toutes ont pour support des fonctions publiques réelles et des services rendus au pays dans l'exercice de ces fonctions.

Par suite, les majorats attachés aux pairies, et destinés

---

[1] *Et quæ sibi quisque timebat...*
[2] Il y a dans la Chambre des Pairs actuelle beaucoup de membres qui n'ont aucun titre de ce genre. Par exemple, MM. Lepoitevin, Tripier, Cousin, Besson, Barthe, Villemain, J.-J. Rousseau, etc. etc.— Il est à regretter seulement qu'on n'ait pas ouvert une catégorie à la grande propriété territoriale. J'en ai dit les raisons à la page 113.

à servir de véhicule à cette dignité, ont dû être abolis : plusieurs Pairs dont les biens étaient engagés en cette forme, ont été les premiers promoteurs de cette abolition; et ceux qui, précédemment, s'intitulaient *seigneuries*, ont dû cesser d'affecter un tel titre; car on eût pu, mieux encore que sous la Restauration, leur demander : *Seigneurs de qui? seigneurs de quoi?* [1]

Ce système de pairie héréditaire, avec des majorats possédés à titre honorifique de seigneurie, semblait inhérent à la pairie de 1814, instituée pour *renouer la chaîne des temps;* mais après une révolution, faite surtout pour *rompre cette chaîne*, le même esprit ne pouvait plus dominer. C'est ce qui fait que la pairie de 1830 est essentiellement distincte de la pairie de la Restauration. D'autres temps, d'autres soins.

Du reste, la chambre des Pairs, reconstituée sur ces nouveaux erremens, a conservé toutes ses prérogatives constitutionnelles, et les a même vu s'accroître par la communication du droit d'initiative, et la publicité accordée à ses séances. — Toutefois, la nomination de son président (chancelier ou autre) est demeurée dans les mains du Roi.

La *Magistrature* seule est restée intacte, pour attester que la Justice doit être étrangère aux réactions politiques; que dans tous les temps elle doit se montrer toujours la même, sans jamais faire acception des personnes ni des opinions. Par là, son indépendance a reçu une nouvelle et plus puissante garantie; elle a été fortifiée encore par la suppression de l'article de l'ancienne Charte qui permettait de rétablir les cours prévôtales; et par la déclaration solennelle mise à la place, qu'à l'avenir « il ne pourra être créé de » commissions et tribunaux extraordinaires à quelque titre » et sous quelque dénomination que ce soit. »

Les lois secondaires promises par la Charte de 1830 ont été successivement portées [2]. Il en reste cependant deux bien importantes à faire : la première, sur les *attributions*

---

[1] Discours au sujet de la dotation des pairs, à la séance du 23 avril 1829.

[2] Voyez dans ce volume page 96 et 97.

municipales et départementales, déjà essayée plusieurs fois... La seconde, sur la *responsabilité des ministres et des autres agens du pouvoir*, discutée dans la session actuelle, mais heureusement non votée... Je souhaite qu'elle soit ajournée, et que plus tard on la fasse *meilleure*.

Le gouvernement ainsi constitué a eu de puissans ennemis à combattre.

La *république* semblait avoir donné sa démission en quittant l'Hôtel-de-Ville[1] ; mais ses partisans les plus fougueux n'ont pu se résoudre à passer subitement du mouvement à l'inaction : ils n'ont pas tardé à se manifester par des associations, des clubs, des émeutes, et des barricades élevées et soutenues pour une cause bien différente de celle de juillet !

Les *légitimistes*, inaperçus dans les grandes journées, silencieux dans le long et pacifique trajet de Paris à Cherbourg, n'ont pas négligé de s'associer à tous ces élémens de trouble : bien imprudens alors, car l'émeute les eût dévorés ; bien ingrats aujourd'hui, car ils n'ont dû leur salut qu'à ceux qui se sont interposés pour les préserver !

Quoi qu'il en soit, toutes les tentatives des factions ont été déjouées par le patriotisme et la bravoure de la garde nationale et de l'armée, par la fermeté du Roi et l'attitude des pouvoirs publics : l'anarchie a été vaincue à Paris, à Lyon, à Grenoble, partout où elle a essayé de relever sa tête hideuse !

Au milieu de toutes ces crises et des dangers qu'elles ont fait naître, les Députés ont prêté un loyal appui au gouvernement. A la tribune aussi il a fallu lutter contre les idées de propagande, de révolutions à soutenir ou à exciter chez les autres peuples, de rupture des traités, de guerre sans motif, de guerre à outrance, de *baptême de feu* nécessaire, disait-on, à la consécration d'une jeune dynastie !.... Il a fallu combattre les allégations de l'invisible *programme* ; le projet avoué et hautement soutenu d'entourer l'ordre nouveau d'*institutions républicaines*, si bien conditionnées qu'elles eussent bientôt étouffé la monarchie ; il a fallu résister aux *associations politiques*, et surtout à cette association dite *nationale*, congrégation nouvelle qui, à l'exem-

[1] Voyez ci-après, page 90.

ple de l'ancienne, eût introduit dans l'Etat un gouvernement occulte, à côté du gouvernement de la Charte et du Roi. — Tous les bons citoyens, tous les hommes généreux s'entendirent alors pour repousser et pour combattre ces funestes combinaisons. Casimir Périer, dont la mémoire nous sera toujours chère, se mit à leur tête. Je me glorifie d'avoir pu vaincre ses refus d'entrer au pouvoir, et de m'être associé avec dévoûment à ses efforts pour repousser l'invasion de l'anarchie. Je garde comme un précieux témoignage de son illustre amitié, la lettre qu'il m'écrivait en mai 1831 (deux mois après le 13 mars), et dans laquelle, me rendant plus de justice que n'ont fait ses successeurs, il me disait : « ... Votre famille a appris à la France qu'on » trouve toujours en elle talent, courage et dévoûment. Je » ne terminerai pas, monsieur et cher collègue, sans vous » remercier des félicitations que vous voulez bien m'adres- » ser sur la marche de l'administration que le Roi m'a con- » fiée. Vous connaissez dès long-temps *mes principes*; j'ose » dire qu'*ils sont les vôtres*, et je n'ai d'autre but que de » les faire triompher au pouvoir, comme je les ai soutenus » *avec vous* dans les rangs de l'opposition. — Agréez, mon » cher collègue, la nouvelle assurance de mon sincère at- » tachement et de ma haute considération. — Le *Président* » du Conseil, C. PÉRIER. »

Ce grand citoyen avait tout ce qui peut inspirer la confiance à ses amis et le respect même à ses ennemis. Son ame était ardente, son caractère altier, son attitude fière; il savait vouloir et commander. La diplomatie étrangère n'a point demandé s'il était *Duc* ! et, sous lui, on n'élevait pas la prétention que, dans un gouvernement constitutionnel, le Conseil des ministres doit avoir pour président nécessaire *une illustre épée !* — *Entré aux affaires en homme de cœur, il n'aspirait qu'à en sortir en homme d'honneur*[1] : il a succombé sous l'effort ! Sa mort prématurée a causé en France un deuil général. Pendant quelque temps encore on est allé par lui et comme avec lui. J'avais raison quand, sur sa tombe, je lui disais, comme si ma voix eût dû pénétrer jusqu'à lui : *Aujourd'hui encore, Périer, tu obtiens une éclatante majorité !*

---

[1] Je suis encore à comprendre comment la famille de M. Casimir Périer n'a pas fait graver ces belles paroles sous son portrait.

Cette majorité se composait alors, sans division, de tous ceux qui n'étaient ni partisans de l'ancienne dynastie, ni sectateurs de la république.

Mais cette dernière faction une fois abattue, comment s'est-on divisé? Est-il vrai qu'une partie de nos hommes d'Etat ait conçu dès-lors le projet de se rapprocher de la restauration?.... Est-il vrai qu'on déplore une partie des changemens apportés à la charte de 1814? et qu'au sein de certaine *coterie* l'on médite de revenir, en temps réputé opportun, sur des modifications que l'on dit avoir été *imprudentes* et *irréfléchies*? En un mot est-il possible que de doctes esprits nourrissent en secret la pensée de restaurer la révolution de juillet, sinon dans le chef, au moins dans les membres?...

Si telle est la tendance de quelques théoriciens réactionnaires, il est aussi d'autres hommes éclairés et sincères, qui ont énergiquement contribué à fonder ce gouvernement, et qui ne se prêteront pas complaisamment à voir dénaturer et corrompre nos institutions; des hommes pour qui (même au milieu des troubles qui ont exigé beaucoup de concessions au pouvoir) la Charte de 1830 n'a pas cessé d'être *une vérité*, et qui travailleront à la défendre autant que d'autres s'efforceront de l'attaquer!...

Pour les uns et pour les autres la question s'établit d'abord sur la prépondérance de la chambre des députés, objet d'ardentes jalousies, et cause principale des soucis ministériels.

Dans l'état actuel des choses, il n'y a d'*héréditaire* en France que le trône; c'est pour le trône seul qu'on a voulu consacrer une grande et salutaire exception.

Mais que de regrets ne voit-on pas poindre sur ce que la pairie reste privée de cet avantage!... On voudrait persuader au Trône que son hérédité suprême a besoin d'être soutenue par des hérédités secondaires!... Des familles d'élite, riches et puissantes comme autrefois!... Jusque-là, disent les adeptes, vous n'aurez rien de fort, rien de stable en ce pays....

Cependant, si l'on considère que l'opinion la plus prononcée en juillet a été celle qui réclamait *l'abolition de l'hérédité de la pairie*; lorsqu'on voit à quelle immense majorité cette abolition a été prononcée (1)! pour se risquer à tenter l'épreuve contraire, il faudrait de deux choses l'une : ou que l'opinion nationale eût bien changé!... ou que l'on eût conçu pour elle un bien grand mépris!....

C. Périer a reconnu ce vœu; il y a cédé. Quelques regrets exprimés dans son exposé de motifs n'en attestent que mieux la puissance de cette opinion. Mais ceux qui, de son temps, étaient en minorité, n'ont pas désespéré de réparer leur défaite depuis sa mort ; et la scission entre des hommes qui, jusque-là, avaient marché *d'accord sur tout le reste;* n'a peut-être eu pour cause réelle, quoique non encore avouée hautement, que l'effort des 86 qui nourrissent le projet de détruire l'œuvre des 324....

J'ignore ce que l'avenir peut amener sur cette question ;... mais il est impossible de ne pas la pressentir, et de ne pas la considérer dès à présent comme une des causes principales des tiraillemens qui agitent les opinions et les esprits.

Toutefois, et sous l'empire de la loi actuellement en vigueur, il est permis de dire que la pairie semblait appelée, par la révolution de 1830, à d'autres destinées que celle de refaire à ses risques et périls un passé déjà tant de fois détruit! Elle compte dans son sein de hautes capacités, les principales illustrations du pays, de véritables personnages consulaires. Que l'on n'y fasse entrer que des hommes vraiment dignes de cet honneur, des hommes qui tous se recommandent aux yeux de la nation par des services réels; ce mode de recrutement, plus honorable que celui qui se fonde sur les jeux de la naissance et du hasard, offre aussi plus de chances de durée, et assure des titres plus réels à la considération publique.

L'office de la pairie actuelle n'est pas de représenter une aristocratie qui n'est plus ni dans nos lois ni dans nos mœurs, et qui n'est appelée ni à la choisir, ni à lui fournir des candidats privilégiés; sa haute mission est

---

' 324 voix contre 86. La loi entière a été votée par 386 voix contre 40 dans la chambre des députés. — A la chambre des pairs la majorité a été de 102 voix contre 68. Il y a eu quatre billets *blancs*.

d'opposer les délais et les refus ou les amendemens de l'expérience à la fougue et aux entraînemens de la chambre populaire, cette arène des hommes nouveaux.

La chambre des députés a aussi ses réformateurs.

En face de ceux qui, placés au sommet de l'échelle sociale, voudraient faire de *l'aristocratie*, il en est d'autres qui, relégués à l'extrémité inférieure, voudraient faire du *radicalisme*, en étendant outre mesure le nombre des électeurs.

Mais, quels que soient les efforts des novateurs, on peut prédire qu'il dépend de la chambre des députés d'empêcher que ces idées de réforme ne prennent une extension démesurée, et ne s'accréditent comme une prétendue *nécessité sociale* : c'est de défendre si bien nos institutions et les intérêts nationaux, que le pays n'ait aucun prétexte pour *désirer mieux*.

Le devoir d'une bonne chambre des députés est de se montrer soigneuse des intérêts généraux; d'accorder tout ce qui est juste et nécessaire, et de savoir refuser avec fermeté ce qui est abusif ou irréfléchi. Elle doit voter les dépenses utiles, mais aussi calculer le poids des impôts, discuter et réduire les charges excessives, et non pas les accroître par des initiatives improvisées de dépenses qui n'ont plus de limites, quand chacun en propose à sa fantaisie, et quand les contrôleurs se font dépensiers [1].

---

[1] Sans doute les chambres ont l'initiative comme le gouvernement. Personne, en principe, ne leur conteste ce droit. Mais, de même que le gouvernement est assujéti à faire des propositions distinctes et précises en forme de *projets de loi* ; de même, les députés doivent observer la forme de *propositions* déposées sur le bureau, et assujéties au mode d'examen prescrit par le réglement. Ce que je blâme surtout, ce sont ces dépenses proposées par amendement, et par lesquelles la chambre, surprise à l'improviste, reste sans défense et sans garantie. Voilà pour la forme. J'ajoute, pour le fond, que lorsque le gouvernement propose une dépense, il a usé de tous ses moyens d'exploration : au lieu de se laisser dominer par une préoccupation purement locale et individuelle, il a pu consulter tous les besoins, toutes les exigences des divers services. Mais le député ne voit que sa ville, sa rivière, son arrondissement; sa proposition, le plus souvent, est étroite comme sa localité. Qu'est-ce donc si chacun, par émulation, se prend aussi à faire des propositions analogues? Sans doute on

Chacun son métier, dit-on, et tout est bien gardé. Cet axiôme est applicable aux pouvoirs publics. L'équilibre politique, comme l'équilibre physique, résulte du balancement des forces qui sont en présence et de la résistance qu'elles s'opposent mutuellement.

Il faut que les ministres défendent énergiquement la prérogative royale, et qu'ils la fassent valoir dans toute son étendue.

On ne peut désapprouver que la chambre des pairs conçoive d'elle-même la plus haute opinion; que son président en parle avec orgueil, et qu'elle use de tous ses droits.

Mais je veux que réciproquement la chambre des députés sente tout ce qu'elle est, c'est-à-dire, la principale et première représentation de l'opinion publique et des intérêts du pays. On ne pourrait tolérer aujourd'hui, comme on l'a vu sous la restauration, qu'un député fût plus royaliste que le Roi, plus ministériel que les ministres, ni même qu'un aspirant à la pairie se montrât, par anticipation, plus entiché d'aristocratie que ceux qui sont déjà pourvus. Toutes ces tendances sont contre nature.

Pour moi, je le confesse, je ressens l'esprit de corps au plus haut degré. Avocat, j'aurais défendu ma profession et mon Ordre envers et contre tous. Magistrat, je ne laisserais point passer sans contradiction d'injustes agressions contre la Magistrature. Député, je suis jaloux de la prépondérance de ma Chambre; à mes yeux, c'est *la première*, non par vanité, mais par la nature des choses; la première toujours quand elle le voudra, en faisant valoir hardiment ses prérogatives : sans les outrer, (Dieu l'en préserve, elle se perdrait elle-même); mais aussi sans les délaisser, sans cesser de les maintenir, avec jalousie, avec dignité. *Si jamais elle déchoit, ce ne sera que par son fait, et par la faiblesse ou*

---

peut désirer d'appeler l'attention du gouvernement sur telle ou telle localité, recommander l'amélioration d'un port, d'une rivière, d'une caserne, etc. Mais, sans nier absolument le droit des députés de proposer individuellement les dépenses qui sont l'objet de leur prédilection, je désire qu'en général la chambre se tienne en garde contre ce genre de propositions, surtout quand elles surgissent à l'improviste et *par amendement*.

PRÉFACE. xi

la défection des siens. Si je lui souhaite de la gloire, c'est pour l'honneur de ses membres ; si j'aime à lui voir de la force, c'est pour la faire tourner tout entière à la défense du gouvernement et à la consolidation de nos institutions dont elle est le plus ferme appui.

Ce sentiment est celui qui a le plus influé sur ma conduite parlementaire. Il m'a valu, je le sais, la haine des ennemis de la chambre : mais j'ai fait mon devoir.

Il me reste à rendre compte de la composition du volume que j'offre au public, et que j'aurais pu dédier à mes collègues, à ceux-là du moins que j'ai vus si souvent sanctionner mes opinions par leurs votes et répondre à mes paroles par leurs acclamations.

Révolution de juillet.

En tête de l'ouvrage j'ai placé *l'historique* de la révolution de juillet ; non pas dans les luttes de la place publique, mais dans les *actes* qui peuvent servir à fixer le *caractère légal et politique* de cette révolution et du nouvel établissement fondé par la Charte constitutionnelle. *Quæque vidi, et quorum pars ipse fui.*

Cet historique, qui n'occupe que 32 pages, avait d'abord paru sans nom d'auteur, en octobre 1832, sous l'épigraphe *Quoique bourbon*, qui fit alors sensation comme si c'eût été une nouveauté ! Cependant ce n'était que la répétition de ce que j'avais dit au sein même de la chambre, à la séance du 9 novembre 1830, sous le feu des *bravos* de toute l'assemblée. (Voyez ci-après pages 216 et 217.)

Pièces historiques.

A l'appui, j'ai réuni en faisceau quelques *pièces historiques;* on trouve à la tête les ordonnances du 25 juillet !... et à la fin, la loi qui bannit à perpétuité du territoire français Charles X et ses descendans !...

La révolution de juillet s'est opérée en trois grandes journées : ces journées, qui conserveront à jamais le nom de *glorieuses* et d'*immortelles,* furent l'ouvrage du peuple, armé *non pour la révolte,* mais *pour la défense des lois et des institutions.* Louis XVIII lui-même, fondateur de la Charte de 1814, avait confié cette défense au patriotisme des gardes nationales et de l'armée! « La nation, disait ce » roi législateur dans le préambule de son ordonnance » du 9 mars 1815, *la nation combattra partout avec l'ar-* » *mée, et montrera qu'un grand peuple, quand il ne le* » *veut point, ne reprend pas le joug qu'il a secoué.* Mais » comme c'est principalement *par l'union que les peuples* » *résistent à la tyrannie,* c'est surtout dans les gardes na- » tionales qu'il importe de conserver et de resserrer les » nœuds d'une confiance mutuelle, en prenant un seul et » même *point de ralliement.* Nous l'avons trouvé dans la » Charte constitutionnelle que nous avons promis d'observer » et de faire observer à jamais. »

Ainsi c'est Louis XVIII lui-même qui, de fait, avait convoqué à l'avance le ban et l'arrière-banc populaire qui se leva contre les ordonnances despotiques du 25 juillet; la victoire remportée sur les soldats et les Suisses de Charles X vérifia l'assertion de Louis XVIII, et prouva qu'en effet *un grand peuple, quand il ne le veut point, ne subit pas le joug qu'on prétend lui imposer,* en violation de toutes les lois.

Charte de 1830.

A côté de la victoire du peuple vient se placer l'œuvre de ses représentans : LA CHARTE DE 1830.

Cette Charte, et le rapport qui en développe l'esprit et les nouvelles bases, complètent cette première partie.

Hérédité de la pairie.

A la suite, et comme une dépendance de la Charte elle-même, se présente la grande question de l'*Hérédité de la pairie,* résolue négativement par la loi du 29 décembre 1831, destinée à remplacer l'article 23.

Le texte de cette loi est précédé des discours que j'ai prononcés dans cette discussion, notamment contre l'amendement de M. Mérilhou, qui au lieu de *pairs de France,* ne nous eût donné *que des pairs d'arrondissement;* et contre l'amendement d'un député protestant, qui, dans un mouvement de zèle, fort désintéressé si ce n'était pas en vue d'obtenir un droit semblable pour les ministres de son culte, proposait de rétablir au sein de la pairie un *banc des évêques!*

Cette partie de l'ouvrage contient aussi deux lettres déjà publiées en octobre 1831, — l'une *sur l'aristocratie vue de 1789 à 1830;* — l'autre, *sur l'hérédité de la pairie sous la Charte de 1830.* La première est historique; la seconde est de discussion et résume tous les argumens.

Majorats.

La question des *Majorats* se liait à l'hérédité de la pairie. Des biens substitués pour porter des titres héréditaires! le privilége des terres pour servir de support aux priviléges des personnes! Tel était l'ancien régime! tel avait voulu se produire le régime impérial! telle ne pouvait être la révolution de juillet! — Les majorats *qui jamais n'ont eu en France une existence légale et constitutionnelle*, et que j'avais attaqués sous ce rapport dès l'année 1826, dans une Dissertation dont je rapporte des fragmens, viennent enfin d'être abolis par une loi spéciale proposée dans la chambre des députés, acceptée par la pairie, et sanctionnée, après quelques délais, le 12 mai 1835.

Aînesse et substitutions.

Charles X, qui ne rêvait *que le passé* et le retour à l'ancien régime, fit proposer, en février 1826, une loi portant rétablissement du droit *d'aînesse et des substitutions;* loi colorée des plus tendres motifs, pris, disait-on, de l'intérêt des familles, et qui, par dérision, fut appelée *loi de justice et d'amour!*

Dès qu'elle parut, je l'attaquai dans une brochure qu'en ma qualité *d'aîné* je dédiai à mes frères. J'en reproduis les premiers chapitres : la question y est examinée en termes généraux indépendans des circonstances.

A la suite se trouve le projet tel que l'avaient présenté les ministres de Charles X, avec *le texte de la loi*, que la pairie, fort sage et bien avisée dans cette circonstance, réduisit à la simple faculté de *substituer la quotité dispo-*

nible jusqu'au 2ᵉ degré inclusivement : genre de substitution purement civile, nullement politique, et dont toutefois la chambre des députés, jalouse contre tout ce qui déroge aux grands principes égalitaires de 1789, a poursuivi l'abolition, en même temps que celle des majorats, mais sans succès, la chambre des pairs ayant refusé d'aller jusque-là.

Apanages. — Liste civile. — Dotation de la couronne.

De ce qui précède, il résulte :

1º Que si les particuliers peuvent encore faire des *substitutions de droit civil et purement privé*, ils ne peuvent plus faire de substitutions politiques en vue de transmettre *des titres héréditaires* ;

2º Qu'en l'état actuel de notre constitution, aucune fonction publique ne se transmet par voie d'hérédité ;

3º Que la couronne seule, dans un haut intérêt public, avoué et reconnu par tous, se transmet héréditairement de mâle en mâle, par ordre de primogéniture, pour éviter les guerres d'élection et l'anarchie, qui en perdant la royauté de Pologne, ont livré la nation polonaise elle-même au triste état d'ilotisme dans lequel elle gémit, réduite à soupirer après sa gloire passée et sa nationalité détruite !...

Mais l'abolition des majorats et l'antipathie pour les substitutions n'ont rien de commun avec les *apanages* des princes. Cette dernière question fait partie de l'*établissement royal*; elle ne réagit pas sur le droit commun des citoyens; elle ne l'altère point; elle ne produit pas entre eux d'inégalité, et par conséquent ils n'en sauraient être jaloux.

La loi du 2 mars 1832 conserve le droit des princes à cet égard, en disant que les *dotations des fils puînés du roi seront réglées ultérieurement par des lois spéciales* : Ces dotations ne sont autre chose que les *apanages*, en rentes ou en biens fonds.

J'ai consigné dans un volume à part ce qui concerne *les apanages, — la liste civile, — la dotation de la couronne;* mais je reprens ici ces matières *pour ordre*, parce qu'elles font partie du système constitutionnel de 1830.

Épisodes de la révolution de juillet.

J'appelle ainsi les questions nées au sein du pays, et agitées à la tribune, sur le caractère même de la révolution de juillet ; — sur les questions si vives de propagande, de la guerre et de la paix, de la rupture des traités de 1815, de l'intervention armée dans les affaires de nos voisins, au mépris de la maxime *chacun chez soi, chacun son droit* ; — et plus tard, sur les clubs, les associations, les émeutes à Paris, à Lyon, à Grenoble.

Je rapporte quelques-uns des discours que j'ai prononcés à cette époque, avec leur incorrection, leur rudesse, tous en réplique aux orateurs de l'opposition, au milieu de l'aigreur et de l'agitation des esprits ; demandant grâce pour un style que les sténographes seuls ont reproduit, et que je n'ai voulu ni perfectionner ni polir, pour ne point faire fraude à la vérité historique. — Je ne me présente point ici comme homme de lettres, mais comme homme politique et comme citoyen.

A ces derniers titres, je réclame l'honneur d'avoir des premiers, quelquefois seul, à la tribune et toujours énergiquement, combattu l'anarchie, défendu la cause de l'ordre et des lois, et proclamé les principes d'éternelle justice et de morale sur lesquels reposent la sûreté des personnes, la garantie des propriétés, le maintien de tous les droits !

On y verra que, dès le mois de septembre 1830, j'ai combattu les *clubs* (p. 212), tandis qu'à la même date, d'autres qui aujourd'hui s'intitulent exclusivement conservateurs, avaient l'imprudence de les vouloir autoriser ! J'ai dénoncé le danger des *associations*, et l'on pourra remarquer (p. 213) qu'au premier signalement que j'en ai donné, *on a ri* : mais plus tard, en novembre, en décembre, en février, lors des émeutes suscitées par ces associations, et dirigées par leurs chefs, on a vu que ce n'était pas chose risible, et qu'on ne pouvait pas s'en défier trop tôt ! *Principiis obsta, sero medicina paratur.*

Au milieu des crises les plus fâcheuses, je me suis toujours efforcé de séparer la cause de l'ordre de celle de l'anarchie, la cause de la liberté de celle de la licence. J'étais plein de cette espérance, de voir enfin mon pays jouir de cette *honnête liberté* que défendait aussi mon compatriote Guy-Coquille, député du Nivernais aux états d'Orléans et de Blois, et que dans ses vers, contemporains de ceux de L'Hôpital, il appelle *spes libertatis honestæ!*

Mon discours à mes compatriotes après ma réélection par le collége électoral de Clamecy, le 6 juillet 1831, exprime et résume tous ces sentimens; il expose ma conduite passée, mes résolutions d'avenir; pour moi, il fait *époque.*

Revenu à la chambre, la même lutte se renouvelle : et le 24 septembre 1831, je prononce un discours plus développé « sur la situation intérieure de la France, l'état des
» partis, et spécialement sur les émeutes qui ont désolé
» Paris, leurs causes, leurs effets désastreux pour le com-
» merce, l'industrie et les ouvriers, et la nécessité d'y por-
» ter remède. » Ce discours réimprimé sous le titre de *Discours de M. Dupin en faveur des ouvriers de Paris,* obtint la plus grande vogue. (Voy. page 262.)

Depuis, je dus me prononcer également contre les fauteurs et acteurs des troubles de Lyon, (Page 285), et de Grenoble. (Page 299.)

Le procès du gérant de la *Tribune* condamné, le 16 avril 1833, pour délit d'offense à la chambre, vient attester à la fois et l'excès d'audace auquel la presse était montée, et le droit de la chambre de réprimer elle-même les offenses dirigées contre elle [1].

Questions constitutionnelles et parlementaires.

Après tant d'agitations éprouvées, de dangers évités, de luttes surmontées, la session de 1834 s'ouvrit sous d'heureux auspices. Revenue de l'étourdissement des premiers sacrifices, la chambre sentait le besoin de modérer les dépenses, de faire rentrer les budgets dans des limites raisonnables, d'arrêter le débordement des crédits supplémentaires, d'établir un équilibre désirable entre les dépenses et les recettes. Tel était le but de son *Adresse.*

Dans la discussion à laquelle elle donna lieu, on vit tour-à-tour les opinions radicales et légitimistes se prononcer dans le même sens, converger vers le même but.

---

[1] Le même exemple vient d'être renouvelé, le 26 mai 1835, contre le gérant du *Réformateur.*

Aussi-tôt, je criai *qui vive! — Auvergne à moi, ce sont les ennemis!* Et, dans mon opinion du 9 janvier 1834, (j'étais alors président de la chambre) ayant pris la parole sur le dernier paragraphe de l'adresse, je signalai cette tendance des partis opposés, *leur lutte collective*, la nécessité de se rallier contre eux. Après avoir montré *ce dont nous ne voulions pas*, j'entrepris de formuler *ce que nous voulons*. Cette profession de foi constitutionnelle obtint dans la chambre un assentiment général : c'était comme un programme de nos croyances et de nos opinions.

La lutte était désormais transportée sur ce terrein : Le roi, la charte, le progrès, si vous voulez, tant que vous voudrez, mais par *les moyens constitutionnels*, et non par les émeutes, la guerre civile et tous les malheurs de l'anarchie.

Crise ministérielle à la fin de 1834.

La chambre et le pays étaient dans cette heureuse voie, et l'adresse, votée en août 1834 à une majorité de 256 voix contre une faible minorité de 39, promettait à la nouvelle chambre et au pays un avenir paisible sous l'appui formidable de cette majorité, lorsque des ambitions ardentes produisirent une sorte de revirement et semèrent la division au sein même des élémens qui la composaient.

Je passe sous silence tous les incidens qui signalèrent la *crise ministérielle;* on se rappelle qu'elle se termina par le vote d'un *ordre du jour motivé* en faveur du ministère.

Dans cette discussion, où l'on avait cherché à m'impliquer, ennuyé que j'étais de voir mon nom mêlé à chaque modification du ministère, malgré tous mes soins pour me tenir à l'écart; fatigué de l'injure [1], je dus à la fin m'expliquer. J'en pris occasion de traiter la question de la *présidence du conseil*, comme condition constitutionnelle de *l'indépendance du cabinet*, de son *unité*, de sa *dignité* et de sa *responsabilité constitutionnelle*. Ce principe pratiqué par C. Périer, remis en vigueur (à ce qu'on assure) par M. le duc de Broglie, ne devait donc pas exciter tant de clameurs contre moi! Car, de fait, je n'avais nulle préten-

---

[1] Ce que Cicéron appelle *injuriâ lacessitus!*

tion à la présidence du conseil ; mais je protestais surtout de ma répugnance invincibible à entrer jamais dans tout conseil qui ne serait pas constitué d'une manière homogène, indépendante, et avec des vues fixes et arrêtées.

Droit d'enquête parlementaire.

Dans la présente session, la chambre a conquis le droit d'*enquête parlementaire* : je rapporte le texte de sa résolution et le discours que je prononçai sur cette question le 14 février 1835. — Cette commission dont je fus élu membre et président a lié de suite une immense correspondance et réuni de riches matériaux ; M. Vivien, son rapporteur en présentera l'analyse avant la fin de la session. Le précédent demeurera acquis à la chambre.

Question d'amnistie.

La question d'*amnistie* préoccupait vivement les esprits : ceux qui n'en voulaient sous aucune forme, étaient moins dangereux pour les principes que ceux qui auraient voulu d'une *amnistie par ordonnance*. Cette forme inconstitutionnelle eût pu devenir l'objet d'une surprise de cour ou d'une combinaison de cabinet ; c'eût été la violation de toutes les lois ! Cependant cette opinion (d'une amnistie par ordonnance) venait d'être émise à la tribune par la voix imposante d'un député recommandable par sa science et sa qualité de magistrat. Aussitôt, je quittai le fauteuil pour aller le contredire et poser le principe *de la distinction à faire entre la grâce par ordonnance, et l'amnistie par une loi*. Cette opinion fut si généralement partagée que, depuis, la presse comme la tribune ont cessé d'élever aucun doute à cet égard.

Réélection des députés fonctionnaires.

La chambre a encore eu dans la même session à décider une question d'une grande importance pour elle ; celle de savoir, si le droit qu'elle a de vérifier les pouvoirs de ses membres comporte celui de déclarer passibles de réélection, ceux qui, ayant été promus à des fonctions publiques salariées, n'auraient cependant pas été renvoyés devant leurs colléges électoraux dans le délai fixé par la loi. Cette question a été résolue pour l'affirmative, et MM. Laurence et Sébastiani ont été réputés démissionnaires en raison des fonctions qui leur avaient été conférées. Cette décision est du 9 mai 1835. Les ordonnances de convocation des deux colléges de Mont-de-Marsan et de Vervins ont paru dans le *Moniteur* du 21 mai suivant.

Autorisation demandée pour citer un député à la barre de la chambre des pairs.

Je n'ajouterai rien à ce que j'en ai dit dans l'ouvrage même, page 359.

Discours du Président.

J'ai réuni sous ce titre :
1° Les quatre discours que j'ai prononcés comme Président de la chambre en prenant place au fauteuil.
2° Les discours adressés au Roi dans les différentes occasions où la grande députation de la chambre a été admise à lui présenter ses hommages et ses félicitations.
3° J'ai mis à la suite les discours prononcés sur les tombes de Daumesnil, de C. Périer, de Bailliot...

Table des autres discours.

A la fin se trouve une *table chronologique* de tous les discours que j'ai prononcés dans le cours de ma carrière parlementaire de 1828 à 1835. Le nombre en est trop considérable pour que jamais ils soient tous imprimés : trop peu d'entr'eux d'ailleurs mériteraient d'être reproduits; mais il est des questions auxquelles on désire quelquefois se reporter ; cette table facilitera le moyen de recourir à ceux des journaux qui les ont recueillis avec le plus d'exactitude et de fidélité.

Intervention française en Espagne.

NOTA. Au moment où j'écris, il n'est bruit que d'une intervention française en Espagne. Immense embarras destiné à prendre la place d'embarras moindres qui ne sont pas encore terminés! Une intervention à main armée, en Espagne! Dieu nous en préserve! Perte d'hommes, perte d'argent, point de gloire; nul parti satisfait, soit en Espagne, soit en France : voilà les chances qui attendent cette intervention, si l'on est assez imprudent pour s'y engager! Qu'on n'allègue pas le traité de la quadruple alliance; il ne renferme à cet égard aucun engagement précis; loin de là, il exige, le cas échéant, une nouvelle délibération, et de nouveaux consentemens : rien ne nous oblige donc à nous fourvoyer à ce point, toujours seuls, et toujours à nos frais. — Qu'on ne se fasse point illusion, en se figurant qu'on pourra faire une intervention bénigne, avec peu de monde et peu de dépense, et cependant avec un grand effet. Une fois engagés, il faudra poursuivre. Dieu sait quel avenir est au bout de tout cela! C'est le cylindre où l'on doit craindre d'engager même le pan de son habit, si l'on ne veut pas que le corps y passe. C. Périer avait si bien dit : « Le sang et l'argent des Français n'appartien- » nent qu'à la France!..... »

Paris, ce 31 mai 1835.

RÉVOLUTION
DE
JUILLET 1830.

CARACTÈRE LÉGAL ET POLITIQUE

DU NOUVEL ÉTABLISSEMENT

FONDÉ PAR LA CHARTE CONSTITUTIONNELLE DE 1830.

> Et ea, quæ *sine ullo scripto* Populus probavit, omnes tenebunt. Nam quid interest, *suffragio* populus voluntatem suam declaret, an *rebus ipsis et factis?* Loi 32, au Digeste, *de Legibus*.

TROISIÈME ÉDITION.

1re édition, 1833, in-8º.

RÉVOLUTION DE JUILLET 1830.

La vigueur et la promptitude de l'action, l'immensité des résultats, font des événemens de juillet le plus grand fait historique dont le souvenir puisse être transmis à la postérité.

Quelques jours ont suffi pour offrir au monde cet étonnant spectacle : les lois outragées par un gouvernement qui avait juré de les respecter ; la violence et le meurtre employés pour soutenir cette *insurrection du pouvoir* contre l'ordre légalement établi ; un peuple de citoyens improvisant la résistance contre une injuste agression, et courant aux armes pour défendre ses droits ; des troupes d'élite vaincues par une héroïque population ; le courage civil se montrant l'égal du courage militaire ; des hommes d'Etat régularisant la victoire et travaillant pour assurer la liberté, avec autant d'ardeur qu'on en avait mis à la conquérir ; un prince en qui les vertus privées avaient révélé les vertus publiques, et dont la famille, après lui, donnait de longs gages à l'avenir, appelé à se mettre à la tête de ses concitoyens ; accourant au milieu d'eux paré de ces couleurs nationales qu'il avait portées dans sa jeunesse, et qui devenaient une seconde fois le symbole de la délivrance d'un grand peuple ! Les lois rétablies, l'ordre public renaissant à sa voix, le crédit soutenu, la paix conservée, la plus vieille dynastie de l'Europe punie par la perte irrévocable de la plus belle des couronnes ; un gouvernement national assis sur les bases solides d'un pacte librement offert et franchement accepté : tant de glorieux événemens accomplis dans le court espace d'un demi-mois, sans violences privées, sans réaction, sans qu'il en ait coûté la vie à un seul homme désarmé! Quel spectacle! quel sujet de méditation pour les peuples! quelle leçon pour les rois! quel magnifique sujet pour un historien!

Mon dessein n'est pas de raconter tous les incidens qui se rattachent à ce grand événement : d'autres s'empareront de cette tâche, et la rempliront mieux que moi. Mais il m'a semblé qu'un exposé succinct des divers actes qui ont consommé cette *glorieuse Révolution*, s'il n'avait pas le charme d'une histoire écrite avec art et soutenue par cet intérêt dramatique qui s'attache surtout au récit de faits, aurait cependant son utilité, s'il fixait avec exactitude le véritable caractère, le caractère légal du nouvel *établissement fondé en juillet*.

I.

A peine le ministère du 8 août avait été créé, qu'un instinct subit vint révéler à la nation le danger dont elle était menacée. La presse sonna l'alarme! Des procès furent intentés : le *Journal des Débats* soutint la première attaque : devant ses premiers juges, il succomba; mais il fut acquitté, sur l'appel, par la cour royale de Paris sous la présidence de M. Séguier; et ce premier acte de résistance suivi d'acquittement, prouva qu'il ne fallait pas désespérer. Honneur à l'ordre judiciaire qui, le premier, a fait digue contre le torrent qui devait entraîner toutes nos libertés!

La session de 1830 s'ouvrit. Le discours du trône exprimait la pensée du gouvernement : il était menaçant. La chambre des députés sentit le besoin d'y répondre. Elle fit son *Adresse* dans laquelle elle déclare au roi qu'il n'existe *aucun concours* entre les vues politiques du ministère et les vœux du pays.

La chambre est dissoute : la France entière répète, *Honneur aux* 221! *Vivent les* 221!

Une *proclamation du Roi* est dirigée personnellement contre ces courageux mandataires de la nation! on veut les frapper d'incapacité. Les journaux de la contre-révolution répètent à l'envi qu'on ne peut pas, qu'on ne doit pas les réélire, sous peine de voir éclater des coups d'état! Les présidens des collèges tiennent le même langage; ils menacent les électeurs, si les électeurs s'obstinent à réélire les mêmes députés!.... Et pourtant, ils sont réélus! ils le sont presque tous à une majorité plus forte que la première fois!

Dès-lors la guerre semble déclarée entre le ministère et la chambre : il y a entre eux une incompatibilité absolue.

La majorité révélée par l'Adresse est acquise à la nation; elle est fortifiée par de nouveaux choix.... Que fera le ministère?

Il eût dû se retirer, mais il reste ; une voix impérieuse le retient : c'est la volonté personnelle de Charles X, d'un roi qui veut se rendre absolu! L'annonce des coups d'état promis s'accrédite de plus en plus : l'art. 14 de la Charte est invoqué dans le sens le plus opposé à l'ordre constitutionnel!....

Un instant, toutefois, le gouvernement paraît ramené à des idées plus sages. Les députés qu'on avait d'abord eu la pensée de ne pas réunir, sont convoqués pour le 3 août : *Et si n'y faites faute*, disent les lettres de convocation. Chaque député les reçoit le 25, pour entretenir sans doute leur sécurité! et le 26 (qui l'eût pu croire!) trois ordonnances, délibérées déjà depuis plusieurs jours, et portant cette même date du 25, viennent attester le parjure et la perfidie! La première suspend la liberté de la presse, la deuxième annule les élections, la troisième institue un nouveau système électoral.

Le ministère y met si peu de ménagemens, que, dans le rapport qui précède ces ordonnances, il déclare ouvertement qu'il s'est placé *en dehors de l'ordre légal*; il annonce en même temps qu'il aura recours *à la force* pour assurer le succès de ses mesures.

A l'apparition du *Moniteur*, la stupeur, et bientôt l'indignation sont dans tous les esprits!

Cependant, par un mouvement tout rationnel et qui doit servir à caractériser cette époque, le public n'est affecté que d'une seule impression, *la violation des lois!* Il ne songe qu'à un seul remède : invoquer la justice et les lois, opposer la *résistance légale!*

Le 26, à onze heures du matin, des jurisconsultes sont interrogés [1]; leur réponse est « que les ordonnances sont « illégales, qu'il faut refuser d'y obtempérer, et que tout « journal qui aurait la lâcheté de s'y soumettre *ne mérite-« rait pas de conserver un seul abonné.* »

Une résolution conforme est prise immédiatement par les courageux rédacteurs des feuilles périodiques; réunis au bureau du *National*, ils protestent; ils résisteront par toutes les voies de droit.

Les premières attaques contre leurs presses amènent une ordonnance de référé qui promet vingt-quatre heures de répit.

Bientôt un jugement plus énergique prononcera sur le fonds même de la question.

Mais un autre genre de combat se préparait : le gouver-

---

[1] Mérilhou, Barthe, Odilon-Barrot, chez Dupin aîné, alors bâtonnier des avocats. Voyez *Le Temps*, numéro du 15 août 1830, et le *Constitutionnel*.

nement avait prévu qu'un aussi violent mépris des droits nationaux ne serait point accepté sans résistance. Il avait disposé d'avance tous les moyens qu'il croyait propres à la surmonter. La garde royale et les Suisses étaient sous les armes : d'autres corps de troupes avaient été réunis. Ce déploiement de la force militaire appela la résistance armée des citoyens ; la lutte s'engagea dans la soirée et la nuit du lundi.

Le mardi 27, les députés présens à Paris sont convoqués et se réunissent chez leur collègue M. Casimir Périer, rue Neuve-du-Luxembourg. Ils s'y rendent pendant que l'on se battait aux deux extrémités, rue Saint-Honoré et à l'hôtel Polignac, près du boulevard. A mesure que chacun d'eux se présentait pour entrer, la foule se rangeait avec respect et criait : *Vivent nos députés!*

Ils n'étaient que trente-sept [1]. Là, s'établit une délibération calme, et, pour ainsi dire, à jour ; car les fenêtres étant ouvertes, les regards curieux des habitans de la chancellerie plongeaient jusque dans le salon où se tenait l'assemblée [2].

Les opinions sont ouvertes ; les uns proposent qu'à l'exemple du gouvernement, on se mette de suite tout-à-fait en dehors de la légalité : d'autres veulent, pour la moralité même de l'action, que l'on conserve tant qu'on le pourra les rapports qui ont existé jusqu'alors avec le gouvernement ; TOUS s'accordent *à protester contre les ordonnances*, et à reconnaître le droit qu'ils ont d'agir, sinon comme *Chambre*, attendu leur petit nombre, du moins individuellement, comme *députés valablement élus*.

Dans cet esprit, on arrête que trois membres rédigeront un projet de protestation ou d'adresse (on se réserve d'y donner un nom), pour exprimer les sentimens de la réunion, et l'on s'ajourne au lendemain.

Cette protestation, rédigée par M. Guizot, fut approuvée mercredi soir chez M. Bérard, et imprimée dans

---

[1] Lafayette, Laffitte, Salverte, B. Constant, Dupont de l'Eure n'étaient pas encore arrivés à Paris. Ils accoururent aux premières nouvelles.

[2] C. Périer montrait déjà toute son énergie : « Messieurs, disait-il, le mouvement qui s'opère est trop beau pour que nous ne le secondions pas de tout notre pouvoir. »

plusieurs journaux, avec les noms de ceux qui y avaient concouru ou adhéré.

Dans l'intervalle, une députation composée de MM. Gérard, Lobau, Laffitte, C. Périer et Mauguin, se rendit aux Tuileries, à travers la fusillade, pour représenter au maréchal Marmont (qui commandait le siége) le déplorable état de la capitale, et l'engager à faire cesser le feu. Le maréchal allégua que « l'honneur militaire est l'obéis-
» sance. — Et l'honneur civil? reprit M. Laffitte. — Mais,
» Messieurs, dit le maréchal, quelles sont les conditions
» que vous proposez? — Sans trop préjuger de notre in-
» fluence, dirent les députés, nous croyons pouvoir ré-
» pondre que tout rentrera dans l'ordre aux conditions
» suivantes : Le rapport des ordonnances illégales du 25
» juillet, le renvoi des ministres, et la convocation des
» chambres, le 3 août. » — Ces conditions ne furent point acceptées; mais elles constatent du moins la mise en demeure et l'avertissement donné au pouvoir; et si la démarche fut inutile, elle n'en restera pas moins comme un acte de courage, un titre d'honneur pour ceux qui se dévouèrent en cette occasion.

Pendant que le maréchal faisait ses preuves d'*obéissance militaire*, le tribunal de commerce donnait un grand exemple du *courage civil* et de la vertu qui doivent distinguer de vrais magistrats. Au bruit de la fusillade qui résonnait de toutes parts, M. Ganneron, après une plaidoirie calme et ferme de l'imperturbable Mérilhou, prononçait un jugement mémorable portant « que l'ordon-
» nance du 25 juillet étant contraire à la Charte, n'était
» point obligatoire pour les citoyens aux droits desquels elle
» portait atteinte. »

La nuit du mercredi fut employée à redoubler les préparatifs d'une nouvelle attaque : les Parisiens, de leur côté, continuèrent à disposer leurs moyens de défense; et le jeudi matin, 29, la fusillade et le canon se faisaient entendre sur tous les points aux cris répétés par tous les citoyens, de *Vive la Charte et la Liberté!*

Cependant la garde nationale commençait à se montrer en uniforme et à se former; elle demandait *un chef!*.... et n'en avait point.... Le général Pajol, qui s'était offert le mercredi, n'attendait le jeudi matin qu'*un ordre* signé de quelques députés de Paris, pour se mettre à la tête. Cet ordre, écrit à six heures du matin chez le duc de Choiseul par Alex. Laborde, député de Paris, sous la dictée de Dupin aîné, fut remis au lieutenant-colonel Degousée, qui se hâta d'aller le faire signer et qui le remit ensuite au général Pajol.

Les affaires ne tardèrent pas à prendre une tournure plus décisive. A neuf heures, le général (depuis maréchal) Gérard et Dupin aîné se rencontrèrent chez Laffitte, arrivé de la veille en toute hâte, et qu'une foulure au pied retenait chez lui. Les autres députés y étaient attendus. A onze heures, ils étaient environ quarante. On discuta sur la nécessité, en l'absence de tous pouvoirs légaux, d'établir *à l'Hôtel-de-Ville* une *Commission* qui pût veiller au maintien de l'*Ordre public* : il fut soigneusement expliqué qu'on n'entendait pas donner un gouvernement *à la France*, mais seulement donner une administration centrale *à la Capitale* dans la situation où elle se trouvait placée. Aussi cette commission ne fut-elle instituée que sous le titre de *Commission municipale*.

Cela convenu, on procéda au scrutin; et l'on choisit à l'unanimité MM. Laffitte, C. Périer, Gérard, Lobau, Odier. On leur laissa la faculté de s'adjoindre d'autres membres, s'ils le jugeaient nécessaire.

Sur ces entrefaites (vers une heure de l'après-midi), M. de Lafayette arriva, tenant à la main plusieurs lettres : il demanda la parole et dit avec ce noble sang-froid qui l'a toujours distingué dans les grandes occasions, « qu'un » certain nombre de bons citoyens, se rappelant qu'il avait » jadis commandé la garde nationale parisienne, lui avaient » écrit pour l'engager à se mettre encore à sa tête, et qu'il » était résolu de céder à leur vœu. » On applaudit à cette résolution.

Déjà le général Gérard avait accepté le commandement de la troupe de ligne, et deux régimens venaient de lui faire leur soumission. Ce motif l'empêcha d'accepter les fonctions de membre de la commission, pour lesquelles M. de Schonen lui fut immédiatement substitué.

Les rôles ainsi réglés, chacun partit de son côté; les membres de la commission municipale et le général Lafayette pour se rendre à l'Hôtel-de-Ville; et le général Gérard, pour réunir à lui les troupes de ligne qui feraient défection, et pour suivre le mouvement des troupes royales dont la retraite s'opérait sur Saint-Cloud.

On pouvait craindre une attaque dans la nuit ou pour le lendemain; car il n'était pas probable qu'un gouvernement qui avait amené les choses à de telles extrémités, renonçât à tenter un nouvel effort. On se préparait à tout événement; les barricades, visitées par les généraux et par plusieurs députés, furent soigneusement entretenues et gardées.

Le vendredi 30, à dix heures du matin, les députés réunis de nouveau chez M. Laffitte, sentirent la nécessité de prendre un parti pour prévenir l'anarchie, et résolurent de déférer la lieutenance-générale du royaume à M. le duc d'Orléans. Pour régulariser cette délibération, on indiqua, pour le même jour à une heure, une séance au palais de la chambre.

Dans cet intervalle, plusieurs députés et quelques officiers généraux, allèrent à Neuilly pour informer M. le duc d'Orléans de ces dispositions, et l'engager à déférer au vœu qui lui serait manifesté.

A l'heure indiquée, les députés entrèrent en séance; M. Laffitte prit le fauteuil, et l'on se forma en comité secret.

Presque aussitôt on annonça M. le comte de Sussy, pair de France; il fut introduit. Il apportait trois ordonnances de Charles X : l'une portait révocation de celles du 25 juillet, l'autre convoquait la chambre pour le 3 août, la troisième instituait un nouveau ministère, dont étaient appelés à faire partie MM de Mortemart, Gérard et Casimir Périer...... Mais *il était trop tard !* Gérard et Périer n'avaient garde d'accepter, et la chambre elle-même, ne voulant plus reconnaître un pouvoir qu'elle regardait déjà comme déchu, refusa d'entendre la lecture de ces actes, et ne voulut pas même en ordonner le dépôt dans ses archives.

M. de Mortemart proposait sa négociation; il s'était rendu à cet effet dans un des bureaux de la chambre; plusieurs députés (entre autres, le général***) étaient d'avis de l'entendre; on préféra nommer une commission; elle fut composée de MM. C. Périer, Laffitte, Sébastiani, B. Delessert.

Cette commission ayant conféré avec les commissaires de la chambre des Pairs fit son rapport, et la chambre des

Députés formula la résolution qui appelait le duc d'Orléans à exercer les fonctions de lieutenant-général du royaume. Cet acte fut signé *séance tenante* par les membres présens, et l'on arrêta qu'il serait immédiatement porté au duc d'Orléans par une députation [1].

Il était huit heures du soir. La députation se rendit au Palais-Royal. Le duc d'Orléans n'y était pas encore : la députation lui écrivit pour l'inviter à se rendre à Paris. Le prince arriva au Palais-Royal le soir même à onze heures. (Dans la nuit du 30 au 31.)

Le 31 juillet à six heures du matin, il fit appeler M. Dupin aîné, et lui dicta, en présence du général Sébastiani, la proclamation qui finit par ces mots solennels : *La Charte désormais sera une vérité.*

Les commissaires de la chambre furent introduits, et remirent au duc d'Orléans la délibération de la veille. » Nous
» avons été admis en présence du duc (dit le général Sébas-
» tiani dans son rapport à la chambre) : les paroles que
» nous avons recueillies de sa bouche respiraient l'amour
» de l'ordre et des lois, le désir ardent d'éviter à la France
» les fléaux de la guerre civile et de la guerre étrangère, la
» ferme intention d'assurer les libertés du pays, et comme
» S. A. R. l'a dit elle-même dans une proclamation si pleine
» de netteté et de franchise, la volonté de faire enfin une
» vérité de cette Charte qui ne fut trop long-temps qu'un
» mensonge. »

La Chambre, de son côté, jugea nécessaire d'adresser une *Proclamation au Peuple français* pour rendre compte au pays de ce qu'elle avait cru devoir faire dans l'intérêt général, et pour annoncer les *garanties* qu'elle était dans l'intention d'exiger du nouveau gouvernement *pour rendre la liberté forte et durable.* Cette délibération fut rédigée et signée individuellement séance tenante, et il fut arrêté qu'elle serait imprimée et publiée avec les noms des signataires, et portée à l'instant au prince lieutenant-général.

Aussitôt l'assemblée en corps, précédée de ses huissiers parés des couleurs nationales, ayant à sa tête ses trois premiers vice-présidens (Laffitte, B. Delessert, Dupin aîné),

---

[1] L'original, remis au duc d'Orléans, fut pris sur son bureau. On fut obligé de le refaire quelque temps après.

se rendit au Palais-Royal, aux acclamations de tous les citoyens.

Après la réponse du duc d'Orléans, on résolut de se transporter sans délai à l'Hôtel-de-Ville.

Le prince lieutenant-général monta à cheval, seul, sans gardes, sans escorte, sans un seul aide-de-camp à ses côtés, marchant plein de confiance à vingt pas en avant de la colonne des députés qui le suivaient à pied [1]. Ce cortége, vraiment populaire, traversa les défilés des barricades, au milieu d'une foule immense de peuple qui ne tarda pas à tresser avec ses bras nerveux une double haie pour faciliter la marche du cortége. Le duc d'Orléans arriva ainsi à l'Hôtel-de-Ville, accueilli par des *vivat* dont l'énergie augmentait à mesure qu'il avançait.

On traversa, non sans peine, l'affluence qui remplissait la place de l'Hôtel-de-Ville, et le prince fut porté plutôt qu'il ne monta dans la grande salle. Là, le général *Lafayette* et les membres de la *Commission municipale* s'étant formés en cercle près du *Lieutenant-général* avec les trois *Vice-présidens* de la chambre, M. Viennet d'une voix forte et retentissante fit une nouvelle lecture de la *Proclamation de la chambre des Députés*, qui fut couverte de bravos et d'applaudissemens. Tel fut le véritable *programme* de l'Hôtel-de-Ville !

L'enthousiasme fut porté au comble lorsqu'on vit le duc d'Orléans, ayant à sa droite le général Lafayette, se présenter à l'une des fenêtres, et saluer le peuple, le drapeau tricolore à la main.

De retour au Palais-Royal, il fallut s'occuper du gouvernement.

La commission de l'Hôtel-de-Ville, ne prenant conseil que de son zèle, avait un peu étendu ses attributions. Au lieu de rester simplement *Commission municipale*, titre sous lequel elle avait été instituée, elle avait pris le titre de *Commission de gouvernement* [2]. Elle avait même pris sur elle de nommer, le 30 juillet, un ministère composé ainsi qu'il suit :

---

[1] Laffitte boiteux, et B. Constant malade, étaient portés en litière.

[2] Le directeur du Bulletin des lois a même classé les actes de cette commission, sous le titre de : *Gouvernement dictatorial ;* et du reste lui a conservé le nom de : *Commission municipale.*

Le général Gérard, à la guerre ; Bignon, aux affaires étrangères ; le baron Louis, aux finances ; Dupin aîné, aux sceaux ; duc de Broglie, à l'intérieur ; Guizot, à l'instruction publique ; le vice-amiral Truguet, à la marine. La commission avait encore nommé MM. Bavoux, préfet de police ; Chardel, directeur des postes ; Alex. Laborde préfet de la Seine.

L'arrêté portant ces nominations, fut envoyé et lu à la chambre. Dupin aîné ayant refusé d'accepter les sceaux, parce qu'il ne reconnaissait pas à la *commission municipale* le droit de nommer des ministres, Dupont de l'Eure fut nommé à sa place.

Tout cela devait évidemment disparaître devant les attributions conférées par la chambre au lieutenant-général ; ces nominations du moins ne pouvaient subsister qu'autant qu'il les confirmerait : désormais le gouvernement était, *non plus à l'Hôtel-de-Ville, mais au Palais-Royal.*

Charles X le sentit si bien que, dans la soirée du 1er août, il s'avisa de conférer de son côté au duc d'Orléans le titre de lieutenant-général du royaume, en lui adressant son abdication et celle du dauphin, afin que le prince, investi par lui de cette qualité, parût n'exercer le pouvoir que de son consentement, et, pour ainsi dire, de son autorité.

Ce message fut apporté au Palais-Royal dans la nuit du 1er au 2 août, à une heure du matin. Le duc d'Orléans n'était pas encore couché : il était resté seul avec M. Dupin aîné, et jetait les bases de son discours pour l'ouverture des chambres. Le duc d'Orléans ne donna pas dans le piége ; il interrompit son travail, et il écrivit de sa propre main au roi Charles X une lettre dans laquelle il accusait simplement réception des deux abdications ; mais où il établissait : » qu'il était lieu-
» tenant-général par le choix de la Chambre des Dépu-
» tés »...... Cette lettre fut portée la nuit même à Rambouillet par l'aide-de-camp de service (M. de Berthois).

La veille, c'est-à-dire le 1er août, le prince lieutenant-général avait composé son ministère, en acceptant presque tous les candidats de la commission municipale ; il les nomma directement par ordonnance, sous le titre de *Commissaires au département de......* Quelques jours plus tard, le ministère fut organisé sur une base plus large. On institua deux classes de ministres, les uns à portefeuille, les autres avec le titre nu, sans traitemens ni fonctions, et qu'on ne peut pas même dire avoir été ministres *ad honores !* composé bizarre qui ne promettait point d'ensemble, point d'unité dans le pouvoir, point de secret dans les délibérations du conseil. Cette première composition offrait encore une singularité, en ce que C. Périer d'abord, et Laffitte après lui, se trouvèrent à la fois membres du cabinet et présidens de la Chambre des Députés. Quoi qu'il en soit, ce ministère était composé de la manière suivante :

» Sont nommés membres de notre *conseil des mi-*
» *nistres,*

» M. Dupont de l'Eure, garde des sceaux, ministre se-
» crétaire d'Etat au département de la justice;

» M. le comte Gérard, lieutenant-général, ministre se-
» crétaire d'Etat au département de la guerre.

» M. le comte Molé, ministre secrétaire d'Etat au dépar-
» tement des affaires étrangères;

» M. le comte Sébastiani, ministre secrétaire d'Etat au
» département de la marine;

» M. le duc de Broglie, ministre secrétaire d'Etat aux
» départemens de l'instruction publique et des cultes, pré-
» sident du conseil d'Etat;

» M. le baron Louis, ministre secrétaire d'Etat au dépar-
» tement des finances;

» M. Guizot, ministre secrétaire d'Etat au département
» de l'intérieur;

» M. Jacques Laffitte,
» M. Casimir Périer,   membres de la Chambre des
» M. Dupin aîné,   Députés. »
» M. le baron Bignon

Le premier acte du nouveau gouvernement fut de déclarer « que la nation française ayant repris ses couleurs, il
» ne serait plus porté d'autre cocarde que la cocarde trico-
» lore. » (Ordonnance du 1ᵉʳ août.)

Au conseil du 2 août, le prince lieutenant-général fit part à ses ministres de l'abdication du roi Charles X et du dauphin : on pensa que cet acte ne devait pas demeurer secret, et l'on arrêta qu'il serait adressé aux deux Chambres et publié par la voie du *Moniteur*. Il a été depuis inséré au *Bulletin des lois*.

Une ordonnance du 3 août prescrivit « qu'à l'avenir les
» arrêts, jugemens, mandats de justice, contrats et tous
» autres actes seraient intitulés au nom de *Louis-Philippe*

» d'Orléans, duc d'Orléans, Lieutenant - Général du
» royaume. » C'était le meilleur moyen de prouver aux
dupes, malgré les insinuations des légitimistes, que le
Lieutenant-général exerçait le pouvoir attaché à ce titre,
en vertu de la délégation de la chambre des députés, et
non au profit du roi légitime dont il n'était fait aucune
mention.

Mais au même instant, le sort de Charles X se décidait
par d'autres actes plus explicites. Des commissaires de la
chambre des députés lui avaient été envoyés, le 2 août,
pour lui offrir de protéger sa retraite et celle de sa famille
hors du royaume : il avait repoussé leur intervention. Mais
le peuple qui ne voulait pas que la question demeurât plus
long-temps indécise fit, le 3 août, ce qu'on a depuis appelé le *mouvement sur Rambouillet*. Alors Charles X se
décida et partit pour Cherbourg, où il s'embarqua pour
l'Angleterre.

Ce même jour, 3 août, était le jour fixé pour l'ouverture
de la session. Il avait été indiqué par Charles X dans une
des trois ordonnances confiées à M. de Sussy. Mais, comme
les chambres ne pouvaient pas reconnaître la validité d'une
telle convocation, une ordonnance spéciale du Lieutenant-
Général avait indiqué ce même jour pour l'ouverture de la
session.

Cette cérémonie eut lieu au palais de la chambre des
députés. Les pairs s'y rendirent, en petit nombre ; aucun
d'eux n'était en grand costume ; quelques-uns portaient
l'habit à collet et paremens fleurdelysés ; la plupart étaient,
comme les députés, en habit bourgeois. Tout le monde
portait les trois couleurs à sa boutonnière ou à son chapeau.

Le prince Lieutenant-général prononça un discours délibéré en conseil ; il y indiquait les principales améliorations nécessaires « pour assurer à jamais le pouvoir de *cette*
» *Charte* dont le nom invoqué pendant le combat l'était
» encore après la victoire ! — Dans l'accomplissement de
» cette noble tâche, disait-il, c'est aux chambres qu'il appartient de me guider. Tous les droits doivent être solidement garantis, toutes les institutions nécessaires à
» leur plein et libre exercice, doivent recevoir les développemens dont elles ont besoin. Attaché de cœur et de
» conviction aux principes d'un gouvernement libre, j'en
» accepte d'avance toutes les conséquences..... »

La chambre procéda, le 5 août, à la formation de ses bureaux ; elle nomma pour candidats à la présidence MM. C. Périer, J. Laffitte, B. Delessert, Dupin aîné et Royer-Collard. Le prince Lieutenant-général choisit M. C. Périer ; les quatre autres candidats restèrent de droit vice-présidens, selon le réglement de la chambre.

Pendant ces préliminaires, on préparait la révision de la charte.

Les améliorations ou changemens étaient faciles à indiquer. Quinze ans de mauvaise foi dans l'exécution de cette charte contrôlée par quinze ans d'une opposition intelligente et courageuse, avaient mis à nu tous les articles qui avaient besoin d'être rectifiés.

Le 4 et le 5 furent employés à ce travail pour lequel chacun apporta le tribut de son expérience ; et le 6, M. Bérard le présenta à la chambre, en y joignant la proposition *d'appeler le duc d'Orléans au trône des Français.*

Le même jour la garde nationale recevait pour devise les mots : *Liberté, Ordre public.*

Une commission se trouvait déjà nommée pour rédiger l'*Adresse* en réponse au discours du prince Lieutenant-général ; une seconde fut choisie pour examiner la double proposition de M. Bérard ; la chambre voulut que les deux commissions se réunissent pour n'en former qu'une et pour faire un seul et même rapport.

Voici quels étaient les membres de ces deux commissions :

1re *Commission*. MM. Bérard, Périer (Augustin), Humann, B. Delessert, le comte de Sade, le comte Sébastiani, Bertin de Vaux, de Bondy, de Tracy.

2e *Commission*. MM. Villemain, Pavée de Vandœuvre, Humblot-Conté, Kératry, Dupin aîné, Mathieu Dumas, Benjamin Constant, J. Lefebvre, Etienne.

La chambre indiqua pour le même jour une séance de relevée à huit heures, pour entendre le rapport de la commission.

Les deux commissions se rassemblèrent immédiatement : le projet fut discuté article par article, et, à 7 heures du soir, M. Dupin aîné fut choisi à l'unanimité pour rédiger le rapport qui devait être présenté deux heures après à la chambre.

A 9 heures, la commission en entendit la lecture ; et la

rédaction en ayant été approuvée aussi à l'unanimité, on entra en séance.

Après avoir entendu le rapport, on voulait discuter de suite; mais plusieurs membres réclamèrent. M. Mauguin dit avec raison « qu'il y a un *juste milieu* entre trop de » précipitation et trop de lenteur. » En conséquence la chambre ordonna que le rapport serait imprimé et distribué pour être discuté à la séance du lendemain, indiquée à cet effet à dix heures du matin.

Dans la mémorable séance du 7, la Charte fut revisée, et purgée de toutes les expressions qui, sous le précédent gouvernement, avaient entraîné abus ou fait équivoque; on y ajouta des dispositions nouvelles; enfin elle fut complétée par l'insertion d'un article qui place les couleurs nationales dans la constitution, et par l'engagement pris de porter différentes *lois organiques* qui devaient en assurer la marche et le développement[1]. La chambre déclara « que » le trône était *vacant* en fait et en droit, et qu'il était in-» dispensable d'y pourvoir. » Elle adopta ensuite une réso-

---

[1] La question du maintien de la Magistrature n'avait pas fait l'objet d'un doute sérieux dans la commission. Aucune modification ne fut proposée par elle au principe qui consacre son inamovibilité. Mais, devant la chambre, on essaya de porter atteinte à ce principe par voie d'*amendement*. M. Duris-Dufresne fit la proposition suivante : « La magistrature sera soumise à une institu-» tion nouvelle. » Cette proposition fut écartée par la *question préalable*, sans même obtenir les honneurs de la discussion. M. de Brigode la reprit par équivalent en proposant un article additionnel ainsi conçu : « Les juges recevront une nouvelle institu-» tion avant le 1er janvier 1831. » On lui objecta que déjà la question préalable venait d'être adoptée sur une proposition semblable. Alors M. de Brigode déclara se réunir à la rédaction de M. Mauguin, portant que : « Les magistrats actuels cesseront » leurs fonctions dans le délai *de six mois*, s'ils ne reçoivent d'ici » à cette époque une nouvelle institution. » Et comme si c'eut été une proposition différente, il fut admis à en présenter le développement. C'était naturellement au garde des sceaux (M. Dupont de l'Eure) à prendre la parole et à donner son avis sur la question; mais *il garda le silence*. Le rapporteur, fidèle aux principes de la commission et à l'opinion qu'il avait manifestée en 1815 sur la même question, combattit l'article proposé, et il fut rejeté à une très-forte majorité (les quatre cinquièmes des voix environ).

lution portant « que, *moyennant l'acceptation de la Charte
telle qu'elle venait d'être amendée* et *après en avoir juré
l'observation* en présence des chambres, Louis-Philippe
d'Orléans serait appelé au trône sous le titre de *Roi des
Français*. »

La chambre ordonna que cette résolution serait portée à S. A. R. par tous les membres de l'assemblée.

Aussitôt tous les députés, escortés par la garde nationale, se rendirent au Palais-Royal, aux acclamations de tous les citoyens (car rien ne se faisait alors que par acclamation, tant l'adhésion était vive et générale). M. C. Périer n'ayant pu présider à cause de son état de souffrance, fut suppléé par M. Laffitte qui prit la tête du cortége avec les deux autres vice-présidens. Il était cinq heures du soir.

Le Palais-Royal, témoin jadis de si grandes scènes historiques, le fut encore de celle-ci. M. Laffitte lut au duc d'Orléans la *déclaration* de la chambre. Le prince lui répondit affectueusement, l'embrassa, et serra cordialement la main de plusieurs députés.

A dix heures et demie, M. le baron Pasquier, à la tête d'une députation de quelques pairs, vint apporter l'*adhésion* de l'autre chambre. Il reçut aussi la réponse du Lieutenant-général.

Le 8, on s'occupa au Palais-Royal de régler la conduite et de préparer les actes du lendemain. Lors de la discussion qui s'établit à ce sujet, il fut *dit*, dans le conseil, que la maison d'Orléans était appelée à former une *dynastie nouvelle*, et non à devenir la *continuation* de l'ancienne; qu'il ne fallait pas s'y méprendre; qu'en effet « le duc d'Orléans était appelé *non parce qu'il* était Bourbon, mais *quoique Bourbon*; et à la charge de ne pas ressembler à ses aînés, mais au contraire d'en différer essentiellement. » Il adopta en conséquence le nom de Louis-Philippe Ier, et non celui de Philippe VII, comme l'auraient voulu quelques-uns. On retrancha de l'intitulé des actes royaux la formule *par la grâce de Dieu*, puisque le principe de la nouvelle monarchie allait reposer désormais, non sur l'allégation absolue du *droit divin*, mais sur *un droit positif et conventionnel*. Par la même raison, on supprima l'énonciation de ces mots, *l'an de grâce*; ainsi que la formule absolutiste, *car tel est notre plaisir*. Au moment de signer les premières lettres de grace, le roi prit un grattoir, et effaça de sa propre main sur l'ancien protocole les mots *de notre pleine puissance*[1]; les anciennes *armes de France* (les lys) cessèrent de former le sceau de l'Etat, et les armes d'Orléans ne restèrent plus que comme les armes particulières de cette maison. Enfin le mot *sujet* (après délibération expresse) fut retranché de la formule exécutoire adressée à la suite des lois aux agens du pouvoir exécutif et aux tribunaux: non certes, pour diminuer en rien le lien indispensable de l'obéissance qui est de l'essence de tous les gouvernemens; mais pour indiquer de la part du gouvernement lui-même, que cette obéissance, désormais toute légale et constitutionnelle, n'était plus comme autrefois exigée à titre de vasselage, de sujétion et de servitude. L'acceptation du roi et la formule de son serment furent rédigées par un jurisconsulte qui fut en quelque sorte *le notaire* de cette grande transaction politique; et le procès-verbal de la cérémonie qui devait avoir lieu le lendemain fut aussi dressé d'avance, afin que tout fût régulièrement exprimé *en termes de droit*. Certes, voilà une suite de résolutions fortement empreintes de l'esprit de juillet!

Le 9 août, le duc d'Orléans, lieutenant-général du royaume, se rendit avec sa famille au palais de la chambre des députés, où les pairs s'étaient réunis. C. Périer, qui voulut attacher son nom à cette solennité, assistait à la séance comme président en titre, et lut *le premier* la déclaration de la chambre.

M. le baron Pasquier remit *ensuite* l'acte d'adhésion de la chambre des pairs.

Alors le duc d'Orléans répondit:

« Messieurs les Pairs, messieurs les Députés, j'ai lu,
» avec une grande attention la *Déclaration* de la chambre
» des députés et l'acte d'*adhésion* de la chambre des pairs.
» J'en ai pesé et médité toutes les expressions. J'ACCEPTE,
» *sans restriction ni réserve*, les clauses et engagemens
» que renferme cette déclaration, et le titre de *Roi des*

[1] Ceci rappelle le célèbre quatrain de Pibrac:

> Je hais ces mots de *puissance absolue*,
> De *plein pouvoir*: de *propre mouvement*.
> Aux saints décrets ils ont premièrement,
> Puis à nos lois, la puissance tollue.

» *Français* qu'elle me confère, et je suis prêt à en jurer
» l'observation. »

S. A. R. s'est ensuite levée, et, la tête nue, a prêté le serment dont la teneur suit :

« En présence de Dieu, je jure d'observer fidèlement la
» charte constitutionnelle, avec les modifications expri-
» mées dans la déclaration; de ne gouverner que *par les*
» *lois et selon les lois;* de faire rendre bonne et exacte
» justice à chacun selon son droit, et d'agir en toutes
» choses dans la seule vue de l'intérêt, du bonheur et de
» la gloire du peuple français. »

Le prince avait été reçu aux cris de *vive le duc d'Orléans!* il sortit aux cris de *vive le roi!* Il était venu à la chambre escorté par le peuple, il fut reconduit par le peuple jusqu'à son palais. Les vivats étaient unanimes ; aucune voix dissidente ne se fit entendre : et certes on n'en accusera pas les sbires, les satellites qui d'ordinaire entourent les rois, surtout à leur avénement ! jamais on n'avait joui de plus de liberté ! Le nouveau roi se montrait fréquemment seul au milieu de la population. Dans ces premiers temps, il n'avait pour garde que la garde nationale, habillée et non habillée ; depuis, on vit aux portes du palais la garde nationale et la troupe de ligne sans distinction de régimens ; et tout soldat français put dire, *je suis de la garde du roi!* Bientôt arrivèrent de toutes les parties du royaume des députations de toutes les villes, conseils municipaux, gardes nationales, exprimant tous à l'envi et dans les termes énergiques d'une ratification bien supérieure à mandat, la plus entière et la plus vive adhésion [1] à l'ordre de choses qui venait d'être fondé !

---

[1] Le duc de Bourbon avait pris les couleurs nationales, et souscrit pour les blessés de juillet. Le 8 août, veille de la séance royale, il écrivit au duc d'Orléans une lettre pleine d'affection, qui exprimait son regret de ce que sa mauvaise santé ne lui permettait pas d'y assister. Il ajoutait : « Je vous écris, monsieur,
» comme au lieutenant-général du royaume. Demain, *Je serai*
» *de cœur avec vous*, et vous trouverez toujours en moi *un sujet*
» *aussi fidèle que dévoué*. L.-H.-J. DE BOURBON. » Quel crève-cœur pour les légitimistes, que cette lettre écrite par le dernier des Condé, devenu premier prince du sang sous la dynastie de juillet ! Aussi, combien le roi a regretté sa mort !

II.

Quel est donc le caractère de ce gouvernement?

Pour bien se fixer sur ce point, il ne suffit pas d'avoir lu cet exposé rapide des faits; il faut étudier dans leur texte tous les actes[1] qui ont constitué le gouvernement lui-même, et en peser tous les termes pour se faire une juste idée de l'établissement qu'ils ont eu pour objet de fonder.

On doit d'abord s'arrêter à ce premier point : la révolution de juillet a été éminemment morale. Elle n'a point été le résultat d'une conjuration, d'une agression ambitieuse contre le pouvoir existant : le duc d'Orléans était incapable de trahison; il n'a point conspiré, aucun de ses amis n'a conspiré pour lui, la branche aînée s'est perdue toute seule.

C'est Charles X qui s'est insurgé contre les lois; il a méprisé les avertissemens de la presse; il n'a pas voulu écouter la voix des représentans de la nation; il a cherché, il a trouvé des ministres faibles, ambitieux, ou fanatiques, disposés à lui obéir et à servir ses desseins *quand même!*... Il a foulé aux pieds le pacte fondamental, il a aboli les lois et les libertés publiques; il s'est parjuré.

En manquant à tous ses engagemens de roi, il a délié les citoyens de toute obéissance envers lui ; il les a fait attaquer avec violence par ses soldats, par des Suisses, par des étrangers! il les a placés dans la nécessité d'une *légitime défense* : vaincus il les eût rendus esclaves; vainqueurs, ils ont pris leur revanche, ils ont voulu la liberté : il les a mis en droit de disposer de la couronne le jour où, par son agression, il les a mis en position de la lui ôter.

Cette révolution est encore remarquable entre toutes par la modération qui est un de ses principaux caractères; point de froide vengeance, point de pillage, point d'assassinats, point de réaction! Un parti qui l'emporte écrase le parti vaincu, la victoire est cruelle quand elle est remportée seulement par quelques-uns sur quelques-autres : en juillet, c'est la nation qui a triomphé ; elle a senti sa force ; elle a ménagé ses ennemis. Charles X et les siens ont été re-

---

[1] C'est dans ce but que l'auteur a réuni plusieurs *pièces historiques* destinées à être imprimées à la suite de cet écrit.

conduits paisiblement à la frontière, sans avanie, avec égards, et sans autre humiliation que de ne rencontrer *personne* qui osât se déclarer en leur faveur[1]!...

Le duc d'Orléans n'a pas été choisi dans la maison royale *comme successeur* de ses aînés, ni comme appelé *en vertu d'un droit qui lui fût propre*. Permis aux quasi-légitimistes de se le persuader ainsi : de quelque part et à quelque titre que vienne l'adhésion au pouvoir, elle ne doit pas être repoussée[2]. Mais dans la vérité des faits et des principes, pour le parti national, pour les hommes de juillet, pour tous les patriotes qui, *à cette époque*, ont voulu et proclamé le duc d'Orléans, si sa naissance a été pour lui un *heureux accident*, elle n'a pas été la source d'*un droit* : il a été choisi, et cela fut dit en propres termes, non *comme Bourbon*, mais *quoique Bourbon*.

Comme Bourbon, il n'aurait rencontré que des préventions défavorables : on aurait craint de revoir en lui tous les défauts et tous les abus reprochés aux aînés de sa race. Mais il a été choisi *quoique Bourbon*[3], parce qu'on savait

[1] On se rappellera toujours cette gravure au bas de laquelle on lisait ces mots : « Messieurs, pourriez-vous me dire ce qu'é-« taient devenus les *royalistes* pendant les immortelles journées « des 27, 28 et 29 juillet ? » On les a retrouvés plus tard derrière les émeutes, dans les clubs, dans la rédaction de quelques journaux et dans les tendances contre-révolutionnaires.

[2] Si, par exemple, le duc de Bordeaux était mort, et que ses partisans commençassent à voir dans le duc d'Orléans *leur roi légitime*, que m'importe pourvu qu'ils lui obéissent, et le soutiennent : mais 1830 restera toujours vrai pour les hommes de 1830.

[3] J'ai reproduit cette assertion dans le *Précis historique du Droit français* imprimé dans mon *Manuel des Étudians en Droit*, pour établir qu'en 1830, on a réellement entendu fonder une nouvelle dynastie.

« Je dis une *autre* dynastie ; car si, de fait, le duc d'Orléans était de la famille des Bourbons, il ne fut pas appelé *parce qu'il était* Bourbon, ni en raison de ce qu'il était Bourbon, ni comme ayant à ce titre aucun droit présent ou éloigné à la couronne de France ; mais il fut appelé *quoique Bourbon*, c'est-à-dire malgré les préventions qui étaient attachées à ce nom, et qui auraient atteint la branche cadette aussi bien que la branche aînée, si l'on n'avait pas su parfaitement que, loin de partager les préjugés de la branche régnante, *le duc d'Orléans*, par lui-même, par les principes libéraux dont il avait toujours fait profession, et par l'éducation publique qu'il avait fait donner à ses fils, avait avec le

qu'il avait aimé la révolution française, arboré ses couleurs, combattu dans ses rangs; *qu'il avait pour ennemis jurés les ennemis de cette révolution;* il était donc juste qu'il trouvât pour amis tous ceux qui, comme lui, s'étaient vus dans la défiance ou dans la disgrace des Bourbons déchus.

Aussi, il n'a pas pris *les armes* dites de France, comme s'il en eût hérité; il ne s'est pas intitulé Philippe VII, comme s'il eût été la continuation de l'autre dynastie. En lui, tout a commencé *à titre nouveau.* Il a été librement choisi, librement accepté par le vœu national; c'est là SA LÉGITIMITÉ, non pas *quasi* [1] mais pleine et entière, la plus pure, la plus honorable, la plus vraie, la plus éloignée de l'usurpation; cette légitimité est toute populaire, elle lui a valu tout d'abord le beau titre de *roi-citoyen.*

Ce caractère de l'avénement de Louis-Philippe n'est pas idéal, fantastique; il est réel, il ne peut être méconnu; il est écrit littéralement dans les actes qui ont consacré l'élévation de la nouvelle dynastie. Ces actes, tous conçus en termes de droit, ont un sens précis et rigoureux, qui ne permet point d'en éluder la signification et d'en méconnaître les effets.

corps de la nation française un fonds commun d'idées, de principes, d'intérêts et de sympathies; et que son adhésion à la révolution de juillet, qui serait qualifiée *d'usurpation* par les partisans de la branche déchue, le rendrait irréconciliable avec eux et deviendrait le premier gage de sa fidélité à ses engagemens. C'est, je le répète, dans cet esprit qu'il fut appelé au trône par la déclaration du 7 août 1830. Ceux qui le nieraient aujourd'hui n'y étaient pas, ou bien ils manqueraient de mémoire ou de bonne foi. »

[1] S'il y a au monde une chose absolue, et qui n'admette pas le plus ou le moins, c'est *la légitimité.* Elle existe ou elle n'existe pas; mais une *quasi-légitimité* est la plus grande des absurdités. Si la branche aînée n'est pas valablement déchue, si elle a conservé quelques droits, la branche cadette, quelque proche en degré qu'elle fût du trône, n'en est pas moins réputée usurpatrice aux yeux des logiciens de la légitimité. Il y a entre elle et ses aînés, comme Bossuet le disait du dauphin relativement au roi, *il y a toute l'épaisseur d'un royaume.* Il y a plus : aux yeux des légitimistes, le duc d'Orléans, parent du roi déchu, est plus odieux qu'un étranger. Il n'y a donc que des ennemis de Louis-Philippe, ou des amis peu intelligens de sa position politique, qui puissent aller chercher pour lui un autre titre, une autre *légitimité* que la *volonté nationale.*

Ainsi, dans le rapport fait à la chambre le 7 août, le jurisconsulte dont il est l'ouvrage, dit en parlant du projet d'appeler au trône le duc d'Orléans : « Cette proposition a
» pour objet d'asseoir et de fonder un *établissement nou-*
» *veau*; nouveau quant à la personne appelée, *et surtout*
» *quant au mode de vocation*.. Ici la loi constitutionnelle
» n'est pas un *octroi* du pouvoir qui croit se dessaisir :
» c'est tout le contraire, c'est une nation *en pleine posses-*
» *sion de ses droits*, qui dit, avec autant de dignité que
» d'indépendance, au noble prince auquel il s'agit de dé-
» férer la couronne : A CES CONDITIONS *écrites dans la loi,*
» *voulez-vous régner sur nous ?* »

La chambre fait de cette idée le fondement de sa résolution ; car après avoir déclaré *le trône vacant*, après avoir arrêté *les conditions du pacte constitutionnel*, elle s'exprime en ces termes : « MOYENNANT L'ACCEPTATION de
» ces dispositions et propositions, la chambre des députés
» déclare enfin que l'intérêt universel et pressant du peuple
» français appelle au trône S. A. R. Louis-Philippe d'Or-
» léans.....

» En conséquence, Louis-Philippe d'Orléans sera invité
» *à accepter et à jurer les clauses et engagemens* ci-dessus
» énoncés, l'observation de la Charte constitutionnelle et
» des modifications indiquées, et *après l'avoir fait* devant
» les chambres assemblées, à prendre le titre de *roi des*
» *Français*. »

Assurément, rien n'a gêné la chambre dans l'énoncé de ces conditions ; point de gardes-du-corps, point de Suisses, point de troupes alliées qui aient influé en rien sur la liberté des délibérations. A cette époque, il n'y avait d'armé dans Paris que le peuple de Paris.

Réciproquement, rien n'aura été plus libre que la détermination du duc d'Orléans : il a été bien averti; la couronne était *à prendre ou à laisser*; roi des Français moyennant la condition offerte ; *sinon, non.*

Cette situation était très-exactement indiquée dans le rapport fait à la chambre des députés sur la proposition Bérard. « Messieurs, disait le rapporteur, avant tout le duc
» d'Orléans est honnête homme; il en a parmi nous l'écla-
» tante réputation ; s'il vous dit qu'il accepte, si, par cette
» acceptation, *le contrat* est une fois formé, s'il en jure
» l'observation en présence des chambres, à la face de la

« nation, nous pourrons compter sur sa parole : il nous l'a
« dit: *la Charte telle qu'il l'aura acceptée sera désormais*
« *une vérité.* »

Le duc d'Orléans prend le temps d'y réfléchir; il reçoit chez lui la Déclaration, elle lui est lue et remise par le président de la chambre, en présence de tous ceux qui l'ont délibérée; il l'examine, prend l'avis de son conseil, arrête avec maturité sa détermination, et le 9 août, en présence des deux chambres, il prononce les paroles solennelles d'*acceptation*, que nous avons déjà rapportées (*page* 20).

Et il prête son *serment*.

Ainsi s'est formé le gouvernement de juillet. Ce n'est pas un gouvernement usurpé ni imposé, c'est un gouvernement *convenu*. il repose sur un *pacte débattu*, sur un *contrat librement consenti*, qui confère des droits et impose des devoirs à la royauté; contrat *également obligatoire* pour le roi et pour les citoyens; qui oblige ceux-ci à respecter la prérogative sans laquelle le gouvernement du roi ne pourrait pas maintenir son autorité, et qui, réciproquement, oblige le roi à respecter les droits et les libertés qu'il est appelé à protéger de tout son pouvoir; car il règne pour notre utilité, et non pour son agrément ou son bon plaisir.

Soutenir, avec les radicaux, et comme le font encore tous les jours la *Gazette* et la *Quotidienne*, que ce contrat, pour être valable, aurait dû être soumis *à l'acceptation individuelle de chaque Français*, c'est une dérision. Lorsqu'aux temps de nos plus anciennes assemblées nationales, on *interrogeait le peuple sur les capitules* [1], on ne demandait pas la signature de chacun; mais l'adhésion du peuple comme le peuple la donne, c'est-à-dire, par acclamation, *vox populi*, et non pas *scriptura populi?* [2] Sur trente millions de français, combien peu, même aujourd'hui, savent écrire! mais tous savent crier *vive le roi!* Or, on ne peut nier que l'avénement de Louis-Philippe n'ait été salué partout des plus vives acclamations; et que les adhésions envoyées ou apportées de toutes parts n'aient

---

[1] *Ut de capitulis Populus interrogetur.*

[2] Qu'importe en effet, dit la loi romaine, que le peuple déclare sa volonté en allant aux suffrages, ou qu'il la manifeste par la force même des choses et par les faits? *Quid interest, suffragio Populus voluntatem suam declaret, an rebus ipsis et factis?*

consacré en sa faveur la plus évidente et la plus complète ratification.

Sans doute *la souveraineté nationale* s'est manifestée avec éclat dans cette élévation du nouveau roi sur *le pavois de juillet!* mais elle ne s'est pas manifestée avec plus d'éclat que l'indépendance du roi lui-même dans son acceptation. Or, de même que l'acceptation du roi, librement donnée, l'a obligé et l'oblige à tenir fidèlement ses promesses, de même la nation est tenue de garder fidélité au roi. Un honnête homme, dit-on, n'a que sa parole; les peuples aussi : et de ce qu'un peuple, quand on lui donne sujet de se lever en masse pour résister à une évidente oppression, peut tout écraser dans un jour de colère, il ne s'ensuit pas qu'il doive tous les jours, à son propre détriment et sans cause légitime, s'insurger contre le gouvernement de son choix, briser capricieusement son ouvrage, uniquement parce que c'est son ouvrage, et faire perpétuellement de nouvelles révolutions au profit des factieux qui n'interpellent sans cesse sa souveraineté, c'est-à-dire sa force, que pour l'exciter à en abuser!

Le roi est fidèle, la nation doit l'être; c'est la loi de tous les contrats. Avant de les consentir, on est maître; après les avoir consentis, on est lié.

Si Louis-Philippe eût refusé ou différé d'accepter, la conclusion de cette affaire devenue difficile, hasardeuse, sanglante, incertaine, en rendant son concours plus nécessaire, eût rendu plus évident le service immense qu'il a rendu en couronnant la révolution de juillet, et en cédant de suite au vœu public [1]. Mais l'engagement, pour avoir été pris sur-le-champ et de bonne grace, n'en est pas moins obligatoire et sacré de part et d'autre.

Parlera-t-on encore de ce fameux *Programme* dit *de l'Hôtel-de-Ville*, que personne n'a ni vu ni lu, et dont un parti cependant aurait voulu faire la véritable constitution de la France ? *Une monarchie entourée d'institutions ré-*

---

[1] Il faut se rappeler que c'est en présence de Charles X, qui était encore aux portes de Paris avec sa garde, maître de la place de Vincennes et de son immense matériel, en présence de 85 départemens dont on ignorait encore les dispositions, en présence de la Vendée et d'une invasion étrangère alors menaçante et qui nous eût pris au dépourvu, que le duc d'Orléans accepta la lieutenance générale du royaume, le 30 juillet, et dix jours après, la royauté.

publicaines! chose aussi absurde qu'*une république entourée d'institutions monarchiques*, puisque dans le premier cas, la prétendue monarchie serait en réalité une république, comme dans le second, la prétendue république ne serait au fond, qu'une monarchie! c'est donc une contradiction dans les termes, introduite pour amener une confusion dans les choses.

Mais, outre cela, qu'est-ce donc que cette prétention de faire prévaloir un programme occulte sur une charte promulguée au grand jour! Et qui donc avait mission pour arrêter ce programme et l'imposer à la nation? — Est-ce aussi un programme *octroyé?*..... Comment d'ailleurs concilier cette invocation tardive d'un programme ténébreux, tenu secret, dissimulé aux chambres, avec l'existence de la Charte constitutionnelle, proposée, délibérée en public, en présence et avec le concours de tous les hommes de l'Hôtel-de-Ville sans qu'aucun d'eux ait réclamé!.....

Un illustre général, dont le nom a été souvent invoqué ou allégué à cette occasion, n'a-t-il pas lui-même pris soin d'établir *la validité* de ce qui avait été fait par la chambre des députés, en répondant à ceux qui contestaient la *compétence* de cette chambre, sous prétexte qu'elle n'avait pas pu s'ériger de fait en *assemblée constituante*.

« Messieurs, disait le général Lafayette à la séance du 6
« octobre 1831, la commission nous a invités à dire notre
« opinion sur la question de *compétence*. J'en parlerai
« comme un *témoin assermenté* pourrait le faire dans une
« cour de justice, en vous rappelant les faits. Mais aupara-
« vant, messieurs, j'ai besoin de répondre à une attaque
« qu'un respectable orateur [1], dont nous avons été heu-
« reux de reconnaître la voix à cette tribune, a faite der-
« nièrement contre le dogme de la souveraineté nationale,
« ce droit imprescriptible des peuples, ce principe vital de
« notre existence sociale. Sa haute intelligence, préoccu-
« pée des idées anglaises sur l'omnipotence parlementaire,
« je ne dirai pas, comme lui, n'a pas pu, mais n'a pas
« voulu comprendre le pouvoir constituant.

« Une longue habitude de plus d'un demi-siècle m'a
« fort familiarisé à cette idée, et me l'a rendue très-com-
« préhensible.

[1] M. Royer-Collard.

» Je conviens, messieurs, et je pense avec notre hono-
» rable collègue, « qu'il n'y a de raisonnable que la raison,
» qu'il n'y a de juste que la justice; » et c'est pour cela
» que dans l'école dont je fais partie, on a cru devoir faire
» précéder les constitutions de déclarations simples des
» droits des hommes et des sociétés; de ces droits dont
» une nation entière ne pourrait pas priver un seul ci-
» toyen.

» Mais, en même temps, on a cru qu'au lieu de s'en
» rapporter, pour l'application de ces vérités, aux consti-
» tutions, qui sont des combinaisons secondaires; au lieu
» de s'en rapporter, dis-je, à un seul individu, fût-ce Pla-
» ton, à une société même de philosophes, il valait mieux
» s'en rapporter à des députés expressément choisis pour
» faire ce qui deviendrait ensuite la loi des pouvoirs con-
» stitués.

» Messieurs, je conviens que notre marche n'a pas été
» aussi régulière; mais je suis loin de dire que ce qui s'est
» passé ait été *le produit de la force.*

» Après nos glorieuses et fécondes journées de juillet,
» il ne restait rien debout *que la souveraineté nationale*
» *et le peuple vainqueur;* c'est en leur nom que la nation
» s'arma tout entière, nomma ses officiers, et qu'il fut
» signifié à la famille royale qu'elle avait cessé de régner,
» même avant que la déchéance fût régulièrement pro-
» noncée [1].

» *C'est en leur nom que les députés résidant à Paris,*
» vu *l'urgence* des circonstances, crurent devoir se *saisir,*
» *pour l'utilité publique, du pouvoir constituant,* confir-
» mèrent la déchéance, élevèrent un trône populaire, et
» qu'ils appelèrent à ce trône, *malgré* ses rapports de pa-
» renté avec la famille déchue, et par un sentiment de con-
» fiance et d'estime personnelle, celui de nos concitoyens
» qu'ils avaient déjà nommé lieutenant-général du
» royaume.

[1] « Le gouvernement né de juillet a, pour origine et pour
» base, *la souveraineté nationale.* C'est *le peuple*, en effet, qui a
» vaincu Charles X; c'est le peuple qui l'a détrôné, évincé de son
» palais, poursuivi à Rambouillet, reconduit hors de France et
» embarqué à Cherbourg en lui disant un éternel adieu!..... »
(3ᵉ Lettre d'un magistrat sur la pairie, insérée dans la *Gazette
des Tribunaux*, octobre 1831.)

» Peut-être, messieurs, aurait-on dû, à cette époque,
» convoquer une assemblée *constituante* ; j'avouerai même
» que ce fut là *ma première pensée.*

« Mais la *nécessité* de réunir les esprits, une foule de
» circonstances dont il est plus commode de juger après les
» événemens, les assurances que le peuple vainqueur avait le
» droit et le devoir de demander et qu'il reçut franche-
» ment ; tous ces motifs *nous rallièrent tous autour de l'or-
» dre de choses qui a été adopté.*

» Et je dois ajouter que, *de toutes les parties de la
» France* (personne plus que moi n'a été à portée d'en
» juger), il nous arriva les témoignages *les plus una-
» nimes* et les plus satisfaisans *d'adhésion complète* à ce
» que nous avions fait, au trône que nous avions élevé et
» au monarque que nous avions choisi. Cette adhésion fut
» *une véritable sanction de l'opinion de la presque totalité
» de la France* [1]. »

C'est en cela que la royauté de Louis-Philippe, quoique
non républicaine, est cependant *populaire*. La couronne
ne lui a pas été déférée par *l'émigration*, ni par le *parti
prêtre*, ni par ce qu'on nomme encore quelquefois l'*aristocratie !* elle lui a été conférée par le peuple, c'est-à-dire
par la masse des citoyens. Il chérit son pays, ses droits, ses
libertés ; il est ennemi des privilèges, ami du droit commun ; et c'est ainsi qu'il a mérité d'être appelé *roi-citoyen*.
Mais cela ne veut pas dire roi pusillanime, roi faible, roi
soliveau ; au contraire, cela signifie à mon sens, roi ferme
et roi fort, puisqu'il a pour titre fondamental de ses droits
à la couronne, le vœu du pays et le sentiment intime de sa
nationalité.

La monarchie constitutionnelle, le gouvernement représentatif ;

Avec un roi *élu* qui ne peut oublier la popularité de son
origine ;

Deux chambres législatives pour éviter la tyrannie d'une
seule ;

Un ministère responsable, et par conséquent indépendant ;

Une magistrature inamovible, et le jury ;

---

[1] Ici revient notre épigraphe, dont le texte de M. de Lafayette
n'est que la traduction : Quid interest *suffragio* Populus voluntatem suam declaret, an *rebus ipsis et factis?*

La presse libre, pour relever les abus, et réclamer les améliorations que la suite des temps et le progrès naturel des idées peut comporter :

Certes, il faut en convenir, dans l'état actuel de nos mœurs, et pour un vaste pays comme la France, un tel gouvernement *vaut mieux que la meilleure des républiques*.

III.

Français, sachez donc une bonne fois vous tenir à quelque chose, et vous fixer enfin. Vous avez à votre tête une famille excellente, toute française par ses mœurs et par ses affections ; une famille à laquelle aucun amour-propre ne peut envier ni disputer le commandement.

Un roi *cuirassé* de cinq princes qui assurent dans sa maison la continuité du pouvoir contre les calamités qu'entraînent trop souvent pour les peuples la déshérence des maisons royales, la vacance du pouvoir suprême, et les guerres de succession.

Vous avez des institutions qui, dès à présent, vous font jouir de toutes les libertés connues chez les peuples civilisés.

Tout n'est pas encore entièrement réglé, fini, complet : mais la *constitution* offre tous les moyens réguliers de perfectionner ce que nous avons et d'acquérir ce qui nous manque. Au lieu de courir sans cesse des chances nouvelles, de rêver encore des changemens, d'abattre toujours sans savoir que rééditier !... tâchons d'oublier un peu nos dissensions, de rallier les esprits, de diriger l'effort de nos capacités vers le bien public, et d'assurer à la France cette prospérité dont parlent tant d'écrivains et d'orateurs ! mais qui ne peut trouver place au milieu de la mobilité des esprits et de l'inconstance perpétuelle des résolutions.

Dans l'état actuel de notre civilisation, la classe qu'on appelle intermédiaire fait la force de la nation ; elle est la plus laborieuse, la plus éclairée, la plus virile ; elle est héroïque dans les combats, intelligente dans les arts, le commerce et les travaux de l'industrie ; elle ne peut supporter la servitude ; elle aime avec passion la patrie, la gloire et la liberté ! Mais, je le dis avec douleur, elle s'entend mal à conserver ce qu'elle a conquis. La gentilhommerie sait très-bien ce qu'elle regrette et ce qu'elle voudrait ressaisir…. le parti prêtre, c'est-à dire ceux qui veulent faire servir la religion au succès d'une ambition toute mondaine, le savent également : légitimistes et ultramontains savent faire des sacrifices individuels, des sacrifices de plus d'un genre au succès de leurs idées, de leur caste, de leur parti. Mais nous autres hommes populaires, qu'on appelait jadis *le tiers-état*, nous savons seulement ce que nous ne voulons pas. Après une chose renversée, c'est une autre, et puis une autre encore, et toujours du nouveau. L'envie nous tue, la jalousie nous dévore; trop nombreux pour arriver tous, nous ne pardonnons à personne d'arriver seul ou d'arriver le premier; et trop souvent, après de sublimes efforts pour conquérir la puissance, nous offrons à nos adversaires naturels mille occasions de la ressaisir et de s'en emparer !….

Voilà ce qui décourage les bons citoyens et enhardit les factieux.

Je le répète : SACHONS NOUS FIXER.

La restauration des Stuarts et celle des Bourbons ont donné lieu à des rapprochemens qui ont vivement frappé les esprits observateurs; mais les jours qui ont suivi 1688 et 1830 n'offrent pas des ressemblances moins dignes d'exercer leurs méditations.

Voici comment s'exprime un des historiens qui ont porté dans l'étude des révolutions de nos voisins l'esprit le plus impartial et le plus exempt de préjugés nationaux. « Les » membres du clergé, dit Rapin Thoyras, ne cachaient » point leur attachement pour le roi déchu; un grand » nombre refusèrent même de prier pour Guillaume; tout » ce qu'il y avait de mécontens favorisait publiquement » ou secrètement ce parti; leur aversion pour le gouver- » nement éclatait dans des libelles séditieux et dans des » cabales parmi le peuple. Les torys entretenaient des in- » telligences avec le roi Jacques; les whigs, à leur tour, » chagrinaient Guillaume au dernier point, et ils l'accu-

» sèrent d'ingratitude ! Les princes que la faveur d'une
» nation place sur le trône doivent s'attendre à ce malheur.
» On ne mesure les demandes dont on les importune que
» sur la grandeur du présent qu'on leur a fait. D'autres
» whigs qui incommodaient encore plus le nouveau roi,
» c'étaient ceux qui, imbus de principes anti-monarchi-
» ques, visaient insensiblement à régir l'Angleterre en
» république.... »

Ne voyons-nous pas aussi fermenter en France de vieilles haines et de récentes inimitiés, les passions les plus contraires se rallier au même mot d'ordre, et les doctrines radicales circuler sous le contre-seing de la monarchie absolue ?

PIÈCES HISTORIQUES.

N° 1.

Adresse des 221.

. . . .

« Sire, la Charte que nous devons à la sagesse de votre auguste prédécesseur, et dont votre majesté a la ferme volonté de consolider le bienfait, consacre, *comme un droit, l'intervention du pays dans la délibération des intérêts publics*. Cette intervention devait être, elle est en effet indirecte, sagement mesurée, circonscrite dans des limites exactement tracées, et que nous ne souffrirons jamais que l'on ose tenter de franchir ; mais elle est positive dans son résultat : car elle fait, du *concours permanent des vues politiques de votre gouvernement avec les vœux de votre peuple*, la condition indispensable de la marche régulière des affaires publiques. Sire, notre loyauté, notre dévouement nous condamnent à vous dire que ce *concours n'existe pas*.

« Une défiance injuste des sentimens et de la raison de la France, est aujourd'hui la pensée fondamentale de l'administration. Votre peuple s'en afflige, parce qu'elle est injurieuse pour lui ; il s'en inquiète, parce qu'elle est menaçante pour ses libertés.

» Cette défiance ne saurait approcher de votre noble cœur. Non, Sire, *la France ne veut pas plus de l'anarchie que vous ne voulez du despotisme* : elle est digne que vous ayez foi dans sa loyauté, comme elle a foi dans vos promesses.

» Entre ceux qui méconnaissent une nation si calme, si fidèle, et nous qui, avec une conviction profonde, venons déposer dans votre sein les douleurs de tout un peuple jaloux de l'estime et de la confiance de son roi, que la haute sagesse de votre majesté prononce ! Ses royales prérogatives ont placé dans ses mains les moyens d'assurer, entre les pouvoirs de l'Etat, cette harmonie constitutionnelle, première et nécessaire condition de la force du trône et de la grandeur de la France. »

Le roi a répondu :

« Monsieur, j'ai entendu l'adresse que vous me présentez au nom de la chambre des députés.

« J'avais droit de compter sur le concours des deux chambres pour accomplir tout le bien que je méditais, mon cœur s'afflige de voir les députés des départemens déclarer que, de leur part, ce concours n'existe pas.

« Messieurs, j'ai annoncé *mes résolutions* dans mon discours d'ouverture de la session. Ces résolutions sont *immuables* ; l'intérêt de mon peuple me défend de m'en écarter.

« Mes ministres vous feront connaître mes intentions. »

N° 2.

Extrait du discours du rapporteur de la commission de l'adresse des 221, en réponse à M. de Guernon-Ranville.

(Séance du 15 mars 1830.)

M. *Dupin aîné* a la parole après M. de Guernon-Ranville, pour expliquer la pensée de la commission, dont les intentions, dit-il, ont été mal saisies, et les expressions durement traduites par le préopinant.

« ...... On prétend que l'adresse offense la prérogative royale ; qu'elle renferme une *sommation au roi de renvoyer son ministère !* Non, messieurs, ce n'est ni le langage, ni la pensée de l'adresse.

« Loin d'être menacée dans aucune de ses parties, *l'intégrité* de la prérogative royale est proclamée, dans l'intérêt propre des citoyens, comme la plus sûre garantie de leurs libertés qui en sont inséparables.

« Mais ces libertés elles-mêmes, qui sont *des droits pour la nation*, imposent des devoirs spéciaux aux députés des départemens. Ces libertés sont placées aussi sous votre surveillance et votre protection ; vous avez le droit de les alléguer aux pieds du trône, le droit de dire au roi la vérité, le droit de parler au nom du pays que vous représentez, comme parlerait le pays lui-même; avec respect, mais avec sincérité.

« Or cette vérité, quelle est-elle ? Il faut bien le dire : au milieu du respect et du dévouement universel des citoyens, il existe une vive inquiétude qui trouble la sécurité du pays, et qui, si elle était prolongée, pourrait compromettre son repos. Cette inquiétude a sa source dans la défiance injuste que l'administration actuelle nourrit contre la France, et dans la défiance réciproque que la France a conçue contre les hommes à qui cette administration est aujourd'hui confiée. C'est un fait notoire, flagrant, dont l'impression frappe tous les esprits, dont la connaissance est partout acquise; le dissimuler ne l'empêcherait pas d'exister. (Vives et nombreuses marques d'approbation.)

« Cette défiance contre le pays a percé jusque dans le discours que les ministres ont suggéré à la couronne. Réciproquement, le pays est en défiance contre l'administration ; car, en pareil cas, on inspire le sentiment qu'on éprouve. (Très-bien ! très-bien !)

« Nous n'hésitons donc point à le déclarer : *non*, il n'existe aucune sympathie entre cette administration et le pays ! nulle sympathie entr'elle et nous ! (*Une foule de voix* : Oui, oui ! très-bien !)

« Nous nous sommes attachés au principe même du gouvernement constitutionnel. Il fait du *concours politique* des deux chambres avec le ministère, la condition indispensable de la marche régulière des affaires. On accepte, vous a-t-on dit, les formes de ce gouvernement; il faut donc en subir les conséquences. C'est un gouvernement *d'accord et de majorité*.

« Mais, nous dit-on, vous gênez la prérogative en demandant ou le renvoi des ministres ou la dissolution de la chambre. Et ici sont venus se placer les mots de *sommation au roi*...., que j'ai déjà relevés. Je réponds que tel n'a été ni l'intention ni le langage de l'adresse. On ne porte pas atteinte à la liberté du roi; on déclare le fait, et l'on s'en remet à sa haute sagesse du soin de remédier au mal.

« Mais lorsque, dans le discours de la couronne, les ministres, en parlant des *obstacles* qu'on voudrait leur susciter, n'ont annoncé, pour les surmonter, que l'emploi de *la force*, nous avons pensé qu'il nous était permis de parler de *la loi*. (Très-bien ! très-bien !)

« Nous avons indiqué le remède au mal présent, non dans les *coups d'État* qu'on a pu d'abord appréhender ; non dans l'emploi de cette force brutale et matérielle que rien ne provoque, et qui ne saurait à qui s'attaquer ; mais nous avons indiqué comme seuls praticables, les moyens légaux, les moyens constitutionnels. Là est la prérogative royale, que rien ne peut gêner ni entraver ; car le roi est absolu dans sa prérogative, en ce sens que lorsqu'elle est exercée dans les limites tracées par la loi, nul ne peut y apporter retard ni refus.

« ..... Eh bien! que le roi de France use de son droit. Qu'il garde, s'il le veut, ses ministres. Nous ne saurions trop le redire : il a pu les choisir comme il l'a voulu ; il peut les garder tant qu'il voudra. Rien à cet égard ne peut le gêner dans l'exercice de son droit.

« Ces ministres peuvent retourner contre nous l'exercice de la prérogative. Ils n'ont qu'à conseiller au Roi de nous dissoudre. Un mot, et nous nous séparons; un mot, et *nous retournons dans nos foyers, y reportant l'honneur que nous avons apporté dans cette enceinte* (adhésion vive et générale); et nous rendant ce témoignage, que nous avons fait pendant deux sessions tout le bien qu'il nous a été possible d'opérer. En effet, Messieurs, nous avons doté le pays *de deux lois qu'il faudra violer avant de pouvoir essayer de l'asservir* : la loi qui flétrit les fraudes, et la loi qui les éclaire du flambeau de la publicité. Bravos! bravos!) »

La sensation produite par ce discours est inexprimable; l'orateur est descendu de la tribune au milieu de nombreuses acclamations. (*Le Constitutionnel, le National, le Journal des Débats.*)

N° 3.

Extrait de la réplique en défense pour le Journal des Débats, devant la Cour royale, le 24 décembre 1829.

« ..... La fin de l'article incriminé est relative à des *actes illégaux*.... On en a parlé à cette audience pour la première fois. La défense est facile ; c'est celle des principes et de la loi.

» Et d'abord, quant aux *taxes illégales*, oui, je le déclare, elles ne devraient pas être payées, et, pour mon compte, si on me les demandait, je refuserais de les payer. Saisi dans mes meubles, c'est aux Tribunaux, Messieurs, que je viendrais, comme en cet instant, demander justice et protection; tout se réduirait à une question de propriété; car l'État n'a le droit de me demander que ce que la loi lui donne; le reste est à moi. Ainsi, POINT DE LOI, POINT D'IMPÔT.

» Quant à ces mots *baïonnettes intelligentes*, il n'y a là rien à reprendre. Oui, nos soldats actuels connaissent les lois; ce ne sont plus des *reîtres*, ce ne sont plus des hommes d'emprunt qui composent nos armées, ce sont des hommes fidèles au Roi, et fidèles observateurs des lois de leur pays; soldats aujourd'hui, ils seront demain citoyens. A quoi leur servirait de voir augmenter leurs retraites, si c'était au prix du sacrifice de tous leurs droits, et si, rentrés dans le foyer domestique, on pouvait leur reprendre, par des taxes illégales, plus qu'on ne leur aurait donné?

« Messieurs, ne faisons point de prétoriens; aujourd'hui pour le Roi contre les lois, plus tard ils pourraient être pour un usurpateur contre le Roi lui-même. Tenons-nous aux principes; l'armée n'est instituée au dehors que pour la défense du territoire, au dedans que pour assurer force à la justice et force à la loi. Il faut employer les braves à *choses faisables*, et l'on préférera toujours un Crillon à Tavanes, un vicomte d'Orthez à ceux qui ne craignirent pas de se faire bourreaux de leurs concitoyens désarmés.

« C'est un mauvais jeu que d'employer des soldats à faire des coups d'État : les coups d'État, qui sont *les séditions du pouvoir*, ne lui réussissent pas mieux contre les lois, que les séditions du peuple contre la royauté. Qu'on en soit bien convaincu, il n'est pour les rois, comme pour les sujets, qu'un seul moyen de vivre en paix, c'est de respecter les droits de chacun; *loi et justice pour tous....* »

N° 4.

Rapport au Roi, qui a précédé les Ordonnances du 25 juillet 1830.

Sire, vos ministres seraient peu dignes de la confiance dont Votre Majesté les honore, s'ils tardaient plus long-temps à placer sous vos yeux un aperçu de notre situation intérieure, et à signaler à votre haute sagesse les dangers de la presse périodique.

A aucune époque, depuis quinze années, cette situation ne s'était présentée sous un aspect plus grave et plus affligeant. Malgré une prospérité matérielle dont nos annales n'avaient jamais offert d'exemple, des signes de désorganisation et des symptômes d'anarchie se manifestent presque sur tous les points du royaume.

Les causes successives qui ont concouru à affaiblir les ressorts du gouvernement monarchique tendent aujourd'hui à en altérer et à en changer la nature : déchue de sa force morale, l'autorité, soit dans la capitale, soit dans les provinces, ne lutte plus qu'avec désavantage contre les factions ; des doctrines pernicieuses et subversives hautement professées, se répandent et se propagent dans toutes les classes de la population ; des inquiétudes trop généralement accréditées agitent les esprits et tourmentent la société. De toutes parts on demande au présent des gages de sécurité pour l'avenir.

Une malveillance active, ardente, infatigable, travaille à ruiner tous les fondemens de l'ordre et à ravir à la France le bonheur dont elle jouit sous le sceptre de ses rois. Habile à exploiter tous les mécontentemens et à soulever toutes les haines, elle fomente parmi les peuples un esprit de défiance et d'hostilité envers le pouvoir, et cherche à semer partout des germes de troubles et de guerre civile.

Et déjà, Sire, des événemens récens ont prouvé que les passions politiques, contenues jusqu'ici dans les sommités de la société, commencent à en pénétrer les profondeurs, et à émouvoir les masses populaires. Ils ont prouvé aussi que ces masses ne s'ébranleraient pas toujours sans danger pour ceux-là même qui s'efforcent de les arracher au repos.

Une multitude de faits recueillis dans le cours des opérations électorales, confirment ces données, et nous offriraient le présage trop certain de nouvelles commotions, s'il n'était au pouvoir de Votre Majesté d'en détourner le malheur.

Partout aussi, si l'on observe avec attention, existe un besoin d'ordre, de force et de permanence, et les agitations qui y semblent le plus contraires n'en sont en réalité que l'expression et le témoignage.

Il faut bien le reconnaître : ces agitations, qui ne peuvent s'accroître sans de grands périls, sont presque exclusivement produites et excitées par la liberté de la presse. Une loi sur les élections, non moins féconde en désordres, a sans doute concouru à les entretenir ; mais ce serait nier l'évidence que de ne pas voir dans les journaux le principal foyer d'une corruption dont les progrès sont chaque jour plus sensibles, et la première source des calamités qui menacent le royaume.

L'expérience, Sire, parle plus hautement que les théories. Des hommes éclairés sans doute, et dont la bonne foi d'ailleurs n'est pas suspecte, entraînés par l'exemple mal compris d'un peuple voisin, ont pu croire que les avantages de la presse périodique en balanceraient les inconvéniens, et que ses excès se neutraliseraient par des excès contraires. Il n'en a pas été ainsi, l'épreuve est décisive, et la question est maintenant jugée dans la conscience publique.

A toutes les époques, en effet, la presse périodique n'a été, et il est dans sa nature de n'être qu'un instrument de désordre et de sédition.

Que de preuves nombreuses et irrécusables à apporter à l'appui de cette vérité ! C'est par l'action violente et non interrompue de la presse que s'expliquent les variations trop subites, trop fréquentes de notre politique intérieure. Elle n'a pas permis qu'il s'établît en France un système régulier et stable de gouvernement, ni qu'on s'occupât avec quelque suite d'introduire dans toutes les branches de l'administration publique les améliorations dont elles sont susceptibles. Tous les ministères depuis 1814, quoique formés sous des influences diverses et soumis à des directions opposées, ont été en butte aux mêmes traits, aux mêmes attaques et au même déchaînement de passions. Les sacrifices de tout genre, les concessions de pouvoir, les alliances de parti, rien n'a pu les soustraire à cette commune destinée.

Ce rapprochement seul, si fertile en réflexions, suffirait pour assigner à la presse son véritable, son invariable caractère. Elle s'applique, par des efforts soutenus, persévérans, répétés chaque jour, à relâcher tous les liens d'obéissance et de subordination, à user les ressorts de l'autorité publique, à la rabaisser, à l'avilir dans l'opinion des peuples et à lui créer partout des embarras et des résistances.

Son art consiste, non pas à substituer à une trop facile soumission d'esprit, une sage liberté d'examen, mais à réduire en problème les vérités les plus positives ; non pas à provoquer sur les questions politiques une controverse franche et utile, mais à les présenter sous un faux jour et à les résoudre par des sophismes.

La presse a jeté ainsi le désordre dans les intelligences les plus droites, ébranlé les convictions les plus fermes, et produit, au milieu de la société, une confusion de principes qui se prête aux tentatives les plus funestes. C'est par l'anarchie dans les doctrines qu'elle prélude à l'anarchie dans l'État.

Il est digne de remarque, Sire, que la presse périodique n'a pas même rempli sa plus essentielle condition ; celle de la publicité. Ce qui est étrange, mais ce qui est vrai à dire, c'est qu'il n'y a pas de publicité en France, en prenant ce mot dans sa juste et rigoureuse acception. Dans l'état des choses, les faits, quand ils ne sont pas entièrement supposés, ne parviennent à la connaissance de plusieurs millions de lecteurs, que tronqués, défigurés, mutilés de la manière la plus odieuse. Un épais nuage, élevé par les journaux, dérobe la vérité et intercepte en quelque sorte la lumière entre le gouvernement et les peuples. Les Rois vos prédécesseurs, Sire, ont toujours aimé à se communiquer à leurs sujets : c'est une satisfaction dont la presse n'a pas voulu que Votre Majesté pût jouir.

Une licence qui a franchi toutes les bornes n'a respecté, en effet, même dans les occasions les plus solennelles, ni les volontés expresses du Roi, ni les paroles descendues du haut du trône. Les unes ont été méconnues et dénaturées; les autres ont été l'objet de perfides commentaires ou d'amères dérisions. C'est ainsi que le dernier acte de la puissance royale, la proclamation, a été discrédité dans le public, avant même d'être connu des électeurs.

Ce n'est pas tout. La presse ne tend pas moins qu'à subjuguer la souveraineté et à envahir les pouvoirs de l'État. Organe prétendu de l'opinion publique, elle aspire à diriger les débats des deux Chambres, et il est incontestable qu'elle y apporte le poids d'une influence non moins fâcheuse que décisive. Cette domination a pris surtout, depuis deux ou trois ans, dans la Chambre des Députés, un caractère manifeste d'oppression et de tyrannie. On a vu, dans cet intervalle de temps, les journaux poursuivre de leurs insultes et de leurs outrages les membres dont le vote leur paraissait incertain ou suspect. Trop souvent, Sire, la liberté des délibérations dans cette Chambre, a succombé sous les coups redoublés de la presse.

On ne peut qualifier en termes moins sévères la conduite des journaux de l'opposition dans des circonstances plus récentes. Après avoir eux-mêmes provoqué une adresse attentatoire aux prérogatives du trône, ils n'ont pas craint d'ériger en principe la réélection des 221 députés dont elle est l'ouvrage. Et cependant Votre Majesté avait repoussé cette adresse comme offensante ; elle avait porté un blâme public sur le refus de concours qui y était exprimé ; elle avait annoncé sa résolution immuable de défendre les droits de sa couronne si ouvertement compromis. Les feuilles périodiques n'en ont tenu compte ; elles ont pris, au contraire, à tâche de renouveler, de perpétuer et d'aggraver l'offense. Votre Majesté décidera si cette attaque téméraire doit rester plus longtemps impunie.

« Mais, de tous les excès de la presse, le plus grave, peut-être, nous reste à signaler. Dès les premiers temps de cette expédition dont la gloire jette un éclat si pur et si durable sur la noble couronne de France, la presse en a critiqué avec une violence inouïe les causes, les moyens, les préparatifs, les chances de succès. Insensible à l'honneur national, il n'a pas dépendu d'elle que notre pavillon ne restât flétri des insultes d'un barbare. Indifférente aux grands intérêts de l'humanité, il n'a pas dépendu d'elle que l'Europe ne restât asservie à un esclavage cruel et à des tributs honteux.

Ce n'était pas assez : par une trahison que nos lois n'auraient pu atteindre, la presse s'est attachée à publier tous les secrets de l'armement, à porter à la connaissance de l'étranger l'état de nos forces, le dénombrement de nos troupes, celui de nos vaisseaux, l'indication des points de stations, les moyens à employer pour dompter l'inconstance des vents, et pour aborder la côte. Tout, jusqu'au lieu de débarquement, a été divulgué comme pour ménager à l'ennemi une défense plus assurée. Et, chose sans exemple chez un peuple civilisé, la presse, par de fausses alarmes sur les périls à courir, n'a pas craint de jeter le découragement dans l'armée; et, signalant à sa haine le chef même de l'entreprise, elle a, pour ainsi dire, excité les soldats à lever contre lui l'étendart de la révolte ou à déserter leurs drapeaux ! Voilà ce qu'ont osé faire les organes d'un parti qui se prétend national !

Ce qu'il ose faire chaque jour, dans l'intérieur du royaume, ne va pas moins qu'à disperser les élémens de la paix publique, à dissoudre les liens de la société, et, qu'on ne s'y méprenne point, à faire trembler le sol sous nos pas. Ne craignons pas de révéler ici toute l'étendue de nos maux pour pouvoir mieux apprécier toute l'étendue de nos ressources. Une diffamation systématique, organisée en grand, et dirigée avec une persévérance sans égale, va atteindre, ou de près ou de loin, jusqu'au plus humble des agens du pouvoir. Nul de vos sujets, Sire, n'est à l'abri d'un outrage, s'il reçoit de son souverain la moindre marque de confiance ou de satisfaction. Un vaste réseau, étendu sur la France, enveloppe tous les fonctionnaires publics ; constitués en état permanent de prévention, ils semblent en quelque sorte retranchés de la société civile ; on n'épargne que ceux dont la fidélité chancelle ; on ne loue que ceux dont la fidélité succombe ; les autres sont notés par la faction pour être plus tard, sans doute, immolés aux vengeances populaires.

La presse périodique n'a pas mis moins d'ardeur à poursuivre de ses traits envenimés la religion et le prêtre. Elle veut et voudra toujours déraciner, dans le cœur des peuples, jusqu'au dernier germe des sentimens religieux. Sire, ne doutez pas qu'elle n'y parvienne en attaquant les fondemens de la loi, en altérant les sources de la morale publique, et en prodiguant à pleines mains la dérision et le mépris aux ministres des autels.

Nulle force, il faut l'avouer, n'est capable de résister à un dissolvant aussi énergique que la presse. A toutes les époques où elle s'est dégagée de ses entraves, elle a fait irruption, invasion dans l'Etat. On ne peut qu'être singulièrement frappé de la similitude de ses effets depuis quinze ans, malgré la diversité des circonstances et malgré le changement des hommes qui ont occupé la scène politique. Sa destinée est, en un mot, de recommencer la révolution, dont elle proclame hautement les principes. Placée et replacée à plusieurs intervalles sous le joug de la censure, elle n'a autant de fois ressaisi la liberté que pour reprendre son ouvrage interrompu. Afin de le continuer avec plus de succès, elle a trouvé un actif auxiliaire dans la presse départementale, qui, mettant aux prises les jalousies et les haines locales, semant l'effroi dans l'ame des hommes timides, harcelant l'autorité par d'interminables tracasseries, a exercé une influence presque décisive sur les élections.

Ces derniers effets, Sire, sont passagers; mais des effets plus durables se font remarquer dans les mœurs et dans le caractère de la nation. Une polémique ardente, mensongère et passionnée, école de scandale et de licence, y produit des changemens graves et des altérations profondes; elle donne une fausse direction aux esprits, les remplit de préventions et de préjugés, les détourne des études sérieuses, nuit aussi aux progrès des arts et des sciences, excite parmi nous une fermentation toujours croissante, entretient jusque dans le sein des familles de funestes dissensions, et pourrait par degrés nous ramener à la barbarie.

Contre tant de maux enfantés par la presse périodique, *la loi et la justice* sont également réduites à confesser leur impuissance.

Il serait superflu de rechercher les causes qui ont atténué la répression et en ont fait insensiblement une arme inutile dans la main du pouvoir. Il nous suffit d'interroger l'expérience et de constater l'état présent des choses.

Les mœurs judiciaires se prêtent difficilement à une répression efficace. Cette vérité d'observation avait depuis long-temps frappé de bons esprits; elle a acquis nouvellement un caractère plus marqué d'évidence. Pour satisfaire aux besoins qui l'ont fait instituer, la répression aurait dû être prompte et forte : elle est restée lente, faible et à peu près nulle. Lorsqu'elle intervient, le dommage est commis; loin de le réparer, la punition y ajoute le scandale du débat.

La poursuite juridique se lasse, la presse séditieuse ne se lasse jamais. L'une s'arrête, parce qu'il y a trop à sévir, l'autre multiplie ses forces en multipliant ses délits.

Dans les circonstances diverses, la poursuite a eu ses périodes d'activité ou de relâchement. Mais zèle ou tiédeur de la part du ministère public, qu'importe à la presse? Elle cherche dans le redoublement de ses excès la garantie de leur impunité.

L'insuffisance ou plutôt l'inutilité des précautions établies dans les lois en vigueur, est démontrée par les faits. Ce qui est également démontré par les faits, c'est que la sûreté publique est compromise par la licence de la presse. Il est temps, il est plus que temps d'en arrêter les ravages.

Entendez, Sire, ce cri prolongé d'indignation et d'effroi qui part de tous les points de votre royaume. Les hommes paisibles, les gens de bien, les amis de l'ordre élèvent vers votre Majesté des mains suppliantes. Tous lui demandent de les préserver du retour des calamités dont leurs pères ou eux-mêmes eurent tant à gémir. Ces alarmes sont trop réelles pour n'être pas écoutées, ces vœux sont trop légitimes pour n'être pas accueillis.

Il n'est qu'un seul moyen d'y satisfaire, *c'est de rentrer dans la Charte.* Si les termes de l'article 8 sont ambigus, *son esprit* est manifeste. Il est certain que la Charte n'a pas concédé la liberté des journaux et des écrits périodiques. Le droit de publier ses opinions personnelles n'implique sûrement pas le droit de publier, par voie d'entreprise, les opinions d'autrui. L'un est l'usage d'une faculté que la loi a pu laisser libre ou soumettre à des restrictions, l'autre est une spéculation d'industrie qui, comme les autres et plus que les autres, suppose la surveillance de l'autorité publique.

Les intentions de la Charte, à ce sujet, sont exactement expliquées dans la loi du 21 octobre 1814, qui en est en quelque sorte l'appendice, on peut d'autant moins en douter, que cette loi fut présentée aux chambres le 5 juillet, c'est-à-dire, un mois après la promulgation de la Charte. En 1819, à l'époque même où un système contraire prévalut dans les chambres, il y fut hautement proclamé que la presse périodique n'était point régie par la disposition de l'article 8. Cette vérité est d'ailleurs attestée par les lois mêmes qui ont imposé aux journaux la condition d'un cautionnement.

Maintenant, Sire, il ne reste plus qu'à se demander comment doit s'opérer ce retour à la Charte et à la loi du 21 octobre 1814. La gravité des conjonctures présentes a résolu cette question.

Il ne faut pas s'abuser. Nous ne sommes plus dans les conditions ordinaires du gouvernement représentatif. Les principes sur lesquels il a été établi n'ont pu demeurer intacts, au milieu des vicissitudes politiques. Une démocratie turbulente, qui a pénétré jusque dans nos lois, tend à se substituer au pouvoir légitime. Elle dispose de la majorité des élections par le moyen de ses journaux et le concours d'affiliations nombreuses. Elle a paralysé, autant qu'il dépendait d'elle, l'exercice régulier de la plus essentielle prérogative de la couronne, celle de dissoudre la chambre élective. Par cela même, la constitution de l'Etat est ébranlée : Votre Majesté seule conserve la force de la rasseoir et de la raffermir sur ses bases.

Le droit, comme le devoir, d'en assurer le maintien, est l'attribut inséparable de la souveraineté. Nul gouvernement sur la terre ne resterait debout, s'il n'avait le droit de pourvoir à sa sûreté. Ce pouvoir est préexistant aux lois, parce qu'il est dans la nature des choses. Ce sont-là, Sire, des maximes qui ont pour elles et la sanction du temps et l'aveu de tous les publicistes de l'Europe.

Mais ces maximes ont une autre sanction plus positive encore, celle de la Charte elle-même. L'article 14 a investi Votre Majesté d'un pouvoir suffisant, non sans doute pour changer nos institutions, mais pour les consolider et les rendre plus immuables.

D'impérieuses nécessités ne permettent plus de différer l'exercice de ce pouvoir suprême; le moment est venu de recourir à des mesures qui rentrent dans l'esprit de la Charte, *mais qui sont en dehors de l'ordre légal*, dont toutes les ressources ont été inutilement épuisées.

Ces mesures, Sire, vos ministres, qui doivent en assurer le

succès, n'hésitent pas à vous les proposer, convaincus qu'ils sont que force restera à justice.

Nous sommes avec le plus profond respect, Sire, de Votre Majesté, les très-humbles et très-fidèles sujets,

Le Président du Conseil des Ministres,
PRINCE DE POLIGNAC.

Le Garde-des-sceaux de France, Ministre de la justice,
CHANTELAUZE.

Le ministre secrétaire d'État de la marine et des colonies,
Baron D'HAUSSEZ.

Le Ministre secrétaire d'État de l'intérieur,
Comte DE PEYRONNET.

Le Ministre secrétaire d'État des finances,
MONTBEL.

Le Ministre secrétaire d'État des affaires ecclésiastiques et de l'instruction publique,
Comte DE GUERNON-RANVILLE.

Le Ministre secrétaire d'État des travaux publics,
Baron CAPELLE.

N° 5.

Ordonnances du 25 juillet 1830.

CHARLES, etc.

A tous ceux qui ces présentes verront, salut.

Sur le rapport de notre conseil des ministres,

Nous avons ordonné et ordonnons ce qui suit :

Art. 1er La liberté de la presse périodique est suspendue.

2. Les dispositions des articles 1, 2 et 9 du titre 1er de la loi du 21 octobre 1814 sont remises en vigueur.

En conséquence, nul journal et écrit périodique, ou semi-périodique établi ou à établir, sans distinction des matières qui y seront traitées, ne pourra paraître, soit à Paris, soit dans les départemens, qu'en vertu de l'autorisation qu'en auront obtenue de nous séparément les auteurs et l'imprimeur.

Cette autorisation devra être renouvelée tous les trois mois.

Elle pourra être révoquée.

3. L'autorisation pourra être provisoirement accordée et provisoirement retirée par les préfets aux journaux et ouvrages périodiques et semi-périodiques publiés ou à publier dans les départemens.

4. Les journaux et écrits publiés en contravention à l'art. 2 seront immédiatement saisis.

Les presses et caractères qui auront servi à leur impression seront placés dans un dépôt public et sous scellés, ou mis hors de service.

5. Nul écrit au-dessous de vingt feuilles d'impression ne pourra paraître qu'avec l'autorisation de notre ministre secrétaire d'État de l'intérieur, à Paris, et des préfets dans les départemens.

Tout écrit de plus de vingt feuilles d'impression qui ne constituera pas un même corps d'ouvrage sera également soumis à la nécessité de l'autorisation.

Les écrits publiés sans autorisation seront immédiatement saisis.

Les presses et caractères qui auront servi à leur impression seront placés dans un dépôt public et sous scellés, ou mis hors de service.

6. Les Mémoires sur procès et les Mémoires des sociétés savantes ou littéraires sont soumis à l'autorisation préalable, s'ils traitent en tout ou en partie de matières politiques, cas auquel les mesures prescrites par l'article 5 leur seront applicables.

7. Toute disposition contraire aux présentes restera sans effet.

8. L'exécution de la présente ordonnance aura lieu en conformité de l'article 4 de l'ordonnance du 27 novembre 1816 et de ce qui est prescrit par celle du 18 janvier 1817.

9. Nos ministres secrétaires d'État sont chargés de l'exécution des présentes.

Donné en notre château de Saint-Cloud, le vingt-cinq de juillet de l'an de grâce 1830, et de notre règne le sixième.

CHARLES.

Par le Roi :

Le Président du Conseil des ministres,
Prince DE POLIGNAC.

Le Garde-des-sceaux, ministre secrétaire d'État de la justice,
CHANTELAUZE.

Le ministre secrétaire d'État de la marine et des colonies,
Baron D'HAUSSEZ.

Le ministre secrétaire d'État des finances,
MONTBEL.

Le ministre secrétaire d'État des affaires ecclésiastiques et de l'instruction publique,
Comte DE GUERNON-RANVILLE.

Le ministre secrétaire d'État des travaux publics,
Baron CAPELLE.

CHARLES, etc.

A tous ceux qui ces présentes verront, salut.

Vu l'article 50 de la Charte constitutionnelle,

Etant informé des manœuvres qui ont été pratiquées sur plusieurs points de notre royaume pour tromper et égarer les électeurs pendant les dernières opérations des colléges électoraux,

Notre conseil entendu,

Nous avons ordonné et ordonnons :

Art. 1er. La chambre des députés des départemens est dissoute.

2. Notre ministre secrétaire d'Etat de l'intérieur est chargé de l'exécution de la présente ordonnance.

Donné à Saint-Cloud, le vingt-cinquième jour du mois de juillet de l'an de grâce mil huit cent trente, et de notre règne le sixième.

CHARLES.

Par le Roi :
Le ministre secrétaire d'État de l'intérieur,
Comte DE PEYRONNET.

CHARLES, etc.

A tous ceux qui ces présentes verront, salut :

Ayant résolu de prévenir le retour des manœuvres qui ont exercé une influence pernicieuse sur les dernières opérations des colléges électoraux ;

Voulant en conséquence réformer, selon les principes de la Charte constitutionnelle, les règles d'élection dont l'expérience a fait sentir les inconvéniens,

Nous avons reconnu la nécessité d'user du droit qui nous appartient, de pourvoir, par des actes émanés de nous, à la sûreté de l'Etat et à la répression de toute entreprise attentative à la dignité de notre couronne.

A ces causes,

Notre conseil entendu,

Nous avons ordonné et ordonnons :

Art. 1er. Conformément aux articles 15, 36 et 50 de la Charte constitutionnelle, la chambre des députés ne se composera que de députés de département.

2. Le cens électoral et le cens d'éligibilité se composeront exclusivement des sommes pour lesquelles l'électeur et l'éligible seront inscrits personnellement, en qualité de propriétaire ou d'usufruitier, au rôle de l'imposition foncière et de l'imposition personnelle et mobilière.

3. Chaque département aura le nombre de députés qui lui est attribué par l'article 36 de la Charte constitutionnelle.

4. Les députés seront élus, et la chambre sera renouvelée dans la forme et pour le temps fixé par l'art. 37 de la Charte constitutionnelle.

5. Les colléges électoraux se diviseront en **colléges d'arrondissement** et **colléges de département**.

Sont toutefois exceptés les colléges électoraux des départemens auxquels il n'est attribué qu'un seul député.

6. Les colléges électoraux d'arrondissement se composeront de tous les électeurs dont le domicile politique sera établi dans l'arrondissement.

Les colléges électoraux de département se composeront du quart le plus imposé des électeurs du département.

7. La circonscription actuelle des colléges électoraux d'arrondissement est maintenue.

8. Chaque collége électoral d'arrondissement élira un nombre de candidats égal au nombre de députés de département.

9. Le collége d'arrondissement se divisera en autant de sections qu'il devra nommer de candidats.

Cette division s'opérera proportionnellement au nombre des sections et au nombre total des électeurs du collége, en ayant égard, autant qu'il sera possible, aux convenances des localités et du voisinage.

10. Les sections du collége électoral d'arrondissement pourront être assemblées dans des lieux différens.

11. Chaque section du collége électoral d'arrondissement élira un candidat et procédera séparément.

12. Les présidens des sections du collége électoral d'arrondissement seront nommés par les préfets, parmi les électeurs de l'arrondissement.

13. Le collége de département élira les députés.

La moitié des députés du département devra être choisie dans la liste générale des candidats proposés dans les colléges d'arrondissement.

Néanmoins, si le nombre des députés du département est impair, le partage se fera sans réduction du droit réservé au collége du département.

14. Dans le cas où, par l'effet d'omissions, de nominations nulles ou de doubles nominations, la liste de candidats proposés par les colléges d'arrondissement serait incomplète, si cette liste est réduite au-dessous de la moitié du nombre exigé, le collége de département pourra élire un député de plus hors de la liste ; si la liste est réduite au-dessous du quart, le collége de département pourra élire hors de la liste, la totalité des députés du département.

15. Les préfets, les sous-préfets et les officiers généraux commandant les divisions militaires et les départemens ne pourront être élus dans les départemens où ils exercent leurs fonctions.

16. La liste des électeurs sera arrêtée par le préfet en conseil de préfecture. Elle sera affichée cinq jours avant la réunion des colléges.

17. Les réclamations sur la faculté de voter, auxquelles il

n'aura pas été fait droit par les préfets, seront jugées par la chambre des Députés en même temps qu'elle statuera sur la validité des opérations des colléges.

18. Dans les colléges électoraux de département, les deux électeurs les plus âgés et les deux électeurs les plus imposés rempliront les fonctions de scrutateurs.

La même disposition sera observée dans les sections de collége d'arrondissement, composées de plus de cinquante électeurs.

Dans les autres sections de collége, les fonctions de scrutateur seront remplies par le plus âgé et par le plus imposé des électeurs.

Le secrétaire sera nommé, dans le collége des sections de collége, par le président et les scrutateurs.

19. Nul ne sera admis dans le collége ou section de collége s'il n'est inscrit sur la liste des électeurs qui en doivent faire partie. Cette liste sera remise au président, et restera affichée dans le lieu des séances du collége pendant la durée de ses opérations.

20. Toute discussion et toute délibération quelconque seront interdites dans le sein des colléges électoraux.

21. La police du collége appartient au président. Aucune force armée ne pourra, sans sa demande, être placée auprès du lieu des séances. Les commandans militaires seront tenus d'obtempérer à ses réquisitions.

22. Les nominations seront faites dans les colléges et sections de collége, à la majorité absolue des votes exprimés.

Néanmoins, si les nominations ne sont pas terminées après deux tours de scrutin, le bureau arrêtera la liste des personnes qui auront obtenu le plus de suffrages au deuxième tour. Elle contiendra un nombre de noms double de celui des nominations qui resteront à faire. Au troisième tour, les suffrages ne pourront être donnés qu'aux personnes inscrites sur cette liste, et la nomination sera faite à la majorité relative.

23. Les électeurs voteront par bulletins de liste. Chaque bulletin contiendra autant de noms qu'il y aura de nominations à faire.

24. Les électeurs écriront leur vote sur le bureau, ou l'y feront écrire par l'un des scrutateurs.

25. Le nom, la qualification et le domicile de chaque électeur qui déposera son bulletin, seront inscrits par le secrétaire sur une liste destinée à constater le nombre des votans.

26. Chaque scrutin restera ouvert pendant six heures, et sera dépouillé séance tenante.

27. Il sera dressé un procès-verbal pour chaque séance. Ce procès-verbal sera signé par tous les membres du bureau.

28. Conformément à l'article 46 de la Charte constitutionnelle, aucun amendement ne pourra être fait à une loi, dans la chambre, s'il n'a été proposé ou consenti par nous, et s'il n'a été renvoyé et discuté dans les bureaux.

29. Toutes dispositions contraires à la présente ordonnance resteront sans effet.

30. Nos ministres secrétaires d'Etat sont chargés de l'exécution de la présente ordonnance.

Donné à Saint-Cloud, le 25ᵉ jour du mois de juillet de l'an de grâce mil huit cent trente, et de notre règne le sixième.

CHARLES.

Par le Roi :
Le *Président du Conseil des ministres,*
Prince DE POLIGNAC.

Le Garde-des-sceaux, Ministre de la justice,
CHANTELAUZE.

Le Ministre de la marine et des colonies,
Baron D'HAUSSEZ.

Le Ministre de l'intérieur,
Comte DE PEYRONNET.

Le Ministre des finances,
MONTBEL.

Le Ministre des affaires ecclésiastiques et de l'instruction publique, Comte DE GUERNON-RANVILLE.

Le Ministre des travaux publics,
CAPELLE.

CHARLES, etc.

A tous ceux qui ces présentes verront, salut :

Vu l'ordonnance royale en date de ce jour, relative à l'organisation des colléges électoraux ;

Sur le rapport de notre ministre secrétaire d'Etat au département de l'intérieur,

Nous avons ordonné et ordonnons ce qui suit :

Art. 1ᵉʳ. Les colléges électoraux se réuniront, savoir, les colléges électoraux d'arrondissement, le 6 septembre prochain, et les colléges électoraux de département le 18 du même mois.

2. La Chambre des Pairs et la Chambre des Députés des départemens sont convoquées pour le 28 du mois de septembre prochain.

3. Notre Ministre secrétaire d'Etat de l'intérieur est chargé de l'exécution de la présente ordonnance.

Donné au château de Saint-Cloud, le 25ᵉ jour du mois de juillet de l'an de grace 1830, et de notre règne le sixième.

CHARLES.

Par le Roi :
Le Ministre secrétaire d'Etat de l'intérieur,
Comte DE PEYRONNET.

N° 6.

Avis des Jurisconsultes (MM. Dupin aîné, bâtonnier des avocats, Odilon-Barrot, Barthe et Mérilhou) *consultés par les Rédacteurs des feuilles périodiques, le 26 juillet.*

Cette consultation, rapportée dans le journal *le Temps* du 15 août 1830, et dans *le Constitutionnel* du 20, exprimait « que les
» ordonnances étaient *illégales* ; qu'elles n'avaient pas pu *déroger*
» *à la loi* ; qu'elles *ne devaient pas être exécutées* ; et que tout
» journal qui se soumettrait à demander l'autorisation exigée, ne
» mériterait pas de conserver en France un seul abonné. »

N° 7.

PROTESTATION *de MM. les Rédacteurs des feuilles périodiques.*

On a souvent annoncé, depuis six mois, que les lois seraient violées, qu'un coup d'Etat serait frappé. Le bon sens public se refusait à le croire. Le ministère repoussait cette supposition comme une calomnie. Cependant *le Moniteur* a publié enfin ces mémorables ordonnances, qui sont la plus éclatante violation des lois. Le régime légal est donc interrompu ; celui de la force est commencé.

Dans la situation où nous sommes placés, l'obéissance cesse d'être un devoir. Les citoyens appelés les premiers à obéir sont les écrivains des journaux ; ils doivent donner les premiers l'exemple de la résistance à l'autorité, qui s'est dépouillée du caractère de la loi.

Les raisons sur lesquelles ils s'appuient sont telles, qu'il suffit de les énoncer.

Les matières que règlent les ordonnances publiées aujourd'hui sont de celles sur lesquelles l'autorité royale ne peut, d'après la Charte, prononcer toute seule. La Charte (article 8) dit que les Français, en matière de presse, seront tenus de se conformer *aux lois* ; elle ne dit pas aux ordonnances. La Charte (article 35) dit que l'organisation des colléges électoraux sera réglée par les *lois* ; elle ne dit pas par les ordonnances.

La couronne avait elle-même, jusqu'ici, reconnu ces articles, elle n'avait point songé à s'armer contre eux, soit d'un prétendu pouvoir constituant, soit d'un pouvoir faussement attribué à l'article 14.

Toutes les fois, en effet, que des circonstances, prétendues graves, lui ont paru exiger une modification, soit au régime de la presse, soit au régime électoral, elle a eu recours aux deux chambres. Lorsqu'il a fallu modifier la Charte pour établir la septennalité et le renouvellement intégral, elle a eu recours, non à elle-même, comme auteur de cette Charte, mais aux chambres.

La royauté a donc reconnu, pratiqué elle-même ces articles 8 et 35, et ne s'est arrogé, à leur égard, ni une autorité constituante, ni une autorité dictatoriale qui n'existent nulle part.

Les tribunaux qui ont droit d'interprétation ont solennellement reconnu ces mêmes principes. La cour royale de Paris, et plusieurs autres, ont condamné les publicateurs de l'association bretonne, comme auteurs d'outrages envers le gouvernement. Elle a considéré comme un outrage la supposition que le gouvernement pût employer l'autorité des ordonnances, là où l'autorité de la loi peut seule être admise.

Ainsi, le texte formel de la Charte, la pratique suivie jusqu'ici par la couronne, les décisions des tribunaux, établissent qu'en matière de presse et d'organisation électorale, les lois, c'est-à-dire le roi et les chambres, peuvent seuls statuer.

Aujourd'hui donc, le gouvernement a violé la légalité. Nous sommes dispensés d'obéir. Nous essayons de publier nos feuilles, sans demander l'autorisation qui nous est imposée. Nous ferons nos efforts pour qu'aujourd'hui, au moins, elles puissent arriver à toute la France.

Voilà ce que notre devoir de citoyens nous impose, et nous le remplissons.

Nous n'avons pas à tracer ses devoirs à la chambre illégalement dissoute. Mais nous pouvons la supplier, au nom de la France, de s'appuyer sur son droit évident, et de résister autant qu'il sera en elle à la violation des lois. Ce droit est aussi certain que celui sur lequel nous nous appuyons. La Charte dit, article 50, que le roi peut dissoudre la chambre des députés; mais il faut pour cela qu'elle ait été réunie, constituée en chambre, qu'elle ait soutenu enfin un système capable de provoquer sa dissolution. Mais, avant la réunion, la constitution de la chambre, il n'y a que des élections faites. Or, nulle part la Charte ne dit que le roi peut casser les élections. Les ordonnances publiées aujourd'hui ne font que casser des élections, elles sont donc illégales; car elles font une chose que la Charte n'autorise pas.

Les députés élus, convoqués pour le 3 août, *sont donc bien et dûment élus et convoqués*. Leur droit est le même aujourd'hui qu'hier. La France les supplie de ne pas l'oublier. *Tout ce qu'ils pourront pour faire prévaloir ce droit, ils le doivent.*

Le gouvernement a perdu aujourd'hui le caractère de légalité qui commande l'obéissance. Nous lui résistons pour ce qui nous concerne ; c'est à la France à juger jusqu'où doit s'étendre sa propre résistance.

Ont signé, les Gérans et Rédacteurs des journaux actuellement présens à Paris.

MM.

Gauja, gérant du *National*.

Thiers, Mignet, Carrel, Chambolle, Peysse, Albert Stapfer, Dubochet, Rolle, rédacteurs du *National*.

Leroux, gérant du *Globe*.

De Guizart, rédacteur du *Globe*.

Sarrans jeune, gérant du *Courrier des Electeurs*.

B. Dejean, rédacteur du *Globe*.

Guyet, Moussette, rédacteurs du *Courrier*.

Auguste Fabre, rédacteur en chef de la *Tribune des Départemens*.

Aunée, rédacteur du *Constitutionnel*.

Cauchois-Lemaire, rédacteur du *Constitutionnel*.

Senty, du *Temps*.

Hausmann, du *Temps*.

Avenel, du *Courrier français*.

Dussard, du *Temps*.

Levasseur, rédacteur de la *Révolution*.

Evariste Dumoulin.

Alexis de Jussieu, rédacteur du *Courrier français*.

Châtelain, gérant du *Courrier français*.

Plagnol, rédacteur en chef de la *Révolution*.

Fasy, rédacteur de la *Révolution*.

Buzoni, Barbaroux, rédacteurs du *Temps*.

Chalas, rédacteur du *Temps*.

A. Billiard, rédacteur du *Temps*.

Ader, de la *Tribune des Départemens*.

F. Larreguy, rédacteur du journal du *Commerce*.

J.-F. Dupont, avocat, rédacteur du *Courrier français*.

Ch. de Rémusat, du *Globe*.

V. de Lapelouze, l'un des gérans du *Courrier français*.

Bohain et Roqueplan, du *Figaro*.

Coste, gérant du *Temps*.

J.-J. Baude, rédacteur du *Temps*.

Bert, gérant du *Commerce*.

Léon Pillet, gérant du journal de *Paris*.

Vaillant, gérant du *Sylphe*.

N° 8.

Jugement prononcé par M. Ganneron, président du Tribunal de commerce, le 28 juillet 1830.

Le tribunal de commerce a condamné aujourd'hui l'imprimeur du *Courrier Français* à imprimer un journal. Voici le résumé du procès et le texte du jugement :

M° Mérilhou, avocat du *Courrier Français*, assisté de M. de Lapelouze, l'un des gérans, a demandé l'exécution des traités par lesquels M. Gaultier-Laguionie s'est engagé à imprimer ledit journal ;

Après avoir entendu ledit M° Mérilhou en ses conclusions et sa plaidoirie, et la défense de M. Gaultier-Laguionie en personne ;

« Le tribunal :

« Considérant que, par convention verbale, Gaultier-Laguionie s'est obligé à imprimer le journal intitulé le *Courrier Français* ;

« Que les conventions légalement formées doivent recevoir leur effet ; qu'en vain, pour se soustraire à ses obligations Gaultier-Laguionie oppose un avis du préfet de police contenant injonction d'exécuter une ordonnance du 25 de ce mois ;

« QUE CETTE ORDONNANCE, CONTRAIRE A LA CHARTE, NE SAURAIT ÊTRE OBLIGATOIRE NI POUR LA PERSONNE SACRÉE ET INVIOLABLE DU ROI, NI POUR LES CITOYENS AUX DROITS DESQUELS ELLE PORTE ATTEINTE ;

« Considérant, au surplus, qu'aux termes mêmes de la Charte, les ordonnances ne peuvent être faites que pour l'exécution et la conservation des lois, et que l'ordonnance précitée aurait au contraire pour effet la violation des dispositions de la loi du 28 juillet 1828 ;

« Par ces motifs :

« Le tribunal ordonne que les conventions d'entre les parties recevront leur effet ;

« Condamne en conséquence, et par corps, Gaultier-Laguionie à imprimer le journal le *Courrier Français*, et ce dans les vingt-quatre heures pour tout délai ; sinon, et à faute par lui de le faire, fait réserve au profit de Lapelouze et Châtelain, ès-noms qu'ils agissent, de tous leurs droits en dommages et intérêts, sur lesquels il sera ultérieurement statué ;

« Ordonne l'exécution provisoire sur la minute des présentes, et nonobstant appel, et ce, par le ministère de Pigace ;

« Condamne Gaultier-Laguionie aux dépens.

« Fait et jugé à une heure et demie de l'après-midi. »

Le jugement du tribunal de commerce qui condamne les ordonnances de M. de Polignac et de ses complices, a été prononcé par M. le président Ganneron d'une voix très-ferme, au bruit du canon et de la fusillade [1].

N° 9.

PROTESTATION *des Députés résidant à Paris contre les ordonnances du 25 juillet.*

Paris, le 27 [2] juillet 1830 (publiée par les journaux non officiels et placardée dans Paris).

Les soussignés, régulièrement élus, et se trouvant actuellement à Paris, se regardent comme absolument obligés par leurs devoirs et leur honneur de protester contre les mesures que les conseillers de la couronne ont fait naguère prévaloir pour le renversement du système légal des élections et la ruine de la liberté de la presse.

Lesdites mesures, contenues dans les ordonnances du 25 juillet, sont, aux yeux des soussignés, directement contraires aux droits constitutionnels de la chambre des pairs, au droit public des Français, aux attributions et aux arrêts des tribunaux, et propres à jeter l'Etat dans une confusion qui compromet également la paix du présent et la sécurité de l'avenir.

En conséquence, les soussignés, inviolablement fidèles à leur serment, protestent d'un commun accord, non-seulement contre lesdites mesures, mais contre tous les actes qui en pourraient être la conséquence.

Et attendu, d'une part, que la chambre des députés, n'ayant pas été constituée, n'a pu être légalement dissoute ; d'autre part, que la tentative de former une autre chambre des députés d'après un mode nouveau et arbitraire, est en contradiction formelle avec la Charte constitutionnelle et les droits acquis des électeurs, les soussignés déclarent qu'ils se considèrent toujours comme légalement élus à la députation par les colléges d'arrondissement et de département dont ils ont obtenu les suffrages, et comme ne pouvant être remplacés qu'en vertu d'élections faites selon les principes et les formes voulues par les lois.

[1] Le prince lieutenant-général s'est empressé de donner à M. Ganneron la croix d'honneur.
[2] Cette date est celle de la première réunion des députés chez C. Périer, où la résolution de protester fut prise à l'unanimité par les 57 députés présens.

PIÈCES HISTORIQUES. 55

Et si les soussignés [1] n'exercent pas effectivement les droits et ne s'acquittent pas de tous les devoirs qu'ils tiennent de leur élection légale, c'est qu'ils en sont empêchés par une violence matérielle.

MM.
Labbey de Pompières.
Sébastiani.
Méchin.
Périer (Casimir).
Guizot.
Audry de Puyraveau.
André Gallot.
Gaëtan de La Rochefoucauld.
Mauguin.
Bernard.
Voysin de Gartempe.
Froidefond de Bellisle.
Villemain.
Didot (Firmin).
Daunou.
Persil.
Villemot.
De la Riboisière.
Bondy (comte de).
Duris-Dufresne.
Girod de l'Ain.
Laisné de Villevêque.
Delessert (Benjamin).
Marchal.
Nau de Champlouis.
Lobau (comte de).
Baron Louis.
Milleret.
Estourmel (comte d').
Montguyon (comte de).
Levaillant.
Tronchon.

MM.
Gérard (le général).
Laffitte (Jacques).
Garcias.
Dugas-Montbel.
Périer (Camille).
Vassal.
De Laborde (Alexandre).
Lefebvre (Jacques).
Dumas (Mathieu).
Salverte (Eusèbe).
De Pouller.
Hernoux.
Chardel.
Bavoux.
Dupin (Charles).
Dupin aîné.
Hély d'Oissel.
Harcourt (Eugène d').
Baillot.
Général Lafayette.
Lafayette (George).
Jouvencel.
Bertin de Vaux.
Lameth (comte de).
Bérard.
Duchaffault.
Auguste de Saint-Aignan.
Kératry.
Ternaux.
Odier (Jacques).
Constant (Benjamin).

[1] Malgré cette expression *les soussignés*, il est vrai de dire que cette protestation ne fut *signée* de personne, cette forme n'ayant pas été jugée nécessaire. On convint seulement de l'envoyer à l'impression avec les noms des députés présens, et de tous ceux qui avaient assisté chez C. Périer à la séance du mardi 27, où elle avait été résolue. D'autres membres y avaient adhéré depuis.

N° 10.

Ordre officiel.

29 juillet 1830.

MES CHERS CONCITOYENS ET BRAVES CAMARADES !

La confiance du peuple de Paris m'appelle encore une fois au commandement de sa force publique. J'ai accepté avec dévouement et avec joie les devoirs qui me sont confiés, et, de même qu'en 1789, je me sens *fort de l'approbation de mes honorables collègues aujourd'hui réunis à Paris.* Je ne ferai point de profession de foi : mes sentimens sont connus. La conduite de la population parisienne, dans ces derniers jours d'épreuve, me rend plus que jamais fier d'être à sa tête. La liberté triomphera, ou nous périrons ensemble.

Vive la liberté ! vive la patrie !   LAFAYETTE.

N° 11.

Les trois ordonnances apportées à la Chambre des Députés par M. de Sussy, le 30 juillet.

La première, révoque celles du 25 juillet ;
La deuxième, nomme un nouveau ministère ;
La troisième, convoque les chambres pour le 3 août.
Elles n'ont pas été mises au bulletin des lois.

N° 12.

LETTRE *de Paul-Louis Courrier, sur le duc d'Orléans, reproduite par les journaux du 30 juillet.*

Nous n'entreprendrons pas de faire l'éloge du prince appelé à régir notre nouveau gouvernement. Le plus populaire des écrivains, Paul-Louis Courrier, vigneron, s'en est chargé pour nous. Son talent original et inimitable, trop tôt ravi à la France, qu'il vengeait de ses méchans et ridicules oppresseurs, est l'autorité la plus imposante à invoquer aujourd'hui.

Voici ce passage : il est extrait d'une lettre de Paul Louis Courrier, imprimée en 1822 :

« J'aime le duc d'Orléans, parce qu'étant né prince, il daigne
» être honnête homme. Il ne m'a rien promis ; mais, le cas avenant, je me fierais à lui, et, l'accord fait, je pense qu'il le
» tiendrait sans fraude, sans en délibérer avec des gentilshommes,
» ni en consulter les jésuites. Voici ce qui me donne de lui cette
» opinion : il est de notre temps ; de ce siècle, non de l'autre ;
» ayant peu vu ce qu'on nomme ancien régime. Il a fait la
» guerre avec nous, d'où vient qu'il n'a pas peur des sous-officiers ; et depuis, émigré malgré lui, jamais il ne fit la guerre
» contre nous, sachant trop ce qu'il devait à la terre natale, et
» qu'on ne peut avoir raison contre son pays. Il sait cela, et
» d'autres choses qui ne s'apprennent guère dans le rang où il
» est. Son bonheur a voulu qu'il en ait pu descendre, et, jeune,
» vivre comme nous. De prince, il s'est fait homme. En France,
» il combattait nos communs ennemis ; hors de France, il a travaillé pour vivre. De lui n'a pu se dire le mot : *Rien oublié,
» ni rien appris*. Les étrangers l'ont vu s'instruire, et non mendier. Il n'a point prié Pitt ni supplié Cobourg de ravager nos
» champs, de brûler nos villages, pour venger les châteaux. De
» retour, il n'a point fondé des messes, des séminaires, ni doté
» des couvens à nos dépens ; mais, sage dans sa vie, dans ses
» mœurs, il a donné un exemple qui prêchait mieux que les
» missionnaires. Bref, c'est un homme de bien. Je voudrais,
» quant à moi, que tous les princes lui ressemblassent ; aucun
» d'eux n'y perdrait, et nous y gagnerions. S'il gouvernait, il
» ajusterait bien des choses, non-seulement par la sagesse qui peut
» être en lui, mais par une vertu non moins considérable et trop
» peu célébrée. C'est son économie, qualité si l'on veut bourgeoise, que la Cour abhorre dans un prince, mais pour nous
» si précieuse, pour nous administrer si belle, si.... comment
» dirais-je ? divine, qu'avec elle je le tiendrais quitte quasi de
» toutes les autres.

» Lorsque j'en parle ainsi, ce n'est pas que je le connaisse
» plus que vous, ni peut-être autant, ne l'ayant même jamais
» vu. Je ne sais que ce qui se dit ; mais le public n'est point sot,
» et peut juger les princes, car ils vivent en public. Ce n'est pas
» non plus que je sois son partisan, n'ayant jamais été du parti
» de personne. Je ne suivrai pas un homme, ne cherchant pas
» fortune dans les révolutions, contre-révolutions, qui se font
» au profit de quelques-uns. Né dans le peuple, j'y suis resté
» par choix, et quand il faudra opter, je serai du parti du peuple, des paysans comme moi. »

N° 13.

PROCLAMATION *affichée dans Paris, le 30 juillet.*

Charles X ne peut plus rentrer dans Paris; il a fait couler le sang du peuple.

La République nous exposerait à d'affreuses divisions. Elle nous brouillerait avec l'Europe.

Le duc d'Orléans est un prince dévoué à la cause de la révolution.

Le duc d'Orléans ne s'est jamais battu contre nous.

Le duc d'Orléans était à Jemmapes.

Le duc d'Orléans est un roi citoyen.

Le duc d'Orléans a porté au feu les couleurs tricolores.

Le duc d'Orléans peut seul les porter encore; nous n'en voulons pas d'autres.

Le duc d'Orléans ne se prononcera pas. Il attend notre vœu.

Proclamons ce vœu, et *il acceptera la Charte comme nous l'avons toujours entendue et voulue.*

C'est du peuple français qu'il tiendra la couronne.

Imprimerie du *Courrier français.*

N° 14.

Acte de la Chambre des députés qui défère au duc d'Orléans la lieutenance-générale du royaume, le 30 juillet.

HABITANS DE PARIS,

La réunion des Députés actuellement à Paris a pensé qu'il était urgent de prier S. A. R. Mgr. le duc d'Orléans de se rendre dans la capitale, pour y exercer les fonctions de *lieutenant-général du royaume*, et de lui exprimer le vœu de conserver les couleurs nationales. Elle a de plus senti la nécessité de s'occuper sans relâche d'assurer à la France, dans la prochaine session des chambres, toutes les garanties indispensables pour la pleine et entière exécution de la Charte.

Paris, le 30 juillet 1830.

Corcelles, député de la Seine.
Eusèbe Salverte, député de la Seine.
J. Laffitte, Berard, députés de Seine-et-Oise.

Benjamin Delessert, député de Maine-et-Loire.
Guizot, député du Calvados.
Caumartin, député de la Somme.

Horace Sébastiani, député de l'Aisne.
Méchin, député de l'Aisne.
Dupin aîné, député de la Nièvre.
Paixhans, député de la Moselle.
Baron Charles Dupin, député de la Seine.
Bertin de Vaux, député de Seine-et-Oise.
Vassal, député de la Seine.
Odier, député de la Seine.
André Gallot, député de la Charente-Inférieure.
Louis, député de la Meurthe.
Kératry, député de la Vendée.
Girod de l'Ain.
Matthieu Dumas, député de la Seine.
Ed. Bignon, député de l'Eure.
Baillot, député de Seine-et-Marne.
Duchaffault, député de la Vendée.
Bernard, de Rennes, député élu d'Ille-et-Vilaine et des Côtes-du-Nord.

G. E. Ternaux, député de la Haute-Vienne.
C. Persil, député de Condom, département du Gers.
Dugas-Montbel, député du Rhône.
Alexandre de Laborde, député de la Seine.
Champlouis, député des Vosges.
Benjamin-Constant, Pompierre, général Minot, députés de la Charente-Inférieure.
Vicomte Tirlet, Lobau, députés de la Meurthe.
Le comte de Bondy, député de l'Indre.
Camille Périer, député de la Sarthe.
Prévôt Leygonie, député de la Dordogne.
Casimir Périer, Firmin Didot, députés d'Eure-et-Loire.

D. SCHONEN.

N° 15.

Proclamation du Roi.

Habitans de Paris !

Les députés de la France en ce moment réunis à Paris m'ont exprimé le désir que je me rendisse dans cette capitale, pour y exercer les fonctions de Lieutenant-général du royaume.

Je n'ai pas balancé à venir partager vos dangers, à me placer au milieu de votre héroïque population, et à faire tous mes efforts pour vous préserver des calamités de la guerre civile et de l'anarchie.

En rentrant dans la ville de Paris, je portais avec orgueil ces couleurs glorieuses que vous avez reprises, et que j'avais moi-même long-temps portées.

Les chambres vont se réunir ; elles aviseront aux moyens d'assurer le règne des lois et le maintien des droits de la nation.
La Charte sera désormais une vérité. [1]

LOUIS-PHILIPPE D'ORLÉANS.

Paris, le 31 juillet 1830.

N° 16.

PROCLAMATION *adressée aux Français par les Députés des départemens réunis à Paris.*

Français, la France est libre. Le pouvoir absolu levait son drapeau ; l'héroïque population de Paris l'a abattu. Paris attaqué a fait triompher par les armes la cause sacrée qui venait de triompher en vain dans les élections. Un pouvoir usurpateur de nos droits, perturbateur de notre repos, menaçait à la fois la liberté et l'ordre ; nous rentrons en possession de l'ordre et de la liberté. Plus de crainte pour les droits acquis ; plus de barrière entre nous et les droits qui nous manquent encore.

Un Gouvernement qui, sans délai, nous garantisse ces biens, est aujourd'hui le premier besoin de la patrie. Français, ceux de vos Députés qui se trouvent déjà à Paris se sont réunis ; et, en attendant l'intervention régulière des chambres, ils ont invité un Français qui n'a jamais combattu que pour la France, M. LE DUC D'ORLÉANS, à exercer les fonctions de lieutenant-général du royaume. C'est à leurs yeux le plus sûr moyen d'accomplir promptement par la paix le succès de la plus légitime défense.

LE DUC D'ORLÉANS est dévoué à la cause nationale et constitutionnelle ; il en a toujours défendu les intérêts et professé les principes. Il respectera nos droits, car il tiendra de nous les siens. Nous, nous assurerons par des lois toutes les garanties nécessaires pour rendre la liberté forte et durable :

Le rétablissement de la garde nationale, avec l'intervention des gardes nationaux dans le choix des officiers ;

L'intervention des citoyens dans la formation des administrations départementales et municipales ;

Le jury pour les délits de la presse ;

La responsabilité légalement organisée des Ministres et des agens secondaires de l'administration ;

L'état des militaires légalement assuré ;

---

[1] J'ai écrit ces mots de ma main sous la dictée du roi.

PIÈCES HISTORIQUES.

La réélection des Députés promus à des fonctions publiques.

Nous donnerons enfin à nos institutions, de concert avec le Chef de l'État, les développemens dont elles ont besoin.

Français, le Duc d'Orléans lui-même a déjà parlé, et son langage est celui qui convient à un pays libre : « Les chambres
» vont se réunir, vous dit-il ; elles aviseront aux moyens d'assurer
» le règne des lois et le maintien des droits de la nation.
» La Charte sera désormais une vérité. »

Étaient présens Messieurs,

Milleret, Moselle.
Laisné de Villevêque, Loiret.
De Laborde, Seine.
Ternaux, Vienne.
Beraud, Allier.
Bernard, Ille-et-Vilaine
Tribert, Deux-Sèvres.
Baillot, Seine-et-Marne.
Benjamin Constant, Bas-Rhin.
Lévêque de Pouilly, Aisne.
Benjamin Delessert, Maine-et-Loire.
Agier, Deux-Sèvres.
Firmin Didot, Eure-et-Loire.
Gaëtan de La Rochefoucauld-Liancourt, Cher.
Hennessy, Charente.
Alexandre de La Rochefoucauld, Oise.
Le général Tirlet, Marne.
Lepelletier d'Aulnay, Seine-et-Oise.
Périer (Augustin), Isère.
Hély-d'Oissel, Seine-Inférieure.
Destourmel, Nord.
De Montguyon, Oise.
Dugas-Montbel, Rhône.
Saint-Aignan (Auguste), Vendée
Kératry, Vendée.
Duchaffault, Vendée.
Hartmann, Haut-Rhin.
Eugène d'Harcourt, Seine-et-Marne.
Odier, Seine.
Viennet, Hérault.
Sébastiani, Aisne.
Jobert (Lucas), Marne.
Girod de l'Ain, Indre-et-Loire.

Vatimesnil, Nord.
Jars, Rhône.
Cormenin, Loiret.
Paixhans, Moselle.
J. Lefebvre, Seine.
Duvergier de Hauranne, Seine-Inférieure.
Lecarlier, Aisne.
Camille Périer, Sarthe.
De Bondy, Indre.
Méchin, Aisne.
Bazile (Louis), Côte-d'Or.
Nau de Champlouis, Vosges.
D'Arroz, Meuse.
Jouvencel, Seine-et-Oise.
Villemain, Eure.
Dupin aîné, Nièvre.
Baron Dupin, Seine.
Caumartin, Somme.
Persil, Gers.
Morin, Drôme.
Etienne, Meuse.
Garcias, Pyrénées-Orientales.
Bessières, Dordogne.
Demimuy-Moreau, Meuse.
Agier-Bouchotte, Moselle.
La Pommeraie, Calvados.
Matthieu Dumas, Seine.
Dumeylet, Eure.
César Bacot, Indre-et-Loire.
De Drée, Saône-et-Loire.
Salverte, Seine.
Cunin-Gridaine, Ardennes.
Jacqueminot, Vosges.
Vassal, Seine.
Dupont-de-l'Eure, Eure.
Corcelles, Seine.

Jacques Laffitte, Basses-Pyrénées.
Tronchon, Oise.
Daunou, Finistère.
Martin Laffitte, Seine-Inférieure.
André Gallot, Charente.
Audry de Puyraveau, *idem.*
Bignon, Eure.
Duris-Dufresne, Indre.
Charles Lameth, Seine-et-Oise.
Kœchlin, Haut-Rhin.
Général Clauzel, Ardennes.
Labbey de Pompières, Aisne.

Alexandre Périer, Loiret.
Gattier, Eure.
Martin, Seine-Inférieure.
Legendre, Eure.
Prevot Leygonie, Dordogne.
Louis Blaise, Ille-et-Vilaine.
Perin, Dordogne.
Berard, Seine-et-Oise.
Bertin Devaux, Seine-et-Oise.
Général Minot, Charente-Infér.
Marchal, Meurthe.
Général Bailled, Manche.
Beraud, Charente-Inférieure.

N° 17.

Déclaration de la Chambre des représentans de 1815, publiée de nouveau et affichée en juillet.

Au moment où la France attend la constitution que son héroïsme a méritée, il peut n'être pas inutile de rappeler à ceux des députés actuels qui ont fait partie de la chambre des représentans de 1815, les engagemens qu'ils ont contractés envers la patrie, dans la sublime Déclaration du 5 juillet 1815.

On n'a pas oublié que cette Déclaration, si noble et si courageuse, fut unanimement adoptée à la vue des canons et des baïonnettes de l'ennemi, déjà maître de la capitale. Ceux qui l'ont alors signée feront-ils moins aujourd'hui, que la valeur de leurs compatriotes vient de donner la victoire à la cause nationale?

« Les troupes des puissances alliées vont occuper la capitale.

» La chambre des représentans n'en continuera pas moins de siéger au milieu des habitans de Paris, où la volonté expresse du peuple a appelé ses mandataires.

» Mais dans ces graves circonstances, la chambre des représentans se doit à elle-même, elle doit à la France, à l'Europe, une déclaration de ses sentimens et de ses principes.

» Elle déclare donc qu'elle fait un appel solennel à la fidélité et au patriotisme de la garde nationale parisienne, chargée du dépôt de la représentation nationale.

» Elle déclare qu'elle se repose avec la plus haute confiance sur les principes de morale, d'honneur, sur la magnanimité des puissances alliées et sur leur respect pour l'indépendance de la nation, si positivement exprimés dans leurs manifestes.

» Elle déclare que le gouvernement de France, quel qu'en puisse être le chef, doit réunir les vœux de la nation, légalement émis, et se coordonner avec les autres gouvernemens, pour devenir un lien commun et la garantie de la paix entre la France et l'Europe.

» Elle déclare qu'un monarque ne peut offrir des garanties réelles, s'il ne jure d'observer une constitution délibérée par la représentation nationale et acceptée par le peuple. Ainsi, tout gouvernement qui n'aurait d'autres titres que les acclamations et les volontés d'un parti, ou qui serait imposé par la force; tout gouvernement qui n'adopterait pas les couleurs nationales et ne garantirait point:

La liberté des citoyens,
L'égalité des droits civils et politiques,
La liberté de la presse,
La liberté des cultes,
Le système représentatif,
Le libre consentement des levées d'hommes et d'impôts,
La responsabilité des ministres,
L'irrévocabilité des ventes de biens nationaux de toute origine.
L'inviolabilité des propriétés,
L'abolition de la dîme, *de la noblesse ancienne et nouvelle, héréditaire*, de la féodalité,
L'abolition de toute confiscation de biens,
L'entier oubli des opinions et des votes politiques émis jusqu'à ce jour,
L'institution de la Légion-d'honneur,
Les récompenses dues aux officiers et aux soldats,
Les secours dus à leurs veuves,
L'institution du jury,
L'inamovibilité des juges,
Le paiement de la dette publique,

» N'aurait qu'une existence éphémère, et n'assurerait point la tranquillité de la France ni de l'Europe.

» Que si les bases énoncées dans cette déclaration pouvaient être méconnues ou violées, les représentans du peuple français, s'acquittant aujourd'hui d'un devoir sacré, protestent d'avance à la face du monde entier contre la violence et l'usurpation. Ils confient le maintien des dispositions qu'ils proclament, à tous les bons Français, à tous les cœurs généreux, à tous les esprits éclairés, à tous les hommes jaloux de leur liberté, enfin aux générations futures! »

Signé LANJUINAIS, *président.*
BÉDOCH, DUMOLARD et CLÉMENT
du Doubs, *secrétaires.*

» Ont signé la Déclaration ci-dessus, les Députés dont les noms suivent, et qui font partie de la Chambre actuelle:

» MM. Dupont de l'Eure, Favard de Langlade, Dupin aîné,

Benjamin Constant, Girod de l'Ain, Sébastiani, Laffitte, Tronchon, Busson, Roux, Asselin, Jobez, Duchatel, Detilly, Armand, Harley, Benjamin Delessert, Salverte, Lecarlier Durand, Lévêque de Pouilly, De Villequier, Lepelletier, Jobert-Lucas, Froc de la Boullaye, Vaillant, La Rochefoucauld, Caumartin, Richemont, Dumas, Perrier, Eschasseriaux, La Fayette, Bérenger, Marmier, Faure, De Vernheil, Leygonie, De Bose, Thabaud Boislareine, De Bondy, Dartigaux, Delaguette, Lachèze, Rambuteau, Baron Mercier, Thiars, Dediée, Martin, Jay, Sapey, Clément, Guilhem, Daunou, Marchal. »

(*Publication de la* Société Constitutionnelle *dont le siège est rue Taranne, n° 12.*)

N° 18.

Ministres nommés par la commission de l'Hôtel-de-Ville.

(Extrait du *National* du 31 juillet.)

Le gouvernement provisoire a pourvu aux nominations suivantes :

MM. Guizot, à l'instruction publique.
Le général vice-amiral Truget, à la marine.
Le général Gérard, à la guerre.
Bignon, aux affaires étrangères.
Le baron Louis, aux finances.
Dupin aîné, aux sceaux.
Duc de Broglie, à l'intérieur.
Bavoux, préfet de police.
Chardel, directeur des postes.
Alexandre Laborde, préfet de la Seine.
(*Communication du gouvernement.*) [1]

N° 19.

Acte d'abdication de Charles X, et du Dauphin Louis-Antoine, transcrit, le 3 août, sur le registre de l'état-civil de la maison royale aux Archives de la Chambre des Pairs.

Rambouillet, ce 2 août 1830.

Mon cousin, je suis trop profondément peiné des maux qui af-

---

[1] Cet acte fut envoyé et lu à la chambre des députés.

fligent ou qui pourraient menacer mes peuples pour n'avoir pas cherché un moyen de les prévenir. J'ai donc pris la résolution d'abdiquer la couronne en faveur de mon petit-fils le duc de Bordeaux.

Le Dauphin, qui partage mes sentimens, renonce aussi à ses droits en faveur de son neveu.

Vous aurez donc, en votre qualité de lieutenant-général du royaume, à faire proclamer l'avénement de *Henri V* à la couronne. Vous prendrez d'ailleurs toutes les mesures qui vous concernent pour régler les formes du gouvernement pendant la minorité du nouveau roi. Ici je me borne à faire connaître ces dispositions ; c'est un moyen d'éviter encore bien des maux.

Vous communiquerez mes intentions au corps diplomatique, et vous me ferez connaître le plus tôt possible la proclamation par laquelle mon petit fils sera reconnu roi sous le nom d'*Henri V*.

Je charge le lieutenant-général vicomte *de Foissac-Latour* de vous remettre cette lettre. Il a ordre de s'entendre avec vous pour les arrangemens à prendre en faveur des personnes qui m'ont accompagné, ainsi que pour les arrangemens convenables pour ce qui me concerne et le reste de ma famille.

Nous réglerons ensuite les autres mesures qui seront la conséquence du changement *de règne.*

Je vous renouvelle, mon cousin, l'assurance des sentimens avec lesquels je suis votre affectionné cousin,

Signé CHARLES.

LOUIS-ANTOINE.

Ordonnance du lieutenant-général qui prescrit le dépôt de l'acte d'abdication de Charles X aux archives de la chambre des pairs.

A Paris, le 2 août 1830, à minuit.

Nous, LOUIS-PHILIPPE D'ORLÉANS, duc d'Orléans, exerçant les fonctions de lieutenant-général du royaume, ordonnons que l'acte daté à Rambouillet le 2 août 1830, par lequel S. M. le roi CHARLES X abdique la couronne, et S. A. R. LOUIS-ANTOINE de France, son fils, renonce aussi à ses droits, sera déposé, dans le plus bref délai possible, aux archives de la chambre des pairs par le commissaire provisoire au département de la justice.

Signé LOUIS-PHILIPPE D'ORLÉANS.

Et plus bas : *le Commissaire provisoire au département de la justice,*

Signé DUPONT (de l'Eure).

N° 20.

Ordonnance du roi sur la composition du conseil des ministres.

Paris, le 11 août 1830.

LOUIS-PHILIPPE, ROI DES FRANÇAIS, à tous présens et à venir, SALUT.

SONT NOMMÉS membres de notre *Conseil des ministres*,

M. *Dupont* (de l'Eure), garde-des-sceaux, ministre secrétaire d'État au département de la justice;

M. le comte *Gérard*, lieutenant-général, ministre secrétaire d'État au département de la guerre;

M. le comte *Molé*, ministre secrétaire d'état au département des affaires étrangères;

M. le comte *Sébastiani*, ministre secrétaire d'État au département de la marine;

M. le duc *de Broglie*, ministre secrétaire d'État au département de l'instruction publique et des cultes, président du Conseil d'État;

M. le baron *Louis*, ministre secrétaire d'État au département des finances;

M. *Guizot*, ministre secrétaire d'État au département de l'intérieur;

M. *Jacques Laffitte*, membre de la chambre des députés;

M. *Casimir Périer*, membre de la chambre des députés;

M. *Dupin* aîné, membre de la chambre des députés;

M. le baron *Bignon*, membre de la chambre des députés.

Signé LOUIS-PHILIPPE.

Par le Roi : *le Garde-des-sceaux, Ministre Secrétaire d'État au département de la justice,*

Signé DUPONT (de l'Eure).

N° 21.

Ordonnance du lieutenant-général du Royaume qui rétablit les couleurs nationales.

Paris, le 1ᵉʳ août 1830.

NOUS, LOUIS-PHILIPPE D'ORLÉANS, duc d'Orléans, lieutenant-général du royaume,

AVONS ORDONNÉ ET ORDONNONS ce qui suit :
ART. 1ᵉʳ. La nation française reprend ses couleurs. Il ne sera plus porté d'autre cocarde que la cocarde tricolore.
2. Les commissaires chargés provisoirement des divers départemens du ministère veilleront, chacun en ce qui le concerne, à l'exécution de la présente ordonnance.

Signé LOUIS-PHILIPPE D'ORLÉANS.

Et plus bas : *le commissaire chargé provisoirement du ministère de la guerre,*

Signé comte GÉRARD.

N° 22.

Ordonnance du lieutenant-général qui prescrit la formule de l'intitulé des jugemens, arrêts, etc.

A Paris, le 3 août 1830.

NOUS, LOUIS-PHILIPPE D'ORLÉANS, duc d'Orléans, lieutenant-général du royaume ;
Sur le rapport du commissaire provisoire au département de la justice, et notre Conseil entendu,
AVONS ORDONNÉ ET ORDONNONS ce qui suit :
Les arrêts, jugemens, mandats de justice, contrats et tous autres actes seront intitulés ainsi qu'il suit, jusqu'à ce qu'une loi ait fixé définitivement la formule exécutoire ;
« LOUIS-PHILIPPE D'ORLÉANS, duc d'Orléans, Lieutenant-
» général du royaume, à tous présens et à venir, SALUT. La
» Cour....... ou le Tribunal........ a rendu, etc. (*Ici copier l'arrêt ou le jugement.*)
MANDONS et ORDONNONS, etc.
Le commissaire provisoire au département de la justice est chargé de l'exécution de la présente ordonnance, qui sera insérée au Bulletin des lois.

Signé LOUIS-PHILIPPE D'ORLÉANS.

Et plus bas : *le commissaire provisoire au département de la justice,*

Signé DUPONT (de l'Eure).

Nota. Le tribunal de commerce de Paris avait devancé cette ordonnance et pris une délibération conforme dès le 31 juillet.

N° 23.

Ordonnance du lieutenant-général qui convoque la chambre des pairs et celle des députés.

A Paris, le 1ᵉʳ août 1830.

La chambre des pairs et la chambre des députés se réuniront ¹ le 3 août prochain, dans le local accoutumé ².

Signé Louis-Philippe D'ORLÉANS.

Et plus bas : *Le commissaire chargé provisoirement du ministère de l'intérieur,*

Signé Guizot.

N° 24.

Discours prononcé par monseigneur le duc d'Orléans, lieutenant général du royaume, à l'ouverture de la session des chambres législatives.

A Paris, le 3 août 1830.

Messieurs les Pairs et Messieurs les Députés : Paris, troublé dans son repos par une déplorable violation de la Charte et des lois, les défendait avec un courage héroïque. Au milieu de cette lutte sanglante, aucune des garanties de l'ordre social ne subsistaient plus. Les personnes, les propriétés, les droits, tout ce qui est précieux et cher à des hommes et à des citoyens courait les plus graves dangers.

Dans cette absence de tout pouvoir public, le vœu de mes concitoyens s'est tourné vers moi ; ils m'ont jugé digne de concourir avec eux au salut de la patrie ; ils m'ont invité à exercer les fonctions de lieutenant-général du royaume.

Leur cause m'a paru juste, les périls immenses, la nécessité impérieuse, mon devoir sacré. Je suis accouru au milieu de ce vaillant peuple, suivi de ma famille, et portant ces couleurs qui,

---

¹ On devait dire *sont convoquées*.
² Non, car les chambres ne se sont pas réunies au Louvre, mais bien au palais de la chambre des députés; les pairs s'y sont rendus, ainsi que le prince lieutenant-général : c'est là où était la *représentation nationale ;* c'est de là que devait partir l'initiative de tous les actes qui ont fondé le gouvernement constitutionnel de juillet.

pour la seconde fois, ont marqué parmi nous le triomphe de la liberté.

Je suis accouru, fermement résolu à me dévouer à tout ce que les circonstances exigeraient de moi, dans la situation où elles m'ont placé, pour rétablir l'empire des lois, sauver la liberté menacée, et rendre impossible le retour de si grands maux, en assurant à jamais le pouvoir de cette Charte dont le nom, invoqué pendant le combat, l'était encore après la victoire.

Dans l'accomplissement de cette noble tâche, c'est aux chambres qu'il appartient de me guider. Tous les droits doivent être solidement garantis, toutes les institutions nécessaires à leur plein et libre exercice doivent recevoir les développemens dont elles ont besoin. Attaché de cœur et de conviction aux principes d'un gouvernement libre, j'en accepte d'avance toutes les conséquences. Je crois devoir appeler dès aujourd'hui votre attention sur l'organisation des gardes nationales, l'application du jury aux délits de la presse, la formation des administrations départementales et municipales, et, avant tout, sur cet article 14 de la Charte qu'on a si odieusement interprété.

C'est dans ces sentimens, Messieurs, que je viens ouvrir cette session.

Le passé m'est douloureux ; je déplore des infortunes que j'aurais voulu prévenir ; mais, au milieu de ce magnanime élan de la capitale et de toutes les cités françaises, à l'aspect de l'ordre renaissant avec une merveilleuse promptitude après une résistance pure de tout excès, un juste orgueil national émeut mon cœur, et j'entrevois avec confiance l'avenir de la patrie.

Oui, Messieurs, elle sera heureuse et libre, cette France qui nous est si chère ; elle montrera à l'Europe qu'uniquement occupée de sa prospérité intérieure, elle chérit la paix aussi bien que les libertés, et ne veut que le bonheur et le repos de ses voisins.

Le respect de tous les droits, le soin de tous les intérêts, la bonne foi dans le gouvernement, sont le meilleur moyen de désarmer les partis, et de ramener dans les esprits cette confiance, dans les institutions cette stabilité, seuls gages assurés du bonheur des peuples et de la force des États.

Messieurs les Pairs et Messieurs les Députés, aussitôt que les Chambres seront constituées, je ferai porter à leur connaissance l'acte d'abdication de S. M. le roi *Charles X* : par ce même acte, S. A. R. *Louis-Antoine* de France, Dauphin, renonce également à ses droits. Cet acte a été remis entre mes mains, hier 2 août, à onze heures du soir. J'en ordonne ce matin le dépôt dans les archives de la chambre des pairs, et je le fais insérer dans la partie officielle du *Moniteur*.

N° 25.

Rapport fait au nom de la commission [1] *chargée d'examiner la proposition de M. Bérard, et au nom de la commission* [2] *de l'Adresse réunies; par M. Dupin ainé, député de la Nièvre.*

Séance du 6 août 1830.

Messieurs, j'obéis à votre commission, et au juste empressement de la chambre, dans les circonstances pressantes qui nous environnent, en vous soumettant sur-le-champ mon rapport.

Je n'ai point à revenir sur tous les articles qui ont fait l'objet de la proposition si habilement développée par notre honorable collègue M. Bérard; mais à vous entretenir seulement de ceux qui, dans le sein de la Commission, ont reçu de nouvelles modifications.

Le *préambule* de la Charte est supprimé, non comme une rédaction qui ne serait qu'inutile, mais parce qu'il blesse la dignité nationale, en paraissant *octroyer* aux Français des droits qui leur *appartiennent* essentiellement. [3]

La nécessité de proclamer la vacance du trône a été reconnue à l'unanimité. Mais votre commission a pensé qu'il ne suffirait pas de la constater comme *un fait*; qu'il fallait aussi la déclarer comme *un droit* résultant de la violation de la Charte, et de la légitime résistance apportée par le peuple à cette violation.

Dans sa rapidité même, la correction ou modification des divers articles n'a rien qui doive étonner ni surprendre. Depuis quinze ans nous souffrons des violations partielles de la Charte; depuis quinze ans, nous avons été en butte aux subterfuges et aux subtilités, à l'aide desquels on a successivement abusé, tantôt de son texte, tantôt de son esprit.

Le mal étant si bien connu, il a été facile d'y apporter remède; en supprimant, d'accord avec l'expérience, certaines dispositions tout-à-fait défectueuses, en effaçant les termes dont on avait abusé,

---

[1] Cette commission était composée de MM. Bérard, Périer (Augustin), Humann, Benjamin Delessert, le comte de Sade, le comte Sébastiani, Bertin de Vaux, de Bondy, de Tracy.

[2] Cette commission était composée de MM. Villemain, Pavée de Vandeuvre, Humblot-Conté, Kératry, Dupin ainé, Matthieu Dumas, Benjamin Constant, J. Lefebvre, Etienne.

[3] Ce paragraphe du rapport *officiel* a été retranché par une main *officieuse*, lorsqu'il fut livré à l'impression: et l'auteur du rapport a été obligé d'en exiger une *seconde* édition *corrigée*, où le passage est *rétabli*, et qui porte le n° 2 *bis* des impressions *officielles* de la chambre, session de 1830.

enfin en suppléant les dispositions omises, et en complétant celles dont l'insuffisance s'était fait sentir.

Nous vous proposons de supprimer l'article 6 de la Charte, parce que c'est l'article dont on a le plus abusé. Mais votre Commission ne veut pas que la malveillance puisse affecter de s'y méprendre. Cette suppression n'a point pour but de porter la plus légère atteinte à la religion catholique. Au contraire, après avoir proclamé avec l'article 5 que « *chacun professe sa religion avec une égale* » *liberté, et obtient pour son culte la même protection,* » nous reconnaissons et nous disons, dans l'article 7, qui parle du traitement des divers cultes, *que la religion catholique, apostolique et romaine est la religion de la majorité des Français,* rétablissant ainsi des termes qui ont paru suffisans aux auteurs du concordat de l'an 9 et de la loi organique de germinal an 10, termes qui ont suffi pour relever la religion de ses ruines, et dont il n'est arrivé aucun dommage à l'Etat ; tandis que les expressions de l'article 6 ont réveillé d'imprudentes prétentions à une domination exclusive aussi contraire à l'esprit de la religion qu'à la liberté de conscience et à la paix du royaume. Il fallait donc, dans ce triple intérêt, effacer des termes qui, sans rien ajouter à ce que la religion aura toujours de saint et de vénérable à nos yeux, étaient devenus la source de beaucoup d'erreurs, et ont finalement causé la disgrâce de la branche régnante, et mis l'Etat sur le penchant de sa ruine.

Par un amendement qui a surgi au sein de votre commission, après avoir conservé cette disposition de l'article 8 : » *Les Fran-* » *çais ont le droit de publier et de faire imprimer leurs opinions, en* » *se conformant aux lois,* » nous avons cru devoir supprimer les expressions, *qui doivent réprimer les abus de cette liberté,* parce que, pendant longues années, une administration malveillante y a trouvé le prétexte de toutes les lois d'exception qui ont entravé la presse, ou qui l'ont opprimée.

L'article 14, dans ces derniers temps surtout, était devenu le texte des plus étranges et des plus coupables interprétations. On affectait d'y voir le siége d'une dictature dont la puissance de fait pouvait s'élever au-dessus de toutes les lois. Cette doctrine funeste est devenue le prétexte des attentats dirigés contre la liberté du peuple français. Déjà, le prince lieutenant-général du royaume avait pris à cet égard une généreuse initiative, en vous parlant de cet article *si odieusement interprété.* Votre commission a rendu le doute impossible à l'avenir, et, ne retenant de l'article que ce qui doit en être conservé dans le juste intérêt d'une prérogative que vous voulez, non pas anéantir, mais seulement régler, tout en maintenant la couronne dans le droit incontestable de *faire les réglemens et ordonnances nécessaires pour l'exécution des lois,* nous avons ajouté que c'était *sans pouvoir jamais ni suspendre les lois ni dispenser aucunement de leur exécution.*

Les séances de la chambre des pairs étaient secrètes ; il

nous a semblé qu'elles devaient, dans l'intérêt même et pour l'éclat de la pairie, être *publiques comme celles de la chambre des députés.*

L'âge de quarante ans, auparavant exigé pour être député, a été réduit à trente. C'est l'âge auquel les pairs ont voix délibérative dans leur chambre : un âge moins élevé paraissait inquiéter tous ceux qui pensent que, pour fonder et maintenir un gouvernement sage, une capacité, même précoce, ne doit pas être entièrement destituée d'expérience et de maturité.

Mais, afin d'ouvrir en même temps une plus large voie pour l'exercice des droits politiques à cette jeunesse, depuis long-temps l'espoir d'une patrie dont elle fait aujourd'hui la principale force, nous avons réduit à vingt-cinq ans l'âge exigé par l'article 40 pour être électeur.

Sur l'article 43, l'auteur de la proposition s'était borné à dire que *le président de la chambre des députés est élu par elle :* votre commission a ajouté : *à l'ouverture de chaque session.* Elle a pensé que cette condition de réélection ne ferait que resserrer ces liens de bienveillance et d'intimité qui doivent unir le président à ses collègues.

Il ne suffisait pas d'avoir dit avec l'article 62 : « Nul ne peut être » distrait de ses juges naturels »; ni même d'ajouter avec l'article 63, « Il ne pourra en conséquence être créé de commissions » et tribunaux extraordinaires. »

Pour prévenir tout abus possible, nous avons ajouté : *à quelque titre et sous quelque dénomination que ce puisse être.* Car les noms trompeurs n'ont jamais manqué aux plus mauvaises choses; et, sans cette précaution, on pourrait établir le tribunal au fond le plus irrégulier, en lui donnant faussement la dénomination d'un tribunal ordinaire.

Les ministres avaient toujours interprété l'article 73, relatif aux colonies, en ce sens qu'elles étaient soumises, non à l'action régulière de la législation, mais à l'action instable des réglemens les plus bizarres. Nous sommes rentrés dans la légalité, en disant que *les colonies seront régies par des lois particulières.* Ce dernier mot indique assez que ces lois devront être *spéciales,* appropriées à l'état des colonies, et soumises à un système progressif d'amélioration ; cela suffira, par conséquent, pour rassurer tous les habitans des colonies et pour les attacher de plus en plus à la métropole ; leurs besoins et leurs griefs ne seront plus soustraits à l'impartiale investigation du législateur.

L'article 74 a reçu une importante modification. A l'avenir, c'est devant les pairs du royaume et les députés de la nation, c'est en présence des chambres assemblées, que le roi, à son avénement, jurera de respecter les droits de la nation, d'observer fidèlement la loi constitutionnelle de l'Etat.

Enfin une cruelle, mais salutaire épreuve, a fait sentir la nécessité de rétablir cette disposition prescrite par l'auteur même de

la Charte. Un article additionnel explique que « la présente
» Charte, et tous les droits qu'elle consacre, demeurent confiés au
» patriotisme et au courage des gardes nationales et de tous les
» citoyens français. »

L'état de la chambre des pairs a appelé de notre part une sérieuse attention. Il nous a paru qu'il était impossible de ne pas se rappeler que les promotions qui ont eu lieu sous le dernier règne avaient été faites en vue de préparer la ruine de nos libertés. Trop sûr hélas! de la cour, et maître de la chambre des pairs, le parti dépositaire de cette coupable pensée ne visait plus qu'à pervertir les lois électorales, pour arriver à l'accomplissement de ses desseins. La chambre des pairs, protectrice quand elle avait su repousser d'indignes lois, cessa de pouvoir remplir cette destination, quand, par un criminel abus de la prérogative, soixante-seize pairs y furent ajoutés d'un seul jet. Ce fait, si grave et qui avait altéré le principe même de la pairie, était devenu l'un des chefs de l'accusation prise en considération par la chambre, et qui n'a jamais été vidée.

A la veille d'entrer dans un système de vérité qu'il s'agit maintenant de substituer aux déceptions du passé, il nous a paru qu'en effet la chambre des députés ne fondait rien de durable pour l'avenir, si elle ne détruisait l'œuvre de la trahison. De là cette nécessité de déclarer que « toutes les nominations et créations nou-
» velles de pairs, faites sous le règne de Charles X, sont déclarées
» nulles et comme non avenues. »

Du reste, voulant réserver, sans les compromettre, les autres questions qui peuvent s'élever à l'occasion de la pairie, et sur lesquelles les meilleurs esprits et les amis les plus ardens de la liberté peuvent se trouver partagés avec une égale bonne foi, votre Commission vous propose d'ajouter le paragraphe suivant :
« Et pour prévenir le retour des graves abus qui ont altéré le
» principe de la pairie, l'article 27 de la Charte, qui donne au
» roi la faculté illimitée de nommer des pairs, sera soumis à un
» nouvel examen, dans la session de 1831. »

Après ces modifications, la plupart faciles, et dont la nécessité était d'avance empreinte dans tous les esprits, viennent les lois dont la rédaction n'a pu être instantanément préparée, et qui exigeront de notre part une discussion approfondie, mais dont la promesse, qui cette fois ne pourra pas être éludée, fait partie *des conditions* sous lesquelles devra s'accomplir la dernière partie de la proposition.

Cette proposition a pour objet d'asseoir et de fonder un établissement nouveau : nouveau quant à la personne appelée, et surtout quant au mode de vocation. Ici la loi constitutionnelle n'est pas un octroi du pouvoir qui croit se dessaisir. C'est tout le contraire ; c'est une nation en pleine possession de ses droits qui dit, avec autant de dignité que d'indépendance, au noble prince auquel il s'agit de déférer la couronne : *A ces conditions écrites dans la loi, voulez-vous régner sur nous?*

Messieurs, avant tout ce prince est honnête homme : il en a parmi nous l'éclatante réputation ; s'il vous dit qu'il accepte ; si, par cette acceptation, le contrat est une fois formé, s'il en jure l'observation en présence des chambres, à la face de la nation ; nous pourrons compter sur sa parole : il vous l'a dit, *la Charte, telle qu'il l'aura acceptée, sera désormais une vérité.*

Vous sentez tous, messieurs, et votre Commission l'a senti elle-même, que nous agissons sous l'empire d'un besoin pressant, d'une urgence déclarée, d'une impérieuse nécessité. Puissent les efforts et le travail de votre Commission obtenir faveur devant vous, rallier promptement les esprits dans une détermination commune, vivement désirée par nos commettans, et qui, nous ne saurions en douter, sera saluée par la reconnaissance et les acclamations de la nation tout entière!

Suit le texte de la proposition de M. Bérard.

La chambre des députés, prenant en considération l'impérieuse nécessité qui résulte des événemens des 26, 27, 28, 29 juillet dernier et jours suivans, et de la situation générale où la France s'est trouvée placée à la suite de la violation de la Charte constitutionnelle;

Considérant en outre que, par suite de cette violation et de la résistance héroïque des citoyens de Paris, sa majesté le roi Charles X, son altesse royale Louis-Antoine, dauphin, et tous les membres de la branche aînée de la famille royale, sortent en ce moment du territoire français,

Déclare que le trône est vacant en fait et en droit, et qu'il est indispensable d'y pourvoir.

La chambre des députés déclare secondement que, selon le vœu et dans l'intérêt du peuple français, le préambule de la Charte constitutionnelle est supprimé, et que les articles suivans de la même Charte doivent être supprimés ou modifiés de la manière qui va être indiquée.

Art. 6. *Supprimé.*

7. Les ministres de la religion catholique, apostolique et romaine, *professée par la majorité des Français*, et ceux des autres cultes chrétiens, reçoivent seuls des traitemens du trésor royal.

8. Supprimer les mots, *qui doivent réprimer les abus de cette liberté.*

14. Le roi est le chef suprême de l'État ; il commande les forces de terre et de mer, déclare la guerre, fait les traités de paix d'alliance et de commerce ; nomme à tous les emplois d'administration publique, et fait les réglemens et ordonnances nécessaires

pour l'exécution des lois, *sans pouvoir jamais ni suspendre les lois elles-mêmes, ni dispenser de leur exécution.*

15. Suppression des mots *des départemens.*

16 et 17. La proposition des lois appartient au roi, à la chambre des pairs et à la chambre des députés.

Néanmoins, toute loi d'impôt doit être d'abord votée par la chambre des députés.

19, 20 et 21. *Supprimés.*

26. Toute assemblée de la chambre des pairs qui serait tenue hors du temps de la session de la chambre des députés est illicite et nulle de plein droit, *sauf le seul cas où elle est réunie comme cour de justice, et alors elle ne peut exercer que des fonctions judiciaires.*

30. Les princes du sang sont pairs par droit de naissance; ils siégent immédiatement après le président.

31. *Supprimé.*

32. Les séances de la chambre des pairs sont publiques comme celles de la chambre des députés.

36. *Supprimé.*

37. Les députés sont élus pour cinq ans.

38. Aucun député ne peut être admis dans la chambre s'il n'est âgé de trente ans et s'il ne réunit les autres conditions déterminées par la loi.

39. *Supprimé.*

40. Nul n'est électeur s'il a moins de vingt-cinq ans et s'il ne réunit les autres conditions déterminées par la loi.

41. Les présidens des collèges électoraux sont nommés par les électeurs.

45. Le président de la chambre des députés est élu par elle, à l'ouverture de chaque session.

46 et 47. *Supprimés* (en conséquence de l'initiative).

56. *Supprimé.*

65. Il ne pourra en conséquence être créé de commissions et tribunaux extraordinaires, à quelque titre et sous quelque dénomination que ce puisse être.

73. Les colonies sont régies par des lois *particulières.*

74. Le roi et ses successeurs jureront, *à leur avènement,* en présence des chambres réunies, d'observer fidèlement la présente Charte constitutionnelle.

75. La présente Charte et tous les droits qu'elle consacre demeurent confiées au patriotisme et au courage des gardes nationales et de tous les citoyens français.

Disposition particulière.

Toutes les nominations et créations nouvelles de pairs, faites sous le règne du roi Charles X, sont déclarées nulles et non avenues.

Et pour prévenir le retour des graves abus qui ont altéré le principe de la pairie, l'article 27 de la Charte, qui donne au roi la faculté illimitée de nommer des pairs, sera soumis à un nouvel examen dans la session de 1831.

La chambre des députés déclare troisièmement qu'il est nécessaire de pourvoir successivement, par des lois séparées et dans le plus court délai possible, aux objets qui suivent :

1° L'application du jury aux délits de la presse ;

2° La responsabilité des ministres et des autres agens du pouvoir ;

3° La réélection des députés promus à des fonctions publiques ;

4° Le vote annuel du contingent de l'armée ;

5° L'organisation de la garde nationale, avec intervention des gardes nationaux dans le choix de leurs officiers ;

6° Des dispositions assurant d'une manière légale l'état des officiers de tout grade ;

7° Des institutions départementales et municipales fondées sur un système électif ;

8° L'instruction publique et la liberté de l'enseignement ;

9° L'abolition du double vote et la fixation des conditions électorales et d'éligibilité.

Moyennant l'acceptation de ces dispositions et propositions, la chambre des députés déclare enfin que l'intérêt universel et pressant du peuple français appelle au trône S. A. R. LOUIS-PHILIPPE D'ORLÉANS, duc d'Orléans, lieutenant-général du royaume, et ses descendans à perpétuité de mâle en mâle par ordre de primogéniture, et à l'exclusion perpétuelle des femmes et de leur descendance.

En conséquence, S. A. R. LOUIS-PHILIPPE D'ORLÉANS, duc d'Orléans, lieutenant-général du royaume, sera invité à accepter et à jurer les clauses et engagemens ci-dessus énoncés, l'observation de la Charte constitutionnelle et des modifications indiquées, et après l'avoir fait devant les chambres assemblées, à prendre le titre de *Roi des Français*.

N° 26.

Déclaration de la chambre des députés.

La chambre des députés, prenant en considération l'impérieuse nécessité qui résulte des événemens des 26, 27, 28, 29 juillet dernier et jours suivans, et de la situation générale où la France s'est trouvée placée à la suite de la violation de la Charte constitutionnelle ;

Considérant en outre que, par suite de cette violation et de la résistance héroïque des citoyens de Paris, S. M. Charles X, S. A. R. Louis-Antoine, dauphin, et tous les membres de la branche aînée de la maison royale, sortent en ce moment du territoire français,

DÉCLARE que le trône est vacant en fait et en droit, et qu'il est indispensable d'y pourvoir.

La chambre des députés DÉCLARE secondement que,

Selon le vœu et dans l'intérêt du peuple français, le préambule de la *Charte constitutionnelle* est supprimé, comme blessant la dignité nationale, en paraissant *octroyer* aux Français des droits qui leur appartiennent essentiellement, et que les articles suivans de la même *Charte* doivent être supprimés ou modifiés de la manière qui va être indiquée.

Art. 6. *Supprimé.*

7. Les ministres de la religion catholique, apostolique et romaine, professée par la majorité des Français, et ceux des autres cultes chrétiens, reçoivent des traitemens du trésor public.

8. Les Français ont le droit de publier et de faire imprimer leurs opinions, en se conformant aux lois.

La censure ne pourra jamais être rétablie.

14. Le roi est le chef suprême de l'Etat; il commande les forces de terre et de mer, déclare la guerre, fait les traités de paix, d'alliance et de commerce, nomme à tous les emplois d'administration publique, et fait les règlemens et ordonnances nécessaires pour l'exécution des lois, sans pouvoir jamais ni suspendre les lois elles-mêmes, ni dispenser de leur exécution.

Toutefois aucune troupe étrangère ne pourra être admise au service de l'Etat qu'en vertu d'une loi.

15. Suppression des mots, *des départemens.*

16 et 17. La proposition des lois appartient au roi, à la chambre des pairs, et à la chambre des députés.

Néanmoins toute loi d'impôt doit être d'abord votée par la Chambre des Députés.

19, 20 et 21. *Supprimés*, remplacés par la disposition suivante :

« Si une proposition de loi a été rejetée par l'un des trois pouvoirs, elle ne pourra être représentée dans la même session. »

26. Toute assemblée de la Chambre des Pairs qui serait tenue hors du temps de la session de la Chambre des Députés est illicite et nulle de plein droit, sauf le seul cas où elle est réunie comme cour de justice, et alors elle ne peut exercer que des fonctions judiciaires.

30. Les princes du sang sont pairs par droit de naissance; ils siégent immédiatement après le président.

31. *Supprimé.*

32. Les séances de la Chambre des Pairs sont publiques comme celles de la Chambre des Députés.

36. *Supprimé.*

37. Les députés sont élus pour cinq ans.

38. Aucun député ne peut être admis dans la Chambre, s'il n'est âgé de trente ans et s'il ne réunit les autres conditions déterminées par la loi.

39. Si néanmoins il ne se trouvait pas dans le département cinquante personnes de l'âge indiqué, payant le cens d'éligibilité déterminé par la loi, leur nombre sera complété par les plus imposés au-dessous du taux de ce sens, et ceux-ci pourront être élus concurremment avec les premiers.

40. Nul n'est électeur s'il a moins de vingt-cinq ans, et s'il ne réunit les autres conditions déterminées par la loi.

41. Les présidens des colléges électoraux sont nommés par les électeurs.

43. Le président de la Chambre des députés est élu par elle à l'ouverture de chaque session.

46 et 47. *Supprimés* (en conséquence de l'initiative.)

56. *Supprimé.*

63. Il ne pourra, en conséquence, être créé de commissions et de tribunaux extraordinaires, à quelque titre et sous quelque dénomination que ce puisse être.

73. Les colonies sont régies par des lois particulières.

74. Le Roi et ses successeurs jureront, à leur avénement, en présence des Chambres réunies, d'observer fidèlement la Charte constitutionnelle.

75. La présente Charte et tous les droits qu'elle consacre, demeurent confiés au patriotisme et au courage des gardes nationales et de tous les citoyens français.

76. La France reprend ses couleurs. A l'avenir, il ne sera plus porté d'autre cocarde que la cocarde tricolore.

75 et 76. *Supprimés.*

Disposition particulière.

Toutes les nominations et créations nouvelles de pairs faites sous le règne du roi *Charles X*, sont déclarées nulles et non avenues.

L'article 27 de la Charte sera soumis à un nouvel examen dans la session de 1831.

La Chambre des Députés DÉCLARE troisièmement,

Qu'il est nécessaire de pourvoir successivement, par des lois séparées et dans le plus court délai possible, aux objets qui suivent :

1° L'application du jury aux délits de la presse et aux délits politiques ;

2° La responsabilité des ministres et des autres agens du pouvoir ;

3° La réélection des députés promus à des fonctions publiques salariées;

4° Le vote annuel du contingent de l'armée;

5° L'organisation de la garde nationale, avec intervention des gardes nationaux dans le choix de leurs officiers;

6° Des dispositions qui assurent d'une manière légale l'état des officiers de tout grade de terre et de mer;

7° Des institutions départementales et municipales fondées sur un système électif;

8° L'instruction publique et la liberté de l'enseignement;

9° L'abolition du double vote et la fixation des conditions électorales et d'éligibilité;

10° Déclarer que toutes les lois et ordonnances, en ce qu'elles ont de contraire aux dispositions adoptées pour la réforme de la Charte, sont dès à présent et demeurent annulées et abrogées.

Moyennant l'acceptation de ces dispositions et propositions, la Chambre des députés DÉCLARE enfin que l'intérêt universel et pressant du peuple français appelle au TRÔNE S. A. R. LOUIS-PHILIPPE D'ORLÉANS, DUC D'ORLÉANS, Lieutenant-général du royaume, et ses descendans à perpétuité, de mâle en mâle, par ordre de primogéniture, et à l'exclusion perpétuelle des femmes et de leur descendance.

En conséquence, S. A. R. LOUIS-PHILIPPE D'ORLÉANS, DUC D'ORLÉANS, Lieutenant-général du royaume, sera invité à accepter et à jurer les clauses et engagemens ci-dessus énoncées, l'observation de la *Charte constitutionnelle* et des modifications indiquées, et, après l'avoir fait devant les Chambres assemblées, à prendre le titre de ROI DES FRANÇAIS.

Délibéré au palais de la Chambre des députés, le 7 août 1830.

Les Président et Secrétaires, signé LAFFITTE, *Vice-président*; JACQUEMINOT, PAVÉE DE VANDEUVRE, CUNIN-GRIDAINE, JARS.

N° 27.

Adhésion de la Chambre des pairs.

Paris, le 7 août 1830.

La Chambre des pairs, prenant en considération l'impérieuse nécessité qui résulte des événemens des 26, 27, 28, 29 juillet dernier et jours suivans, et de la situation générale où la France s'est trouvée placée à la suite de la violation de la Charte constitutionnelle;

Considérant en outre que, par suite de cette violation et de la résistance héroïque des citoyens de Paris, S. M. *Charles X*, S. A. R. *Louis-Antoine*, Dauphin, et tous les membres de la branche aînée de la maison royale, sortent en ce moment du territoire français;

DÉCLARE que le trône est vacant en fait et en droit, et qu'il est indispensable d'y pourvoir.

La Chambre des pairs DÉCLARE secondement que,

Selon le vœu et dans l'intérêt du peuple français, le préambule de la *Charte constitutionnelle* est supprimé, comme blessant la dignité nationale, en paraissant *octroyer* aux Français des droits qui leur appartiennent essentiellement, et que, les articles suivans de la même *Charte* doivent être supprimés ou modifiés de la manière qui va être indiquée.

(*Suivent les mêmes articles que ci-dessus.*)

Moyennant l'acceptation de ces dispositions et propositions, la Chambre des Pairs DÉCLARE enfin que l'intérêt universel et pressant du peuple français appelle au TRÔNE S. A. R. LOUIS-PHI-LIPPE D'ORLÉANS, DUC D'ORLÉANS, lieutenant-général du royaume, et ses descendans à perpétuité, de mâle en mâle, par ordre de primogéniture, et à l'exclusion perpétuelle des femmes et de leur descendance.

En conséquence, S. A. R. LOUIS-PHILIPPE D'ORLÉANS, DUC D'ORLÉANS, lieutenant-général du royaume, sera invité à accepter et à jurer les clauses et engagemens ci-dessus énoncés, l'observation de la *Charte constitutionnelle* et des modifications indiquées, et, après l'avoir fait devant les Chambres assemblées, à prendre le titre de ROI DES FRANÇAIS.

Délibéré au palais de la Chambre des pairs, le 7 août 1830.

Les Président et Secrétaires,
Signé PASQUIER, le Marquis DE MORTEMART, le Duc de PLAISANCE, le Comte LANJUINAIS.

N° 28.

Réponse de Son Altesse Royale Monseigneur le duc d'Orléans à la Déclaration de la chambre des députés.

Je reçois avec une profonde émotion la déclaration que vous me présentez; je la regarde comme l'expression de la volonté nationale, et elle me paraît conforme aux principes politiques que j'ai professés toute ma vie.

Rempli de souvenirs qui m'avaient toujours fait désirer de n'être jamais destiné à monter sur le trône; exempt d'ambition, et habitué à la vie paisible que je menais dans ma famille, je ne puis vous cacher tous les sentimens qui agitent mon cœur dans cette grande conjoncture; mais il en est un qui les domine tous, c'est l'amour de mon pays : je sens ce qu'il me prescrit, et je le ferai.

7 août 1830, cinq heures du soir.

N° 29.

Discours de la chambre des Pairs à S. A. R. monseigneur le Duc d'Orléans.

MONSEIGNEUR, La chambre des Pairs vient présenter à Votre Altesse Royale l'*acte* qui doit assurer nos destinées. Vous avez autrefois défendu, les armes à la main, nos libertés encore nouvelles et inexpérimentées; aujourd'hui vous allez les consacrer par les institutions et les lois. Votre haute raison, vos penchans, les souvenirs de votre vie entière, nous promettent un *Roi-Citoyen*. Vous respecterez, vous aimerez nos garanties, qui sont aussi les vôtres. Cette noble famille que nous voyons autour de vous, élevée dans l'amour de la patrie, de la justice et de la vérité, assure à nos enfans la paisible jouissance de cette Charte que vous allez jurer et les bienfaits d'un Gouvernement à la fois stable et libre.

7 août 1830, dix heures et demie du soir.

N° 30.

Lettre du duc de Bourbon au Prince Lieutenant-général.

Saint-Leu, ce dimanche 8 août 1830.

J'aurais fait tous mes efforts, Monsieur, pour vous accompagner demain aux chambres, si j'en avais eu la possibilité; mais l'état de ma santé m'empêche absolument de remplir mes intentions à cet égard. Agréez, Monsieur, avec votre amabilité accoutumée, tous mes regrets, comme l'assurance de l'amitié bien tendre et bien sincère que je vous ai vouée pour la vie.

L.-H.-J. DE BOURBON.

P. S. Je vous écris, Monsieur, comme au lieutenant-général du royaume. Demain, *je serai de cœur avec vous*, et vous trouverez toujours en moi un SUJET aussi fidèle que dévoué.

N° 31.

Procès-verbal de la séance de la chambre des Pairs et de la chambre des Députés, réunies pour recevoir l'acceptation et le serment de SON ALTESSE ROYALE MONSEIGNEUR le DUC D'ORLEANS, lieutenant-général du royaume.

L'an mil huit cent trente, le neuf août, MM. les pairs et MM. les députés étant réunis au palais de la chambre des députés sur la convocation de monseigneur LOUIS-PHILIPPE D'OR-LEANS, DUC D'ORLEANS, lieutenant-général du royaume, son altesse royale est entrée suivie de LL. AA. RR. les ducs de Chartres et de Nemours et des officiers de sa maison, et s'est rendue à la place qui lui était destinée sur l'estrade en avant du trône.

Les pairs et les députés étaient debout et découverts.

Son altesse royale ayant pris séance, monseigneur a dit aux pairs et aux députés : *messieurs, asseyez-vous.*

S'adressant ensuite à M. le président de la chambre des députés, monseigneur lui a dit :

» Monsieur le président de la chambre des députés, veuillez lire
» la déclaration de la chambre. »

M. le président en a donné lecture, et l'a portée à son altesse royale, qui l'a remise à M. le commissaire provisoire chargé du département de l'intérieur.

S'adressant également à M. le président de la chambre des pairs : » M. le président de la chambre des pairs, veuillez me
» remettre l'acte d'adhésion de la chambre des pairs. » Ce que M. le président a fait ; et il a remis l'expédition entre les mains de monseigneur, qui en a chargé M. le commissaire provisoire au département de la justice.

Alors monseigneur a lu son acceptation, ainsi conçue :

» Messieurs les pairs, messieurs les députés,

» J'ai lu avec une grande attention la déclaration de la chambre

» des députés et l'acte d'adhésion de la chambre des pairs. J'en ai
» pesé et médité toutes les expressions.

» J'accepte, sans restriction ni réserve, les clauses et engage-
» mens que renferme cette déclaration, et le titre de ROI DES
» FRANÇAIS qu'elle me confère, et je suis prêt à en jurer l'obser-
» vation. »

Son altesse royale s'est ensuite levée, et, la tête nue, a prêté le serment dont la teneur suit :

» En présence de Dieu, je jure d'observer fidèlement la Charte
» constitutionnelle, avec les modifications exprimées dans la dé-
» claration ; de ne gouverner que par les lois et selon les lois ; de
» faire rendre bonne et exacte justice à chacun selon son droit, et
» d'agir en toutes choses dans la seule vue de l'intérêt, du bonheur
» et de la gloire du peuple français.

M. le commissaire provisoire au département de la justice a ensuite présenté la plume à son altesse royale, qui a signé le présent en trois originaux, pour rester déposés aux archives royales et dans celles de la chambre des pairs et de la chambre des députés.

SA MAJESTÉ LOUIS PHILIPPE PREMIER, ROI DES FRANÇAIS, s'est alors placée sur le trône : où elle a été saluée par les cris mille fois répétés de *vive le roi !*

Le silence s'étant rétabli, SA MAJESTÉ a prononcé le discours suivant :

» Messieurs les pairs et messieurs les députés,

» Je viens de consommer un grand acte. Je sens profondément
» toute l'étendue des devoirs qu'il m'impose. J'ai la conscience que
» je les remplirai. C'est avec pleine conviction que j'ai accepté le
» pacte d'alliance qui m'était proposé.

» J'aurais vivement désiré ne jamais occuper le trône auquel
» le vœu national vient de m'appeler ; mais la France, attaquée
» dans ses libertés, voyait l'ordre public en péril ; la violation de
» la Charte avait tout ébranlé ; il fallait rétablir l'action des lois,
» et c'était aux chambres qu'il appartenait d'y pourvoir. Vous
» l'avez fait, Messieurs ; les sages modifications que nous venons
» de faire à la Charte, garantissent la sécurité de l'avenir, et la
» France, je l'espère, sera heureuse au dedans, respectée au de-
» hors, et la paix de l'Europe de plus en plus affermie.

M. le commissaire provisoire au département de la justice a ensuite invité MM. les pairs et MM. les députés à se retirer dans leurs chambres respectives, où le serment de fidélité au roi et d'obéissance à la Charte constitutionnelle et aux lois du royaume serait individuellement prêté par chacun d'eux.

Et la séance a été levée.

Fait et dressé le présent procès-verbal à Paris, le neuf août mil huit cent trente.

LOUIS-PHILIPPE.

PASQUIER, *président de la chambre des pairs.*

Marquis DE MORTEMART, duc DE PLAISANCE, comte LANJUINAIS, *secrétaires de la chambre des pairs.*

CASIMIR PÉRIER, *président de la chambre des députés.*

J. LAFFITTE, DUPIN aîné, B. DELESSERT, *vice-présidens.*

JACQUEMINOT, CUNIN-GRIDAINE, PAVÉE DE VANDEUVRE, JARS, *secrétaires de la chambre des députés.*

DUPONT (DE L'EURE), *commissaire provisoire au département de la justice.*

GUIZOT, *commissaire provisoire au département de l'intérieur.*

N° 32.

Rapport de la commission de l'Hôtel-de-Ville.

Sire, les graves conjonctures d'où sort la patrie, ont donné naissance à un *pouvoir extraordinaire*, qui, de même que tout autre, doit compte de ses actes : ce compte, la commission *municipale* s'empresse de vous le rendre, non-seulement parce qu'elle est responsable, mais aussi parce que son autorité, qui a passé vite comme les grandes choses qui viennent de s'accomplir, doit cependant laisser quelques traces. L'administration publique et les finances de l'Etat ont été dans ses mains ; elle a modifié des transactions commerciales, institué des officiers de l'état civil, créé des pouvoirs secondaires. Il importe qu'elle expose fidèlement ce qu'elle a fait et ordonné. Les droits privés nés sous la garantie de son pouvoir temporaire en seront plus certains, et l'autorité pourra plus sûrement continuer les affaires non achevées.

Nous ne parlerons pas de ces jours de danger, où ceux des députés qui se trouvaient dans la capitale, se réunirent pour *sauver* nos libertés. Peu étaient présens, tous auraient voulu l'être. Le 26 juillet, à l'apparition des ordonnances, l'indignation éclata de toutes parts ; le 27, la lutte commença ; le 28, on se battit avec acharnement. Paris était *en état de siège* ; les autorités civiles suspendues ; l'autorité militaire confinée dans quelques quartiers où elle résistait encore ; et déjà le peuple inquiet au milieu de ces combats, le peuple qui voulait une victoire aussi pure que sa cause, demandait des chefs pour régler ses mouvemens, et il les demandait à ceux que l'élection nationale venait de signaler à sa confiance.

Dans la matinée du 29, à un moment où le combat encore incertain avait cependant renversé toutes les autorités de la capitale, *les députés réunis décidèrent qu'ils devaient pourvoir au salut de la patrie*. L'autorité militaire supérieure fut confiée à M. le général Lafayette; la direction des opérations actives à M. le général Gérard. Il fut arrêté en même temps que, sous le titre de commission municipale, une commission, investie de tous les pouvoirs que demandaient les circonstances, se transporterait à l'Hôtel de Ville, et prendrait le maniement des affaires.

Il serait difficile de dire quel trouble régnait alors à cet Hôtel-de-Ville, théâtre de combats acharnés, pris et repris trois fois, dont les murs étaient sillonnés par les balles et la mitraille. Une foule immense l'encombrait, allant, venant sans cesse, demandant des ordres, sans trouver personne qui en pût donner. *Aussitôt qu'il fut connu que des membres de la Chambre prenaient en main la chose publique, chacun obéit*: tant le principe de l'élection nationale est révéré des peuples! tant il a de puissance sur leur esprit!

La commission devait s'occuper sur-le-champ d'organiser le pouvoir. C'était une des lois de sa position, de n'y appeler que des membres de la chambre, parce qu'il fallait le soutenir de leur influence; et des membres présens, parce qu'il fallait agir sur l'heure, et que l'on connaissait le prix d'un moment.

Le soin du trésor et des finances, qui ne pouvait souffrir aucun retard, fut confié sur-le-champ à M. le baron Louis. La préfecture de police à M. Bavoux. Un autre service demandait qu'il y fût pourvu avec une égale promptitude, c'était celui des postes; M. Chardel en fut chargé; et dans la nuit même les Courriers partirent, emportant un *Moniteur* qui annonçait la victoire Il fallait s'assurer aussi des communications télégraphiques; les provinces ne pouvaient être trop rapidement instruites. Dès la journée du 30, M. le commissaire au département des finances, inquiet sur le sort des trésors arrivés d'Alger, nous avait demandé si la ligne de Paris à Toulon était libre. M. Marchal reçut mission de se transporter auprès des administrateurs des télégraphes, et de leur donner des ordres; ils refusèrent d'obéir. Une heure après ils étaient destitués, M. Marchal chargé de la direction et installé; l'ordre expédié au maire de Montmartre de rétablir le poste de sa commune; la ligne télégraphique fut en mouvement, et en quelques minutes, la victoire nationale pût voler à travers la France, de la capitale à Toulon.

Le rétablissement des mairies fut encore un de nos premiers soins. Cette magistrature populaire nous était indispensable pour rétablir l'ordre, veiller à la police locale, distribuer des secours aux blessés, et faciliter le service de la garde nationale. Nommer nous-mêmes les maires et les adjoints nous était impossible, le temps nous manquait, et dans l'entraînement des affaires, nos choix n'auraient peut être pas répondu aux justes exigences de l'opinion. Ici encore l'élection nationale nous parut le meilleur guide. Un arrêté décida que les scrutateurs définitifs des derniers collèges rempliraient les fonctions municipales; celles de maire devant être exercées par le scrutateur qui avait eu le plus de voix; celles d'adjoint par les autres; et comme les arrondissemens électoraux de Paris contiennent presque tous deux mairies, un commissaire spécial fut chargé de lever les difficultés. Le zèle des citoyens fit des prodiges. Dès le lendemain de notre installation, ces municipalités soudaines, actives, intelligentes, agirent avec tout l'à-propos d'une administration régulière, et suffirent à tout sans rien négliger. *Ce qu'il importe de remarquer, c'est que les maires ainsi institués ont reçu des actes de l'état civil, prononcé des mariages, créé des familles.* Ces actes ne sont pas moins valides que s'ils eussent été reçus dans un tems de calme par une autorité ordinaire. *La nécessité, cette loi suprême des Etats*, les protège et les consacre.

Les affaires, les dépêches qui s'accumulaient à chaque moment, nous firent sentir le besoin de déléguer des commissaires ou des secrétaires généraux aux départemens de la justice et de l'intérieur, de l'instruction publique et des affaires étrangères. Par le même motif, nous avons été forcés de reconstituer le conseil général du département de la Seine. Dans l'ancien conseil se trouvaient plusieurs membres qui n'avaient jamais cédé aux prétentions du pouvoir absolu, et qui, de plus, avaient la *tradition des affaires* : nous les avons conservés, en leur adjoignant de nouveaux collègues qu'ils aideront de leur longue expérience.

Ces grandes mesures d'organisation n'empêchaient pas une infinité de mesures de détails, de décisions subites. Il fallait agir vite, et peu délibérer : nos ordres étaient brusques, impérieux comme les événements. Dès la journée du 29; la commission s'empressa d'assurer la conservation des bibliothèques, des musées, des établissemens publics; mais, nous devons le dire, il suffit de les placer sous la sauve-garde des citoyens; *la modération publique les protégea plus encore que les postes qu'on y établit.* Les réverbères avaient été brisés par mesure de défense. On ordonna des illuminations, et Paris, tout hérissé de barricades, fut éclairé pendant plusieurs jours par ces signes de victoire. Ce qui demandait surtout notre sollicitude, c'était d'assurer la subsistance d'un grand nombre de citoyens qui combattaient depuis deux jours. La commission ne pouvait disposer d'aucun magasin; de l'argent fut envoyé; ces braves refusèrent : « Nous nous battons pour la liberté, disaient-ils; la patrie nous doit du pain, non de l'argent. » Il semblait que l'argent dût souiller leurs mains victorieuses; ils ne voulaient toucher que leurs armes. Ce désintéressement devenait un embarras de plus; dès le lendemain une administration fut organisée, et des bons de fourniture régulièrement délivrés.

L'approvisionnement de la capitale donnait quelques inquiétudes ; mais on apprit que la réserve contenait pour un mois de subsistance. Néanmoins, dans l'incertitude des événemens, la commission pensa qu'il fallait s'assurer de plus grandes ressources. Des soumissions offertes furent acceptées ; et on engagea l'autorité militaire à débarrasser les grandes lignes de communication, en prenant toutefois les précautions qu'exigeait la sûreté publique. Les besoins du commerce ne furent point oubliés. On était à la fin du mois, époque d'échéances. Chacun veillait à la défense commune ; les relations étaient interrompues, les paiemens presqu'impossibles ; et cependant les protêts allaient ébranler le crédit d'un grand nombre de maisons. Un de nos honorables collègues vint, au nom du tribunal de commerce qu'il préside, solliciter de nous une mesure qui prévînt un si grand mal : *un arrêté du 31 juillet, prorogea toutes les échéances de dix jours*, et défendit toutes poursuites. Plusieurs villes de commerce en ont adopté depuis les dispositions.

Nous ne parlerons pas des *députations*, des *adresses* qui nous arrivaient de plusieurs villes, et qui témoignaient *l'enthousiasme universel*; des secours urgens distribués aux gardes nationaux et aux blessés ; des mesures prises pour assurer des logemens à ces braves habitans de la Normandie, qui s'émurent au premier bruit du danger, et qui, partis pour sauver la capitale, arrivèrent au milieu du triomphe.

Dans le trouble des événemens, nous avons été souvent obligés de disposer des deniers publics. Quelques mandats ont été délivrés sur la caisse de la préfecture de police ; mais nos dispositions, toujours faites pour des besoins pressans ou pour ceux de l'état-major général, ont porté principalement sur les caisses de l'Hôtel-de-Ville. Les paiemens ont eu lieu sur des ordres réguliers ; la comptabilité sera facilement établie. Mais, sans doute, *Votre Majesté* trouvera juste de ne pas laisser exclusivement la ville de Paris chargée des dépenses faites dans l'intérêt général.

Ici se présente un autre ordre de choses ; et, pour plus de clarté, nous devons revenir sur les dates. Notre position même attirait devant nous la grande question politique qui s'agitait. Dans la journée du 28, sur les deux heures, d'après les ordres des députés réunis, cinq d'entre eux s'étaient rendus auprès du duc de Raguse ; ils avaient demandé le rapport des ordonnances, et proposé d'intervenir entre le peuple et l'armée. Le maréchal avait refusé de suspendre les mesures militaires ; mais il avait promis son influence auprès du trône, sans dissimuler toutefois son peu d'espérance de réussir. Le président du conseil, présent au quartier-général, avait été plus positif. Il avait fait dire à la députation, sans vouloir l'entendre, que les ordonnances ne seraient pas rapportées. Le lendemain 29, *la guerre avait prononcé*. Dans la soirée, une députation, composée de MM. de Sémonville, d'Argout et de Vitrolles, arriva de Saint-Cloud à l'Hôtel-de-Ville. Le langage n'était plus le même ; changement de ministère, rapport des ordonnances, on offrait tout. Mais le peuple avait-il versé son sang pour un changement de ministres? consentirait-il à revoir sur le trône un prince irrité de son humiliation, et qui reprendrait la ruse en attendant qu'il pût de nouveau essayer la force. La commission *ne voulut pas décider sur-le-champ ces graves questions*, et quoique sa résolution fût arrêtée, il était de la prudence de ménager encore un parti à qui le désespoir pouvait révéler ses forces. Elle renvoya à la réunion des députés les commissaires de Saint-Cloud, qui, du reste, n'avaient aucune pièce écrite, aucune preuve officielle de leur mission.

Cependant arrivaient de tous côtés des avis alarmans. Paris disait-on, *devait être attaqué dans la nuit* : ce qu'il y avait de certain c'est que quarante pièces d'artillerie étaient sorties de Vincennes, et qu'un régiment suisse arrivait d'Orléans. Il fallait voir alors comme ce peuple, aussi prudent que brave, veillait sur sa victoire; comme des patrouilles, qui s'étaient organisées d'elles-mêmes, parcouraient la ville en tous sens; comme à la moindre alerte, ces hommes, couchés sur le pavé des rues, se jetaient sur leurs armes et se préparaient au combat !

Les journées du 30 et du 31 furent encore *pleines d'inquiétudes et de troubles*. Une foule immense encombrait les rues et les places publiques. Le bruit des négociations s'était répandu ; on s'indignait à *la pensée d'une régence et d'un enfant sur le trône*. Les craintes étaient vives; la situation grave. Un nouveau commissaire était arrivé de Saint-Cloud. Il apportait, il voulait déposer ces ordonnances de révocation que le sang répandu n'avait pu obtenir, mais qu'avait enfin arrachées la peur. La commission n'hésita pas dans sa réponse : *il était trop tard ;* Charles X *avait cessé de régner ;* et dans la personne du lieutenant-général que venaient de proclamer les députés réunis, *la France voyait déjà le souverain à qui elle devrait son bonheur et sa gloire.* Cette réponse ne pouvait rester secrète ; l'état des esprits ne le permettait pas. Une proclamation fut publiée. Elle eut l'heureux effet de les calmer.

Des dépêches interceptées avaient appris que le camp de Saint-Omer marchait sur Paris. Il se pouvait que la lutte se prolongeât, et, dans tous les cas, il fallait occuper et nourrir cette population qui venait de vaincre, mais qui ne pouvait encore reprendre ses travaux. La commission ordonna que vingt régimens de gardes nationales mobiles seraient créés, avec une solde de trente sous par jour; des registres furent ouverts dans les mairies ; des inscriptions reçues en grand nombre. Mais un inconvénient que nous n'avions pu prévoir nous fut bientôt signalé par l'autorité militaire : la plupart des soldats appartenant aux régimens désorganisés, venaient s'inscrire dans la garde mobile; moins attirés sans doute par l'appât d'une solde plus élevée que pressés d'accourir où se trouvait l'honneur national. Sur la demande de l'autorité militaire, les listes ont été closes, et l'abus a cessé. Les promesses faites ont été religieusement tenues et la solde payée, ainsi qu'une indemnité de quinze jours au-delà du service.

Dès la journée du 30, notre attention fut éveillée sur la conservation des diamans de la couronne. Un officier de la garde nationale, accompagné de M. Bapst, joaillier de la liste civile, fut chargé par nous de vérifier s'ils étaient encore intacts. Le rapport nous apprit qu'ils avaient été enlevés. Nous en instruisîmes l'autorité militaire, et M. le général Lafayette nous proposa de donner, conjointement avec lui, à un de ses aides-de-camp, M. Poque-Beauvais, la mission périlleuse de faire rentrer au trésor cette propriété nationale. M. Poque fut investi par le général et par nous du droit de requérir toutes les autorités civiles et militaires ; il lui était recommandé de s'emparer, même par la force, des diamans de la couronne, mais en même temps de protéger la retraite de la famille royale hors du royaume. Ce brave officier s'est acquitté de sa mission avec autant de dévouement que d'intelligence. Il était déjà parvenu à réunir un corps de gardes nationaux assez considérable. Près de Rambouillet, il a été blessé grièvement, contre le droit des nations, dans un moment où il s'avançait en parlementaire. Cet enlèvement des diamans de la couronne a provoqué la seule mesure arbitraire que la commission se soit permise. Instruite qu'il existait dans une maison, rue de la Chaise, des valeurs considérables appartenant à un des membres de la famille royale, elle y a fait apposer les scellés : une inscription sur l'état de 100,500 francs a été saisie; elle a été mise à la disposition du ministre des finances, qui statuera. Au surplus les diamans sont rentrés au trésor.

Charles X, abandonné de la plus grande partie de ses soldats, dont il avait trompé le courage, voulait cependant rester à Rambouillet. La commission fut invitée par l'autorité militaire, à mettre cinq cents hommes de garde nationale par mairie, à sa disposition. L'invitation fut reçue à neuf heures du matin ; une demi-heure après ; les ordres étaient expédiés, et parvenus à destination. A onze heures, une force de dix mille hommes était réunie aux Champs-Elysées et se mettait en mouvement ; et ce corps était doublé, triplé même avant d'arriver à Cognères, près Rambouillet. Auprès de Charles X, étaient des troupes qui pouvaient résister encore ; *le peuple, par sa présence seule, les glaça de terreur* ; et celui qui, peu de jours avant était roi, fut conduit en prisonnier à Cherbourg.

Ce que nous venons de rapporter fut à peu près l'ouvrage de trois jours, nous pourrions ajouter de trois nuits. Vous veniez, Sire, d'être proclamé lieutenant-général du royaume ; *un pouvoir régulier s'établissait ; celui de la commission n'aurait pu qu'embarrasser sa marche.* Le lieutenant-général du royaume lui manifesta cependant le désir qu'elle continuât à s'occuper quelque temps encore de tout ce qui concernait la sûreté, la tranquillité et les intérêts municipaux de la ville de Paris.

Sa tâche restait assez grande. *Au milieu de l'enthousiasme universel*, des esprits généreux, fiers du triomphe de la liberté, la voulaient en France *sous sa forme la plus austère*; non certes par éloignement pour le prince que la patrie adoptait; mais il faut le reconnaître par une noble fierté d'âme, par un pur enthousiasme de la vertu. Dans leurs rangs, se trouvaient ceux qui avaient combattu, aux jours du danger, avec le plus d'ardeur et de courage. *Faudra-t-il cependant nous diviser*; et la France serait-elle assez malheureuse pour voir couler encore le sang de ses enfans! Notre voix se réunit à celle de ce grand citoyen, aimé du peuple comme la liberté même. Qu'importent et les formes et les mots? *Ce qu'il nous faut, n'est-ce pas d'être libres?* Sous un roi ami de la patrie, nous aurons la meilleure des républiques, et dans la meilleure des républiques le trône le plus solide de l'univers. Ces seules réflexions suffirent pour calmer ces nobles caractères. *On leur demandait le sacrifice de leurs doctrines; ils l'ont fait* à la tranquillité de tous. La charte du 7 août a été publiée, l'ordre s'est rétabli, et *la nation s'est empressée de reconnaître un prince* dont la gloire immortelle sera d'avoir obtenu la confiance de la patrie, au moment où la patrie venait de reconquérir ses droits.

Des soins empressés étaient dus à ceux qui venaient de verser leur sang pour leur pays. Les mairies ont pourvu aux premiers besoins; nous avons établi une commission pour régulariser ce service. Les secours venus de toutes parts sont immenses. Tous ont donné, riches et pauvres, français et étrangers; et pour qu'il ne manquât rien à notre triomphe, l'Angleterre même s'est déclarée l'amie, l'admiratrice de la population parisienne, et veut partager l'honneur de secourir nos blessés.

Quant à ceux qui ont succombé, leurs noms seront recueillis et gravés sur le marbre. La postérité la plus reculée les lira avec respect. Nous avons dû ordonner qu'il serait fait une relation officielle des événemens; nous en avons confié la rédaction à un homme qui, nous n'en doutons pas, remplira cette mission avec autant de talent que de conscience. C'était un devoir pour nous de ne pas laisser périr la mémoire de tant de nobles actions; elles appartiennent à la patrie. Jamais la nature humaine ne s'était montrée plus héroïque et plus grande. Au milieu d'un peuple fuyant à l'aspect d'un gros de cavalerie, on a vu un homme s'élancer : il saisit un drapeau tricolore, met un genou en terre, plante, assure son drapeau, et périt écrasé sous les pieds de cent chevaux, en s'écriant : « Voilà comment on meurt pour la patrie! »

Combien de traits pareils ne pourrions-nous pas citer!

Et ces hommages spontanés rendus aux victimes des trois journées! Comme le peuple prend soin de leur tombes! tous les jours il les couvre de fleurs nouvelles : on dirait qu'il aime à sentir ses frères encore près de lui. Reposez en paix, généreuses victimes;

la patrie doit honorer vos cendres, et vos noms ont des droits à l'immortalité.

Ici s'est terminée notre tâche. *Le roi des Français était proclamé*; ses sermens reçus. Nous nous sommes empressés de résigner nos fonctions dans ses mains.

Dans ce mouvement immense, tous les droits individuels ont été respectés; personne n'a eu à se plaindre, nous le croyons du moins Le droit des nations a été aussi religieusement gardé. Des dépêches des gouvernemens étrangers avaient été interceptées; elles ont été renvoyées non ouvertes aux ambassadeurs.

Il nous eût été difficile de suffire à des travaux aussi multipliés, si nous n'eussions appelé à nous quelques secours. Le barreau, toujours si dévoué quand il s'agit des libertés publiques, est venu à notre aide. Nous ne saurions trop donner d'éloges et de remerciemens à MM. Mérilhou, Odilon-Barrot, Barthe, Isambert, Plougoulm, Aylies. Nous les avons toujours trouvés prêts à nous consacrer leur temps et leurs lumières. Nous devons dire la même chose de MM. Baude et Le Comte, dont la collaboration nous a été si utile.

Quand à nous, Sire, notre vœu était de ne pas rester au-dessous de la tâche que nous avions à remplir.

Nous sommes, Sire, avec le plus profond respect,

De votre Majesté,
Les très-humbles, très-obéissans serviteurs et fidèles sujets,

LOBAU, AUDRY DE PUYRAVAULT,
DE SCHONEN, MAUGUIN.

Nos honorables collègues, MM. Laffitte et Casimir Périer, membres de la commission municipale, ont été enlevés à ces travaux *par les services qu'ils ont eu à rendre dans la réunion des Députés, et pour la confection du pacte fondamental, services immenses que la France apprécie.* Si leur signature ne se trouve pas sur ce rapport, c'est qu'il n'est pas juste de leur imposer une responsabilité que leur absence rendait plus grande encore.

N° 33.

CHARTE CONSTITUTIONNELLE.

Paris, 14 août 1830,

LOUIS-PHILIPPE, ROI DES FRANÇAIS, à tous présens et à venir, salut

Nous avons ordonné et ordonnons que la Charte constitutionnelle de 1814,[1] telle qu'elle a été amendée par les deux Chambres le 7 août et acceptée par nous le 9, sera de nouveau publiée dans les termes suivans :

Droit public des Français.

Art. 1. Les Français sont égaux devant la loi, quels que soient d'ailleurs leurs titres et leurs rangs.

2. Ils contribuent indistinctement, dans la proportion de leur fortune, aux charges de l'Etat.

3. Ils sont tous également admissibles aux emplois civils et militaires.

4. Leur liberté individuelle est également garantie : personne ne pouvant être poursuivi ni arrêté que dans les cas prévus par la loi et dans la forme qu'elle prescrit.

5. Chacun professe sa religion avec une égale liberté, et obtient pour son culte la même protection.

6. Les ministres de la religion catholique, apostolique et romaine, professée par la majorité des Français, et ceux des autres cultes chrétiens, reçoivent des traitemens du trésor public.

7. Les Français ont le droit de publier et de faire imprimer leurs opinions en se conformant aux lois.

La censure ne pourra jamais être rétablie.

8. Toutes les propriétés sont inviolables, sans aucune exception de celles qu'on appelle nationales, la loi ne mettant aucune différence entre elles.

9. L'Etat peut exiger le sacrifice d'une propriété pour cause d'intérêt public légalement constaté, mais avec une indemnité préalable.

10. Toutes recherches des opinions et des votes émis jusqu'à la restauration sont interdites : le même oubli est commandé aux tribunaux et aux citoyens.

11. La conscription est abolie. Le mode de recrutement de l'armée de terre et de mer est déterminé par une loi.

Formes du gouvernement du Roi.

12. La personne du Roi est inviolable et sacrée. Ses ministres

---

[1] Malgré cette formule de promulgation, ce n'est pas la charte *octroyée* de 1814, c'est la charte de 1830. Ces mots : CHARTE DE 1830, sont gravés dans la chambre des députés, au-dessus de la place où elle a été jurée par le roi. Ces mots sont ineffaçables. Ils vivront à jamais dans les souvenirs de la nation.

sont responsables. Au Roi seul appartient la puissance exécutive.

13. Le Roi est le chef suprême de l'Etat ; il commande les forces de terre et de mer, déclare la guerre, fait les traités de paix, d'alliance et de commerce, nomme à tous les emplois d'administration publique, et fait les réglemens et ordonnances nécessaires pour l'exécution des lois, sans pouvoir jamais ni suspendre les lois elles-mêmes ni dispenser de leur exécution.

Toutefois aucune troupe étrangère ne pourra être admise au service de l'Etat qu'en vertu d'une loi.

14. La puissance législative s'exerce collectivement par le Roi, la Chambre des pairs et la Chambre des députés.

15. La proposition des lois appartient au Roi, à la chambre des Pairs et à la chambre des Députés.

Néanmoins toute loi d'impôt doit être d'abord votée par la Chambre des députés.

16. Toute loi doit être discutée et votée librement par la majorité de chacune des deux chambres.

17. Si une proposition de loi a été rejetée par l'un des trois pouvoirs, elle ne pourra être représentée dans la même session.

18. Le Roi seul sanctionne et promulgue les lois.

19. La liste civile est fixée pour toute la durée du règne par la première législature assemblée depuis l'avénement du Roi.

De la Chambre des Pairs.

20. La Chambre des Pairs est une portion essentielle de la puissance législative.

21. Elle est convoquée par le Roi en même temps que la Chambre des Députés. La session de l'une commence et finit en même temps que celle de l'autre.

22. Toute assemblée de la Chambre des pairs qui serait tenue hors du temps de la session de la Chambre des députés, est illicite et nulle de plein droit, sauf le seul cas où elle est réunie comme cour de justice, et alors elle ne peut exercer que des fonctions judiciaires.

23. La nomination des pairs de France appartient au Roi. Leur nombre est illimité : il peut en varier les dignités, les nommer à vie ou les rendre héréditaires, selon sa volonté.[1]

24. Les pairs ont entrée dans la chambre à vingt-cinq ans et voix délibérative à trente ans seulement.

[1] Voyez ci-après la loi du 29 décembre 1831, qui, en révisant cet article conformément à l'article 68, *a aboli l'hérédité de la pairie*, et déterminé quelles seraient à l'avenir les *conditions* d'avénement à la pairie.

25. La chambre des pairs est présidée par le chancelier de France, et, en son absence, par un pair nommé par le Roi.

26. Les princes du sang sont pairs par droit de naissance : ils siégent immédiatement après le président.

27. Les séances de la chambre des pairs sont publiques, comme celles de la chambre des députés.

28. La chambre des pairs connaît des crimes de haute trahison et des attentats à la sûreté de l'État, qui seront définis par la loi.

29. Aucun pair ne peut être arrêté que de l'autorité de la chambre, et jugé que par elle en matière criminelle.

De la chambre des députés.

30. La chambre des députés sera composée des députés élus par les colléges électoraux dont l'organisation sera déterminée par des lois.

31. Les députés sont élus pour cinq ans.

32. Aucun député ne peut être admis dans la chambre, s'il n'est âgé de trente ans, et s'il ne réunit les autres conditions déterminées par la loi.

33. Si néanmoins il ne se trouvait pas dans le département cinquante personnes de l'âge indiqué payant le cens d'éligibilité déterminé par la loi, leur nombre sera complété par les plus imposés au-dessous du taux de ce sens, et ceux-ci pourront être élus concurremment avec les premiers.

34. Nul n'est électeur, s'il a moins de vingt-cinq ans, et s'il ne réunit les autres conditions déterminées par la loi.

35. Les présidens des colléges électoraux sont nommés par les électeurs.

36. La moitié au moins des députés sera choisie parmi les éligibles qui ont leur domicile politique dans le département.

37. Le président de la chambre des députés est élu par elle à l'ouverture de chaque session.

38. Les séances de la chambre sont publiques ; mais la demande de cinq membres suffit pour qu'elle se forme en comité secret.

39. La chambre se partage en bureaux pour discuter les projets qui lui ont été présentés de la part du roi.

40. Aucun impôt ne peut être établi ni perçu, s'il n'a été consenti par les deux chambres et sanctionné par le roi.

41. L'impôt foncier n'est consenti que pour un an. Les impositions indirectes peuvent l'être pour plusieurs années.

42. Le roi convoque chaque année les deux chambres : il les proroge, et peut dissoudre celle des députés ; mais, dans ce cas, il doit en convoquer une nouvelle dans le délai de trois mois.

43. Aucune contrainte par corps ne peut être exercée contre un membre de la chambre durant la session et dans les six semaines qui l'auront précédée ou suivie.

44. Aucun membre de la chambre ne peut, pendant la durée de la session, être poursuivi ni arrêté en matière criminelle, sauf le cas de flagrant délit, qu'après que la chambre a permis sa poursuite.

45. Toute pétition à l'une ou à l'autre des chambres ne peut être faite et présentée que par écrit : la loi interdit d'en apporter en personne et à la barre.

Des ministres.

46. Les ministres peuvent être membres de la chambre des pairs ou de la chambre des députés.
Ils ont en outre leur entrée dans l'une ou l'autre chambre, et doivent être entendus quand ils le demandent.

47. La chambre des députés a le droit d'accuser les ministres et de les traduire devant la chambre des pairs, qui seule a celui de les juger.

De l'ordre judiciaire.

48. Toute justice émane du roi; elle s'administre en son nom par des juges qu'il nomme et qu'il institue.

49. Les juges nommés par le roi sont inamovibles.

50. Les cours et tribunaux ordinaires actuellement existans sont maintenus; il n'y sera rien changé qu'en vertu d'une loi.

51. L'institution actuelle des juges de commerce est conservée.

52. La justice de paix est également conservée. Les juges de paix, quoique nommés par le roi, ne sont point inamovibles.

53. Nul ne pourra être distrait de ses juges naturels.

54. Il ne pourra en conséquence être créé de commission et de tribunaux extraordinaires, à quelque titre et sous quelque dénomination que ce puisse être.

55. Les débats seront publics en matière criminelle, à moins que cette publicité ne soit dangereuse pour l'ordre et les mœurs; et, dans ce cas, le tribunal le déclare par un jugement.

56. L'institution des jurés est conservée. Les changemens qu'une plus longue expérience ferait juger nécessaires, ne peuvent être effectués que par une loi.

57. La peine de la confiscation des biens est abolie et ne pourra pas être rétablie

58. Le roi a le droit de faire grace et celui de commuer les peines.

59. Le Code civil et les lois actuellement existantes qui ne sont pas contraires à la présente Charte, restent en vigueur jusqu'à ce qu'il y soit légalement dérogé.

Droits particuliers garantis par l'État.

60. Les militaires en activité de service, les officiers et soldats

en retraite, les veuves, les officiers et soldats pensionnés, conserveront leurs grades, honneurs et pensions.

61. La dette publique est garantie. Toute espèce d'engagement pris par l'État avec ses créanciers est inviolable.

62. La noblesse ancienne reprend ses titres, la nouvelle conserve les siens. Le roi fait des nobles à volonté; mais il ne leur accorde que des rangs et des honneurs, sans aucune exemption des charges et des devoirs de la société.

63. La Légion d'honneur est maintenue. Le roi déterminera les réglemens intérieurs et la décoration.

64. Les colonies sont régies par des lois particulières.

65. Le roi et ses successeurs jureront à leur avénement, en présence des chambres réunies, d'observer fidèlement la Charte constitutionnelle.

66. La présente Charte et tous les droits qu'elle consacre demeurent confiés au patriotisme et au courage des gardes nationales et de tous les citoyens français.

67. La France reprend ses couleurs. A l'avenir, il ne sera plus porté d'autre cocarde que la cocarde tricolore.

Dispositions particulières.

68. Toutes les nominations et créations nouvelles de pairs faites sous le règne du roi *Charles X* sont déclarées nulles et non avenues.

L'article 23 de la Charte sera soumis à un nouvel examen dans la session de 1831.

69. Il sera pourvu successivement par des lois séparées et dans le plus court délai possible aux objets qui suivent :

1° L'application du jury aux délits de la presse et aux délits politiques; (*Voyez* loi du 8 octobre 1830.)

2° La responsabilité des ministres et des autres agens du pouvoir; (discutée dans la session de 1855.)

3° La réélection des députés promus à des fonctions publiques salariées; (loi du 12 septembre 1830.)

4° Le vote annuel du contingent de l'armée; (loi du 11 octobre 1830.)

5° L'organisation de la garde nationale, avec intervention des gardes nationaux dans le choix de leurs officiers; (loi du 22 mars 1831.)

6° Des dispositions qui assurent d'une manière légale l'état des officiers de tout grade de terre et de mer; (loi du 1ᵉʳ mai 1834.)

7° Des institutions départementales et municipales fondées sur un système électif; (loi sur l'organisation municipale du 21 mars 1831;—des conseils généraux de département et des conseils d'arrondissement, du 22 juin 1833. Quant à la loi d'attribution, non encore votée, elle a été discutée pendant plusieurs sessions.)

8° L'instruction publique et la liberté de l'enseignement; (loi du 28 juin 1833.)
9° L'abolition du double vote et la fixation des conditions électorales et d'éligibilité. (loi du 19 avril 1831.)

70. Toutes les lois et ordonnances, en ce qu'elles ont de contraire aux dispositions adoptées pour la réforme de la Charte, sont dès à présent et demeurent annulées et abrogées.

DONNONS EN MANDEMENT à nos cours et tribunaux, corps administratifs et tous autres que la présente CHARTE CONSTITUTIONNELLE ils gardent et maintiennent, fassent garder, observer et maintenir; et, pour la rendre plus notoire à tous [1], ils la fassent publier dans toutes les municipalités du royaume, et partout où besoin sera; et, afin que ce soit chose ferme et stable à toujours, nous y avons fait mettre notre sceau.

Fait au Palais-Royal, à Paris, le 14e jour du mois d'août, l'an 1830.

Signé, LOUIS-PHILIPPE.

Vu et scellé du grand sceau :
Le Garde des sceaux, Ministre secrétaire d'État au département de la justice,

Par le roi :
Le Ministre secrétaire d'État au département de l'intérieur,

Signé DUPONT (de l'Eure).   Signé GUIZOT.

Arrêt de la chambre des pairs, qui condamne à diverses peines les ministres de Charles X, signataires des ordonnances du 25 juillet.

(Extrait des procès-verbaux de la chambre des pairs, du 21 décembre 1830.)

Le mardi, 21 décembre à 10 heures, l'audience est reprise.

L'appel nominal constate la présence de tous les pairs juges du procès, à l'exception de M. le comte Mollien, qu'une indisposition grave a retenu chez lui.

La parole est accordée de nouveau à MM les commissaires de la chambre des députés.

M. Madier de Montjau, l'un d'eux, est entendu.

La parole est ensuite accordée successivement aux quatre défenseurs.

---

[1] L'ancienne formule était, *à tous* NOS SUJETS. Il fut délibéré au conseil et arrêté qu'on supprimerait ces derniers mots.

Après leurs répliques, les accusés déclarent, sur l'interpellation de M. le président, qu'ils n'ont rien de plus à ajouter à leur défense.

M. le président demande aux commissaires de la chambre des députés s'ils ont des réquisitions à présenter.

M. Bérenger, l'un d'eux, est entendu, et les accusés, interpellés de nouveau par M. le président, ayant déclaré n'avoir rien à répliquer, M. le président proclame que les débats sont terminés.

Il annonce ensuite que la cour va se retirer dans la chambre du conseil pour régler l'ordre et le moment de sa délibération. L'audience publique est levée à une heure et demie.

A dix heures du soir l'audience publique est reprise.

MM. les commissaires de la chambre des députés et les défenseurs des accusés sont présens.

M. le président prononce l'arrêt suivant :

» LA COUR DES PAIRS,

» Ouï, les commissaires de la chambre des députés en leurs
» dires et conclusions, et les accusés en leur défense ;
» Considérant que, par les ordonnances du 25 juillet, la Charte
» constitutionnelle de 1814, les lois électorales, et celles qui assu-
» raient la liberté de la presse, ont été manifestement violées, et
» que le pouvoir royal a usurpé la puissance législative ;
» Considérant que si la volonté personnelle du roi Charles X
» a pu entraîner la détermination des accusés, cette circonstance
» ne saurait les affranchir de la responsabilité légale ;
» Considérant qu'il résulte des débats que, Auguste-Jules-Ar-
» mand-Marie, prince de Polignac, en sa qualité de ministre se-
» crétaire d'Etat des affaires étrangères, de ministre de la guerre
» par *interim*, et de président du conseil des ministres ; Pierre-
» Denys, comte de Peyronnet, en sa qualité de ministre secrétaire
» d'Etat de l'intérieur ; Jean-Claude-Balthasard-Victor de Chante-
» lauze, en sa qualité de garde des sceaux, ministre secrétaire
» d'Etat de la justice ; et Martial-Côme-Annibal-Perpétue-Ma-
» gloire, comte de Guernon-Ranville, en sa qualité de ministre
» secrétaire d'Etat des affaires ecclésiastiques et de l'instruction
» publique, responsables aux termes de l'article 13 de la Charte
» de 1814, ont contre-signé les ordonnances du 25 juillet, dont
» ils reconnaissaient eux-mêmes l'illégalité ; qu'ils se sont efforcés
» d'en procurer l'exécution, et qu'ils ont conseillé au roi de dé-
» clarer la ville de Paris en état de siège, pour triompher, par
» l'emploi des armes, de la résistance légitime des citoyens ;
» Considérant que ces actes constituent le crime de trahison
» prévu par l'art. 56 de la Charte de 1814,
» Déclare :
» Auguste-Jules-Armand-Marie prince de Polignac ;
» Pierre-Denys comte de Peyronnet ;
» Jean-Claude-Balthasard-Victor de Chantelauze ;

» Et Martial-Côme-Annibal-Perpétue-Magloire, comte Guernon
» de Ranville,
» Coupables du crime de trahison.
» Considérant qu'aucune loi n'a déterminé la peine de la tra-
» hison, et qu'ainsi la cour est dans la nécessité d'y suppléer :
» Vu l'article 7 du Code pénal, qui met la déportation au
» nombre des peines afflictives et infamantes ;
» Vu l'article 17 du même Code, qui porte que la déportation
» est perpétuelle ;
» Vu l'article 18, qui déclare qu'elle emporte la mort civile ;
» Vu l'article 25 du Code civil, qui règle les effets de la mort
» civile ;
» Considérant qu'il n'existe, hors du territoire continental de
» la France, aucun lieu où les condamnés à la peine de la dépor-
» tation puissent être transportés et retenus,
» Condamne le prince de Polignac à la prison perpétuelle sur
» le territoire continental du royaume, le déclare déchu de ses
» titres, grades et ordres, le déclare mort civilement, tous les
» autres effets de la peine de la déportation subsistant ainsi qu'ils
» sont réglés par les articles précités.
» Ayant égard aux faits de la cause, tels qu'ils sont résultés des
» débats,
» Condamne le comte de Peyronnet, Victor de Chantelauze,
» le comte de Guernon-Ranville, à la prison perpétuelle.
» Ordonne qu'ils demeureront en état d'interdiction légale,
» conformément aux articles 28 et 29 du Code pénal, les déclare
» pareillement déchus de leurs titres, grades et ordres.
» Condamne le prince de Polignac, le comte de Peyronnet,
» Victor de Chantelauze, le comte de Guernon de Ranville per-
» sonnellement et solidairement aux frais du procès.
» Ordonne qu'expédition du présent arrêt sera transmise à la
» chambre des députés par un message ; ordonne que le présent
» arrêt sera imprimé et affiché à Paris et dans toutes les autres
» communes du royaume, et transmis au Garde-des-sceaux, mi-
» nistre secrétaire d'État au département de la justice, pour en
» assurer l'exécution. »

Immédiatement après la prononciation de l'arrêt l'audience est levée.

Signé PASQUIER, président.

CAUCHY, greffier.

Loi relative à Charles X et à sa famille.

A Paris, au palais des Tuileries, le 10 avril 1832.

Louis-Philippe, roi des Français à tous présens et à venir, salut.

Les chambres ont adopté, nous avons ordonné et ordonnons ce qui suit :

Art. 1er Le territoire de la France et de ses colonies est interdit à perpétuité à Charles X, déchu de la royauté par la déclaration du 7 août 1830, à ses descendans, aux époux et épouses de ses descendans.

2. Les personnes désignées dans le précédent article ne pourront jouir en France d'aucun droit civil : elles ne pourront posséder aucuns biens, meubles ou immeubles ; elles ne pourront en acquérir à titre gratuit ou onéreux.

3. Les mêmes personnes sont tenues de vendre d'une manière définitive tous les biens, sans exception, qu'elles possèdent en France. Cette vente sera effectuée, pour les biens libres, dans l'année, à dater de la promulgation de la présente loi, et pour tous ceux qui seraient susceptibles de liquidation ou de discussion, dans l'année, à partir de l'époque à laquelle la propriété en aura été irrévocablement fixée.

Les biens meubles et immeubles, acquis et possédés par Charles X pendant son règne, et qui sont confiés à l'administration provisoire de l'ancienne dotation de la couronne, continueront d'être ainsi administrés jusqu'à ce qu'il ait été statué sur la liquidation de l'ancienne liste civile.

Il est fait réserve expresse aux créanciers de Charles X et de sa famille, du droit de commencer et de mettre à fin telles poursuites qu'il appartiendra.

4. Faute d'effectuer la vente dans le délai prescrit, il y sera procédé à la diligence de l'administration des domaines, savoir : pour les majeurs, selon les formes administratives ; et pour les mineurs, devant les tribunaux, selon le mode usité en pareil cas, mais sans avis préalable d'un conseil de famille. Néanmoins les propriétaires, pour le compte et au nom desquels la vente sera poursuivie auront la faculté de vendre à l'amiable jusqu'au jour de l'adjudication, sous la condition expresse que les frais de poursuite seront remboursés préalablement au trésor.

5. Le prix de toutes les ventes sera remis aux ayant-droit, propriétaires ou créanciers ; les droits de l'Etat, s'il en existe, demeurant également réservés.

6. Les dispositions des articles 1 et 2 de la présente loi sont applicables aux ascendans et descendans de Napoléon, à ses oncles et tantes, à ses neveux et nièces, à ses frères, leurs femmes et leurs descendans, à ses sœurs et à leurs maris.

7. Est et demeure abrogé l'art. 4 de la loi du 12 janvier 1816.

La présente loi, discutée, délibérée et adoptée par la chambre des pairs et par celle des députés, et sanctionnée par nous ce jourd'hui, sera exécutée comme loi de l'Etat.

Donnons en mandement à nos cours et tribunaux, préfets, corps administratifs, et tous autres, que les présentes ils gardent et maintiennent, fassent garder, observer et maintenir, et, pour les rendre plus notoires à tous, ils les fassent publier et enregistrer partout où besoin sera ; et afin que ce soit chose ferme et stable à toujours, nous y avons fait mettre notre sceau.

Fait à Paris, au palais des Tuileries, le dixième jour du mois d'avril 1832.

Signé LOUIS-PHILIPPE.

ABOLITION

DE L'HÉRÉDITÉ DE LA PAIRIE.

CHARTE DE 1814.

Article 23. La nomination des pairs de France appartient au roi. Leur nombre est illimité, il peut en varier les dignités; les nommer à vie où les rendre *héréditaires*, selon sa volonté.

CHARTE DE 1830.

Article 68. Toutes les nominations et créations nouvelles de pairs faites sous le règne du roi Charles X, sont déclarées nulles et non-avenues.

L'article 23 de la Charte sera soumis à un nouvel examen dans la session de 1831.

Octobre 1831.

Projet de loi, présenté par M. Casimir Périer.

Ce projet prononce l'abolition de l'hérédité de la pairie.

Séance du 10 octobre 1831.

Sur l'ordre de délibération dans la discussion de la loi sur la pairie.

(Constitutionnel du 11.)

M. *Dupin aîné.* Messieurs, la question est assez grave pour que la chambre juge convenable de s'éclairer davantage. Quelle est la mission qui nous a été imposée par la Charte de 1830? c'est la révision de l'article 23 de la Charte, c'est un nouvel examen à faire de cet article pour en peser l'économie, et c'est après cet examen que nous pourrons décider si nous maintiendrons, si nous changerons, si nous abrogerons ou si nous modifierons cet article 23. *Quant à moi, pour éviter dès à présent toute équivoque, je déclare catégoriquement que je voterai contre l'hérédité de la pairie.* (Très-vive sensation dans toute l'assemblée.)

Nota. A cette même séance on accorda la *priorité* à la question d'abolition de l'hérédité. *Voyez* ci-après la loi du 29 décembre 1831, qui abroge cette hérédité.

CHAMBRE DES DÉPUTÉS.

Séance du 13 octobre 1831.

Discussion de la loi sur la pairie, contre l'amendement de M. Mérilhou, relatif à l'élection de candidats par arrondissement.

M. *Dupin* aîné : Au point où la discussion est parvenue, vous éprouvez le besoin de voir considérer l'amendement de plus près, et je l'attaque par un argument principal, qui me semble entraîner son rejet.

Quand la chambre a supprimé l'hérédité de la pairie, elle

a voulu supprimer un privilége qui lui semblait présenter des dangers, ou du moins dont les avantages à venir qu'on s'en promettait ne pouvaient pas compenser suffisamment les inconvéniens imminens et immédiats de l'hérédité. Si la chambre s'est montrée sévère contre un privilége, et a maintenu la pensée fondamentale et invariable de la révolution de juillet, c'est qu'elle a compris que l'opinion en France peut varier quelquefois, mais que la pensée vitale qui a traversé tous les régimes sans altération, et qui s'est toujours reproduite, c'est une antipathie profonde pour une aristocratie qui se présente appuyée sur des priviléges nobiliaires et des formes privilégiées. (*Une foule de voix*: Oui, oui! très-bien!)

Mais en même temps la chambre est restée ferme dans cette pensée que la monarchie est nécessaire à la France, que la royauté ne doit pas être un vain simulacre, que la grandeur et la prospérité du pays y sont attachées, parce que cette royauté veille non-seulement à la défense du pays au-dehors, mais aussi à la liberté civile au dedans. Aussi la chambre ne voudra pas dépouiller la royauté d'une de ses plus importantes prérogatives, essentielles à la marche des rouages du gouvernement représentatif; elle ne voudra pas que cette machine puisse être paralysée tout à coup; elle ne voudra pas d'un système de candidature qui ne permettrait pas à la constitution de marcher, et qui lui préparerait des embarras qu'elle ne pourrait pas surmonter.

Quand on a présenté l'élection directe, la chambre l'a écartée, parce qu'elle détruisait évidemment la prérogative royale; les dangers se montraient trop à découvert, la chambre n'a pas voulu les encourir; mais si la candidature offre d'abord moins de dangers, quand on la considère bien elle n'en présente guère moins.

D'autres orateurs (MM. Odilon-Barrot, Lafayette), appartenant à l'opposition, ont dit au contraire que c'était dans l'intérêt du pouvoir royal qu'ils voulaient l'élection. Ils se retranchaient dans une candidature, non comme meilleure, mais comme se rapprochant davantage de *leur pairie*, et comme ayant plus de chances pour réussir. Ces orateurs se sont placés sur ce terrain, qu'ils défendaient véritablement l'autorité royale, qu'ils ajoutaient à sa force en allant, disaient-ils, puiser au sein de la nation un pouvoir qu'ils mettaient ensuite à la disposition du gouvernement, comme s'il s'agissait d'une conscription d'opinions levée au loin et amenée ensuite au service du gouvernement.

Je ne doute pas, pour ma part, que ces orateurs n'aient opiné dans l'intérêt du trône. Je m'empresse de rendre hommage à leurs intentions; mais je conteste le fait. Ce ne sont pas les mots qui font les choses; il faut plus que cela pour fonder une institution. Ce n'est pas ce mot *pairie*, inscrit sur les murs du palais du Luxembourg, qui fera la pairie, pas plus que le mot *royauté*, inscrit sur le frontispice des Tuileries, ne fera le roi et la royauté. Il faudra pour la pairie, comme il faut pour la royauté, un pouvoir réel, fort, assuré, basé sur des réalités.

J'admire, en vérité, la sollicitude d'une chambre populaire, qui veut absolument avoir une rivale, qui ne se croit pas suffisante pour défendre les intérêts populaires, qui veut une sœur cadette placée à côté d'elle, issue des mêmes parens, pour veiller avec elle à la défense des intérêts communs. (On rit.) N'y mettez pas trop d'égoïsme, mais n'y mettez pas non plus trop de désintéressement : la véritable représentation se trouve dans une seule chambre; cette représentation suffit, deux deviendraient inutiles. Or, comme des forces égales se paralyseraient, cherchez une autre chambre, non aristocratique, non privilégiée, où siégent différentes capacités; non celles seulement du mérite personnel sur lequel il est trop facile à chacun de s'abuser, mais de ces capacités réelles tarifées plus exactement par le rôle des contributions, de celles qui ressortent de la propriété, des services rendus, de l'expérience acquise.

Vous cherchez un contre-poids, non une chambre aristocratique, mais une assemblée qui examine avec sagesse, avec maturité, les lois que vous lui renvoyez, ou qui vous en envoie elle-même après les avoir élaborées. Ce contre-poids que vous cherchez ne peut être identique, il lui faut d'autres nuances, un autre point de vue. Il faut que ce pouvoir soit un remède vivant contre cette fièvre d'améliorations, ce débordement d'utopies qui s'empare de trop d'hommes de talent à leur début dans la carrière politique. Vous cherchez un remède contre cette *furie française* si admirable dans les combats, mais souvent si dangereuse dans les délibérations. Eh bien ! examinons quels pourront être les résultats de l'amendement proposé.

Remarquons d'abord que cet amendement, quoique

réfléchi par neuf membres (on rit), offre une palpable contradiction. Le deuxième paragraphe porte que les pairs sont choisis sur une liste de candidats ; un autre paragraphe dit que chaque collége électoral nomme un candidat, ce qui donnera en tout 459 candidats, et pourtant le nombre des pairs demeure illimité ; pourquoi l'amendement conserve-il cette illimitation du nombre ? parce que la discussion a appris que, sans cette faculté de toujours nommer de nouveaux pairs, quand on serait arrivé à la limite infranchissable, il n'y aurait plus moyen de surmonter la résistance des pairs. Il faut donc que le nombre des pairs soit illimité, pour que la pairie n'ait pas l'espérance d'imposer la loi, sachant que l'on aura toujours le moyen de vaincre son mauvais vouloir.

M. *Mérilhou* : Si vous lisiez l'art. 3, vous verriez qu'il n'en est pas ainsi.

M. *Dupin* : Y a-t-il le mot *illimité* ?

M. *Mérilhou* : Oui.

M. *Dupin* : Eh bien ! ce mot suffit. Ma proposition est celle-ci : Je dis que dans l'amendement qui vous est proposé, s'il y a dissidence de la chambre des pairs avec la couronne ou la chambre des députés, *il y a impossibilité de ramener la chambre des pairs à l'accord des autres pouvoirs*. La dissolution même de la chambre des députés offrirait un moyen qui ne surmonterait pas toujours la résistance de la chambre des pairs.

En effet, que cherche-t-on dans le cas de dissidence dont j'ai parlé ? une opinion analogue à celle que l'on veut faire prévaloir. Ainsi, je suppose que le roi et la chambre des députés veuillent une amélioration ; je suppose qu'ils veuillent fonder, par exemple, le système municipal, et que la chambre des pairs se refuse à ce système parce qu'elle le trouvera trop libéral, parce qu'elle croira que le gouvernement se déssaisit de trop d'attributions : elle donnera une raison quelconque, mais enfin elle s'opposera à ce système.

Cependant la chambre des députés est persuadée qu'il est indispensable, et qu'il répond aux vœux du pays. Que faire dans ce cas pour obliger la chambre des pairs à l'accepter ? Il faut nommer de nouveaux pairs en nombre suffisant pour que force demeure à la constitution.

Où ira-t-on en chercher? C'est sans doute dans les opinions analogues à celles du moment; il faut, dans la vue de vaincre la majorité qui s'est déjà prononcée négativement contre cette opinion, chercher des organes de cette même opinion, de cette opinion qui est celle du moment.

Dans une nation aussi nombreuse et aussi éclairée que la nôtre, il y a, dans toutes les opinions, des capacités qui sont à même de les représenter; la couronne saura les trouver et leur donner la mission de les faire triompher à la chambre des pairs, si on ne gêne pas son choix. Mais, si elle est obligée de choisir ceux qu'elle doit nommer pour cet effet, dans une liste toute faite, comment pourra-t-elle y trouver tous ceux qui sont le plus propres à remplir ce but lorsque cette liste aura été faite depuis plusieurs années, et sous l'influence d'opinions qui peuvent fort bien n'être point du tout celles qu'il s'agit actuellement de faire représenter pour triompher à la chambre des pairs?

Attendez!... Que sera-ce si par une imprudence funeste ces candidats ont reçu de leurs commettans un mandat exprès? si, pour arriver à la candidature de la chambre des pairs, ces hommes se sont obligés par acte sous seing privé (et je suppose que l'on n'imaginera pas plus tard une forme d'engagement plus solennel), s'ils se sont engagés à voter de telle ou telle façon, comment sortira-t-on de cet embarras? (On rit aux éclats.)

Les chambres entreront dans une collision dont il sera impossible de sortir; car la couronne n'aura plus qu'à dire à la nation : J'ai voulu proposer une loi utile; la chambre des députés l'a acceptée, la chambre des pairs résiste; j'ai cherché un moyen à l'aide duquel on pût amalgamer les opinions de ces deux corps, et je ne l'ai pas trouvé : Le bien du pays est impossible. (Sensation prolongée.)

Mais si la chambre des députés persistait, et refusait un budget, vous verriez le gouvernement arrêté et dans l'impossibilité de marcher. Attendez... (On rit.) Je suppose, au contraire, que les deux chambres sont d'accord. La couronne est toute seule; la couronne cependant a la conscience de vouloir le bien du pays : elle n'est pas effrayée par ce qu'on appelait autrefois des concessions (cela ne s'appelle plus ainsi); elle veut une amélioration progressive, elle la croit utile, et elle en a la conviction.

Le ministère, composé d'hommes courageux, énergiques

qui croient qu'ils ont l'assentiment du pays, mais qui ont éprouvé le refus de la chambre des députés et le refus de la chambre des pairs, le ministère croit cependant qu'il n'y a pas lieu à une nomination actuelle de pairs par le roi ; en effet ce gouvernement est admirable si vous ne le faussez pas ; mais il devient absurde si vous le faussez, c'est-à-dire si vous détruisez les moyens d'action et de réaction des trois pouvoirs entre eux ; car chacun d'eux a une action qu'il imprime ou qu'il subit tour à tour.

La couronne dira : la chambre des députés se trompe comme la chambre des pairs. Je veux savoir si le pays croit que la couronne a tort. Le moyen de savoir si, au jugement du pays, la chambre des députés s'est trompée, c'est de la dissoudre ; car, ne vous y trompez pas, la popularité de la chambre élective n'est pas toujours permanente, et la popularité d'une chambre héréditaire n'est pas impossible. (Rire général.) Il y en a de nombreux exemples. (On rit plus fort.)

On a vu des variations très-promptes, très-subites. Le peuple exprime son vœu, mais comme un vrai despote, il fait des reproches à ceux qui ont eu le tort de lui avoir obéi ; il se comporte en cela comme les enfans gâtés ; il ne pardonne pas les fautes qu'il a fait commettre ; il dit à ses mandataires : Vous étiez plus habiles que moi, pourquoi m'avez-vous cédé ? (Hilarité générale.)

Quoi qu'il en soit, je suppose le pays le plus éclairé ; la dissolution de la chambre des députés a lieu, et les nouveaux choix montrent que le pays approuve la marche suivie par la couronne. Une nouvelle chambre est nommée, et les députés qui arrivent sont d'accord avec le gouvernement parce qu'ils expriment le vœu actuel du pays. Mais comment la couronne agira-t-elle vis-à-vis de la chambre des pairs, si la chambre des pairs ne s'est pas éclairée ?

On ne peut dissoudre la chambre des pairs ; seulement on peut en changer la minorité en majorité par un certain nombre de nominations nouvelles. Mais pour compléter cette chambre des pairs, il faudra que la couronne aille chercher dans l'antique candidature, où il y aura beaucoup de vieilleries ; car il y aura des candidats de trois, quatre et cinq ans, de toutes les époques, de toutes les parties de la France. Les anciens candidats ne cadreront plus avec l'opinion du moment, et ils se trouveront du même avis que les anciens pairs auxquels on les aura adjoints.

Voilà la pierre de touche de l'amendement qui vous est présenté; c'est l'impossibilité de changer la majorité dans la chambre des pairs. Le gouvernement, d'une part, ne pourra dissoudre la chambre des pairs; et de l'autre, il ne pourra la ramener à l'opinion du jour, par l'obligation de subir la loi d'une infusion de nouveaux pairs qui changeraient la minorité en majorité, et qui ramèneraient l'autre chambre au vœu national exprimé par la couronne et par le renouvellement de la chambre des députés. Vous voyez quelle serait la situation de la France avec cette candidature éventuelle, avec cette candidature que je puis appeler de *garde-meuble*. (Rire prolongé.)

Ainsi, le trône serait esclave; il serait lié de mille manières. Ne vous faites pas illusion : que peut un homme seul ? Supposez-lui toutes les raisons de compter sur la constance des affections du pays; qu'il soit, comme Louis-Philippe, dans la maturité de l'âge, éprouvé par l'expérience, identifié avec sa nation dans la guerre comme dans la paix; supposez un roi tel que nous l'avons, puissamment intéressé à notre prospérité; supposez-le placé à la tête d'un gouvernement dont la chute serait pour vous la ruine, mais pour lui la mort, la destruction de sa famille : supposez tout cela, et néanmoins que pourra-t-il seul ? Absolument rien, s'il n'est pas protégé, soutenu par les institutions.

Sans ces soutiens, vous aurez un roi impuissant pour le bien, et à qui pourtant tout le mal sera imputé; vous ne pourrez pas empêcher les plaintes de s'élever de toutes parts; car la douleur est injuste, et les masses que l'on travaille par tant de moyens croiront tout ce qu'on voudra leur dire contre le chef de l'Etat. Ces masses ignorantes sont toujours dans la main de qui les flatte ou qui les trompe, et voilà pourquoi chaque parti les appelle à soi pour en disposer.

Messieurs, je vous adjure de considérer un fait. Si nous avons bien fait de nous soustraire au despotisme, prenons garde de retomber dans une faiblesse qui nous préparerait de nouveaux malheurs. Et ici je ne veux pas évoquer de sombres tableaux; je ne veux pas vous repaître d'événemens historiques; je prends une objection que vous a présentée un précédent orateur, et je ne crains pas que mes paroles lui offrent matière à réponse pour un fait personnel, car je ne m'attaque qu'à son opinion, et non pas au talent avec lequel il l'a développée.

Il vous a dit que les excès dont nous avions été témoins à différentes époques étaient l'ouvrage d'une très-petite minorité, et il a fait l'éloge de la grande majorité du peuple français. Eh bien ! Messieurs, je m'unis à lui. Oui, le peuple français est brave, humain, généreux pour les vaincus, hospitalier même pour ses ennemis; enfin je ne tarirais pas sur les éloges qu'il mérite : mais soyez convaincus aussi d'une vérité qui n'a rien d'offensant pour le peuple français, puisqu'elle s'applique à l'espèce humaine en général ; soyez convaincus qu'une minorité perverse peut faire le malheur et la désolation du pays ; car les masses sont toujours vouées à l'égoïsme de leurs intérêts. Six cent mille hommes dans leurs maisons, au 1er, au 2e, au 3e étage, auraient beau vouloir être tranquilles, ils n'empêcheront pas le trouble, la perturbation; ce n'est qu'en descendant dans la rue, en formant masse, qu'on fait voir où est la majorité, comme fait chaque jour notre admirable garde nationale.

Il y a des temps, Messieurs, où ceux qui ont affronté mille morts sur les champs de bataille tremblent devant une disgrâce, devant une épigramme, un mauvais quolibet de journal ; tout le monde sait fort bien servir son pays au péril de sa vie; tout le monde ne sait pas le servir au risque de perdre sa popularité, et tel marcherait sans pâlir au-devant d'une batterie, qui ne supporterait pas tranquillement les outrages quotidiens des journaux qui déshonorent par leurs excès la véritable liberté de la presse. (Mouvement. Adhésion marquée aux centres et dans d'autres parties de la salle.)

Soyons sincères, Messieurs ; la candidature élective ne peut rien produire de bon ; ne flattons pas les électeurs, ils ont besoin comme nous de faire leur éducation constitutionnelle. Il y a sans doute beaucoup d'électeurs éclairés, mais il en est qui, avec le désir de bien faire, font mal. La calomnie dans les élections s'attache aux meilleurs citoyens; elle saisit le moment favorable pour les présenter comme des ennemis publics, pour empêcher que justice ne leur soit rendue. La candidature n'est qu'un moyen déguisé qui revient à peu près à la même chose que l'élection directe, si elle n'est pas encore pire. Ces candidatures ne seraient pour ainsi dire qu'une fiche de consolation accordée à celui qui n'aurait pas été nommé député. Vous n'auriez ainsi que des hommes de second choix. Il n'y aurait plus en résultat de responsabilité ministérielle, car le ministère, si on l'attaquait sur ses choix, pourrait dire : Vous m'aviez donné de mauvais candidats.

Il y a un esprit de localité qu'il faut cultiver ; mais la pensée d'Etat est toujours une pensée élevée, supérieure, générale, à laquelle il faut faire le sacrifice des intérêts particuliers. S'il est du devoir d'un député de faire entendre l'intérêt de son arrondissement ; quand cet intérêt a été signalé, il doit se taire, et même être le premier à faire prévaloir l'intérêt général sur l'intérêt local ; c'est à cette condition qu'on est député, et vous demandez que pour la pairie la candidature ait lieu par arrondissement ! Eh bien ! chacun voudra avoir un homme de son endroit, on aura beau n'avoir chez soi que des médiocrités, on ne voudra pas en sortir pour aller chercher un homme de génie qui serait dans l'arrondissement voisin, et vous aurez, non pas des pairs de France, mais des pairs d'arrondissement.

Je vote contre l'amendement et pour le projet de la commission.

Mouvement prolongé d'approbation dans toutes les parties de la salle. Une foule de membres se groupent autour de M. Dupin et le félicitent. La séance demeure suspendue pendant quelques instans. (*Constitutionnel* du 14 octobre.)

Séance du 14 octobre 1831.

Sur l'amendement de M. Gillon (Pairie). Candidature des propriétaires payant 3,000 fr. d'impôt.

M. Dupin aîné. Il y a dans l'article de la commission, combiné avec l'amendement proposé, une accumulation de différentes personnes.

J'approuve que l'on n'appelle pas seulement à la Pairie la propriété foncière, mais encore les manufacturiers et autres chefs d'industrie. J'approuve qu'on admette comme une condition suffisante de candidature, le paiement d'une forte somme d'impôt.

On propose de fixer cette somme à 4,000 f., elle pourrait, je crois, être fixée à 3,000 f., sans aucun inconvénient, surtout à cause de la division des propriétés dans certains départemens où la somme de 3,000 f. de contributions directes représente une fortune de 20,000 de rente. (Non! non. Oui! oui.)

M. *Gillon*. C'est qu'on est préoccupé de la position de Paris et que l'on juge tout d'après la capitale.

M. *Dupin aîné*. Oui, Messieurs, il en est ainsi dans mon département, et j'émets l'opinion qu'il n'y a pas nécessité de s'élever au-dessus de la somme de 3,000 f., et que l'on peut avec avantage descendre aujourd'hui à 4,000 f., parce que l'état de notre législation et l'état des mœurs rendent plus rares de jour en jour le nombre des personnes qui paient un impôt aussi élevé.

Le troisième point, est celui du temps pendant lequel il faudra qu'on ait payé l'impôt. On exige six ans; c'est infiniment trop, surtout pour ceux qui se considèrent comme la partie importante de la candidature, c'est-à-dire, ceux qui auront fait leur fortune par leur propre travail.

Si c'est un homme, par exemple, qui a commencé par être commis, qui ensuite a fondé des établissemens, et est arrivé à une très grande fortune, il lui faudra non seulement l'art d'acquérir, mais encore celui de conserver.

Ce n'est ni au commencement ni même au milieu de ses travaux qu'il pourra être éligible; ce sera dans un âge avancé, et si, après quarante années de peines et de soins, vous exigez qu'il ait encore possédé depuis six ans, vous lui refusez la reconnaissance qu'il aura méritée.

J'arrive à la dernière condition, celle du cumul des fonctions.

Comment! il faudra absolument avoir été fonctionnaire pour être apte à la pairie; vous exigez, pour l'élection à la chambre des pairs, une condition que vous n'exigez pas pour l'élection à la chambre des députés, et cependant les fonctions sont de même nature.

Un homme qui est obligé de faire sa fortune lui-même, de s'élever à force de travail et de capacité, doit tout son temps à ses propres affaires : si vous exigez de lui des fonctions publiques, il ne peut les remplir ; ce n'est pas dans les fonctions publiques, messieurs, que l'on fait ordinairement sa fortune, surtout aujourd'hui.

Et cependant, il faut déployer autant de talent et d'intelligence, autant de patriotisme, que pour être membre d'un conseil municipal, d'arrondissement et de département. Ainsi, le manufacturier qui fait vivre, par son industrie, six cents et douze cents ouvriers ¹, et quelquefois plus, ne rendra pas assez de services à son pays, n'aura pas assez mérité de ses concitoyens; il faudra encore que, dans une élection communale où il y aura cent électeurs, il obtienne cinquante et une voix, pour qu'avec sa grande fortune, sa grande industrie, il puisse être élevé à la pairie !

Il ne les obtiendra pas ce grand capitaliste, ce grand industriel, car les voisins seront assez mal avisés, et cela est déjà arrivé, pour être jaloux de cette haute industrie, et lui refuser leurs suffrages. Il ne serait donc pas digne de la pairie. Il faut qu'un individu qui est arrivé au terme de sa carrière au prix de son travail et de ses économies, puisse être élu à la pairie sans être obligé d'y ajouter la plus minime des conditions, celle d'être élu une fois ou deux par un collège municipal.

¹*Nota.* En rendant compte de cette séance, le *globe* du 15 octobre 1831, faisait les réflexions suivantes :

« A la séance d'hier M. Dupin, (non pas le *père des ouvriers*, mais l'autre), a vanté la magnanimité des citoyens qui *font vivre* 1,200 ouvriers. Nous croyons qu'il serait aussi exact de dire que les 1,200 ouvriers *font vivre* les citoyens magnanimes. S'il y a du désintéressement quelque part il est du côté des 1,200 ouvriers ; car ils s'exténuent pour vivre misérablement, eux et leur race, pendant que les magnanimes citoyens, pour la plupart les bras croisés, jouissent de toutes les douceurs de l'opulence. »

Séance du 15 octobre 1831.

Contre l'amendement de M. Mesnard, qui voulait faire du titre d'archevêque, évêque, une catégorie d'aptitude à la pairie.

M. *Dupin aîné* demande la parole. (Écoutez ! écoutez !) Messieurs, dit-il, je viens prendre la parole contre l'amendement, mais non par une prévention qui soit défavorable aux personnes. Je rends hommage aux chefs du culte, et en particulier aux vertus et aux lumières de l'épiscopat catholique français. Mais sa gloire est attachée à l'accomplissement des devoirs qui lui sont imposés dans la mission à laquelle il s'est voué, et qui n'admet guère les distractions politiques ni les embarras des affaires d'un autre monde.

Je prends donc ma première considération, non dans une prévention quelconque contre un culte qui est le mien, mais dans l'intérêt même de la religion. J'ai pour garant de mon opinion à cet égard celle déjà émise par M. de Grammont, dont la haute vertu et la véritable piété prouvent que, dans le culte catholique, se trouvent des amis sincères et des défenseurs zélés des libertés publiques. (Marques générales d'approbation.)

Un second motif n'est pas moins puissant : je le produirai dans l'intérêt de la politique et de l'ordre civil : ce motif est la séparation qui doit exister entre l'intérêt des cultes pour leur liberté même, et l'ordre civil dans l'intérêt de la nôtre. N'oublions pas les derniers temps, n'oublions pas les causes de la haine qui dans la révolution de la fin du siècle dernier, et surtout dans ces derniers temps, s'est manifestée contre les prêtres. N'oublions pas qu'après la restauration la noblesse se serait peut-être fondue dans le corps de la nation, si elle n'eût fait imprudemment alliance avec le clergé, en ressuscitant son ambition; n'oublions pas que le désir, pour la noblesse, de rester le second ordre de l'Etat n'a été réveillé que par le désir du clergé de faire dire encore : « Le clergé, la noblesse et le tiers-état. » (Très-vive sensation.)

Eh bien! le peuple français est un, mais les carrières sont différentes, et de même qu'il y a des incompatibilités dans les offices civils, il doit également en exister entre les charges civiles et les fonctions ecclésiastiques. C'est ce mélange qui retourne sans cesse contre le clergé, en le perdant d'ambition, qui lui attire tant de reproches, et qui refroidit tous les hommages que pourraient lui mériter ses seules vertus.

Le clergé sera fort, messieurs, et je lui donne peu d'années pour cela; le clergé sera fort s'il s'abstient sincèrement de politique. A cette condition, il obtiendra, et dans peu de temps, plus de considération, plus de vénération qu'il n'en a jamais eu. Et ici je me servirai d'une comparaison empruntée à notre honorable collègue, M. Odilon-Barrot. Il vous disait, avec autant de profondeur que de vérité, que c'était l'association de la propriété avec le privilége qui avait compromis la propriété. Et pourquoi? Parce qu'alors on ne frappe pas seulement sur l'ennemi, mais encore sur celui avec lequel il fait alliance.

Messieurs, on frappe de même sur la religion, quand elle est unie à la politique. (*une foule de voix* : Oui, oui! C'est bien vrai!) Si au commencement de la révolution on n'avait trouvé les prêtres que dans les temples, la révolution se serait accomplie sans dommage pour le clergé; la religion eût conservé toute sa splendeur; elle n'eût souffert aucune atteinte. Mais les évêques étaient des hommes politiques. Ils s'étaient logés dans les fiefs; ils étaient comtes, barons; ils étaient aussi ducs et pairs de France; ils étaient partout les appuis, les alliés du privilége; au lieu de s'interposer comme ministres de paix au milieu des dissensions civiles, ils y étaient parties intéressées. On les trouvait mêlés aux troubles de la Vendée, on les rencontrait dans les rangs de l'étranger, qu'ils excitaient à envahir la France; ils n'étaient plus les hommes de la religion, mais les agens de la politique; on cessa de voir le prêtre pour ne voir que le factieux, et on a généralisé les proscriptions. (Bravos et applaudissemens universels dans l'assemblée et dans les tribunes publiques.) Je vote contre l'amendement (*de toutes parts*, avec énergie : Oui, oui! Aux voix!)

Voix nombreuses : La question préalable.

M. le président met la question préalable aux voix, elle est adoptée. (Très-vif mouvement de satisfaction.)

Première lettre d'un magistrat, sur l'aristocratie vue de 1789 à 1830.

Mon cher ancien confrère,

. . . .

Vous ne vous expliquez pas, dites-vous, *les préventions que l'on conserve encore contre l'aristocratie dans l'état* où *la révolution l'a réduite*. Vous ne concevez pas surtout comment ces préventions ont pu pénétrer dans la chambre des députés et réagir sur la pairie actuelle, qui n'est au fond qu'une création constitutionnelle. Enfin, vous paraissez craindre qu'en retranchant l'hérédité on ne rende impossible la constitution d'une nouvelle pairie.

Si, dans cette lettre-ci, je ne réponds pas à toutes vos questions, je veux du moins répondre à la première; et si vous en êtes satisfait, je vous dirai le reste une autre fois.

Oui, mon cher ancien confrère, il existe un sentiment réel et profond, un sentiment général au sein de la nation française, la haine de la noblesse féodale, de l'émigration liée aux invasions étrangères, et en général de toute aristocratie privilégiée. C'est le sentiment fixe de notre révolution; c'est au fond *la révolution elle-même tout entière*.

La révolution française n'a pas été dirigée contre le pouvoir royal. Toute notre histoire est là pour attester l'amour vrai des Français pour leur roi, amour fondé sur leur intérêt réciproque long-temps identique, et qui persévérait encore, même après qu'on eut réussi à les séparer. C'était une vieille liaison qui continuait sur d'anciens souvenirs.

Les rois ne s'étaient mis décidément du côté de l'aristocratie qu'après l'avoir abattue. J'entends abattue *politiquement*; car elle avait, du reste, conservé précisément ce qui servait à la rendre odieuse au peuple : des droits féodaux, vexatoires et usurpés, l'insolence et l'orgueil, *plus remarquables encore chez les hobereaux que dans la haute noblesse*, mais, par-là même aussi, plus odieux aux masses au milieu desquelles ils exerçaient leurs droits de corvée, de chasse et de colombier.

Le mépris se joignit aussi à la haine, quand on vit la noblesse séparée de son prestige antique, n'ayant conservé que la partie vaniteuse de ses droits : des titres qui ne répondaient plus à rien de réel, prodigués, vendus, usurpés, au point qu'il était passé en proverbe qu'*en France est marquis qui veut*.

C'est même parce que les nobles étaient tombés dans cet état d'humiliation sous les efforts lents mais continus du roi et de son parlement, qu'aux approches de la révolution de 1789, ils se sont associés à l'opposition contre la cour, s'imaginant ne prendre que leur revanche contre le pouvoir royal qui les avait si fort maltraités. Et c'est seulement quand ils ont vu que cette révolution se rabattait contre leurs priviléges, qu'ils ont voulu persuader au roi *que leur cause était la sienne propre.* De ce moment, ils ont cherché tant qu'ils l'ont pu à se faire un rempart de ce trône qu'eux-mêmes avaient contribué à ébranler; et, après l'avoir compromis par cette funeste solidarité, ils l'ont déserté, car l'émigration ne fut, il faut le dire, qu'une lâche désertion commise envers la personne du roi et sa couronne, avant même de devenir une trahison contre la patrie.

Dès l'instant même où elle a existé, l'émigration a opéré une scission profonde entre ses doctrines et celles de la révolution, et par suite une séparation irréconciliable entre les partisans de l'une et de l'autre. Les sectateurs de l'émigration ont été *en dehors de la nation*, qui les a mis elle-même *en dehors de la loi;* de ce moment les intérêts et les affaires de France ont été sans eux, et l'on a dû opérer contre eux puisqu'ils s'étaient ligués avec nos ennemis, et que dans leurs rangs, à leur tête (au moins dans le conseil), on voyait les princes, qui, pour eux et avec eux, avaient quitté leur frère, leur pays et leur roi.

Il n'est pas inutile non plus de remarquer en quoi le clergé fit cause commune avec l'émigration. Si les prêtres avaient été fidèles au précepte de Jésus-Christ : *Mon royaume n'est pas de ce monde*, aucune révolution n'eût pu les atteindre, et toujours la même au milieu des ruines, la religion n'eût eu que des consolations et des secours spirituels à offrir aux malheureux et aux criminels de tous les partis!... Mais l'Eglise était devenue privilégiée; il y avait des prêtres nobles, des évêques seigneurs, quelques-uns même grands seigneurs; ils étaient logés dans *les fiefs*, tous levaient la dîme et des droits seigneuriaux : impossible par conséquent de réformer les abus sans atteindre les prêtres aussi bien que les nobles. Leur point de contact était *le privilége et la féodalité.*

Sans doute, comme je l'ai déjà dit, la religion était bien en dehors de tout cela; mais de même que les nobles se sont retranchés derrière la royauté, les prêtres ont essayé de se retrancher derrière la religion et de la faire servir à protéger leurs vues ambitieuses. Qu'en est-il résulté? que la religion et la royauté en ont également souffert; leur culte a été violemment interrompu; le type seul en est resté dans le souvenir des peuples.

La révolution s'est élevée sur ces ruines ; et dans les principes qu'elle a défendus avec énergie, avec persévérance, et sans déviation, son but permanent a été d'établir un système *de droit commun, l'égalité pour tous devant la loi. Plus de priviléges ni de privilégiés!* telle a été sa devise ; et, par suite, haine à tout ce qui les rappellerait ; défiance extrême de tout ce qui y ressemblerait ; appréhension vive de les voir revenir. En un mot, ce que la révolution avait détruit, elle voulait l'avoir détruit pour toujours. C'était là tout l'instinct de sa conservation.

Cependant il a fallu, pour protéger la révolution elle-même et ses intérêts, une forme de gouvernement. L'émigration avait amené la guerre ; la guerre civile en même temps que la guerre étrangère. Le courage héroïque de nos soldats avait suffi contre l'ennemi du dehors ; toutes les mauvaises passions firent la guerre du dedans : elles voulurent se satisfaire par le meurtre et la spoliation.

L'anarchie qui en fut la suite n'avait produit que dégoût, et la lassitude avait plus d'une fois failli d'amener une réaction. Toutefois qu'on ne s'y méprenne point : la masse de la nation s'écartait, *non pas de la révolution, mais seulement des hommes qui l'avaient souillée par leurs excès*, et qui, bons pour détruire, mais inhabiles à gouverner, avaient menacé toutes les existences, et compromis tous les intérêts.

Napoléon, général et victorieux, représentait la révolution ; il s'était battu pour elle, il pouvait la défendre encore ; tout l'appelait, tout le portait au pouvoir.

On avait soif de bon ordre ; il le rétablit. Ce besoin devenu général favorisa tout ce qu'il entreprit dans cette vue. Les républicains furent bientôt mis hors de la question ; les anciens royalistes de même. La nation en masse resta avec lui.

Le sentiment religieux n'était pas éteint ; il vivait au fond des cœurs. Le culte se ranimait de fait ; il le reconstitua de droit. On put redire de son concordat ce qu'on avait dit autrefois de celui de François Ier : « Que le roi et le » pape s'étaient donné réciproquement ce qui ne leur ap- » partenait pas quant à la nomination et à l'institution des » évêques. » Toujours est-il que cet arrangement servit puissamment sa politique. Il en finissait avec l'ancien clergé, le clergé émigré ; il en recréait un nouveau, qui ne fit nulle difficulté de lui prêter serment de fidélité.

Le concordat était accompagné d'une loi organique qui fixait le régime intérieur du clergé, et qui avait pour objet de le contenir dans les liens de la discipline temporelle. Enfin, un peu plus tard, quand il en vint à se faire sacrer empereur par le pape, il ne négligea pas de faire croire qu'à côté du vœu national se trouvait aussi *un peu du droit divin*.....

Par toute cette conduite, il faut le reconnaître, le clergé de l'empire fut fort soumis à l'empereur, il lui fut même dévoué ; non seulement il ne fit pas difficulté de chanter le *Domine salvum fac imperatorem* ; mais dans un catéchisme adopté par tous les diocèses, on mettait au rang des articles de foi, *d'aimer Napoléon à peine de damnation éternelle*. En un mot, le clergé de l'empire en fit assez pour exciter au plus haut degré, après la restauration, la rancune du clergé émigré.

Napoléon fut-il aussi politique, aussi habile, en rappelant les émigrés ? —Oui, si l'on fait attention au principal motif de sa détermination.

1° Il considéra moins la personne des émigrés que leurs familles restées en France ;

2° Il les rappela, non comme *nobles*, mais comme *proscrits* ;

3° Leurs malheurs avaient assez duré ; et cela est si vrai que, malgré la haine toujours subsistante contre les maximes de l'émigration, on vit généralement avec intérêt leur sort s'adoucir ;

4° Avec le temps, ils trouvèrent égards et accueil au sein de la population, ceux-là du moins qui parurent rentrer de bonne grâce au milieu d'elle ; et elle ne reprit contre eux ses préventions que lorsqu'ils manifestèrent des regrets, ou menacèrent de vouloir reprendre quelque chose de leurs anciennes prétentions.

Bientôt, Napoléon ne se contenta plus d'être le premier magistrat de la nation. L'ancien régime était à bas ; le nouveau comptait déjà assez de nouvelles existences pour désirer d'assurer leur maintien. Ceux qui avaient couru la chance du héros, s'effrayaient de voir leurs intérêts en *viager sur sa tête*. Il se fit, ou on le fit empereur, avec droit *d'hérédité* dans sa famille.

Pour ce grand œuvre, les anciens privilégiés s'étaient trouvés d'accord avec ce qu'on pourrait appeler la nouvelle aristocratie, c'est-à-dire les supériorités sorties du sein de la révolution.

Cette forme monarchique tuait les espérances de l'ancienne dynastie; mais elle ranimait l'espoir personnel des anciens privilégiés : c'est tout ce qu'il leur fallait ; car pour eux (et les rois à la fin devraient en être bien convaincus) peu leur importe *qui règne*, pourvu qu'ils croient qu'on va *régner pour eux*.

Alors ils poussèrent aux *conséquences* et aux développemens de l'institution monarchique, et, à quelques nuances près, la France revit cet ancien régime qu'elle croyait pourtant avoir détruit sans retour. On vit :

Un empereur, — au lieu d'un roi ;

Le sacre par un pape, — au lieu d'un archevêque ;

Le manteau semé d'abeilles, — au lieu de fleurs de lis ;

Des maréchaux, — faisant l'office des anciens pairs ;

Des chambellans, — au lieu des gentilshommes de la chambre ;

Une livrée verte, — au lieu d'une bleue ;

Des ducs, des comtes, des barons, — et du blason comme autrefois ;

Des majorats héréditaires, — au lieu des anciens fiefs [1].

Une clause sembla suffire pour rassurer la France de la révolution, en disant que les terres titrées n'auraient point de prééminence sur les autres glèbes, et que les titulaires n'auraient pas, à raison de leurs titres, de supériorité personnelle sur leurs concitoyens. Il semblait dès-lors qu'il n'y avait rien en cela de contre-révolutionnaire; mais, de fait, c'était la résurrection d'une noblesse, non pas seulement nominale, mais territoriale, et en possession, par les places, de de tous les pouvoirs de l'État.

---

[1] Ils en portèrent même effrontément le nom dans les pays de conquête (témoins les *fiefs* de Guastalla et Piombino) ; et ces majorats se rapprochaient plus en réalité, par leur constitution et leurs priviléges, des fiefs tels qu'ils étaient dans l'origine, que de ceux que la révolution avait détruits, et qui depuis plus de deux siècles n'étaient plus que la dégénération des anciens.

Ainsi, autant qu'il dépendit de Napoléon, il rappela toutes les *formes de l'ancien régime*. Et cependant la nation ne s'insurgea point! Pourquoi? C'est d'abord parce qu'il était fort, et très-fort, et que beaucoup de mécontens n'osent le paraître qu'avec les faibles. Ensuite, c'est qu'au fond ce n'était point la contre-révolution ni l'ancien régime : ce n'était point Coblentz ni l'émigration. Loin de-là, c'étaient tous les hommes de la révolution, et avec eux tous ses intérêts. S'il y avait du danger dans l'institution, il n'était pas actuel, il n'était pas imminent; il n'était que dans un lointain inaperçu par les masses.

Du reste, remarquons-le bien. Napoléon n'avait pas décrété qu'il y aurait une aristocratie; il avait commencé par la voir se former sous sa discipline et à côté de lui. Dans les combats, dans l'administration, dans toutes les parties du service public, du commerce et de l'industrie, son scrupule, son attention, son habileté à saisir, ou son bonheur à rencontrer toutes les supériorités dans chaque genre, l'avaient entouré, de fait, de toutes les forces vitales de la nation.

Les médiocrités n'osaient murmurer ; et quiconque avait une capacité réelle, loin de voir cet ordre de choses avec envie, n'y apercevait qu'un point de mire et d'émulation. Voilà, se disait-on, voilà où nous pouvons arriver à présent! Autrefois cela nous eût été impossible ; c'est donc encore, c'est donc toujours la *révolution*, mais la révolution, riche, brodée, triomphante et ennoblie!...

Les anciens privilégiés crurent tellement à la force et à la durée de ce nouvel ordre de choses, qu'ils briguèrent l'honneur d'y entrer; et, en les admettant, Napoléon eut au moins cette politique, de les admettre, non pas à *titre ancien*, à titre légitime; mais à *titre nouveau conféré par lui-même* [1]; ce qui, dans sa pensée, et en apparence au moins, était de les enlever à leur caste en les attachant au char de l'empire.

Ainsi, de deux choses l'une : 1° ou les anciens nobles acceptaient le nouveau régime (et le nombre en fut grand, surtout pour les emplois civils), et alors c'était autant d'en-

---

[1] Aussi plus d'un ancien comte, institué par Napoléon au même titre, reçut de l'ancienne noblesse le titre de *contrefait* (comte refait).

levé aux vieux fermens de l'ancien régime ; 2° ou ils restaient obstinément dans leurs antiques prétentions (rien oublié, rien appris); mais, audit cas, ils n'osaient pas s'en prévaloir ouvertement; ils étaient obligés de les enfouir au fond de leurs hôtels ou de leurs châteaux; et dans leur ridicule, leur dépit ou leur humiliation, le peuple français voyait encore la prédominance de la révolution.

Si Napoléon a péri, on ne peut pas dire que ce fut parce qu'il avait organisé une aristocratie nouvelle, recrutée de quelques miquelets empruntés à l'ancienne; rétabli le culte catholique et créé un nouveau clergé priant pour sa dynastie, et pour le succès de ses armes!...... Remarquons toutefois que ces institutions furent plutôt un moyen d'ordre qu'un moyen de puissance; elles facilitèrent au dedans l'action de son gouvernement tant qu'il fut heureux; mais elles ne le soutinrent pas dans ses revers, soit parce qu'elles n'avaient pas assez duré, soit parce que l'égoïsme qui distingue pardessus tout les aristocraties, leur fit entrevoir sans trop d'effroi un changement de gouvernement dont ces nouveaux privilégiés ne désespéraient pas de tirer parti; et aussi parce que, fidèles à leur instinct, les anciens nobles, mêlés aux nouveaux, entraînèrent ceux-ci.

Je ne parle pas des trahisons, des défections particulières; mais je parle du sénat, composé en entier de fortunes nouvelles; du sénat, qui, dans le naufrage de l'empire, prononça lui-même la déchéance de l'empereur, et qui crut avoir tout sauvé, comme Énée emportant ses dieux domestiques, en stipulant la conservation de ses titres et de ses pensions!

Qu'arriva-t-il au jour de la restauration? Et c'est ici, mon cher confrère, que j'appelle toute votre attention.

Une première réflexion surgit : certes les rois ont eu grand tort de détrôner Napoléon! Il s'était fait un des leurs [1]! lui seul avait rendu à la royauté sa grandeur et rappelé ses prestiges; lui, plus que tout autre, avait réconcilié le peuple avec cette institution!

Je le demande :

1° Si Napoléon n'avait pas préalablement rétabli la monarchie avec tout l'éclat de la gloire impériale, eût-il été aussi facile, eût-il été possible même de rétablir en France

---

[1] *Ecce Adam, factus est unus ex nobis!*

la royauté? Un roi bourbon eût-il pu, sans un intermédiaire qui eût familiarisé la nation avec l'aspect d'un trône, remonter d'emblée sur celui que la mort sanglante de Louis XVI avait laissé vacant?

2º Si Napoléon n'avait pas recréé une noblesse nouvelle, eût-on pu, en 1814, rétablir l'ancienne après vingt-cinq ans de totale interruption? Toutes les supériorités sorties du sein de la révolution, auraient-elles accepté la résurrection, humiliante pour toutes, d'une noblesse oblitérée, se traînant à la suite de l'étranger, et qui serait venue s'implanter au-dessus d'elles, comme au-dessus de tout le reste de la nation ?

3º En un mot, l'ancien régime émigré aurait-il pu rentrer seul, isolé, avec la cocarde blanche, et ses titres abolis, au milieu d'une nation compacte qui n'aurait pas pu le perdre un instant de vue, si Napoléon ne lui avait préparé toutes les issues par lesquelles il lui est devenu possible de s'infiltrer et de prendre position au milieu du pays, en se confondant avec des hommes à l'élévation desquels le pays avait applaudi?

Non, certes; et en admettant que la nation, fatiguée de la guerre et redoutant des déchiremens intérieurs, eût accepté le retour de la dynastie déchue, elle eût pu crier : *vive le roi*; mais assurément elle eût continué de crier : *à bas l'aristocratie !*

Pourquoi? parce que les griefs contre cette aristocratie seraient restés *sans mélange*, les mêmes qu'au jour de la révolution. C'eût été uniquement l'ancienne noblesse, c'eût été uniquement l'émigration; tout cela ensemble, d'un même côté; de l'autre, fût restée la nation entière, non pas dans ses prolétaires seulement, non pas dans ses membres en général les moins riches, les moins honorés, les moins considérables, mais la nation avec tous ses chefs militaires et civils, ses administrateurs, ses savans, et tout ce qui, pendant vingt-cinq ans, avait fait sa force et sa gloire !

Tous ensemble et sans division, se trouvant relégués dans la cause de la révolution, comprimés par l'étranger, en présence de l'ancien régime revenant comme un bagage à la suite des armées ennemies, celui-ci n'eût jamais tenté de faire prévaloir ses doctrines : il l'eût osé, qu'au premier essai il eût ressenti l'opposition de tous, et perdu toute espérance comme toute chance de succès !...

Mais le sénat, par son compromis, avait tout rendu facile. Au milieu des articles constitutionnels pour lesquels il s'était contenté d'une promesse vague, un seul avait réellement le caractère d'une *stipulation obligatoire*. C'est celui-ci : « Nous tous sénateurs, nous garderons nos *titres* « *et nos traitemens* (36,000 fr. par an). » Aussi lit-on dans la Charte : « La nouvelle noblesse conservera ses titres ; « l'ancienne *reprendra* les siens. »

Cette dernière disposition en faveur des anciens nobles devenait inattaquable, et cela même en haine de la fatuité des nouveaux. En effet, se disait-on de par le monde, si M... est duc de B..., si S... est duc de R..., si F... est duc aussi; si sous les Bourbons légitimes, tant de républicains, titrés sous l'empire, sont *les cousins* de Louis XVIII, pourquoi les Montmorency, les Choiseul et les La Rochefoucauld ne reprendraient-ils pas leur ancienne position?

Et les nouveaux nobles eux-mêmes, bien loin d'avoir, en 1814, renouvelé l'exemple, qui pourtant aurait dû moins leur coûter, d'un sacrifice semblable à celui qu'avait fait l'ancienne noblesse dans la mémorable nuit du 4 août 1789, les nouveaux nobles, dis-je, furent enchantés de cette promulgation simultanée des titres nouveaux avec les anciens. Oublieux de la gloire de leur fondateur, ils se sont crus *un peu plus nobles*, parce qu'ils étaient mis sur la même ligne que leurs devanciers en armoiries; placés dans le même article, il semblait qu'ils eussent reçu le baptême en même temps, et que c'était *tout un*. Ils ne savaient pas qu'en fait de gentilhommerie le vieux l'emporte sur le neuf, et que dans ce rapprochement, il n'y avait que du désavantage pour eux.

Quoi qu'il en soit, ils sont entrés dans la restauration, et pendant que les uns étaient persécutés, proscrits ou mis à mort, on vit les autres se pavaner aux Tuileries! Quelques mystifications aux femmes n'ont pas désenchanté les maris; ils se sont crus gens de cour; et, comme le dit de lui-même et de ses *nobles* amis le marquis de Montcade dans *l'École des Bourgeois*, ils s'y sont aussi regardés *comme les naturels du pays*.

Mais le vrai pays, mais la France, témoin de leurs actes, de leurs discours, de leurs salamalèques, de leurs défections, de leur petitesse enfin [1], n'a pas tardé à voir sa haine pour l'ancienne noblesse renforcée de tout le mépris qu'elle ressentait pour certains parvenus.

Elle a reconnu dans la *couardise* de ceux-ci, la première cause de sa faiblesse : que pouvait en effet, pour ses libertés, une nation surprise à l'improviste, qui s'était vue tout-à-coup séparée de tous ses chefs; de tous ceux qui, pendant vingt ou trente ans avaient dirigé ses efforts vers la liberté, et qui, par leur défection soudaine, simultanée, par leur fusion sans réserve au profit d'un régime hostile à ces mêmes libertés, laissèrent le troupeau national sans pasteur, sans guide et sans gardiens?

Tout cela, il faut en convenir, n'était pas propre à réconcilier l'opinion publique avec l'aristocratie; et l'on disait hautement *que le meilleur n'en valait rien*.

C'est alors qu'a commencé cet appel à une génération meilleure et moins corrompue, et que l'aversion pour beaucoup d'anciennes célébrités proclamées infidèles, est devenue, pour les plus jeunes, le principe d'une candidature anticipée.

Voilà, en général, les causes de l'antipathie de notre nation pour toutes les aristocraties; c'est un sentiment ancien, réfléchi, permanent, appuyé sur la triste épreuve qu'elle en avait faite dans tous les temps et sous tous les régimes.

En tout ceci, si nous revenons à la chambre des pairs, on verra qu'une première source de prévention contre elle, fut dans la prétention de Louis XVIII, de renouer par elle la chaîne des temps modernes à celle des temps anciens; et l'on ne douta guère du projet qu'il avait de rendre, s'il se pouvait, la prédominance à ceux-ci, par le choix des personnes, lorsqu'on y vit entrer des prélats, les anciens chefs de l'émigration, et parmi les notabilités nouvelles, celles-là d'abord qui avaient été le plus au-devant de la légitimité, avec quelques-uns seulement (et comme pour échantillon) de ceux que l'éminence de leurs titres et de leurs services ne permettait pas d'exclure, sous peine de déconsidérer tout-à-fait l'institution.

---

[1] L'un d'eux, et des plus élevés en dignités, n'est-il pas mort de chagrin de n'avoir pas pu être nommé gentilhomme de la chambre du roi ?

Vinrent ensuite ce qu'on a nommé les *fournées de pairs*; l'une qui eut pour but de soustraire la pairie à cette influence trop prononcée de l'émigration; l'autre, de rendre à cette influence toute sa prépondérance; mais toutes deux ayant forcé la prérogative et affaibli l'institution!

En considérant, toutefois, les actes de la pairie, on ne peut pas dire qu'elle ait tout-à-fait manqué à sa vocation : au contraire, on doit reconnaître qu'elle a résisté plusieurs fois, dans des circonstances importantes, ce que n'avait jamais fait le sénat soi-disant *conservateur*. Mais deux faits graves ont contribué principalement à animer la nation contre la pairie.

1° Le jugement du maréchal Ney, condamné sur la demande de l'étranger, sans que sa défense ait été libre, et au mépris d'une capitulation jurée les armes à la main; d'une capitulation qui protégeait à la fois nos citoyens et nos monumens; qui, violée sur le premier point, put l'être ensuite facilement sur l'autre, tandis que, si elle eût été respectée par le premier Tribunal du royaume, elle eût rendu impossible toute violation ultérieure de ses stipulations; elle eût prévenu toutes les réactions sanglantes qui, pendant plus de dix ans, ont promené le deuil et la désolation dans le pays!....

2° L'indemnité du milliard, votée par une majorité dont la plupart des membres étaient sordidement intéressés à y prendre part, et qui, même après le partage de ces dépouilles *payées par la rente, et qui ne l'eussent jamais été par l'impôt*, ont encore conservé, au sein de leur opulence reconquise, les PENSIONS accordées à leur détresse apparente ou présumée.

Vainement parmi les anciens se sont élevées des voix pudiques comme celle du duc de Choiseul, qui, chaque année, réclamait contre tant d'humiliation et de vénalité; vainement parmi les nouveaux l'opposition conservait de généreux organes; de nouvelles promotions, quelquefois en masse, rendaient bientôt la majorité aux intérêts anti-nationaux.

Voilà, dans toute sa sévérité, mais aussi dans toute sa vérité, la cause des préventions de la France contre la pairie de la restauration. La nation *se rappelle plus ce que la pairie a été, que ce qui en reste*; elle craint qu'à la longue elle ne redevienne telle qu'on l'a déjà vue : c'est du moins ce qu'on a pu lui persuader aisément.

En effet, on lui présente la pairie non pas comme un corps composé des principaux citoyens, les plus capables ou les plus riches, les plus intéressés au maintien de l'ordre et de l'état social, les plus intelligens des intérêts nationaux ; on lui présente surtout la pairie comme un *corps nobiliaire*, un corps dont les élémens sympathisent avec l'ancienne aristocratie : non pas comme une réunion de fonctionnaires habiles et exercés dans toutes les parties des services publics, mais comme un divan composé de ducs, de marquis, de barons, de vicomtes, de *seigneuries* enfin (car ils ont eu la fantaisie de se qualifier ainsi. Hélas! grand Dieu, seigneurs de qui, seigneurs de quoi!); prêts à reprendre, empressés à ressaisir toutes les bribes de l'ancien régime; peu disposés du moins à accueillir les améliorations en faveur des masses, et faciles à sacrifier les intérêts de la révolution à leur élévation particulière et à celle de leurs enfans, qui s'échelonnent derrière eux dans la hiérarchie des titres, des sinécures et des bons emplois. Voilà à quoi leur a servi et la couleur que leur donne, aux yeux d'un peuple accoutumé à juger sur les apparences, cette adjonction de titres surannés, long-temps proscrits, dénués de signification propre et de valeur intrinsèque, au titre vrai, et qui devait leur suffire, de *pairs de France*, c'est-à-dire d'hommes revêtus d'une dignité réelle, *la même pour tous* ceux qui en sont investis, et qui se trouve dotée des plus belles prérogatives et des plus éminentes fonctions!

Alors, se dit-on, n'est-ce point assez de voir de pareilles choses *à vie* sans encore les rendre *héréditaires* de mâle en mâle par ordre de primogéniture?... Et ici l'on n'écoute plus que la logique vive et passionnée des préventions et de l'antipathie.

Voilà, mon cher ancien confrère, le sentiment vrai, le sentiment qu'on peut bien appeler *national*, car il est généralement partagé.

Maintenant, ce *sentiment vrai* a-t-il produit une *opinion fausse* sur l'hérédité de la pairie? L'abus dont on se montre le plus affecté a-t-il égaré le jugement qu'on a porté sur la chose même? Ceux qui le pensaient ainsi ont essayé de le démontrer; pour moi, je vous le déclare, après y avoir long-temps et mûrement réfléchi, libre de tout engagement antérieur, ne cherchant que le vrai et croyant avoir agi pour le mieux dans le sens et dans l'intérêt du pays, je me suis affermi de plus en plus dans mon opinion *contre l'hérédité*. Sous peu, je vous en dirai les raisons.

Votre bien affectionné,
*****

Paris, ce 17 octobre 1831.

Deuxième Lettre d'un magistrat, sur l'hérédité de la pairie sous la Charte de 1830.

Mon cher ancien Confrère,

Je sais bien que ma dernière lettre ne répondait pas à toutes vos objections : vous êtes partisan de l'hérédité de la pairie; c'est pour vous comme une religion hors de laquelle vous ne voyez point de salut; et je vous entends déjà vous écrier que j'ai bien expliqué le *sentiment* moral qui fait qu'on n'aime pas l'aristocratie, mais qu'il me reste toujours à justifier, en politique, *l'opinion* qui repousse l'hérédité, et à démontrer comment, sans hérédité, une pairie (si elle en conserve encore le nom) pourra prendre racine dans le pays, et y remplir sa noble destination!....

Eh bien! mon cher confrère, je vais entreprendre de vous satisfaire; et pour que vous ne puissiez pas croire que je me suis décidé en aveugle et en homme passionné, je veux d'abord vous prouver qu'en repoussant l'hérédité, je n'en méconnais pas les avantages; j'ajouterai seulement qu'à mes yeux, et à l'époque où nous vivons, ces avantages sont loin d'en compenser les inconvéniens.

Je ferai toutefois une observation préliminaire : c'est que l'hérédité n'est pas, comme on l'a prétendu, *de l'essence* de la pairie, à tel point qu'on puisse dire avec un noble vicomte, aujourd'hui membre de la chambre des députés : « Je ne veux pas d'hérédité, parce que sans hérédité, *il n'y a plus de pairie.* » La preuve du contraire, c'est que la charte de Louis XVIII portait en termes formels, qu'en nommant les pairs, le roi pourrait les nommer *à vie* ou *héréditaires*. Cette alternative prouve donc que, dans la pensée même de l'auteur de la Charte, l'hérédité n'était pas une des conditions essentielles de la pairie; il suffisait à l'indépendance des pairs qu'ils fussent à *vie*, c'est-à-dire inamovibles.

Du reste, j'en conviens, l'hérédité a des avantages qui lui sont propres. La pairie héréditaire, se trouvant hors la main du roi et du peuple, a *en soi* un principe de vie et de conservation; elle se recrute et se perpétue d'elle-même, en vertu des seules lois de son institution; plus d'indépendance s'y attache; rien n'inspire plus de fixité dans les idées. Plus la position individuelle du pair et de sa famille est brillante, plus son avenir est assuré, plus il a intérêt à se maintenir dans cet état de béatitude, et par conséquent à se garer d'une révolution; car une révolution est précisément la seule chose qui pourrait le lui faire perdre. Ainsi la pairie est comme un pilier; il n'avance, ni ne recule, mais il soutient.

Sans doute, un homme au cœur lâche, le sera naturellement dans toutes les situations : tranquille sur le sort de son aîné, il n'en sollicitera pas moins pour les cadets; et il y aura des lâchetés avec l'hérédité, comme sans l'hérédité. Mais quelques fâcheuses exceptions ne détruiront pas la règle; et en masse, la majorité des hommes placés dans la haute situation que donne la pairie héréditaire résisteront de fait aux basses suggestions d'un intérêt sordide, et s'opposeront, dans un intérêt plus noble et plus sagement entendu, à toutes les tentatives dirigées contre la constitution et l'ordre établi; au contraire l'homme purement viager fera comme le sénateur; il sacrifiera surtout au présent; et s'il apparaît un nouveau maître, pourvu que celui-ci lui continue, sa vie durant, *le même gage* que l'ancien, même en le dispensant des services, il accordera tout : *personne ne sera déshérité dans sa famille.*

Si le hasard de la naissance fait que quelques hommes ineptes succèdent à des hommes d'une haute capacité, le contraire n'est pas impossible, et, comme on l'a dit spirituellement, si les gens d'esprit sont exposés à faire des sots, les sots aussi sont parfois exposés à faire des gens d'esprit. Au milieu de ces chances exceptionnelles, il en est une plus certaine : c'est qu'en général, la prédestination assurée à un état fait qu'on s'y prépare par les études et par les mœurs convenables; si de vieux troncs pourrissent, de verts rameaux s'élancent à côté; et comme il est dans la nature de la pairie constitutionnelle d'appeler à soi, pour se les approprier, toutes les gloires, tous les services, toutes les supériorités, la masse votante ne manquera jamais d'hommes habiles pour éclairer ses délibérations et pour diriger ses votes, au fond desquels agira, toujours et sur tous, *l'instinct prédominant de conservation*. Or, telle est la principale destination de la pairie.

Voilà, mon cher confrère, le résumé de ce qu'on a pu dire de plus plausible en faveur de l'hérédité de la pairie. Mais si tous ces avantages se trouvent en effet attachés à l'hérédité, est-ce bien l'hérédité seule qui les donne? et n'est-ce pas plutôt l'hérédité accompagnée d'autres circonstances?

On a souvent cité la pairie anglaise! Mais (outre que cette pairie a vécu plus qu'elle ne vivra, car elle est peut-être à la veille de subir de grandes modifications) la pairie anglaise n'est pas bornée à elle seule comme puissance et comme action. Elle est placée au sommet d'une foule d'intérêts identiques ou analogues; elle représente *tout un système d'intérêts fondés comme elle sur l'hérédité*, ne fût-ce que l'hérédité du sol féodal qui lui appartient presque exclusivement, et qui, comme elle, se transmet par ordre de primogéniture.

C'est alors qu'une pairie héréditaire apporte, en raison même de cette hérédité, une très-grande force au trône, parce qu'elle ne lui apporte pas seulement sa force numérique qui n'est rien, mais (ce qui est immense) elle lui apporte la force de tous les intérêts homogènes dont elle est l'abrégé et comme l'expression.

Il en faut dire autant de *l'hérédité des charges* dans nos anciens parlemens, (et vous savez, mon cher confrère, quelle est ma vénération pour les souvenirs et les exemples que nous ont légués ces grands corps de magistrature!). Mais, du temps de nos parlemens, l'hérédité des offices se liait à un vaste système de substitutions et de perpétuité dans les familles, d'un même état, d'un même domaine. Cette aristocratie était réelle; car elle avait pour base *la propriété*. Chacun héritait de la charge de son père comme d'un patrimoine, parce que l'Etat l'avait originairement vendue à bons deniers comptant; et ces charges elles-mêmes, à la différence de la noblesse purement nominale, emportaient avec elles l'exercice d'un pouvoir véritable, nullement hostile à la nation, car elle y trouvait asile et protection contre l'insolence ou l'avidité des privilégiés; et favorable à la royauté, car les parlemens l'avaient en quelque sorte assise en ruinant à son profit l'autorité des grands vassaux, réduits, à force d'arrêts, à n'être plus que ses justiciables.

Mais, quand tout cela est détruit, prétendre reconstituer la chose à froid, c'est de l'alchimie! On conçoit le feu qui réduit le bois en cendre et en fumée; mais qui refera le bois avec la cendre et la fumée?...

Aujourd'hui tout le monde en France (excepté la portion folle) reconnaît l'utilité, l'indispensabilité d'un trône héréditaire; sans cela, et à chaque vacance, l'Etat serait déchiré; c'est à qui se mettrait sur les rangs, et des candidats par centaines offriraient de faire la place *au rabais*!..,

Mais on n'éprouve pas, à beaucoup près, le besoin d'une aristocratie héréditaire; et lorsque quarante ans de lutte obstinée ont à peine suffi pour en délivrer le pays; quand le dernier divorce avec la contre-révolution ne date encore que d'une année; quand les débris du ver coupé s'agitent en tous sens et brûlent de se réunir; qui voudrait, qui prétendrait la reconstituer? *Qui croirait surtout qu'une pairie héréditaire serait la représentation d'une force particulière dans la société de 1830?*

Evidemment il manque le fonds, c'est-à-dire *un fonds d'intérêts identiques et analogues dont la pairie soit la représentation propre*. Des pairs héréditaires ne représenteraient qu'eux; représentation d'égoïsme, d'individualité, de complaisance en soi-même; un intérêt d'immobilité tout au plus rationel ou doctrinal, mais qui n'aurait rien au dehors pour le soutenir et pour l'appuyer. En l'état actuel, des pairs héréditaires seraient une classe à part; mais ils ne seraient reconnus ni regardés par aucune classe comme ses patrons et ses protecteurs particuliers.

Ils ne seront pas regardés comme tels par ce qu'on appelle la démocratie, parce qu'elle n'ignore pas qu'ils sont érigés contre elle, et destinés à lui servir de contrepoids ; elle se verra toujours dans la chambre des députés et non ailleurs.

Les pairs héréditaires ne seront pas même avoués par l'ancienne aristocratie; car déjà, sous Louis XVIII et sous Charles X, elle les a vus avec dépit; elle y trouvait une rivalité accablante pour la *noblesse de race*, qui se regarde comme la seule vraie; et c'est peut-être le seul côté par lequel la pairie de la restauration eût pu se recommander à la nation et se faire pardonner ses priviléges, si, rendant à l'ancien régime antipathie pour antipathie, elle eût compris sa position constitutionnelle, et si elle l'eût rendue tout-à-fait nationale par une résistance plus marquée à toutes les tentatives de la contre révolution.

C'est au milieu de ce discrédit du haut et du bas que les doctes partisans de la pairie héréditaire auraient voulu persuader au trône qu'il avait grand intérêt à défendre *l'hérédité*; qu'il y allait presque du salut de la couronne de revendiquer pour la pairie le maintien de ce *privilége!* Comme si la royauté de 1830 pouvait oublier que le *trône n'a jamais été fort en France que par son alliance avec les communes*, et qu'il a toujours subi quelque échec quand il a voulu se faire *le champion de l'aristocratie à l'encontre des masses!*

Consultez l'histoire de l'aristocratie près du trône!.... et sans remonter plus haut, celle de Louis XVI, de Louis XVIII, et de Charles X lui-même!... Et c'est au profit d'une aristocratie qui n'est plus, et d'une aristocratie qui n'est pas encore, que l'on voudrait que le trône populaire de Louis-Philippe se fût immolé! Non, non; les aristocraties sont de véritables Narcisses, par trop amoureuses d'elles-mêmes. Il faut de deux choses l'une : ou leur tout sacrifier, et alors on se rend odieux pour elles : ou leur refuser quelque chose, et alors elles vous désertent sans pitié.

En cet état quel était le devoir du législateur? C'était de faire comme Solon, de s'accommoder au temps et aux gens; de connaître sa nation, d'étudier son vœu et de s'y conformer. La couronne a donc fait sagement en ne présentant pas sa pairie comme une aristocratie *héréditaire*, ni surtout comme une aristocratie *nobiliaire!* elle a sagement fait en retranchant de l'art. 23, relatif à la nomination des pairs par le roi, ces mots : *Il peut en varier les dignités?* Cette *variété* ne va pas avec le mot *pairie*. Cet accouplement d'un titre vivant, celui de *pair*, avec un titre mort, est un non-sens. Qu'est-ce à dire, en effet, qu'un pair-*vicomte*, un pair-*baron*, un pair-*marquis*? Autant vaudrait voir un procureur-général ajouter à son titre celui de *sénéchal*, le maire de Chartres s'appeler *vidame*, et le maire d'Autun reprendre le titre de *vergobret*!.. Les titres nobiliaires sont comme les prénoms; ils sont individuels et en dehors des fonctions publiques, dont ils ne sont plus l'expression.

Cependant, en l'absence de toute aristocratie constituée, reconnue, ayant privilége et faisant *seigneurie* dans l'État, reconnaissons un autre danger énorme, pressant, et qui mérite toute la considération des hommes politiques : une démocratie sans contrepoids, nombreuse, ardente, impossible à contenter tout-à-fait, difficile à contenir, et qui menace de tout envahir et de tout déborder!.....

Certes, le gouvernement serait facile à qui pourrait maintenant donner à chacun une place à son goût, ou une bonne pension, ou des capitaux pour faire le commerce ou le continuer en prévenant ou réparant des désastres. Voilà les exigences du jour ! Soyons sincères avec la révolution de 1830; ce genre de pétition a remplacé les demandes pour être chambellan ou gentilhomme de la chambre, et obtenir la permission de se broder à ses frais. Le nombre des solliciteurs n'a pas diminué : il s'est accru, et la différence n'est que dans la qualité, le nombre et la pétulance des demandeurs, dont trop souvent la capacité est du dernier ordre, et l'ambition est du premier rang!...

Ne dissimulons rien; cette ambition est la plaie de l'époque; l'envie se cache souvent derrière le mot égalité; les gens les plus indignes de parvenir ne sont pas les moins ardens à se pousser; si l'on ne peut s'élever au-dessus des autres, on tâche au moins de ravaler tout ce qui est au-dessus de soi : toute cette effervescence ne peut pas se calmer en un jour.

Le remède à ce débordement serait-il donc dans le choix de deux à trois cents familles constituées en titre d'office, puissantes et fortunées de mâle en mâle à perpétuité, en présence ou d'un désappointement ou d'une détresse qui s'aigriraient par le spectacle même de ces quelques fortunes privilégiées ? Non.

La démocratie aujourd'hui ne peut être vaincue que par elle-même; il faut la décimer, il faut lui enlever une à une toutes ses capacités (j'entends les véritables, et le nombre n'en est pas infini), et intéresser ces capacités à prêter leur force au gouvernement pour faire prévaloir cette maxime d'*égalité vraie*, qui n'est au fond que la justice, et qui force à rester soldat celui qui n'est pas digne d'être officier, et réduit à obéir celui qui n'a pas mérité de commander.

Tel a été le secret de Napoléon, au moins dans les belles années de son administration. Sorti du sein de la nation, grand comme elle, décidé à faire prévaloir ses intérêts, il a appelé à lui toutes les forces, toutes les capacités de l'Etat; et dans chaque partie du service, sur chaque point de l'empire, ayant pour lui les hommes les plus habiles, il n'a laissé que les *mazettes* dans l'opposition : à la différence de la restauration, qui, prenant à sa solde un grand nombre de médiocrités, a laissé en face de ses agens tout ce que la nation avait de plus habile et de plus vigoureux.

Tant vaut l'homme, tant vaut la terre, dit le proverbe ; il est encore plus vrai de dire : tant vaut le fonctionnaire, tant vaut la place.

La force actuelle de la pairie ne saurait être dans l'hérédité, qui n'est d'ailleurs qu'un futur contingent. Elle sera avant tout dans *le personnel de la pairie*, dans le choix plus ou moins heureux de ses membres; dans la fermeté avec laquelle ils sauront immédiatement accomplir leur mission constitutionnelle. Tel est l'horoscope de la pairie; ses destinées sont là; dans la valeur intrinsèque des pairs et dans leur conduite parlementaire : elle ne saurait être ailleurs.

Oui, je ne crains pas de le dire, moins de préventions eussent existé contre la pairie, et contre l'hérédité avec elle, si le catalogue des pairs au profit desquels il s'agissait de la confirmer n'eût offert que des noms chers à la France, des noms tels par exemple que ceux des Ségur, des Broglie, des Choiseul, des Jaucour et des Tracy, ou bien encore ceux de Siméon, Boissy-d'Anglas, Barbé-Marbois, Chaptal, Roy, Lanjuinais; ou enfin ces noms qui rappellent tant de gloire à la France : Jourdan, Truguet, Dalmatie, Trévise, Wagram et Montébello ! Au lieu qu'on y trouve d'autres noms contre plusieurs desquels existent de vieilles rancunes, des préventions, des défiances que les actes et les discours, même ceux postérieurs à juillet 1830, sont loin d'avoir dissipés..... C'est sous l'empire de ces préoccupations que la chambre des députés a créé des catégories. Elle a voulu des conditions légales, des présomptions de services rendus, des capacités acquises, pour s'assurer qu'à l'avenir les choix de la couronne seraient élevés, purs d'intrigues, de contingens ministériels, et qu'enfin la pairie ne serait plus, comme disaient nos pères, livrée *à l'infestation des gens de l'hôtel.*

Sans doute ces craintes sont exagérées; les temps ne sont plus les mêmes, on peut se rassurer. Il y va de l'intérêt très direct du roi, du salut de sa personne, de la stabilité de sa dynastie. Ce prince est dans la force de l'âge et de la raison mûrie par une longue et forte expérience; il est bon citoyen, excellent père de famille, et désireux aussi de *fonder pour ses enfans.* Ce n'est, à notre égard, ni un nouveau venu, ni un revenant ; c'est un des nôtres ; il n'a pas une origine distincte de la révolution de 1830 ; il est solidaire avec elle ; il vit de la même vie ; *il périrait si elle périssait* ; il a les mêmes ennemis, ennemis irréconciliables; les mêmes, toujours obstinés, qui ne lui pardonneront jamais son titre de roi-populaire et de roi-citoyen ; gens trop semblables dans leur entêtement à cette vieille douairière de la place Royale, qui, dix ans après la mort de Henri IV, toujours ferme dans sa haine contre le bon roi, disait encore, avec toutes les marques apparentes d'une haute considération : *feu M. de Ravaillac;* gens qu'il doit traiter avec justice, mais sur lesquels il ne peut guère compter... Espérons seulement que leurs enfans seront plus sages et mieux avisés....

Quant à nous, cela même doit nous rallier plus fortement autour de ce trône qui est notre ouvrage, et nous avertir de ne pas continuer contre le gouvernement de 1830 cette opposition dévorante, bonne seulement contre ceux que l'on veut, non pas éclairer, mais détruire.

Dans une autre lettre, je vous parlerai du sort probable de la loi devant la chambre des pairs [1].

Votre bien affectionné,
*****

Paris ce 19 octobre 1831.

---

[1] Dans cette troisième lettre, qui a paru le 27 octobre, on affirmait que la loi serait *acceptée sans amendement* par la chambre des pairs : c'est effectivement ce qui est arrivé.

Loi contenant l'Article qui remplace l'Article 23 de la Charte, relatif à la Pairie.

A Paris, au palais des Tuileries, le 29 décembre 1831.

LOUIS-PHILIPPE, Roi des Français, à tous présens et à venir, salut.

Les Chambres ont adopté, nous avons ordonné et ordonnons ce qui suit :

Article unique,
Qui remplace l'*Article* 23 *de la Charte.*

La nomination des membres de la chambre des pairs appartient au Roi, qui ne peut les choisir que parmi les notabilités suivantes :

Le président de la chambre des députés et autres assemblées législatives;

Les députés qui auront fait partie de trois législatures, ou qui auront six ans d'exercice ;

Les maréchaux et amiraux de France ;

Les lieutenans généraux et vice-amiraux des armées de terre et de mer, après deux ans de grade;

Les ministres à département,

Les ambassadeurs, après trois ans, et les ministres plénipotentiaires, après six ans de fonctions ;

Les conseillers d'Etat, après dix ans de service ordinaire ;

Les préfets de département et les préfets maritimes, après dix ans de fonctions;

Les gouverneurs coloniaux, après cinq ans de fonctions;

Les membres des conseils généraux électifs, après trois élections à la présidence;

Les maires des villes de trente mille ames et au-dessus, après deux élections au moins comme membres du corps municipal, et après cinq ans de fonctions de mairie;

Les présidens de la Cour de cassation et de la Cour des comptes;

Les procureurs généraux près ces deux cours, après cinq ans de fonctions en cette qualité;

Les conseillers de la Cour de cassation et les conseillers-maîtres de la Cour des comptes, après cinq ans, les avocats-généraux près la cour de Cassation, après dix ans d'exercice;

Les premiers présidens des cours royales, après cinq ans de magistrature dans ces cours;

Les procureurs-généraux près les mêmes cours, après dix ans de fonctions;

Les présidens des tribunaux de commerce dans les villes de trente mille ames et au-dessus, après quatre nominations à ces fonctions;

Les membres titulaires des quatre académies de l'Institut;

Les citoyens à qui, par une loi et à raison d'éminens services, aura été nominativement décernée une récompense nationale;

Les propriétaires, les chefs de manufacture et de maison de commerce et de banque, payant trois mille francs de contributions directes, soit à raison de leurs propriétés foncières depuis trois ans, soit à raison de leurs patentes depuis cinq ans, lorsqu'ils auront été pendant six ans membres d'un conseil général ou d'une chambre de commerce;

Les propriétaires, les manufacturiers, commerçans ou banquiers, payant trois mille francs d'impositions, qui auront été nommés députés ou juges des tribunaux de commerce, pourront aussi être admis à la pairie sans autre condition.

Le titulaire qui aura successivement exercé plusieurs des fonctions ci-dessus, pourra cumuler ses services dans toutes pour compléter le temps exigé dans celle où le service devrait être le plus long.

Seront dispensés du temps d'exercice exigé par les paragraphes 5, 7, 8, 9, 10, 14, 15, 16 et 17 ci-dessus, les citoyens qui ont été nommés, dans l'année qui a suivi le 30 juillet 1830, aux fonctions énoncées dans ces paragraphes.

Seront également dispensées, jusqu'au 1er janvier 1837, du temps d'exercice exigé par les paragraphes 3, 11, 12, 18 et 21 ci-dessus, les personnes nommées ou maintenues, depuis le 30 juillet 1830, aux fonctions énoncées dans ces cinq paragraphes.

Ces conditions d'admissibilité à la pairie pourront être modifiées par une loi.

Les ordonnances de nomination de pairs seront individuelles. Ces ordonnances mentionneront les services et indiqueront les titres sur lesquels la nomination sera fondée.

Le nombre des pairs est illimité.

Leur dignité est conférée à vie ET N'EST PAS TRANSMISSIBLE PAR DROIT D'HÉRÉDITÉ.[1]

Ils prennent rang entre eux par ordre de nomination.

A l'avenir, aucun traitement, aucune pension, aucune dotation, ne pourront être attachés à la dignité de pair.

La présente loi, discutée, délibérée et adoptée par la chambre des Pairs et par celle des Députés, et sanctionnée par nous ce jourd'hui, sera exécutée comme loi de l'Etat.

Cette loi a été votée dans son *ensemble* à la majorité de 386 voix contre 40.

---

[1] La disposition, qui abroge l'hérédité de la pairie, a été votée à la majorité des 524 voix contre 86.

Exemple du mode observé pour l'exécution du nouvel article 23.

Ordonnance du Roi qui élève M. Augustin Périer, à la dignité de Pair de France.

Le 16 mai 1832.

Louis-Philippe, Roi des Français, à tous présens et à venir, salut.

Considérant les services rendus à l'Etat par M. *Augustin Périer*, ancien membre de la chambre des députés et membre du conseil général du département de l'Isère,

Nous avons ordonné et ordonnons ce qui suit :

M. Augustin Périer, ancien membre de la chambre des députés et membre du conseil général du département de l'Isère, est élevé à la dignité de Pair de France.

Notre garde des sceaux etc.

DES MAJORATS.

En 1826, étant chargé *de la classification des lois*, je publiai un Recueil *des actes concernant les majorats.*

Quoique ce travail eût un caractère en quelque sorte officiel, puisqu'il était commandé par le gouvernement, je crus devoir le faire précéder d'un *avertissement* dans lequel je me faisais les questions suivantes :

Dans l'état actuel de la législation, les Majorats sont-ils ou non fondés en loi ? — Sont-ils, ou non, compatibles avec le gouvernement constitutionnel, tel qu'il est établi par la Charte ?

Telles sont les questions qu'a fait naître dans la session de 1818, la proposition faite aux chambres, de décerner à M. de Richelieu une récompense nationale sous la forme de majorat.

De toutes les opinions émises contre cette proposition, celle de M. Lanjuinais nous a paru réunir avec le plus de force toutes les *raisons de décider par la négative les questions proposées.*

C'est à ce titre que nous en reproduirons ici les passages les plus saillans :

« Avant de montrer que la Charte est contraire aux Majorats et incompatible avec eux, dit M. Lanjuinais, il convient d'expliquer leur nature et leur origine, et les funestes priviléges dont ils se composent.

» *Majorat* signifie aînesse; par extension, droit d'aînesse; et par d'autres extensions, fidéicommis graduel, substitution fidéicommissaire graduellement transmissible d'aînés en aînés, à chaque plus prochain descendant du dernier décédé possesseur du majorat à l'infini; et, par d'autres extensions encore, transmissible à l'infini de mâle en mâle, d'aîné en aîné, aux héritiers *collatéraux*; enfin, transmissible graduellement, à l'infini, aux aînés mâles *adoptifs* du premier possesseur du majorat, ou de tout autre possesseur subséquent, toujours à l'infini.

» Voilà le majorat *transmissible indéfiniment*, dans le dernier état que l'avait fait Napoléon.

» Les principaux et immédiats priviléges qui en résultent par rapport aux aînés *majoratisés*, sont : 1° le privilége d'un ordre particulier de succession inégale dans les familles, au profit de l'aîné, au préjudice de tous les autres héritiers ; 2° le privilége d'inaliénabilité des biens à l'infini ; 3° le privilége légal et immoral de se jouer toute sa vie de ses créanciers, et de les duper en laissant à son aîné une fortune qu'il oserait posséder sans rougir ; 4° c'est un privilége onéreux à tous les citoyens ; car on possède les biens d'un majorat, en exemption de tous droits de mutation volontaire et de tous droits d'hypothèques ; 5° c'est le privilége d'avoir pour conservateurs gratuits des biens possédés en majorat, le ministre de la justice, le conseil d'Etat, le conseil du sceau des titres, les procureurs-généraux, les procureurs du roi, et les employés de l'administration des domaines ; 6° d'avoir ces deux conseils pour tribunaux extraordinaires, quant à ces mêmes biens.

» Le droit romain avait permis des substitutions graduelles sans limiter les degrés. Justinien donna l'exemple pour les limiter à quatre.

» Les pays français de *droit écrit* adoptèrent les substitutions graduelles ; mais au seizième siècle, à la demande des états-généraux, l'ordonnance d'Orléans de 1560, article 59, limita les substitutions à deux degrés par des motifs d'intérêt public ; et l'ordonnance de Moulins, de 1566, ne permit l'exécution jusqu'au quatrième degré que pour les majorats antérieurs à 1560. L'ordonnance de 1747 avait confirmé la limitation au deuxième degré. Voilà pour nos pays de droit écrit jusqu'en 1792.

» Les pays coutumiers rejetaient les substitutions. Les majorats ne sont que le nom nouveau tiré d'Espagne et d'Italie, où ils ont fait le malheur public, et celui des aînés et des cadets, nom artificieusement choisi par Napoléon, afin de distraire l'opinion publique soulevée, depuis trente ans, contre tant d'odieux priviléges, par les ouvrages philosophiques et politiques, suivis de l'abolition totale des substitutions, passée en loi en 1792.

» Entre les pays coutumiers, on avait distingué la Bretagne, où le gouvernement était constitutionnel représentatif, et où les substitutions étaient généralement défendues, mais autorisées par deux seules *exceptions législatives* consenties par les trois États en faveur des Rohan et des Rieux, descendans des princes de Bretagne.

» Sans exception pour ce pays, qui avait voulu gagner de meilleures lois en s'unissant au droit commun de toute la France, Napoléon, après avoir créé en Italie les *grands fiefs* [1] de son empire, par actes insérés dans le bulletin des lois de France, du 30 mars 1806, s'occupa de créer subtilement, pour toute la France, la noblesse nouvelle et les substitutions : il cachait les unes et les autres sous les noms *de titres et biens transmissibles en ligne directe de mâle en mâle, par ordre de primogéniture.*

» Ce fut d'abord, selon son expression familière, par un *petit bout de loi*, puis par l'article 5, presque imperceptible, et long-temps inaperçu, du sénatus-consulte du 14 août 1806, enlevé, suivant l'usage, sans discussion, sur l'exposé de l'orateur et du rapporteur du prince [2], que ces deux grandes innovations politiques, la *noblesse héréditaire* et les *majorats*, en ligne masculine directe seulement, commencèrent à propos de la principauté de Guastalla, et notamment par ces mots : *la principauté de Guastalla...*, pour mieux détourner l'attention publique. Tout le reste, indiqué ci-devant, se développa fort vite, à compter du 1er mars 1808, par des réglemens ou décrets impériaux, qu'il faisait exécuter comme on fait aujourd'hui exécuter les ordonnances, plus exactement que la constitution ou les lois secondaires, et où l'on ne manquait pas de protester adroitement contre les priviléges. Cependant, le sénatus-consulte de Guastalla fut inséré, mais prudemment en *chiffres* et en mots fort laconiques, dans une *loi de publication du*

---

[1] Cette expression que Napoléon n'a pas craint d'employer pour les Majorats de Naples et de Sicile, dans l'acte du 30 mars 1806, dont le préambule explique qu'il en use ainsi *par droit de conquête*; cette expression de *grands fiefs*, revèle sa pensée, et nous indique assez que, sous le titre de Majorats, il rêvait le rétablissement du régime *féodal* et militaire.
[2] *Id* PRO LEGE *erat et senatus-consultum* DIGEBATUR. Tacit. *Annal.* VI, 12.

Code civil, comme une exception à l'article 896. Cette loi est du 3 septembre 1807.

» Voilà comment Napoléon savait faire les constitutions de l'empire, et par huit lignes cachées, ignorées et vagues, introduire peu à peu les subversions les plus funestes, rétablir le despotisme, les priviléges, tous les abus anciens, et les rendre bien autrement forts et vexatoires que tout ce qu'on avait aboli de 1789 à 1799 ; *novissima pejora prioribus*. Tels seraient les majorats, s'ils n'étaient pas contraires à la Charte et incompatibles avec elle, dans ses articles 1, 2, 62, 63, 69 et 74.

» Quoi de plus réprobateur de cet amas de priviléges odieux qui constituent les majorats, que ces beaux textes si chers à tous les cœurs français.

» Art. 1ᵉʳ. *Les Français sont égaux devant la loi, quels que soient d'ailleurs leurs titres et leurs rangs.*

» Des *titres* et des *rangs*, des *titres* de fonctions réelles ou de noblesse verbale, et des *rangs*, c'est-à-dire, des préséances réglées d'abord sur les fonctions, et puis sur la noblesse titulaire, voilà notre seule aristocratie nobiliaire légale ; tous les autres genres d'inégalité ont leur origine et leur fondement, non dans la loi *vivante*, mais dans la nature ; et ils se concilient avec l'égalité devant la loi.

» Il n'y a point de majorats énoncés, ni supposés dans cet article ou dans les autres ; les majorats en sont exclus ; ils ne seraient ni un titre de *fonction*, ni un titre appellatif, comme la noblesse verbale de France ; ni une *préséance*, ni un *honneur* ; tout honneur est dans le titre appellatif. Les majorats ou les substitutions graduelles de biens et de revenus annexés aux titres de noblesse, emporteraient, comme on l'a vu, *des priviléges, des exemptions de plusieurs charges et devoirs sociaux*. Or, la Charte déclare, article 71 : *Le roi fait des nobles à volonté, sans aucune exemption des charges et des devoirs de la société*. Un *majoratisé*, suivant les plans despotiques de Napoléon, serait un noble, sans doute ; mais un noble, quel que soit son *titre*, n'est pas un *majoratisé* ; au contraire, ce ne peut plus en être un, puisque ce serait par rapport à son majorat un *exempt des lois, des charges, des devoirs communs de la société*. Non-seulement la Charte n'autorise point à créer des majorats, mais elle en interdit la création, puisqu'elle interdit à sa majesté le droit *d'exempter des char-*

ges et des devoirs sociaux, de créer ces priviléges calamiteux qui seuls formaient la nature et l'essence des majorats.

» La Charte ordonne, art. 2 : *Que les Français contribueront indistinctement, dans la proportion de leur fortune, aux charges de l'Etat.* Or, cette contribution *indistincte* sera anéantie pour le *majoratisé*, par rapport aux biens de son majorat. Non-seulement il aura la honteuse exemption de payer ses dettes sur ces mêmes biens ; l'exemption, d'y appartager ses cadets, selon les lois ; l'exemption, s'il le voulait, de sollicitude pour les réparer et les administrer, se reposant sur la vigilance des employés soudoyés à son profit par la nation ; mais ces biens étant hors du commerce, inaliénables, insusceptibles d'hypothèque, seraient par-là même exempts de tous les droits des mutations volontaires et de toutes les perceptions hypothécaires ; et le *majoratisé* serait, pour les biens de son majorat, distrait de ses *juges naturels*, en violation directe de l'article 62 de la Charte. Les majorats seraient donc anti-constitutionnels, comme ils seraient anti-sociaux [1].

« La même conclusion sort de l'article 68 de la Charte : *Le Code civil et les lois qui ne sont pas contraires à la présente restent en vigueur jusqu'à ce qu'il y soit légalement dérogé.*

« Oui le Code civil est maintenu ; mais dans les dispositions seulement *qui ne seraient pas contraires à la Charte*. L'article 68 le dit en termes exprès......

« Disons donc que les dispositions du Code civil, comme celles des autres lois qui sont contraires à la Charte, inconciliables avec elle, par conséquent l'addition touchant les majorats en ligne directe qui se trouve dans l'article 896 du Code, furent abrogées par la Charte.....

« L'article 69 de la Charte vient renforcer tout ce que nous avons dit contre la légalité actuelle des majorats, d'après les articles 1, 2, 6, 8, 62 et 71.

---

[1] Voyez les Inconvéniens du droit d'aînesse, comme entraînant une foule de maux politiques, moraux et physiques, par LANTHENAS ; 1 vol. in-8°, Paris, 1795. Ce même sujet est esquissé par rapport aux Majorats dans le tome XVI de l'Histoire des Républiques italiennes, par M. de SISMONDI ; et cet auteur célèbre promet d'y revenir dans les volumes suivans.

« Cet article 69 est relatif aux militaires auxquels Napoléon avait dû prodiguer les majorats. Il est calqué sur un article corrélatif dans le projet de constitution du Sénat, et qui fut ajouté après une longue discussion dans l'assemblée des sénateurs. On y conserve aux militaires *leurs grades, leurs honneurs, leurs pensions*, mais non leurs majorats, parce qu'ils étaient, depuis cinquante ans, en Europe, jugés incompatibles avec l'égalité et la liberté, la moralité, la prospérité nationale.

« Il est vrai que, dans les douze volumes d'ordonnances publiées depuis juin 1814, il en est un grand nombre qui organisent les majorats; il en existe une, signée de l'ex-premier ministre, qui invite les pairs à la pratique des majorats, et même une en contradiction ouverte et littérale avec l'article 3 de la Charte, et avec l'esprit de l'article 27, qui exclut de la libre nomination royale à la pairie tous ceux qui n'ont point de majorats. Enfin les diplômes de majorats ont été expédiés en assez grand nombre.

« Mais tous ces exemples ne sont rien devant la Charte; il faut se décider par la loi et non par les exemples; c'est un oracle de la sagesse des siècles : *legibus, non exemplis judicandum est... Facta petantur è temporibus bonis et moderatis, non dissolutis, quorum exempla magis nocent, quàm docent.* BACON.

Après avoir ainsi accumulé toutes les raisons sur lesquelles il se fonde pour démontrer que les majorats sont contraires à la Charte, M. Lanjuinais examine ce que sont les majorats en eux-mêmes, et il s'attache à faire ressortir *les inconvéniens des majorats pour l'Etat et pour les familles.*

Ce *fragment*, imprimé à la suite de son opinion, comme extrait d'un ouvrage dont il ne nomme pas l'auteur, étant fort court, nous le transcrirons ici :

« Deux causes ont produit les majorats, d'abord l'abus des testamens déjà si abusif, ensuite l'abus des substitutions graduelles portées à l'infini, faute, aux législateurs qui ont précédé le seizième siècle, d'avoir prohibé ce funeste désordre né dans les ténèbres du moyen-âge.

« L'instinct du despotisme toléra, autorisa, encouragea, commanda bientôt ces déréglemens, et il y ajouta l'abus rajeuni par Napoléon, celui des majorats du propre mouvement du prince, ou octroyés par le prince, à la demande des propriétaires aveugles de vanité.

« De tous ces majorats, il ne pouvait résulter que de fatales conséquences : on les voit, sans nombre, pulluler dans l'Italie et dans l'Espagne, malheureuses patries des majorats !

« Tout les accuse, car tout a lieu d'en gémir, l'Etat ou la nation, les puînés du *majoratisé*, et jusqu'aux aînés jouissant de la misérable terre privilégiée.

« Qu'il est à plaindre l'Etat où les majorats organisent avec tant de force une minorité aristocratique et oiseuse, chagrinant, tourmentant, compromettant, perdant les rois ; affligeant, écrasant les peuples ; où les grands possesseurs sont exempts à perpétuité des graves impôts levés sur les mutations volontaires, et surchargent, par ces immunités, tout le reste des citoyens ; où des lois perverses invitent les *majoratisés* à contracter des dettes et leur assurent les moyens de se jouer de leurs créanciers ; où elles changent les détenteurs en usufruitiers, et par là même leur donnent le besoin de dégrader l'héritage et les facilités pour y parvenir ; où la presque totalité des habitans est déchue de la douce espérance de posséder des immeubles ; où elle perd dès-lors le plus vif intérêt de la vie sociale ; où ceux qui se trouvent ainsi condamnés au sort des ilotes s'en vengent par l'oisiveté, le vice et le crime !

« La propriété immobilière, sujette à mutation d'une famille à l'autre, a son fondement dans la nature, et ses garanties dans les lois de tous les Etats ; mais rendue immuable dans une caste, elle n'est plus qu'une grande iniquité, une perpétuelle calamité publique et illégale, enfin le plus vif aiguillon, le plus spécieux prétexte aux révoltes et aux lois agraires.

« Le despotisme, et quelquefois une sorte de nécessité, substituant la vanité à l'orgueil national, font reconnaître par la loi des nobles titulaires et sans fonctions. Le despotisme encore, et l'usurpation et le sommeil des bonnes lois introduisent de fait et de droit, pour ces nobles, toutes sortes de priviléges honorifiques et utiles, au grand détriment du prince et de la nation ; et enfin le despotisme encore ajoute à ces priviléges les substitutions graduelles à l'infini ou les majorats ; et alors les *majoratisés* ne sont plus occupés que de titres, de rubans, d'intrigues de cour, et de mendicité ambitieuse pour eux et pour leurs frères, leurs sœurs et leurs cousins.

« Tous se condamnent par une folle imprudence, par une ridicule hauteur ou par une impuissance réelle, à une constante fainéantise, à tous les vices, à tous les excès qu'elle entraîne; il faut un dédommagement aux cadets, privés comme la plupart des citoyens, de toute espérance de patrimoine territorial; ils se refusent par préjugé d'honneur à tout travail honnête, à toute industrie; alors naissent la galanterie chevaleresque et les délits des cours d'amour; les femmes nobles affichent l'indécence de mœurs; chacune a son *cavaliere*, son *cortejo* en Espagne, et son sigisbé en Italie.

« Il en est résulté des devoirs et des droits non moins bizarres qu'immoraux, fondés sur les deux règles du beau monde : aucune femme ne peut paraître seule, et aucun mari ne peut, sans un extrême ridicule, accompagner sa femme; les bonnes mœurs périssent, et le point d'honneur les remplace : viennent ensuite les spadassins, les joueurs, les suicides, etc., et toute cette troupe corrompue se multiplie.

« Les non nobles imitent autant qu'ils peuvent les habitudes scandaleuses des hautes classes; le corps social dépérit, languit ou meurt, et ne peut naître qu'en traversant les malheurs effroyables des révolutions.

« Les cadets sont sacrifiés à l'aîné; les filles restent sans dot et sans époux, et les puînés, faute d'un capital, végètent dégradés, sans instruction, sans industrie, dans la dépendance et l'oisiveté, se consolant par l'ivresse et les orgies licencieuses.

« L'aîné est le seul maître, et il est haï comme tel; on ne se borne pas toujours à le haïr. Le possesseur du majorat est le premier puni des injustices dont il devient l'instrument : propriétaire exclusif, il est regardé comme l'administrateur des biens communs; il ne donne pas assez à l'un, il donne trop à l'autre. Frères, sœurs, femmes, enfans ont contre lui une ligue secrète, pour s'approprier chacun ce qu'il pourra, et améliorer sa situation, sans s'inquiéter de la gêne où se trouve leur chef. Accablé de chagrins domestiques, il finit par s'abandonner aux plaisirs des sens, et dans leur ivresse il se prépare de nouvelles douleurs et de nouveaux remords.

« Ainsi, les nobles et les *majoratisés* surtout dégénèrent sans cesse, sous tous les rapports moraux et physiques, et ils tombent fort au-dessous des citadins et des laboureurs qu'ils ont la folie de mépriser [1]. »

Telles sont, disais-je en 1826, les raisons qu'on peut alléguer, 1° soit contre les majorats en eux-mêmes; 2° soit contre les majorats considérés sous le rapport de leur plus ou moins de conformité avec les principes de notre charte constitutionnelle.

Il en résulte : 1° que le système des majorats ne repose pas sur une *loi précise*; car il n'a été organisé que par des *actes et des statuts auxquels le corps législatif n'a pas concouru* : sénatus-consultes, actes de propre mouvement, décrets, ordonnances, avis du conseil d'État, lettres patentes, etc.;

2° La seule disposition réputée législative qui semble consacrer les majorats, est l'addition faite à l'article 896 du Code civil, qui ne renferme aucune disposition nouvelle sur ce genre de substitutions, mais qui en parle comme d'une chose supposée régulièrement établie, et qui doit recevoir sans difficulté son exécution;

3° Cependant il est *de fait* qu'en exécution des actes et statuts concernant les majorats, une foule de titres ont été institués, soit de la part des chefs de l'État, par des dotations sur le domaine extraordinaire; soit par des particuliers qui ont pris sur leur patrimoine de quoi fournir à l'érection de majorats, pour eux ou pour leurs enfans; que cette érection de majorats a fait acquérir à des tiers des droits et des expectatives qui ne pourraient pas être détruits sans effet rétroactif. — L'intérêt de l'État irait-il jusqu'à autoriser ce retour sur le passé? ou bien défendrait-on seulement les majorats pour l'avenir?

4° Les majorats institués pour les pairs mériteraient en tout cas d'être distingués des majorats institués par les simples particuliers. Ceux-ci ne sont que des actes de vanité, et n'ont pour objet que de perpétuer la transmission de vains titres dénués de fonctions, et par là même, destitués de sens; ceux-là, au contraire, ont la noble destination de soutenir l'éclat et la splendeur de la première des

---

[1] Voyez par exemple, ce qu'on appelle encore aujourd'hui, *les grands d'Espagne!*

magistratures. Mais peut-être serait-il bon que la chambre des pairs n'admît pas à siéger dans son sein l'héritier qui aurait renoncé à la succession de son auteur, ou qui ne l'aurait acceptée que sous bénéfice d'inventaire.....

Telle était mon opinion en 1826.

A cette époque, la pairie était *héréditaire* : mais la loi du 29 décembre 1831 (*suprà*, p. 45.) ayant déclaré que « la dignité des pairs était *à vie* et *n'était plus transmissible par droit d'hérédité*, » de ce moment il n'a plus été nécessaire de constituer des majorats pour servir de véhicule à cette dignité.

Aussi les pairs qui avaient constitué des majorats en vue de transmettre leur titre de pairie à leurs enfans, ont été les premiers à demander *qu'on rendît la liberté à leurs biens*, parce que le motif qui avait fait créer ces majorats n'existait plus. *Cessante causâ, cessare quoque debet effectus.*

Cette grande exception au droit commun une fois retranchée, il n'y avait plus de motif pour ne pas abolir l'institution même des majorats pour l'avenir. — Il restait seulement à régler les effets de cette abolition quant aux droits acquis pour le passé.

Une loi devenait donc nécessaire.

La proposition en fut faite pour la première fois le 24 août 1831 par M. le comte Jaubert, qui l'a depuis reproduite et soutenue avec constance et talent ; cette proposition, dans laquelle M. Parant s'est associé aux efforts de M. le comte Jaubert, a reparu jusqu'à *dix fois* devant la chambre des députés. Enfin elle a été adoptée définitivement avec les amendemens de la chambre des pairs, le 6 avril 1835.

Voici le texte de la Résolution qui a été sanctionnée par le roi le 12 mai.

Loi portant abolition des majorats.

Art. 1er. Toute institution de majorats est interdite à l'avenir.

2. Les majorats fondés jusqu'à ce jour avec des biens particuliers ne pourront s'étendre au-delà de deux degrés, l'institution non comprise.

3. Le fondateur d'un majorat pourra le révoquer en tout ou en partie, ou en modifier les conditions.

Néanmoins, il ne pourra exercer cette faculté s'il existe un appelé qui ait contracté, antérieurement à la présente loi, un mariage non dissous, ou dont il soit resté des enfans. En ce cas, le majorat aura son effet restreint à deux degrés, ainsi qu'il est dit dans l'article précédent.

8. Les dotations, ou portions de dotations, consistant en biens soumis au droit de retour en faveur de l'Etat, continueront à être possédées et transmises, conformément aux actes d'investiture, et sans préjudice des droits d'expectative ouverts par la loi du 5 décembre 1814.

Nota. Deux faits, qui concernent la *transmission des titres*, méritent d'être rapprochés de la question des majorats.

1° Dans la discussion du projet relatif à l'abolition des majorats, présenté durant la session de 1834, à la séance du 15 janvier, la commission avait proposé un article additionnel conçu en ces termes :

« Les dispositions ci-dessus ne font point obstacle à la » transmission des titres de noblesse qui avaient été atta- » chés aux majorats. »

L'article fut soutenu par MM. Jaubert, Renouard, et par M. le Garde-des Sceaux (alors M. Barthe), et combattu par MM. Parant, Vivien, Salverte et Glais-Bizoin.

L'article fut rejeté.

2° A la séance du 7 décembre 1831, lors de la discussion du projet de loi sur les réformes à introduire dans le Code pénal, M. Bavoux proposa de retrancher de l'article 259 du Code pénal, les mots : « ou qui se sera attribué des » titres royaux qui ne lui auraient pas été légalement con- » férés. »

Le rapporteur, M. Dumon, et M. Renouard, demandèrent la question préalable; M. Lafayette et M. Charlemagne appuyèrent la proposition du rejet; M. Lameth la combattit : mais la proposition de M. Bavoux fut adopté à une très-grande majorité; deux ou trois membres seulement se levèrent à la contre-épreuve.

De ces deux faits combinés, il résulte que la chambre des députés n'a attaché aucune importance à assurer la transmission des titres : ses votes tout *négatifs* n'expriment qu'une sorte d'indifférence et de dédain.

En effet : 1° En retranchant de l'article 259 du Code pénal, la disposition qui protégeait les titres *contre l'usurpation*, elle a déclaré hautement que cette usurpation n'était plus un délit, et que de la part de ceux qui se le permettraient, ce serait tout au plus un ridicule justiciable seulement de l'opinion publique. La chambre des pairs s'est rangée à cet avis, puisqu'elle a adopté la proposition.

2° Par suite de ce premier vote, la chambre des députés a dû se montrer indifférente à se prononcer sur la transmission des *titres nus*. Il lui a paru qu'il suffirait de délivrer le sol du fardeau de cette transmission ; et que, du reste, puisqu'elle tolérait l'abus même qui pouvait résulter de l'usurpation, il était superflu de consacrer par une disposition expresse la transmission, qui serait suffisamment autorisée.

DU
DROIT D'AINESSE.

A L'OCCASION

Du projet de loi présenté par le ministère en 1826.

> Æqualis jungat gratia, quos æqualis
> junxit natura.   *S. Ambrosius.*

1ʳᵉ édition, 1826.

A MES FRÈRES.

Mes amis,

Nous sommes trois et je suis votre aîné : nos parens n'ont eu à déplorer la perte d'aucun de leurs enfans, nous leur devons la vie, la santé, l'éducation. Notre mère ne nous a point confiés à des mercenaires ; elle nous a tous trois nourris de son lait. Notre vertueux père nous a imbus de ses principes ; il nous a élevés dans sa religion, dans le respect de l'ordre, de la justice et des lois, dans l'amour sacré de la patrie qu'il ne sépare point de l'attachement et de la fidélité au prince. Il n'a permis à d'autres maîtres de nous apprendre que ce qu'il n'a pas pu nous enseigner lui-même. Nos parens n'ont jamais pu remarquer qui de nous les respectait le plus, et jamais ils ne nous ont laissé deviner s'ils avaient pour l'un de leurs fils une prédilection qui ne fût point égale pour les deux autres. Je ne me suis aperçu que j'étais votre aîné, que parce que j'ai pu vous aimer le premier ; nous avons grandi ensemble dans le même amour du travail et de la gloire, dans le même désir d'être utiles à nos concitoyens et à notre patrie. Un patrimoine, d'ailleurs modique, mais pur de tout accroissement illicite, ne nous divisera jamais. J'abjure d'avance et sous le sceau de l'honneur toute inégalité qu'une loi quelconque viendrait établir entre nous. En la combattant, j'aurai tout à la fois satisfait à mon devoir comme frère et comme citoyen.

A vous pour la vie,

DUPIN aîné.

Paris, ce 12 février 1826.

DU DROIT D'AINESSE.

§ I.

Pourquoi cet écrit.

Si la loi proposée était purement politique ; si elle ne concernait que nos relations extérieures, Saint-Domingue par exemple, ou nos colonies ; ou bien encore si ce n'était qu'une loi de finance, d'augmentation d'impôts, de dégrèvement calculé, ou de simple revirement de voies et de moyens ; s'il ne s'agissait même que du taux de la rente et d'une cote à la bourse ; je ne prendrais point part à cette discussion, et je m'en référerais entièrement aux organes habituels des intérêts publics dans les deux chambres.

Mais il s'agit d'une loi qui nous menace de près, d'une loi qui affecte *l'ordre civil* tout entier ; « d'un projet, a dit la chambre des députés [1], qui, par ses rapports avec l'ordre des successions, la conservation du patrimoine des familles et les principes du gouvernement monarchique, touche aux plus importantes questions de l'état social. »

En effet cette loi pénètre dans notre intérieur ; elle s'assied avec nous au foyer domestique ; elle inquiète le vieillard par la guerre intestine qu'il voit s'allumer autour de lui, entre l'aîné dont on prétend lui faire un successeur privilégié, et ses autres enfans, qu'il n'avait point jusqu'ici séparés dans sa tendresse ; elle alarme sur son avenir la fille qui est devenue mère sur la foi d'une égalité de partage

---

[1] Adresse en réponse au discours de la couronne.

qui présidait au pacte par lequel elle a été reçue dans la famille de son époux; elle s'y trouve mal à l'aise et constituée pour ainsi dire en mauvaise foi, par une déception qui pourtant ne sera point son ouvrage; le mal n'est point local; il s'attaque à toutes les classes, il plane sur les chaumières comme sur les tourelles des châteaux. *Æquo pulsat pede pauperum tabernas ducumque turres.*

En changeant ainsi brusquement l'ordre de choses actuel, le projet ne fausse pas seulement le principe fondamental de notre égalité sociale pour l'avenir; mais il blesse immédiatement et avec tout l'effort d'une injuste rétroactivité, une infinité de *droits acquis* que les législateurs n'ont jamais impunément violés, et dont l'opinion publique, les tribunaux et les jurisconsultes se sont de tout temps constitués les défenseurs.

Je ne crois donc pas excéder ma compétence sous le rapport même de ma profession[1], en discutant une proposition qui offre de tels caractères; n'ai-je pas d'ailleurs mon droit comme citoyen, comme chef de maison, membre de deux familles?

Je n'ai pas cru devoir rester muet en présence d'un *mouvement rétrograde trop marqué pour n'en pas faire craindre d'autres*. Chaque année, désormais, verra-t-elle donc alternativement une loi pour le clergé, une autre pour la noblesse, et jamais aucune pour la masse de la nation? A la sanglante loi du sacrilége on aura vu succéder la pesante loi du milliard, dont on a pu dire au moins que *plaie d'argent n'est pas mortelle*, et qui d'ailleurs en offrant le moyen de *rembourser* l'émigration semblait nous promettre *quittance finale* de ses prétentions.

Mais après ce paiement, pris apparemment pour simple *à compte*, voici venir le droit d'aînesse...., en attendant le projet déjà signalé dans le lointain de l'année prochaine, de livrer l'état civil à l'état ecclésiastique..... Eh! savons-nous *quel sera le terme de ces retours à l'ancien régime*, avec lesquels des esprits aveugles, inquiets, ambitieux, veulent faire non plus de *la monarchie selon la Charte*, mais de *la Charte selon l'antique monarchie?*—Fatalité qui livre notre présent et notre avenir à ceux qui, uniquement entichés de leurs souvenirs, ont si bien mérité d'être

---

[1] Avocat, en 1826.

appelés *les contemporains du passé!* vieux Orphées qui, dans leur délire, croient incessamment ramener leur Eurydice du séjour des morts; toujours enclins à regarder en arrière, et jamais devant soi; obstinés qu'ils sont à ne rien oublier, autant que décidés à ne vouloir rien apprendre!

En discutant le nouveau projet de loi comme on nous y force, c'est-à-dire à la hâte, et presque du jour au lendemain, je ne prétends pas l'épuiser, mais seulement suggérer quelques argumens de droit positif aux hommes éminens en patriotisme et en éloquence, qui sont appelés à les faire valoir comme orateurs.

§ 2.

Objet du projet de loi.

Le projet de loi consacre le rétablissement du droit d'*aînesse* et des *substitutions*.

Le droit d'aînesse qui comprend tout à la fois le privilége de *primogéniture* à l'aide duquel on assure la prééminence de l'aîné sur les puînés; et le privilége de *masculinité*, aux dépens du sexe qui forme la partie la plus nombreuse, la plus faible et la plus intéressante de la société :

Les substitutions qui placent le privilége des terres à côté du privilége des personnes :

Droit d'aînesse et *substitutions*, deux immenses rameaux de l'ancienne législation, source inépuisable de longs et dispendieux procès[1] qui avaient si heureusement disparu de notre législation moderne!

On veut les y réintégrer par ce que l'empire appelait *un petit bout de loi*, sans penser au cortége de conséquences qu'entraînera la seule admission du principe, et sans rien faire pour les régler.

§ 3.

Historique du droit d'aînesse.

De tous côtés on répète avec une affectation calculée, le

---

[1] Voyez l'ordonnance d'Orléans de 1560, art. 59; et celle de Moulins, art. 57, dont les dispositions avaient pour but de *couper la racine à plusieurs procès qui se meuvent en matière de substitutions*. — *Adde* Ordonnance de 1629, art. 124, et Ordonnance 1747, art. 30 et 34.

droit d'aînesse est de droit divin ; il est dans nos mœurs, il est aussi ancien que la monarchie, il a vieilli avec nous.....

Jetons donc un coup d'œil sur l'histoire de ce *droit*, puisque c'est le nom qu'on lui donne.

Il est très-vrai qu'on trouve le droit d'aînesse mentionné dans les livres des Hébreux. Remarquons toutefois qu'il y figure comme institution domestique et civile, et non comme article de foi.

Ce droit convenait parfaitement au régime patriarcal. Dans cette enfance de la société humaine, le père était le roi de sa famille ; tout lui était assujetti. Après lui l'aîné succédait seul à tous ses biens et à toute son autorité. Cette monarchie casanière était despotique. On le voit par ces paroles d'Isaac à son fils Esaü, qui réclamait l'investiture déjà donnée à Jacob :

« Je l'ai établi votre seigneur et votre maître, et j'ai as-
» sujetti à sa domination tous ses frères¹. »

Parlant ensuite de ce qui sera le partage d'Esaü ; vous aurez *la cape et l'épée*, lui dit-il, *vives in gladio*² et vous servirez votre frère : *et fratri tuo servies*³. A la vérité, Isaac ajoute ces paroles consolantes : « Le temps viendra
» que vous secouerez son joug, et que vous vous en déli-
» vrerez⁴. »

Plus tard, le droit d'aînesse chez les Hébreux devint une des lois de la conquête : on partageait alors *la terre promise!* et quand le législateur donnait tout, il pouvait bien y mettre des conditions.

Toutefois le droit d'aînesse reçut dès-lors un adoucissement ; au lieu d'attribuer toute la succession à l'aîné, Moïse se borna à diviser la succession paternelle en autant de parts plus une qu'il y avait d'enfans, et en attribua *deux à l'aîné*⁵.

---

¹ Respondit Isaac : Dominum tuum illum constitui, et omnes fratres ejus servituti illius subjugavi. Genèse, XXVII. 37.

² *Ibid.* XXVII. 40.

³ *Ibid.*

⁴ Tempusque veniet, cùm excutias et solvas jugum ejus de cervicibus tuis. XXVII. 40.

⁵ Dabitque ei (primogenito) de his quæ habuerit cuncta duplicia. Deuteron. XXI. 17.

Au surplus l'Écriture elle-même ne donne pas une idée bien séduisante des bons effets du droit d'aînesse, à en juger par l'histoire d'Esaü et de Jacob. On voit celui-ci abuser de la faim qui consumait son frère pour en obtenir une prétendue vente de son droit à vil prix[1] ; plus tard, la mère qui préférait le cadet à l'aîné[2] ourdit une fraude[3] qui, chez nous, serait punie de toute la rigueur des lois ; et par une feinte imitation du costume et de la voix d'Esaü[4], Jacob, employant le mensonge par deux fois[5] vis-à-vis de son vieux père aveugle[6], surprend la bénédiction qui l'investit du droit d'aînesse.

A cette nouvelle, Esaü jette des cris lamentables ; n'avez-vous donc qu'une bénédiction, dit-il, ô mon père ! Il entre en fureur, il pleure, il rugit[7], il jure dans son cœur qu'après la mort de son père, il tuera son frère Jacob[8] : et celui-ci, par le conseil de sa mère alarmée, est réduit à fuir loin du toit paternel, et à se retirer chez Laban jusqu'à ce que la colère d'Esaü soit apaisée[9] ; et la mère elle-même, déplorant son propre ouvrage, s'écrie dans l'amertume de sa douleur : me faudra-t-il donc perdre mes deux enfans en un même jour[10] ?

Telle fut la loi des Juifs, loi dure comme eux[11]. Mais la loi de grâce, la loi de l'Homme-Dieu, est venue adoucir les farouches maximes de la loi judaïque. L'Evangile est une

---

[1] Genès. XXVI. 32.

[2] Ibid. XXVI. 28.

[3] *Fraudulenter*, dit Isaac, en parlant de cette supercherie. XXVII. 35.

[4] Voyez tout le chapitre XXVII de la Genèse. Rien de plus touchant que ce récit.

[5] « Êtes-vous mon fils Esaü ? — je le suis, répondit Jacob » XXVII, 24 ; il avait déjà fait le même mensonge au verset 19.

[6] Caligaverant oculi ejus et videre non poterat. XXVII. 1.

[7] Irrugiit clamore magno. XXVII. 34.

[8] Dixitque in corde suo : venient dies luctûs patris mei, et occidam Jacob fratrem meum. XXVII. 41.

[9] Fuge ad Laban.... donec requiescat furor fratris tui. v. 44.

[10] Cur utroque orbabor filio in uno die ? v. 45.

[11] *Populus iste duræ cervicis est..... durissimæ cervicis*, en vingt endroits de l'Ancien Testament.

loi de désintéressement et d'égalité. Là, plus de différence entre les nations, plus d'injustes préférences entre les individus; tous les peuples sont désormais peuple de Dieu; tous les enfans du même père ont également droit à sa tendresse et à son héritage; et si l'on tue le veau gras, c'est pour célébrer le retour d'un puîné [1].

Pourquoi, en effet, dit un père de l'Eglise [2], pourquoi la même faveur n'environnerait-elle pas ceux qu'une nature égale a unis par les liens du sang? *Æqualis jungat gratia, quos æqualis junxit natura.*

Montesquieu disait : Je me sens fort quand j'ai pour moi les Romains. Eh bien! les Romains, si grands en république, si forts en aristocratie, nos maîtres en législation, accordèrent un pouvoir immense au père de famille. Mais la loi des douze tables, quoiqu'elle fût l'ouvrage des décemvirs, ni aucune autre de leurs lois, n'institua le droit d'aînesse [3]. Vous êtes enfans, donc vous êtes héritiers, disait l'apôtre saint Paul aux Romains [4].

Mais voici les barbares : quel changement va s'opérer?

Les Germains admettaient le droit d'aînesse, mais à une condition du moins qui le relevait aux yeux de ce peuple guerrier : les chevaux n'appartenaient point *à l'aîné* à ce titre, s'il n'y joignait encore le courage, et un mérite su-

---

[1] Voyez la parabole de l'enfant prodigue. Luc, ch. XV. *Homo quidam habuit duos filios.. et adolescentior filius peregrè profectus est in regionem longinquam, et ibi dissipavit substantiam suam vivendo luxuriosè*, etc.

[2] S. Amboise.

[3] *Naturalis ratio*, quasi lex quædam tacita, liberis parentûm hereditatem addicit, velut *ad debitam successionem* eos vocando. Loi 7, au digeste, *de bonis damnat*.

Si quis igitur descendentium fuerit ei qui intestatus moritur, cujuslibet naturæ aut gradûs, *sive ex masculorum genere sive ex feminarum descendens....*, omnibus ascendentibus et ex latere cognatis præponatur. Novell. 118, cap. 1.

Matris intestæ defunctæ hereditatem *ad omnes ejus liberos* pertinere, juris est. L. 4 ff. ad S. C. Tertyll. et Orphit.

Dans le serment des Horaces, tâchez de retrouver l'aîné; les glaives sont égaux; et à l'adjuration du père, ils répondent d'une même voix, *nous le jurons*.

[4] *Si autem filii, et heredes.* Épître de S. Paul aux Romains, chap. VIII, v. 17.

périeur à celui de ses frères, *pro ut ferox erat et melior* [1].

Les Francs ne trouvèrent point le droit d'aînesse établi dans les Gaules : on y suivait la loi romaine qui, comme nous l'avons dit, n'admettait pas ce droit.

La loi salique elle-même excluait bien les femmes de toute succession à la *terre salique*, (qu'on suppose avoir été une dotation à la charge du service militaire, obtenue lors du partage des terres conquises) mais en réservant cette terre *aux mâles*, la loi n'établissait entre ceux-ci aucune préférence à raison de l'âge. Cela du moins ne résulte pas de son texte [2].

Cette législation explique pourquoi, sous les deux premières races, la succession à la couronne eut lieu de mâle en mâle, il est vrai, mais sans prérogative d'aînesse. Ecoutons à ce sujet le président Hénault [3]. « .... A l'avénement de Pépin, on vit pour la première fois la couronne passer dans une maison étrangère. Pendant toute la première race, elle n'avait été portée que par les descendans de Clovis, *sans droit d'aînesse* ni distinction entre les bâtards et les légitimes, *et avec partage* [4]. Elle fut possédée de même sous la deuxième race par les enfans de Pépin ; mais, ainsi qu'il avait dépouillé l'héritier légitime, ses descendans furent dépossédés à leur tour. Enfin, sous la troisième race, le droit successif héréditaire s'est si bien établi, que les rois ne sont plus les maîtres de déranger l'ordre de la succession, et que la couronne appartient à *leur aîné* [5] par une *coutume* établie, laquelle, dit Jérôme Bignon, est plus forte que la loi même, cette loi ayant été gravée, non dans du marbre, ou en du cuivre, mais dans le cœur des Français [6]. »

---

[1] Tiraquellus, in præfat. Tractatûs de jure primog. n°. 35, p. 406.

[2] De terrâ salicâ, nulla portio hereditatis mulieri veniat. Sed *ad virilem sexum* tota terræ hereditas perveniat. Tit. 62, Art. 6.

[3] Observ. prélim. sur la seconde race, p. 55, édit. de 1768.

[4] Mais entre les *mâles* seulement, suivant la loi salique positive en cela.

[5] Qui la porte pour toute la famille.

[6] C'est ce qui fait dire à un vieux jurisconsulte en parlant de cet usage devenu loi de l'État : et hæc lex et consuetudo, in contradicto judicio firmata est, et *ferro et rationibus* approbata. (Gregor. Tholosanus, in Syntagmate, liv. 45. cap. 4, n° 8, p. 617.)

Mais pourquoi cette maxime finit-elle par devenir aussi certaine? On peut sans doute en donner pour motif les malheurs qui, sous les deux premières races, avaient été la suite inévitable du partage de la monarchie en plusieurs royaumes. Mais ce motif, qui supposerait plus de sagesse et de réflexion qu'on n'en avait à cette époque, ne fut pas le principal; très-certainement il ne fut pas le seul. Les grands de l'Etat avaient abusé de la faiblesse des derniers Carlovingiens pour se partager la souveraineté. De dignitaires révocables, ils se constituèrent dignitaires inamovibles. A ces dignités étaient attachées des dotations, d'abord temporaires, ensuite à vie, et qu'enfin les possesseurs rendirent héréditaires avec les titres mêmes auxquels ces biens étaient attachés; et comme une fonction publique est par sa nature indivisible dans son exercice, il devint *indispensable au succès même de l'usurpation* que la transmission eût lieu non seulement de *mâle en mâle*, mais uniquement à *l'aîné*.

Ainsi ce fut l'hérédité des fiefs qui rendit nécessaire *l'institution du droit d'aînesse*. Et j'ai ici un puissant garant de mon assertion.

Montesquieu, dans son *Esprit des lois*, liv. 31, au chapitre 32, intitulé: *Quelques conséquences de l'hérédité des fiefs*, dit positivement: « *Il suivit de la perpétuité des fiefs, que le droit d'aînesse ou de primogéniture s'établit parmi les Français*. On ne le connaissait point dans la première race; la couronne se partageait entre les frères, et les alleux se divisaient de même; et les fiefs amovibles ou à vie n'étant pas un objet de *succession, ne pouvaient pas être un objet de* partage.

» Dans la seconde race, le titre d'empereur qu'avait *Louis-le-Débonnaire*, et dont il honora *Lothaire* son fils aîné, lui fit imaginer de donner à ce prince une espèce de primauté sur ses cadets. Les deux rois devaient aller trouver l'empereur chaque année, lui porter des présens et en recevoir de lui de plus grands; ils devaient conférer avec lui sur les affaires communes; c'est ce qui donna à Lothaire ces prétentions qui lui réussirent si mal. Quand Agobert écrivit pour ce prince, il allégua la disposition de l'empereur même qui avait associé *Lothaire* à l'empire, après que, par trois jours de jeûne et par la célébration des saints sacrifices, par des prières et des aumônes, Dieu avait été consulté; que la nation lui avait prêté serment, qu'elle ne pouvait point se parjurer, qu'il avait envoyé *Lothaire* à Rome pour être confirmé par le Pape. Il pèse sur tout ceci, et non pas sur le droit d'aînesse. Il dit bien que l'empereur avait désigné un partage aux cadets, et qu'il avait préféré l'aîné : mais en disant qu'il avait préféré l'aîné, c'était dire en même temps qu'il aurait pu préférer les cadets.

» *Mais, quand les fiefs furent héréditaires, le droit d'aînesse s'établit dans la succession des fiefs, et par la même raison dans celle de la couronne, qui était le grand fief.* La loi ancienne qui formait des partages ne subsista plus : les fiefs étant chargés d'un service, il fallait que le possesseur fût en état de le remplir. *On établit un droit de primogéniture*; ET LA RAISON DE LA LOI FÉODALE FORÇA CELLE DE LA LOI POLITIQUE OU CIVILE. »

Ainsi, ce n'est point parce que la couronne aurait été héréditaire de mâle en mâle par ordre de primogéniture, que l'on introduisit le droit d'aînesse et de masculinité dans les successions particulières ; ce ne fut point la loi d'Etat qui réagit sur la loi civile ; ce fut au contraire la loi particulière des fiefs qui devint la loi de la couronne, sous la troisième race ; et pourquoi ? Mézerai nous l'apprend, c'est que » sous la fin de la deuxième race, le royaume était tenu *selon les lois des fiefs*, se gouvernant *comme un grand fief*, plûtôt que *comme une monarchie.* » Aussi le même auteur appelle-t-il la troisième race, *le temps des grandes polices.*

Mais ce fut aussi, pendant près de cinq siècles, le temps de l'ignorance la plus profonde, de la barbarie la plus crasse, des guerres privées, des vols de grand chemin, des violences de toute espèce ; et c'est au milieu de ces ténèbres et de ces voies de fait que s'établirent ce qu'on a dès-lors et depuis appelé les *droits* féodaux.

» En effet, dit le sage abbé Fleury, il n'est point vraisemblable que les peuples aient accordé volontairement à des seigneurs particuliers, *tant de droits contraires à la liberté publique*, dont la plupart des *Coutumes* font mention. »

Il n'est pas probable notamment que les filles aient accordé volontairement aux mâles le droit de les exclure de la succession de leurs pères et mères, n'eussent-elles été dotées *que d'un chapeau de roses* !

Il n'est pas plus probable que les puinés du comté de

Ponthieu, par exemple, aient consenti librement à ce que les aînés prissent par préciput *la totalité* des biens de la succession, meubles ou immeubles; nobles ou roturiers, à la charge, dans les successions directes seulement, d'un *quint viager* qui se partageait entre les autres enfans; et sur lequel même l'aîné conservait encore un droit *de requint* par le retour qui s'exerçait à son profit au décès de chacun d'eux.

Je ne veux pas analyser ici les dispositions des différentes coutumes sur le *droit d'aînesse*. On sait qu'il y avait près de cent coutumes dites générales, et une infinité de coutumes locales; et, sur ce point, la diversité est telle, qu'il n'y en a pas deux dont les dispositions fussent entièrement les mêmes. Variété sur les personnes appelées à exercer le droit d'aînesse [1]; les unes l'accordant aux mâles seuls; d'autres, même aux filles et à leurs descendans; variété sur l'étendue des droits accordés à l'aîné, manoir, vol du chapon, préciput tantôt dans les biens nobles seuls, tantôt dans les biens de toute nature [2]. Ajoutez à cela la variété des auteurs, et celle des arrêts, dont quelques-uns ont poussé la sollicitude au profit de l'aîné, jusqu'à comprendre dans son préciput le *fumier* entassé dans la cour du château [3].

Les substitutions marchaient avec l'aînesse : mais on ne

---

[1] Les établissemens de S. Louis, liv. 1er, chap. 9, consacrent le Droit d'Aînesse au profit des filles, en ces termes : « Gentisbons, se il n'a que des filles, tout autretent prendra l'une comme l'autre; mais *l'aisné aura les héritages en avantage*, et *un Coq, se il i est; se il n'i est*, cinq sous de rente, et guerra aux autres parages. »

[2] Notre coutume de Nivernais est une des plus raisonnables.

« Cette coutume, dit Prost de Royer, *Aînesse*, n° 37, est très-conséquente dans les règles qu'elle prescrit par rapport au droit d'Aînesse : c'est peut-être *la seule* qui n'ait jamais perdu de vue le motif qui l'a fait établir; elle ne l'admet qu'entre *gens nobles*, vivant *noblement*, dans la succession des *ascendans mâles* seulement, et quand la chevance (bien, héritage) du défunt, vaut cent livres de rente par commune estimation. » (Chap. 55, art. 1er.) — Et Coquille explique que cette *chevance* doit s'entendre de biens *tenus noblement*, et non des autres biens de famille ou d'acquêt. *Ibid.* p. 575.

[3] Arrêt du 8 janvier 1569, cité par Carondas, liv. 4, rep. 87, et par Brillon.

doit pas oublier que depuis plus de deux siècles, plusieurs ordonnances rendues à la demande des états-généraux, ou provoquées par nos plus illustres Chanceliers, avaient eu pour objet de les resserrer de plus en plus, et d'en restreindre les effets.

De tout ce que nous venons de dire, on peut tirer cette conséquence, que le droit d'aînesse n'est pas de droit divin; qu'il n'est pas non plus de droit naturel, que le peuple le plus sage de l'antiquité l'a rejeté de ses institutions; et qu'il n'a été introduit chez les peuples qui l'ont admis, que comme une exception qui tenait à des positions particulières; enfin qu'il a presque toujours été mal justifié par les résultats.

En 1789, il était devenu à charge à la société, ainsi que les substitutions qui en étaient une suite. Voyons comment il fut aboli.

§ IV.

Abolition du droit d'aînesse et des substitutions.

La révolution de 1789 a eu pour base la liberté politique, l'égalité de droits devant la loi : elle est antipathique avec les priviléges.

Le régime féodal fut aboli.

Cessant la cause, les effets durent cesser aussi.

« Le droit d'aînesse ou de primogéniture s'était établi *comme conséquence de la perpétuité des fiefs*, » avons-nous dit avec Montesquieu[1]. — La loi du 15 mars 1790 déclara que « tous priviléges, toute féodalité et nobilité des biens ÉTANT DÉTRUITS, les droits *d'aînesse et de masculinité* à l'égard des fiefs, domaines et alleux nobles, et les *partages inégaux* à raison de la qualité des personnes, ÉTAIENT ABOLIS. »

Plus tard, les substitutions elles-mêmes furent supprimées par décret du 14 septembre 1792.

Et tout cela, à la demande même des *nobles*, des *aînés* et des *possesseurs de biens substitués*! et par les motifs énergiquement déduits dans des discours qu'il est inutile de reproduire ici.

---

[1] Montesquieu, liv. 31, chap. 52.

Ces abolitions ont été maintenues par le code de lois le plus parfait qu'aucun peuple ait encore possédé, par le *Code civil* qui dispose en ces termes :

Art. 732. « La loi ne considère *ni la nature ni l'origine* des biens pour en régler la succession. »

Art. 745. § 1. « Les enfans ou leurs descendans succèdent à leurs père et mère, aïeuls, aïeules, ou autres ascendans, *sans distinction de sexe ni de primogéniture*, et encore qu'ils soient issus de différens mariages. »

Art. 896. « Les substitutions sont *prohibées* » (sauf l'exception portée aux art. 1051 et suivans.)

Du reste le Code civil laisse, par les art. 913, 915 et 916, une assez grande latitude au père de famille de disposer de ses biens par donation entre vifs ou par testament, au profit de celui de ses enfans qui l'aura mérité par sa soumission, sa bonne conduite, ses heureuses qualités ; ou encore à titre d'aide et de secours à celui qui se trouverait disgracié de la nature ou que des malheurs seraient venus surprendre.

Tel est l'ordre de choses si sagement combiné que le projet de loi se propose de changer : mais, avant de le discuter, jetons un coup d'œil sur les effets de la législation que l'on prétend ainsi bouleverser.

§ 5.

Effets de l'abolition du droit d'aînesse et des substitutions.

Pour en juger, il suffirait que ceux qui ont revu la France en 1814 voulussent se rappeler ce qu'elle était en 1791, lorsqu'ils l'ont quittée.

Il est faux de dire que la force ou la richesse nationales aient diminué par la trop grande division des propriétés.

Jamais nos armées n'ont été plus fortes et plus braves que depuis qu'elles ont été composées presqu'en totalité de citoyens propriétaires, à ce titre intéressés personnellement à la défense du territoire.

Jamais la police des campagnes n'a été plus facile, les routes plus sûres, le peuple plus heureux et plus humain.

L'abolition du droit d'aînesse, en rétablissant l'égalité dans les familles, y a rendu plus intime l'union des pères avec leurs enfans et des enfans entre eux. Plus de ces haines furieuses, à la manière d'Esaü. Même éducation, mêmes mœurs, même sort. Les uns ne sont plus nés pour les priviléges, et les autres pour la privation, l'abjection et le malheur.

Quant aux terres, tous les gens de bonne foi conviendront que les grandes propriétés étaient les plus mal cultivées. Combien de lacs, d'étangs, de marais convertis depuis trente ans en fertiles pâturages! Combien d'heureux essais de culture que n'auraient tentés ni l'orgueil des aînés, ni l'indifférence apathique d'un grevé de substitution !

Les forêts des corporations religieuses et celles des communautés d'habitans étaient livrées au pillage ; chaque usufruitier, ou bénéficier ne cherchant que des prétextes pour étendre sa jouissance présente, et dilapider l'avenir. Les lois des forêts, bonnes en elles-mêmes, étaient toutefois mal exécutées. Que l'on dise franchement si la plus exacte conservation, si l'ordre le plus parfait d'aménagement n'a pas été introduit depuis vingt-cinq ans dans cette partie ? que les grands propriétaires eux-mêmes disent s'ils n'ont pas généralement retrouvé cette portion de leur fortune mieux tenue et mieux réservée qu'elle ne l'était jadis ?

Un mouvement général a été imprimé à la propriété et à l'industrie : la fréquence même des mutations, en enrichissant le fisc, a facilité l'arrangement des domaines. Si plusieurs ont été divisés, un grand nombre ont été recomposés. L'économie des uns a réparé les brèches causées par la prodigalité des autres. Chacun a été heureux ou malheureux, non par le hasard ou la déconvenue de sa naissance, mais par ses vertus ou par ses vices, par son labeur ou son oisiveté.

En résultat, nos villes se sont embellies, nos arts se sont perfectionnés, les habitations plus multipliées sont devenues aussi plus saines, plus commodes, et d'un aspect plus gracieux ; un peuple plus nombreux, un peuple nouveau, plein de bravoure, d'intelligence et de moralité, est sorti du sein de cette nouvelle création.

Est-ce pour accroître cette masse de prospérité, que l'on se propose de détruire les causes qui ont produit de tels effets, et que l'on prétend imposer l'immobilité aux richesses, aux fortunes, et aux transactions sociales, en recréant, à froid, des institutions qui ne sont tombées que parce qu'elles ne pouvaient plus se soutenir, en présence d'autres idées, d'autres temps, d'autres besoins?

§ 6.

La loi proposée est-elle constitutionnelle?

C'est la première question que devraient se faire des ministres quand ils s'avisent d'un projet de loi : c'est du moins celle que ne manqueront pas de se faire et les pairs et les députés lorsqu'il s'agira de discuter la loi proposée.

La loi constitutionnelle est immuable : elle est garantie par le serment des sujets et par celui du prince : il jure à son sacre de *l'observer fidèlement*; il promet de *gouverner selon les lois du Royaume*; ce qui ne veut pas seulement dire selon les lois variables que la volonté d'une session enfante, et que la volonté d'une autre session peut détruire; mais ce qui veut dire principalement *selon les lois fondamentales* [1].

La discussion sur ce point capital est d'autant plus nécessaire que le prince lui-même a invité les pairs et les députés à *méditer* les projets de ses ministres, et à les *approfondir* [2]; enfin cette tâche est d'autant plus facile que les lumières ainsi provoquées devront frapper les regards d'un roi qui, dans sa loyauté pleine de grâce, a promis « de ne négliger rien pour consolider le bonheur de la » France, la gloire de notre monarchie, et *la liberté franche et entière*, SUIVANT LES LOIS, dont il lui plaît de » croire que le Français est *digne*, et dont il s'appliquera » (dit-il) à le *faire jouir* dans tout ce qui dépendra de » lui. »

Forts de ces paroles, les pairs, et dès à présent les députés peuvent hardiment répondre aux ministres : « Le

---

[1] Voyez dans mon *Précis historique du Droit Français*, p. 121 et suivantes, les autorités accumulées, sur cette vérité de Droit public.

[2] Discours de la Couronne. Réponse aux adresses des Chambres.

» projet que vous nous présentez est *contraire à la loi
» fondamentale*; nous ne l'accepterons point. »

La Charte dit, et elle le dit dans son article *premier*, car celui-là est en effet la base de tous : « les Français sont *égaux devant la loi*. »

Dans le préambule de cette même Charte, on lit encore ces paroles touchantes d'un roi-législateur : « le vœu le » plus cher à notre cœur, c'est que tous les Français *vivent en frères*. » — Est-ce en frères *égaux* ou *inégaux*? L'article premier a déjà répondu.

Or, la loi proposée est destructive de l'égalité au dernier degré. Il n'est pas possible par aucune autre loi, de lui porter une plus rude atteinte que par celle-ci, qui, dans chaque famille, *au partage égal*, opéré jusqu'ici entre frères, substitue la plus choquante *inégalité*.

Et qu'on ne dise pas que l'égalité résulte, en d'autres termes, de ce que le droit d'aînesse n'est pas seulement établi dans les familles nobles, mais dans toutes, et même chez les paysans. Je réponds que *l'inégalité* pour être étendue partout, n'en est pas moins *l'inégalité*; et c'est même dans cette généralité de la loi que je puise la matière d'une distinction essentielle à faire, et qui doit alléger le reste de la discussion.

§ 7.

Aînesse et substitutions politiques.

Il faut une aristocratie! Eh! sans doute, il en faut une; non à la manière des choses qu'il est difficile de se procurer, mais il en faut, parce que, *de fait*, elle existe partout, même dans les républiques, et parce que ce qui de fait est bientôt devenu un droit.

Aussi avons-nous une aristocratie; nous en avons même deux, si elles ne s'accordent pas à convenir qu'elles n'en forment qu'une seule. « La noblesse ancienne *reprend* ses » titres. La nouvelle *conserve* les siens. » Tels sont les termes dans lesquels s'est exprimé Louis XVIII dans existe l'article 71 de la Charte.

Ajoutez à cela, que, suivant le même article, « le roi *fait des nobles à volonté*. » — Seulement, et c'est ce qui distingue la *noblesse constitutionnelle* maintenue ou rétablie par la Charte, de la *noblesse féodale* abolie sans retour par les lois de 1789 : c'est que le roi, en faisant ainsi des nobles, « ne leur accorde que des rangs et des honneurs, » sans aucune exemption des charges et des devoirs de la » société. »

Le *droit d'aînesse* et de *masculinité* existe constitutionnellement dans les cas suivans :

1° Pour la succession à la couronne qui, suivant la première et plus importante loi de la monarchie, consacre « le « droit de la maison régnante au trône, de mâle en mâle, « par ordre de primogéniture, à l'exclusion perpétuelle « des filles et de leurs descendans [1]. »

2° Il existe pour les *apanages* qui, à la demande des états-généraux, ont si heureusement remplacé l'ancien partage de la monarchie; « dont l'institution, à ce titre et par sa longue observance, a mérité d'être *placée au rang des lois fondamentales* de la monarchie [2], » et qui enfin a été de nouveau proclamée depuis la Charte dans l'art. 4 de la loi du 18 janvier 1825.

3° Il serait même à désirer que, pour prévenir la déperdition de la fortune personnelle des princes de la maison royale, une loi de famille en assurât la conservation, et la réversion entre ses divers membres, avec modération du droit des filles, et totale exclusion des princes étrangers.

4° La pairie, qui dans l'ordre de nos institutions vient immédiatement après la maison royale, se perpétue aussi, à l'exemple de la succession à la couronne, de mâle en mâle, par ordre de primogéniture [3].

5° Les autres titres d'honneur et de rang accordés par le roi, se transmettent de la même manière.

6° Enfin, soit aux pairies, soit aux divers titres nobiliaires, peuvent être attachés des *majorats* qui sont des *substitutions perpétuelles*, de mâle en mâle, par ordre de primogéniture, avec ce privilége exorbitant que n'avaient même pas autrefois les simples fiefs, de ne pouvoir être

---

[1] Principe tiré de la Loi salique — consacré par une possession de plus de 800 ans. — Déclaré par le célèbre arrêt du Parlement de Paris, du 5 mai 1788.

[2] Lettres patentes, du 7 septembre 1766.

[3] Ceci a été écrit sous la Charte de 1814.

aliénés, hypothéqués, ni prescrits, et d'être insaisissables pour le fonds *et même pour les fruits*, si ce n'est en certains cas et pour une *faible quotité*, ce qui, par un effet touchant de la sollicitude impériale, donne aux titulaires l'assurance que leur bien-être au sein de l'opulence, ne sera jamais détruit par l'indiscrétion de leurs créanciers.

Certes, voilà des priviléges; et au fond personne ne les envie; parce que notre nation si jalouse de l'égalité devant la loi, si ennemie des priviléges, qui ne sont qu'odieux et de superfétation, a du bon sens et sait apprécier le mérite de quelques *exceptions conçues dans un grand but d'intérêt général*.

Pour le trône, l'hérédité de mâle en mâle, par ordre de primogéniture, est la plus sûre garantie, et contre ces partages qui ont ensanglanté les premiers âges de la monarchie, et contre ces usurpations qui bouleversent les Empires et désolent les peuples autant que les rois.

Pour les princes apanagistes, la condition perpétuelle de retour à la couronne au défaut d'hoirs mâles, prévient les tristes effets de la prodigalité, fait que l'établissement, une fois créé pour le père, demeure pour le fils, et empêche que le trésor public ne soit mis à contribution nouvelle à chaque génération.

Pour la pairie, l'hérédité des Pairs, leur inviolabilité, leur juridiction toute spéciale, leurs richesses, ont été considérées comme autant de moyens d'assurer leur indépendance; et dans leur indépendance se trouvent leur honneur particulier et le salut de tous.

Enfin, que des hommes qui ont rendu des services à l'État obtiennent des titres, que ces titres soient attachés à une nature particulière de biens, c'est ce que consacre la législation *actuelle* [1], conçue dans un esprit, ce semble, assez aristocratique, mais qui trouvant sa limitation dans les mœurs nationales et dans la prudence du souverain, n'offre pas d'inconvéniens trop graves, tant que ces concessions seront contenues dans des bornes telles que la masse du territoire n'en soit pas affectée, ni le commerce sensiblement incommodé.

Mais au-delà je ne vois plus rien de légal, et tout devient dangereux. On foule, on choque, on blesse la masse natio-

[1] 1814.

nale sans utilité pour la chose publique, et seulement pour satisfaire des vanités secondaires, des prétentions insatiables [1], qu'il vaut mieux abandonner à elles-mêmes que d'essayer à les contenter.

Tout privilége vit d'incommunication. Il est d'autant plus beau, qu'il est plus restreint. C'est à la chambre des Pairs surtout qu'il appartient de comprendre cette vérité dans son intérêt, qui en cela est encore le nôtre. Qu'elle ne l'oublie pas! *la noblesse a aussi sa démocratie*, qui, ne pouvant arriver à la Pairie, qui est le privilége constitutionnel, ne sait plus que rêver des réminiscences féodales.

— « Il y aurait manque d'attention de la part des membres de la chambre des pairs (dit un écrivain [2] que j'aurai encore occasion de citer), s'ils ne voyaient pas clairement tout ce qui milite contre son existence. *La noblesse lui est bien plus adverse que la classe moyenne, qui constitue la nation.* Celle-ci ne lui demande que de s'opposer aux mauvaises lois; son utilité consacrera sa force : elle gagnera en confiance, tout ce que perdra la représentation populaire [3], et, sous ce rapport, la conquête est facile et la récolte abondante. La noblesse est, par sa nature, *essentiellement hostile pour une chambre des pairs*, par cela seul que celle-ci est une magistrature à laquelle on peut parvenir par de grands services, par de grands talens, et même par une grande fortune; tandis que, dans la noblesse, la hiérarchie s'établit exclusivement sur l'ancienneté des titres. La vérité est qu'une chambre des pairs détruit l'ordre de la noblesse, dont les titres alors sont sans aucune influence, ou tout au plus, l'objet d'une simple courtoisie. Aussi la noblesse de province est-elle ennemie de la chambre des pairs, et celle qui remplit les bancs de la chambre des députés l'est également. »

Les hommes éminens à toutes sortes de titres que renferme la chambre des pairs, et tout ce qui en France est

---

[1] *Inexplebiles.*
[2] L'auteur de la lettre signée A. L. dans le *Constitutionnel* du 13 février 1826. (Hier.)
[3] Autrefois le peuple était au moins *le tiers-état* : actuellement la Chambre des députés est tellement envahie par la noblesse, qu'à l'exception d'une minorité dont les *doléances* sont fréquemment interceptées par les *murmures*, il ne reste réellement rien de populaire dans nos institutions. Année 1826.

réellement digne du nom élevé *d'aristocratie* ¹ doit mieux apprécier sa nouvelle position ; et comprendre qu'elle est désormais de *protectorat* pour les personnes et pour les droits, et non plus de *suzeraineté* territoriale. A la tête de toutes les hautes fonctions, exerçant de fait tous les grands pouvoirs, capable de tous les services utiles au pays, ce ne sont plus des *serfs*, mais des *clients* qu'il faut à l'aristocratie française. Voilà ce qu'entendront tous les vrais amis des libertés publiques : voilà ce qu'entend fort bien l'aristocratie anglaise : voilà ce qu'il convient à notre noblesse constitutionnelle de faire entendre du haut de la tribune aux *messires*, aux *vidames*, à quelques *écuyers*, et à bon nombre de soi-disant nobles qui se sont titrés et fieffés eux-mêmes à la faveur de nos dissensions politiques, et dont les lettres, s'ils en ont jamais eu, auraient, après tant d'agitation, bon besoin d'être vérifiées !

§ 8.

Prétexte tiré du droit électoral.

Jusqu'à présent les ministres ne s'étaient pas plaints qu'il y eût *trop peu d'électeurs;* on pensait même assez généralement qu'ils ne se souciaient pas d'en accroître le nombre.

Autrement, comment expliquer toutes les mesures prises depuis plusieurs années, soit par la loi électorale elle-même, soit par le conseil d'état, soit par l'administration, dans un sens *toujours restrictif?*

Tantôt, en décidant qu'une veuve ne pouvait pas communiquer ses impôts à son gendre âgé de trente ans, parce qu'elle avait un fils au berceau! refusant ainsi le droit d'élection à l'homme capable, en alléguant le droit non ouvert d'un enfant pour long-temps encore frappé d'incapacité !

Tantôt en diminuant les patentes !

A plusieurs reprises, en dégrevant *officieusement* la propriété foncière ; mesure qui a détruit toutes les proportions

---

¹ Gouvernement des principaux, des grands, des meilleurs : tout cela synonyme dans la traduction du grec *aristos*, devrait l'être aussi dans le fait.

du cens que la Charte avait calculé sur le taux existant au jour de sa promulgation : mesure que l'on a reproduite encore cette année, et qui seule va de suite retrancher plus d'électeurs que trente ans d'aînesse ne pourront en reconstituer !

Est-il bien vrai d'ailleurs que l'effet nécessaire de la concentration des propriétés sera d'augmenter le nombre des électeurs, et que l'effet contraire serait l'inévitable résultat du maintien des partages égaux ?

Un homme qui paye 300 fr. d'impôts est aussi bien électeur que celui qui en paye pour 9,000 fr. Il exerce son droit, sans nuire à celui de personne. Au lieu que celui qui paye 9,000 fr. d'impôts, tient la place de trente électeurs, et n'a toujours que sa voix.

Mais, dira-t-on, supposez un homme qui ne paye que 800 fr. d'impôts, et qui a quatre enfans. Si sa fortune se partage entre eux, par quart, les voilà lotis de 200 fr. d'impositions chacun, avec lesquels aucun d'eux ne sera électeur. Au lieu que s'il y a un aîné qui ait d'abord le quart comme *aîné*, puis un autre quart dans le surplus, celui-là du moins sera électeur.

Cela peut arriver sans doute. Mais on m'accordera aussi qu'il en peut être tout autrement. Pourquoi, en effet, supposer qu'aucun des quatre enfans ne possédera rien, quoiqu'ils aient trente ans révolus. Quoi ! parvenus à cet âge, ils n'auront rien à eux ni en patrimoine, ni par mariage, ni par industrie ? L'un deux n'aura rien fait ou aura mal fait, je le veux : mais les trois autres auront travaillé. Il est même probable qu'ils auront tous pris de la peine. Car les enfans d'un homme qui ne paye que 800 fr. d'impôts, ne se fient pas sur sa succession ; ils sentent le besoin de s'évertuer pour vivre : *et duris in rebus egestas !* Or, n'eussent-ils, de manière ou d'autre, par eux-mêmes ou par leurs femmes, que chacun 100 fr. d'impôt en propre, il est manifeste qu'un partage égal des 800 fr. laissés par le père commun, en ferait quatre électeurs, tandis que le préciput au profit de leur aîné les empêchera de se compléter et d'entrer en ligne.

Dans ce cas, qui arrivera fréquemment, la loi tournera donc contre son but allégué ; et l'on peut affirmer qu'à la longue surtout, la concentration des propriétés supprimera plus d'électeurs que leur division. Voyez l'Angleterre avec ses bourgs pourris, qui certes ne sont pas ce qu'il y a de mieux dans sa constitution, non plus que son radicalisme qui, d'un autre côté, offre un extrême presque aussi vicieux [1] !

Réfléchissons d'ailleurs sur cette quotité de 300 fr., prise pour base de l'exercice du droit d'aînesse. — Dans une succession qui payera 299 fr., il n'aura pas lieu. Ainsi, dans beaucoup de cas, *vingt sous* de plus ou de moins, feront qu'il y aura ou qu'il n'y aura pas aînesse et préciput dans une maison!

Eh bien! ici le passé nous répond de l'avenir. Osera-t-on nier que depuis plusieurs années il y ait eu des dégrèvemens arbitraires d'impositions, ou des augmentations factices, en vue de faire, que tel qui était électeur cessât de l'être, et que tel autre qui ne l'eût pas été sans aide, le devînt à la faveur d'une augmentation d'impôt?

Puisque cela s'est fait, on le fera encore. Les bonnes inventions en ce genre ne se perdent point. Voilà donc le sort des familles livré aux préfets et aux contrôleurs des contributions! Si l'aîné est bien avec l'administration, il fera hausser sa cote jusqu'à 300 fr. Si l'aîné est *libéral*, dans l'acception défavorable que les ministériels donnent à ce mot, avec un léger dégrèvement, la succession rentrera au-dessous de 300 fr., et sera allégée du poids de l'aînesse.

Certes un si cruel abus ne sera pas général; j'aime à le croire; il serait trop criant : mais enfin une loi est bonne ou mauvaise, selon qu'elle ouvre ou qu'elle ferme la porte aux abus [2], et il est manifeste que celle-ci leur laisse une libre entrée.

Cette bizarre fixation à 300 fr. d'impôt foncier pour décider s'il y aura lieu ou non au droit d'aînesse, présente encore une contradiction remarquable. Parmi les négocians surtout qui ont besoin de capitaux pour alimenter leur commerce, on voit beaucoup de gens fort riches en marchandises et en valeurs mobilières, qui n'ont encore rien réalisé en immeubles; eh bien! s'ils viennent à mourir

---

[1] Depuis la composition de cet écrit, l'Angleterre a fait sa réforme parlementaire.
[2] *Optima est lex quæ minimum relinquit arbitrio judicis*, dit le Montesquieu anglais.

avant d'avoir quitté leur négoce et placé leurs fonds, laissant d'ailleurs une grande fortune, le droit d'aînesse n'aura pas lieu, quand même il y aurait dans la succession un million et plus! tandis que chez un simple fermier ou cultivateur qui, ne connaissant que la charrue, aura acheté du terrain de proche en proche, jusqu'à devenir *un homme de cent écus*, son patrimoine sera décimé par l'aîné au préjudice des cadets, auxquels on enlèvera ainsi une portion réellement alimentaire, vu sa modicité.

Et que sera-ce si l'homme aux *cent écus* a des dettes; les déduira-t-on suivant la règle que *bona non intelliguntur nisi deducto ære alieno*? Et si on ne les déduit pas; s'il y en a, par exemple, pour un tiers de la fortune du père; que restera-t-il donc aux filles, mariées ou non, et aux cadets?

Il est difficile de croire que ces inconvéniens n'aient pas été aperçus par les auteurs du projet; pourquoi donc n'y ont-ils pas cherché remède?...

Toujours est-il vrai que la loi, telle qu'elle est proposée, pose sur une base arbitraire; qu'elle va contre le but allégué; ce qui porte naturellement à supposer qu'elle pourrait fort bien en avoir un autre que les ministres n'avouent pas; car ils ne disent pas toujours, même dans les lois, tout ce qu'ils y sous-entendent quand ils ont intérêt à le dissimuler.

J'en veux donner un exemple, que j'emprunte à mon compatriote, *Guy Coquille*, député de son temps aux Etats de Blois, et commentateur de notre ci-devant coutume de Nivernais. Ce savant jurisconsulte, peu d'hommes l'ont égalé en doctrine, aucun ne l'a surpassé en bon sens [1]; ce digne citoyen, car il aimait la France, cet excellent royaliste, il idolâtrait le bon Henri; ce bon Français, cet honnête homme enfin, avait entrepris de retracer les maux de son pays au sortir des troubles de la ligue dans un écrit intitulé, *Dialogue sur les causes des misères de la France*.

Dans ce dialogue, imprimé à Paris en 1650, avec privilége du roi, on lit ce qui suit:

« On a fait une infinité d'édits auxquels on fait parler le
» roi comme si c'étoit en une concion de Grèce, avec des
» propos spécieux, beaucoup de langage, et rien de vérité:
» *comme si tous les François étoient des bêtes, et qu'avec*

---

[1] D'Aguesseau l'a surnommé *le judicieux*.

» le simple sens commun il ne fût aisé de découvrir que
» le contraire du contenu en ces édits est véritable! et
» entre autres édits, qui tous sont pécuniers et bursaux,
» il s'en trouve un de *fort belle apparence* en faveur des
» laboureurs en une chère année, pour n'être contraints
» à payer leurs dettes; et c'étoit afin qu'étant déjà acca-
» blés par les guerres, ils eussent meilleur moyen de payer
» les tailles étrangement excessives, dont arriva que les
» marchands furent dégoûtés de leur prêter, et par ce
» moyen ont depuis enduré beaucoup d'incommodités. »

§ 9.

Quel serait le but caché du projet.

Les ministres, à en juger par leurs discours, se sont laissé surprendre par l'idée que la loi qu'on leur suggérait était *éminemment monarchique.* Mais le parti qui les a portés à proposer cette loi, a certainement voulu, par le rétablissement du droit d'aînesse et des subtitutions, faire un pas rétrograde vers l'ancien régime, en ramenant une des choses sur lesquelles la révolution a frappé le plus fort et le plus vite.

Ce parti croit, dans son aveuglement, que la révolution s'est faite uniquement par des décrets, et qu'avec des décrets contraires on peut en détruire les effets. Illusion vaine! L'histoire de la révolution, sans doute, est *écrite dans le bulletin des lois;* mais ne prenons pas l'effet pour la cause; celle-ci a des racines qu'on n'arrache pas avec des projets de loi.

Le ministre qui a présenté la loi s'est autorisé de Montesquieu [1] pour nous dire que, « les lois ne doivent pas être
» moins relatives au principe de chaque gouvernement
» qu'à sa nature. »

Or, le même auteur nous apprend, *liv.* 31, *chap.* 32, que « le droit d'aînesse ou de primogéniture s'est établi
» parmi les Français comme une *conséquence de la perpé-*
» *tuité des fiefs* »... Il ajoute : « ainsi *la raison féodale*
» FORÇA celle de la *loi politique ou civile.* »

[1] Liv. 3, chap. 1.

La révolution a aboli *la raison féodale*, et par une suite nécessaire, la *loi civile* a cessé de reconnaître le privilége d'aînesse.

Dans ces deux systèmes, tout est également d'accord avec le principe de Montesquieu.

Mais que veut-on aujourd'hui en *rétablissant le droit d'aînesse?*... Se mettre d'accord avec quoi?....

En attendant que d'autres propositions nous le disent plus ouvertement, on ne veut pas avoir l'air de stipuler seulement pour la noblesse; on craindrait de la rendre odieuse par cette séparation trop marquée du reste de la nation; alors on croit prudent de généraliser; on descend jusqu'aux *cent écus*; on affecte de se prendre d'une belle et subite tendresse pour le *droit électoral*.... Et encore est-il probable qu'on essaiera de revenir au but par des amendemens concertés....

De même pour les *substitutions*, qu'on n'ose même pas appeler de ce nom dans le projet; mais que l'on enveloppe sous un renvoi à d'autres articles d'une autre loi, et que l'on aurait sans doute essayé de faire passer sous un *et cætera*, si la chose était possible en législation, ainsi qu'on l'a essayé en accusation.

§ 10.

Brusquerie d'une telle loi.

Jamais discussion plus grande ne fut menée plus vivement.

Aînés et cadets dormaient en paix sous le toit paternel, et les souhaits du jour de l'an n'avaient été troublés par aucun sinistre présage.

Le 1er février (1826), pour la première fois, on remarque dans le discours de la couronne une annonce vague, qui ne s'explique dans le public que par le commentaire qu'en donnent les confidens du ministère.

Le 10 paraît un projet de loi.

Le 14 une commission est nommée pour l'examiner, et la discussion va s'ouvrir avant que des extrémités de la France, où la nouvelle est à peine parvenue, une seule observation puisse être de retour; sans que, dans une matière qui n'est pas de cette politique où le ministre puisse alléguer sa propre suffisance; mais qui est du droit civil, *jus civium*, et qui tient au patrimoine, à la paix, au droit de toutes les familles; les cours aient été consultées, ni les jurisconsultes et les principaux citoyens mis à portée d'en dire leur avis.

Brusquerie sans exemple, même dans ce régime ancien dont on revendique les abus, en dédaignant toutes ses formes dans ce qu'elles offraient de sauve-garde pour les intérêts nationaux! Que l'on compare, en effet, à l'improvisation du projet actuel, tout ce qu'a fait, dit et écrit d'Aguesseau lors de la discussion de son projet d'ordonnance sur les substitutions; que l'on se rappelle encore avec quelle prudence, quels ménagemens on a procédé à la rédaction de ce Code civil que l'on prétend détruire avec tant de légèreté et de précipitation.

Quoi qu'il en soit, réduit à quelques jours, et dans chacun d'eux à quelques heures pour approfondir ce projet, je vais, en réclamant l'indulgence de mes lecteurs, continuer à le discuter tel qu'il s'offre à nos regards, c'est-à-dire, comme *rétablissant les priviléges* D'AÎNESSE *et DE* PRIMOGÉNITURE *dans l'intérieur de toutes les familles françaises, titrées ou non, au-dessus de 300 fr. d'impôt foncier, et permettant pour l'avenir les* SUBSTITUTIONS *à deux degrés inclusivement.*

§ 11.

Cette loi est-elle réclamée par l'état actuel des mœurs et de l'opinion?

C'est pour les lois de succession surtout qu'il importe de les mettre d'accord avec les mœurs. Quand un homme meurt intestat, la loi teste pour lui et règle une transmission qui ne peut demeurer incertaine : mais alors la loi n'est que l'expression de la *volonté présumée* du défunt. On suppose que dans l'ordre de la nature et d'une affection bien réglée, il a préféré ses enfans à des collatéraux, et parmi ses collatéraux, les plus près à ceux qui s'éloignent davantage de la souche commune.

Le Code civil avait été conçu dans ce sens. L'égalité était

surtout dans les habitudes et les affections de famille depuis que les anciens préjugés avaient fait place à une raison plus éclairée. Le Code avait donc établi l'égalité de partage entre enfans du même père. On pourrait dire que c'était réellement *la volonté des pères de famille qui avait été prévenue et exprimée par la loi.* Du reste, elle n'avait point refusé au chef de la famille le droit de faire ce que les coutumes appelaient *un enfant chéri*, de disposer d'une partie de sa fortune et de la reporter sur celui de ses enfans qui aurait eu des titres à une affection plus généreuse, ou que dans ses préjugés il aurait cru devoir avantager : il pouvait même donner cette quotité disponible à un étranger, et payer par là les dettes de la reconnaissance ou de l'amitié.

Mais ces cas étaient des *exceptions dans la vie*; ils étaient aussi des *exceptions dans la loi*. La loi, à cet égard, était donc l'expression vraie des besoins et des mœurs.

La loi nouvelle, au contraire, se trouve en opposition avec ces mœurs et ces besoins, comme avec l'équité naturelle. Elle fait de l'inégalité le droit commun, la règle générale; et l'égalité n'est plus que l'exception ! On peut dire qu'elle est repoussée par la conscience publique, et dès-lors que peut-on en espérer ?

. . . . Quid leges sine moribus vanæ proficiunt?

§ 12.

Le père de famille peut rétablir l'égalité.

Ici la loi retombe dans un cercle vicieux. De quoi vous plaignez-vous, dit-on, puisque le père de famille peut d'un mot rétablir dans sa famille *l'égalité?* Que demandez-vous, dirai-je à mon tour, puisque la loi actuelle vous permet d'introduire *l'inégalité?* Si cela *revient au même*, il n'est donc pas besoin d'une loi nouvelle : ne dérangez pas le monde ; laissez chacun comme il est.

Mais les auteurs du projet ont fait un autre calcul. Ils ont compté sur l'apathie, sur le laisser-aller, sur mille circonstances qui empêchent les hommes de faire une donation ou un testament : l'exposé des motifs en convient assez naïvement. « On donne *peu* la quotité disponible, a dit M. le garde des sceaux, *parce qu'il faudrait prendre la résolution et le soin de la donner.* » Voilà donc tout l'artifice du projet : au lieu de laisser la difficulté pour le *droit d'aînesse*, on la transporte sur le principe de *l'égalité*; au lieu de dire avec le Code : *Il y aura* ÉGALITÉ *à moins que le père de famille n'introduise l'inégalité;* on dit : *Il y aura* INÉGALITÉ *à moins que le père de famille ne rétablisse l'égalité.*

Ainsi, à la place d'un petit nombre qui auraient voulu introduire chez eux le privilége, il faudra que le grand nombre se mette incontinent à faire une déclaration d'égalité, ou un testament.

Le beau spectacle qu'*une nation condamnée en masse à faire son testament* pour paralyser l'effet d'une loi qui est contre ses mœurs, ses habitudes et ses affections! Le beau sujet de conversation pour long-temps : *Avez-vous fait votre testament? pour moi j'ai fait le mien*, ou bien, *pas encore*.

Mais voyons les difficultés :

Tel homme qui, par insouciance, n'eût pas fait de testament dans le sens de l'inégalité, mettra peut-être la même indifférence à tester dans un sens opposé. On compte là-dessus.

Beaucoup de gens aiment les choses faites, et voient avec antipathie tout ce qui est à faire. J'en conviens; mais s'ensuivra-t-il qu'ils veuillent réellement l'inégalité, parce qu'ils auront négligé d'écrire qu'ils voulaient l'égalité? N'est-ce pas agir avec eux comme par surprise?

La difficulté est encore augmentée par le peu de développement donné en France à l'instruction primaire. Beaucoup de gens, même payant cent écus, ne savent pas assez écrire pour faire un testament *olographe*[1]; il faudra un notaire, c'est-à-dire des frais; et le fisc est là aussi avec son timbre et son enregistrement, pour profiter de la loi; ce qui explique peut-être pourquoi le dégrévement de l'impôt foncier est proposé simultanément.

Or, que de gens sont avares! que de gens *plaignent la dépense!* que de gens, même avec du bien, n'ont pas le sou! Les gens de campagne surtout, *villani*, redoutent

---

[1] Écrit, daté et signé de la main du testateur.

avec raison de donner leur argent aux enregistreurs, aux notaires et aux gens de loi.

Maintenant tenez compte des suggestions, des instances, des tiraillemens de toute espèce qui vont assiéger le père de famille aussitôt après la promulgation de la loi. *Mon père*, dira l'aîné, *voulez-vous donc me dépouiller!* (car il se regardera comme investi, puisque la loi lui donne; et il s'agira de défaire à son préjudice, ce qu'elle aura préparé en sa faveur). *Mon père*, diront les puînés et les filles, *ne sommes-nous donc pas aussi vos enfans? est-ce que vous ne nous aimez plus?* Combien de mères, à l'exemple de Rébecca, feront prendre à leurs fils la peau de chevreau pour tromper le vieil Isaac! Combien d'enfans déçus s'écrieront avec Esaü : *N'avez-vous donc qu'une bénédiction, ô mon père!*

Et les gendres avec leurs enfans[1] !

Supposez néanmoins que le père ait un caractère ferme et décidé : il embrasse tous ses enfans, il les presse également sur son sein; il fait venir un notaire; écrivez, lui dit-il, que *j'institue tous mes enfans par égale portion, sans aucune préférence ni distinction*.

Et si le malheureux notaire fait *une nullité!* et si l'un des témoins n'a pas les conditions requises? et s'il y a irrégularité dans les *mentions*, dans les *lectures?* que sais-je enfin, tout ce qui fait ou peut faire nullité? le privilége est là pour en profiter, et voilà *un aîné*, malgré le vœu du père de famille!

Mais voici encore une espèce plus décisive. Sans compter ceux à qui cette loi peut faire tourner la tête, supposez qu'un père de famille soit en démence au jour de la promulgation de la loi; qui testera pour lui? sa raison s'est endormie sur la foi d'une loi d'égalité; la mort va le surprendre dans les liens d'un privilége *auquel il ne lui aura jamais été possible de remédier!*

Il n'est donc pas vrai de dire que l'on a pourvu à tout en laissant aux pères de famille la faculté de détruire le droit d'aînesse.

— Il ne sera pas hors de propos de remarquer qu'en Espagne même, où il y a d'ailleurs tant de *grandesse*, de *noblesse* et de *majorats*; en Espagne, *le droit d'aînesse*

---

[1] Voyez le § suivant.

n'est pas l'œuvre de la loi ; il n'a pas lieu de plein droit dans les successions particulières : il y dépend entièrement de la volonté des testateurs qui sont libres et parfaitement libres d'établir ou de ne pas établir des majorats et des substitutions. C'est ce que nous atteste le jurisconsulte Molina[1]. Ainsi, dès notre début dans notre carrière rétrograde, nous allons au-delà du droit suivi par un des peuples dont le territoire est le plus surchargé par l'institution des majorats, et dont le misérable état prouve trop bien que ce n'est pas dans cette institution qu'est la force des monarchies.

§ 13.

La loi blesse les droits acquis.

Lorsque la loi du 15 mars 1790 prononça l'abolition des droits d'aînesse et de masculinité, et de l'inégalité des partages (article XI), elle eut soin de dire dans le même article : « *Exceptons* des présentes ceux qui sont *actuellement mariés ou veufs avec enfans*, lesquels dans les partages à faire entre eux et leurs co-héritiers, de toutes les successions mobilières et immobilières, directes et collatérales, *qui pourront leur échoir*, jouiront de *tous les avantages* que leur attribuent *les anciennes lois.* »

Ainsi la loi changeait *l'avenir*, mais respectait *le passé*[2] ; et toutes les conventions de mariage qui avaient eu lieu sous l'empire et sur la foi des anciennes lois, étaient res-

---

[1] In Hispaniâ *nihil competit primogenito filio inter alios fratres*, ex parentum seu aliorum consanguinorum hereditate præcipuum, NISI id sibi ex aliquâ dispositione præambulâ deferatur : adeò ut, *cessante majoratûs institutione*, seu succedendi jure, primogeniturae prescriptione, filius primogenitus NIHIL PRÆCIPUUM ex hereditate parentum præ cæteris fratribus obtineat. MOLINA, *de Hispanis primogenitis*, Lib. I. Chap. I. n. 6, pag. 2, édit. Lugd. 1672.

[2] C'est ce que signifie probablement l'emblème du Janus écartelé sur la tribune de la Chambre des Députés ; une de ses faces, tournée vers la droite, regarde le *passé* ; l'autre, tournée vers la gauche, regarde l'*avenir*. Bacon a dit : *non placet Janus in legibus*, pour exprimer que les Lois ne doivent point avoir d'effet rétroactif. Mais, s'il est défendu au législateur de régler le passé, il ne lui est pas défendu d'y faire attention pour respecter les droits acquis.

pectées ; il n'y avait pas *effet rétroactif*; on ne changeait pas les *droits acquis*.

Le projet actuel n'admet pas ce tempérament. Que la loi passe, et voilà tous les puînés, toutes les filles mariées, toutes les personnes veuves avec enfans, grevées de préciput au profit de l'aîné. Leur sort dépendra désormais de la déclaration d'égalité que le père de famille voudra ou pourra faire pour détruire l'effet de la loi. (Voyez le § précédent.)

C'est alors qu'il y aura des pleurs et des grincemens de dents; et que l'un, pour maintenir son droit d'aînesse, les autres, pour rentrer sous la loi d'égalité, se disputeront, se battront, se tueront peut-être... *Et occidam Jacob fratrem meum!*

Faisons une remarque essentielle :

Autrefois, quand le droit féodal d'aînesse et de primogéniture existait déjà depuis plusieurs siècles, chacun était familiarisé avec cette idée. A mesure que l'enfant croissait à côté de ses frères, l'aîné savait qu'il aurait une *part privilégiée*, le cadet qu'il aurait *la cape et l'épée*, la fille, une faible part, *un chapeau de roses*, ou enfin, *le couvent*; abbesse ou sœur du pot, selon sa condition. Les plus défavorisés se conformaient à ces tristes pensées, et l'on s'y trouvait à-peu-près résigné avant l'âge où les passions viennent assiéger l'imagination avec force, transporter les sens, et commander les actions violentes.

Mais aujourd'hui, c'est à des hommes de tout âge, c'est à des filles nubiles ou déjà mariées, que l'on vient signifier leur dégradation de l'état dans lequel ils sont nés, dans lequel ils ont vécu, spéculé ou contracté.

Et cependant leur éducation a été la même, car ils avaient jusqu'ici la même destinée; ils ont pris les mêmes goûts, la même habitude de les satisfaire au sein d'une aisance qu'ils ont dû regarder comme leur patrimoine commun.

Ne leur paraîtra-t-il pas cruel de se voir enlever, dans cette position, le tiers ou le quart de la fortune de leurs père et mère sur le partage égal de laquelle ils avaient compté pour continuer de vivre selon leur premier état? Et si la nature aussi avare envers quelques-uns d'eux, que la loi nouvelle va se montrer complaisante envers l'aîné, leur a refusé la santé, la beauté, des talens et de l'industrie, ne seraient-ils pas mille fois plus heureux d'être nés dès le principe au sein d'une pauvreté déclarée?

La loi est donc essentiellement *injuste* dans sa rétroactivité. Elle menace de causer un mal que jamais le droit d'aînesse n'a produit, même à l'époque de son institution. Car ne s'établissant que sur des *biens usurpés*, il a blessé l'équité générale et le droit public, en rendant héréditaires dans des familles particulières, des fiefs et des dignités amovibles et temporaires : mais il n'a fait violence à aucun intérêt particulier; il n'a rien coûté à la famille, il n'a coûté qu'à l'État.

§ 14.

Vice de la loi dans sa trop grande généralité.

Si du moins le droit d'aînesse n'était rétabli que tel qu'il était dans son origine : *entre nobles, pour le partage de biens nobles* [1]! il en résulterait encore un mal politique [2], une lésion constitutionnelle; mais enfin la masse de la nation propriétaire ne serait pas troublée dans ses intérêts civils par une loi qui n'aura, pour les familles non-nobles, que des désavantages réels, sans leur offrir aucune des compensations que la même loi comporte pour les familles nobles et titrées. C'est là que chacun s'écrie : *point de droit d'aînesse, ou du moins gardez-le pour vous et chez vous.*

Ici le projet couvre nécessairement une arrière-pensée : car à qui persuadera-t-on que, du sein des idées nobiliaires qui ont suggéré ce projet, on ait voulu sérieusement communiquer *le privilége aristocratique à toutes les familles non-nobles, imposées à plus de cent écus!*

Déjà plusieurs journaux, et surtout le journal des débats [3] ont remarqué qu'en ce sens « le projet de loi mena-
« cerait la noblesse, en créant au profit des classes indus-
« trieuses et commerçantes *des moyens de perpétuité* qui
« feraient de ces *riches sans illustration et sans titres*, des
« *rivaux singulièrement redoutables pour la classe déco-*
« *rée* de titres impuissans, et souvent dépossédée des héri-
« tages paternels. »

Un anonyme que j'ai déjà cité sous le § 7, fait une autre

---

[1] Telle était notamment la coutume de Paris. Les biens roturiers se partageaient également entre tous les héritiers. Art. 327. On n'y connaissait pas l'*aînesse bourgeoise*.
[2] Hors les cas spécifiés sous le § 7.
[3] N° du 5 février.

réflexion moins orgueilleuse, mais où il y a plus de positif. « La noblesse, dit-il, à laquelle les préjugés qui la constituent défendent [1] de prendre part au mouvement industriel créateur de la prospérité publique et des fortunes particulières, ne pouvait se soutenir que *par des mariages produits de la vanité* [2], qui transportaient les fruits du travail des producteurs dans les mains des dissipateurs; mais cet ordre de choses qui existait depuis deux cents ans, va cesser. Puisque, par votre loi, *vous répandez l'aristocratie dans tous les rangs de la société*, croyez-vous qu'elle n'y trouvera pas aussi de la vanité et des prétentions? Croyez-vous que chaque homme ne tienne pas à son nom, et ne le trouve pas aussi bon que celui d'un autre? On fera des aînés, puisque vous y invitez; et les *filles des capitalistes étant réduites comme les vôtres à leur légitime*, ne vous offriront plus une ressource pour soutenir des fortunes qui ne peuvent long-temps se maintenir, si elles ne sont pas alimentées par les résultats du travail. »

Mais ne nous tenons pas au haut de cette échelle; descendons un peu plus bas, et demandons-nous, si l'on a aussi prétendu maintenir dans *leur splendeur* actuelle ces héros de la *petite propriété*, ces pères de famille payant 300, 320, 350 fr. d'impôts, à l'égal de celles des *messires*, des *écuyers* et des *gentilshommes campagnards*, composant ce que l'aristocratie elle-même a nommé la *petite* noblesse, pour correspondre à ce qu'elle a aussi appelé le *bas* clergé, et dont plusieurs ne paient aussi que cent écus, ou très-peu de chose avec.

Se fait-on bien une idée de *ces aînés de village*, qui, exerçant leur privilége rural dans une ferme qu'ils cultivent avec leurs bœufs ou le cheptel d'un propriétaire plus riche qu'eux, s'appelleront fraternellement Claude, Blaise ou Jeannot? noms excellens sans doute et respectables en eux-mêmes, quand ils sont l'équivalent de Marie, de Françoise et de Jeannette; mais ridicules quand on y attachera des idées de *privilége* et d'*aristocratie*! et cela dans l'espoir

---

[1] A peine de *dérogeance*.
[2] C'est aujourd'hui que je *m'encanaille*, dit le marquis de Montcalm, en parlant de son mariage avec la riche héritière de la maison Abraham et Cⁱᵉ, dans *l'École des Bourgeois*, qui en ont toujours ri, et n'en profitent guère.

touchant prétexté par les ministres, que l'un des trois du moins sera *électeur*..... et viendra voter avec indépendance pour un candidat qui ne sera point ministériel?.....

Mais voyons la chose dans tout son sérieux. Le projet ne devient pas seulement ridicule, ici il a ses dangers particuliers.

Dans la haute aristocratie, le droit d'aînesse est pleinement compensé au profit des cadets et des filles par la haute protection que leur offre l'aîné. Les cadets d'un Montmorency, d'un Rohan, d'un Damas, d'un Chatelux, peuvent entrer dans l'église, dans la robe ou dans l'armée; ils sont bien sûrs de n'y pas rester aux derniers grades et d'y trouver indemnité.

Pour la noblesse inférieure, il existe aussi des seconds et des troisièmes rangs, des cures de canton, des lieutenances et des capitaineries, des sous-préfectures qui consoleront encore d'un préciput de 300 à 400 livres de rente au profit de l'aîné!

Mais, dans la ferme où l'aîné Blaise aura pris le quart de l'héritage paternel, à l'exclusion de Claude, de Marie et de François, quand ceux-ci désolés n'auront plus qu'une part affaiblie dans le résidu de la succession, quelle sera la compensation réelle ou de simple vanité qui viendra consoler ces malheureux? Ah! laissez-les plutôt tout entiers à leur médiocrité, où du moins règne l'union, où l'égalité les console, et où l'orgueil n'est point encore allé se nicher.

Du reste, ne les croyez pas insensibles aux marques de préférence que la loi conférerait à leur préjudice. Plus ils sont près de la nature, moins ils comprendront la justice qu'on veut leur faire trouver dans l'inégalité. Les frères de Joseph n'étaient point barons hébreux; ils étaient simples pasteurs cultivateurs; et pourtant, parce que leur père marquait de la prédilection pour Joseph; parce que celui-ci avait eu l'imprudence de leur raconter le rêve où *leurs gerbes* s'inclinaient devant la sienne, ces hommes des champs en conçurent contre lui une haine si furieuse, qu'ils voulaient d'abord le tuer, et qu'enfin ils le vendirent comme esclave!

Ainsi la haine entre frères sera le fruit de la loi, dans les classes inférieures, bien plus encore que dans les classes élevées.

Voyez le mal que vous allez leur faire, vous qui parlez tant de l'innocence des mœurs ! A une époque où chacun alléguera les anciens usages de *sa province*, et où l'on va faire intervenir le Picard et le Normand à l'appui du droit d'aînesse, qu'il me soit permis aussi de parler des mœurs de mon pays. Dans une grande partie du Nivernais, au lieu de fonder la perpétuité de leurs maisons sur le privilége, nos meilleurs paysans l'établissent sur la *vie de communauté*. Là, de temps immémorial, s'établit entre gens vivant au même pot et au même feu, ce que notre coutume elle-même a consacré sous le nom de *communautés taisibles* [1]. Le plus ancien, ou celui qu'ils élisent, en est le chef patriarcal [2]; chaque enfant y prend tête, à mesure qu'il atteint l'âge du travail [3]; chacun y vit, s'y habille, et y est soigné sur les fonds communs tant en santé qu'en maladie; la vieillesse, l'infirmité n'y font point de pauvres, personne n'y est délaissé; la fainéantise en est bannie; dans ces ruches de famille, chacun travaille au rayon dont il doit manger le miel : *concordiá parvæ res crescunt*. S'il y a dissolution, on partage *par égalité*. Changez ce système, faites-leur craindre qu'arrivés au taux de cent écus, l'aîné n'ait un préciput du tiers ou du quart; ils vont immédiatement se dissoudre, se fuir et se séparer ! *citò dilabuntur*. En effet dans leur équitable simplicité, ils ne concevront plus la justice d'une collaboration commune au profit d'un aîné qui ne travaille pas plus qu'eux, dût-il devenir *électeur !* Et cependant ils ne peuvent rien que par leur accord et leur union. C'est réunis qu'ils prennent et cultivent toute une ferme; séparés, vous en faites des manœuvres, des prolétaires, vous éloignez les pères et mères des enfans; ceux-ci devenus domestiques et serfs chez autrui, s'y perdent et n'y reçoivent plus ni ces leçons ni ces exemples qu'ils puisaient auparavant dans la famille réunie !

Un autre exemple des mœurs que vous allez détruire, se trouve dans ce que notre coutume appelle des *mariages par échange*, dont l'usage s'était maintenu dans plusieurs parties du Nivernais.

Coquille décrit ainsi ces sortes de mariages. « Gens

---

[1] Cout. de Niv., chap. 22. Des communautés et associations.
[2] *Ibid.*, art. 5.
[3] Pour les garçons, 14 ans; pour les filles, 12.

» francs [1] peuvent marier leurs enfans *par échange*, et les
» enfans échangés ont pareils droits en la maison où ils
» viennent, quant aux biens jà acquis, comme avoient ceux
» au lieu desquels ils viennent. Et encore viennent en pa-
» reil droit aux successions à écheoir des ascendans. » A
ce moyen, les patrimoines des deux familles ne sont point
divisés. La femme n'apporte pas moitié ou un tiers de la
fortune de son père, à un mari qui n'aura réciproquement
que la moitié ou le tiers de celle de son père; on ne change
que fille contre garçon. Cela ne faisait pas difficulté, puisque
filles et garçons avaient des droits égaux. La bru remplaçait
la fille, et le gendre tenait lieu du fils. Mais avec les
préciputs d'aînesse et de primogéniture, ces mariages qui
n'étaient soutenus que par les mœurs et la bonne foi, deviennent
impossibles; l'aîné valant désormais mieux qu'une
fille, il n'y aura plus d'échange; il faudra partager partout.

Ceci, au surplus, n'est qu'une considération locale
qu'on me pardonnera d'avoir exposée. Revenons à des objections
plus générales.

§ 15.

De l'immobilité des fortunes, célébrée dans l'exposé des motifs du projet de loi.

Il semble que l'ordre social ait acquis, précisément à l'époque
où nous nous trouvons, toute sa perfection. Tout est
au mieux, chacun est à sa place, a dit par équivalent le promoteur
du projet de loi. Nous sommes bien, tenons-nous-y.
Il faut *de l'uniformité, de la continuité, de la fixité* dans
une monarchie.

Et l'on en conclut qu'il importe à la stabilité de la monarchie
que ceux qui présentement se trouvent riches, le
soient à perpétuité. Tant pis pour ceux qui ne le sont pas.
C'est le *statu quo* de l'ordre civil, correspondant au *statu quo*
politique de la Sainte-Alliance.

Il y a quelque chose de mahométan dans ce système.
Quoi! la richesse est à vos yeux la source de tout bonheur

---

[1] Des serfs ne l'auraient pas pu à cause de la *main-morte*;
hommes *de pote*, ou en puissance de seigneur, ils n'auraient pas
pu à ce point disposer d'eux-mêmes.

et de tout honneur. « La division des biens, dites-vous, *abaisse et dégrade* la famille, elle l'appauvrit, elle en efface les honneurs et l'existence publique ; elle en *flétrit* le nom même et les souvenirs. » Elles seront donc *flétries* à vos yeux, les filles sans dot, leurs enfans restés sans moyen d'éducation, les cadets sans établissemens ?

Vit-on jamais un système plus décourageant, pour la majorité de l'espèce humaine ?

§ 16.

Questions graves que le projet ne résout pas.

Après l'inconvénient d'une loi mauvaise en principe, le pire est d'avoir une loi mal faite, qui résout mal ou ne prévoit pas les principales difficultés.

Témoin la loi d'indemnité ; loi de paix, mais incomplète, mal rédigée, et ayant déjà donné lieu à une foule de contestations, quoique la plupart de ceux qui y ont concouru l'eussent faite comme pour eux.

La loi proposée, dans sa briéveté, est pire que l'autre dans sa prolixité.

L'inconvénient est moins sensible pour les substitutions. En effet, l'ancienne législation était fixée sur cette matière par une ordonnance générale, à la rédaction de laquelle avait présidé le sage d'Aguesseau, avec lenteur, avec maturité, après avoir consulté toutes les cours du royaume, et pris lui-même la peine d'en débattre les principales difficultés, ainsi que ses lettres en font foi. Si l'on veut à toute force rétablir les substitutions, on le peut d'un mot. Ce mot ramènera l'ordonnance de 1747, et avec elle, beaucoup de bons traités qui n'ont pas rendu les substitutions meilleures que leur nature ne le comporte, mais qui ont éclairci la matière autant qu'elle pouvait l'être. Enfin on retrouvera une jurisprudence à peu-près uniforme sur les principales questions.

Mais *l'aînesse* ! suffit-il donc d'un mot qui dise que l'on rétablit *l'aînesse* ? y a-t-il donc aussi une ordonnance générale de Louis XIV, de Louis XV, ou de Louis XVI, ou de tout autre roi de France sur le droit d'aînesse ? Non, nous l'avons déjà dit, le droit d'aînesse, né de lui-même, *prolem sine matre creatam*, institué par le fait pour perpétuer l'usurpation des fiefs, étendu ensuite par analogie à d'autres personnes que les mâles, à d'autres biens que les fiefs, a varié selon chaque coutume, et pour ainsi dire à chaque pas.

Si on le rétablit, il y a donc nécessité, non-seulement de le *définir*, mais de le *régler*.

De graves et nombreuses questions se sont élevées jadis; elles ont été décidées en sens divers, tantôt d'une manière, tantôt d'une autre, *e sempre bene*, comme disait l'avocat vénitien.

Elles se représenteront, gardez-vous d'en douter. Eh bien ! comment les résoudra-t-on ? — Par les lois ? Il n'y en a pas. — Par les coutumes ? Elles sont en grand nombre, et toutes différentes. — Par les auteurs et par les arrêts ? — Ils ont varié avec les coutumes et les territoires qui en dépendaient. Tel vous objectera la Normandie, un autre l'Artois, celui-là le Ponthieu, un quatrième le Vexin.[1] A quoi s'arrêteront les parties, les jurisconsultes, les avocats, les magistrats ? la meilleure loi, dit-on, est celle qui laisse le moins à l'arbitraire du juge, et le meilleur juge, celui qui s'en permet le moins.[2] Alors la loi proposée sera bien mauvaise ; car on va voir qu'elle n'a rien réglé de ce qui devra l'être indispensablement si la loi doit passer.[3]

J'avertis que les questions que je vais indiquer ne sont pas de fantaisie ; je les trouve dans les monumens de l'ancienne jurisprudence ; et je dis : elles s'élèveront parce qu'elles se sont déjà élevées, et que le même intérêt les soulèvera avec un espoir de succès que le silence de la loi encouragera de part et d'autre, s'il n'y est pourvu.

---

[1] Voici la note par ordre alphabétique des principales coutumes qui renferment des dispositions sur le droit d'aînesse :
Angoumois, Anjou et Maine, Artois, Auvergne, Beauvoisis, Berry, Bourbonnais, Bretagne, Cambrai et pays circonvoisins, Chartres, Dreux, Dourdan, Mantes, Marche, Nivernais, Normandie, Orléans, Paris, Périgueux, Poitou, Penthièvre, Reims, Vermandois, Senlis, Sens, Touraine, Vexin-français, Vitry-le-Français.

[2] Optima Lex est quæ minimum relinquit arbitrio judicis; optimus judex, qui minimum sibi. BACON, *Aphorism*.

[3] Un des rédacteurs du projet, dans la bonne opinion qu'il a de lui-même, l'a, dit-on, comparé à *Minerve sortie toute armée du cerveau de Jupiter* : il nous permettra de dire, *armée à la légère*.

Les questions annoncées dans ce préambule sont traitées dans l'édition de 1826. Il serait inutile de les discuter de nouveau. Je me contenterai d'en donner le *sommaire*.

1ʳᵉ. Question. De la désignation de l'aîné entre deux jumeaux.

2ᵉ Question. Concours d'un puîné légitime, avec un aîné légitimé.

3ᵉ Question. Enfans adoptifs.

4ᵉ Question. Enfans prêtres.

5ᵉ Question. Le droit d'aînesse aura-t-il lieu par représentation.

6ᵉ Question. De la renonciation au droit d'aînesse.

7ᵉ Question. De la disposition que l'ascendant pourra faire contre le droit d'aînesse.

8ᵉ Question. Aîné ingrat.

9ᵉ Question. Aîné fou ou hébété.

§ 17.

CONCLUSION.

Le droit d'aînesse est contraire au droit naturel, à l'égalité, qui, si elle était bannie de la société politique, devrait au moins se retrouver en famille, dans le cœur de tous les frères.

Ce droit n'a été admis chez différens peuples, que par des raisons arbitraires, prises de leur situation particulière, ou du caprice de leurs législateurs.

Le plus grand peuple de l'univers, l'a rejeté de ses lois.

Les provinces romaines de la Gaule, ne l'ont point connu.

Sous les deux premières races des rois francs, il n'a pas été pratiqué.

Sous la troisième, il est né de l'usurpation des fiefs ; c'est l'enfant de la féodalité.

Il est tombé avec elle ; et son abolition n'a produit que de bons effets.

On propose de le rétablir !

Et l'on convient qu'il est repoussé par les mœurs actuelles de la nation !

Et l'on ne peut nier qu'il ne viole dans son essence le premier article de notre loi fondamentale !

La proposition en soi est mauvaise;

Elle mérite d'être *absolument rejetée.*

Subsidiairement,

Le projet ne pourrait passer sans de graves amendemens : il est à refaire en entier.

1°. Il va contre son propre but, qui est *aristocratique;* il introduit le privilége dans les familles non nobles, qui n'y prétendent rien, et n'en veulent point.

2°. La fixation de *cent écus* d'impôts, outre qu'elle descend trop bas, est purement arbitraire, variable comme les rôles, sujette au caprice de tous les dégrèvemens, et met en plusieurs cas les droits des citoyens à la merci des administrateurs.

3°. Le projet, dans ce qu'il a d'actuel et d'absolu, sans marquer aucune transition, blesse les droits acquis, il jette le trouble et la division dans les familles.

4°. Le projet laisse indécises des questions fondamentales qu'on ne peut, sans imprudence, abandonner au hasard et aux vacillations des jugemens humains : *alea judiciorum* !

Passages remarquables de quelques auteurs sur le droit d'aînesse.

J'ai pensé que quelques citations d'auteurs recommandables, antérieurs à la révolution, et par conséquent, désintéressés dans nos débats actuels, ne seraient pas sans utilité pour fixer l'opinion.

SALVADOR, *Lois de Moïse*, 1re partie, chapitre 5, p. 339.

« Remarquons, au reste, que dans l'histoire hébraïque, les aînés *ne jouent pas le rôle le plus brillant.* Isaac l'emporte sur Ismaël; Jacob trompe Esaü; Ephraïm, le plus jeune des fils de Joseph, obtient le pas sur Manassé; Moïse n'est que le *second* fils de sa famille; David est le *huitième*; Salomon le *neuvième*, etc. »

BOUCHEL, *Bibliothèque* ou *Trésor du Droit français*, V° *Aînesse*, tome 1er page 101.

Après avoir rappelé la loi hébraïque qui admettait un droit d'aînesse, cet auteur ajoute que : « Ce droit d'aînesse n'était pas des deux tiers, ni des quatre cinquièmes, ni du tout, afin que telle inégalité ne fût cause *des richesses excessives de peu de sujets, et de la pauvreté extrême d'un nombre infini : d'où viennent les meurtres entre les frères, les troubles entre les lignées, les séditions et guerres civiles entre les sujets.* »

MARCULFE, moine du 7e siècle, rédacteur des formules de la Chancellerie Mérovingienne; *dans le Recueil des anciennes Lois françaises*, in-8°, 3e livraison, page 66.

« Ma chère fille, une coutume *ancienne, mais impie,*
» a statué parmi nous, que les sœurs n'entreraient point
» en partage avec leurs frères, dans l'immeuble (bien-fonds)
» paternel; mais voulant remédier à cette impiété, et sa-
» chant que *tous* mes enfans, *puisqu'ils m'ont été donnés*
» *également par Dieu*, doivent être ÉGALEMENT *traités*
» *par moi*, je veux qu'ils jouissent, après mon décès, ÉGA-
» LEMENT *de mes biens*. C'est pourquoi, par cette lettre,
» ma chère fille, je te constitue, à l'égard de tes frères,
» *leur égale dans mon hérédité*, et je veux que tu aies
» une *part égale* à la leur, tant de cet alleu paternel (la
» terre salique), que des biens que j'ai acquis, des escla-
» ves, etc. »

PASQUIER, *Recherches*, liv. 2, chap. 8, lettre D :

« Il semble que cette *brave invention* du droit d'aînesse,

ensemble des retraits et inhibitions de tester, soit venue sous la lignée de Hugues Capet, et que, étant notre royaume divisé en échantillons et parcelles, *chaques ducs et comtes, pour se prévaloir d'avantages en leurs nécessités de guerre,* voulurent que la plus grande part et portion des fiefs de leurs vassaux, vînt entre les mains de l'un des enfans; et fut cet un approprié en la personne de l'aîné... A cette cause voyons-nous, qu'*ez endroits où il y eut grands seigneurs qui firent pour quelque temps tête à nos rois* [1], ils eurent ce droit d'ainesse spécialement affecté, comme en la Bretagne, Normandie, Vermandois et autres. »

DUMOULIN, sur la coutume de Paris, tit. 1, *des fiefs*, § XIII. Gloss. 1, in verbo *le fils aîné*. Tome 1er, p. 231:

N° 10... Consuetudo de jure primogeniturae est exorbitans et contra jus commune, et videtur tam odiosa et restringinda, quàm fratrum concordia et aequalitas (cui derogat) est favorabilis et amplianda... Procliviores esse debemus ad filiorum aequalitatem per quam reducimur ad naturam et jus commune.

Traduction.

« L'usage du droit d'ainesse est exhorbitant et contre le droit commun; il est, par cette raison, aussi odieux et mérite autant d'être restreint, que la concorde entre frères et l'égalité à laquelle il déroge est favorable et mérite d'être protégée. Nous devons donc être enclins à décider en faveur de l'égalité entre enfans, parce que c'est retour à la nature et au droit commun. »

D'ARGENTRÉ, sur l'article 543, de la *Coutume de Bretagne*, dit :

Fuerat quidem ei quoque ordini in dividendis heredita-

---

[1] Est-ce là une origine bien *monarchique!*

tibus lex cum cæteris æqualis et eadem quæ juris primarii et naturæ putatur, sed ea posteriùs primoribus gentis et nobilitatis displicuit. »

Traduction.

« Dans le principe, l'ordre de la noblesse, n'avait pour le partage des successions qu'une loi commune, semblable à celle qu'observaient les autres citoyens, c'est-à-dire, une loi égale, et la même pour tous, telle qu'on la répute conforme au droit primitif et naturel : mais plus tard, cette loi déplut aux grands et à la noblesse. » [1].

Décision *de MM. les docteurs de la maison et société royale de Navarre, et* Domat *cité par eux.*

« Le conseil soussigné, qui a pris communication de la lettre ci-jointe, estime que la loi qui, dans les pays de droit écrit, autorise un père à instituer un de ses enfans son héritier, n'approuve point qu'il use de ce pouvoir, lorsqu'aucun de ses enfans ne s'est rendu indigne de sa tendresse.

» L'ordre qui appelle les enfans à la succession de leur père est aussi naturel que celui par lequel ils en ont reçu la vie, parce que les biens temporels étant un accessoire nécessaire de la vie et un bienfait qui en est la suite, l'ordre divin est que les biens deviennent ceux des enfans, lorsque ceux-là ne peuvent plus les posséder. Outre que cette succession est dictée par la tendresse paternelle gravée dans tous les cœurs par le doigt de Dieu, elle est confirmée par la loi divine. (*Nomb.* 27, *v.* 8; *prov.* 13, *v.* 22). Or, un père est également le père de ses enfans. Enfin, cette liaison entre les pères et les enfans est la première que Dieu a formée entre les hommes, pour les attacher aux devoirs de l'amour mutuel, et les unir entre eux plus fortement qu'avec les autres.

» Les lois romaines, en laissant aux pères la liberté de se choisir même d'autres héritiers que ceux du sang, n'ont

---

[1] D'Argentré ne dit pas qu'elle déplût aux rois ni aux peuples.

pas méconnu cette première règle générale. Elle est confirmée expressément dans plusieurs textes de ces lois, qu'on peut lire dans Domat, (*Lois civiles*, seconde partie, n. 4, 6, 7, de la préface.) On y lit celui-ci : *Ratio naturalis, quasi lex quædam tacita, liberis parentum hæreditatem addicit, velut ad debitam successionem eos vocando... ac ne quidem judicio parentis, nisi meritis de causis, summoveri ab eâ successione possunt*. On y en trouve plusieurs autres aussi clairs; et comme l'équité naturelle doit être l'esprit des lois, celles dont il s'agit n'ont pas prétendu autoriser des dispositions déraisonnables qui n'auraient pour principe que la passion ou la fantaisie. Elles ont supposé que celui qui ne choisit pas, pour ses héritiers, ses enfans également, se détermine par de bonnes considérations particulières et pour de justes causes, quelques-uns s'étant, par exemple, rendus indignes de sa succession. En un mot, la loi romaine, en laissant aux parens la liberté générale et indéfinie de disposer de leur succession par testament, liberté qui était une suite de l'autorité absolue qu'ils exerçaient sur leurs enfans, les a laissés chargés de régler chacun leurs dispositions particulières *comme elle l'aurait fait elle-même*, si le détail infini des circonstances et des combinaisons d'où dépend la sagesse de ces dispositions ne l'en eût détournée. Elle renferme donc la condition que ces dispositions seront raisonnables, et on ne peut croire qu'elle les approuve toutes indistinctement.

» Mais comme il lui a paru qu'il y aurait eu trop d'inconvéniens d'énoncer cette condition : que les dispositions testamentaires seraient raisonnables, parce qu'une telle réserve aurait mis en question tous les testamens et ceux mêmes les plus dictés par la prudence et l'équité; qu'on serait venu à les examiner par d'autres vues que celles du testateur, souvent connues de lui seul; et qu'il n'était ni juste, ni possible de régler toutes leurs dispositions particulières, elle a cru devoir laisser à chacun le choix des siennes, et ne pas restreindre la liberté des personnes raisonnables pour les inconvéniens qui pourraient suivre du mauvais usage que d'autres en feraient. C'est en quoi diffère la loi romaine des lois coutumières, sans que, pour cela, on puisse accuser d'injustice les unes ou les autres. Ce sont là, dit Domat, déjà cité, des principes généraux

dont tout le monde doit convenir. Or, il s'ensuit clairement « qu'un père qui fait un partage *notablement inégal*
» de sa succession entre les enfans que la nature doit lui
» rendre *également chers*, et dont aucun ne s'est rendu
» *indigne* de sa tendresse, en un mot, *sans aucune raison*
» *forte et particulière qui l'oblige d'en agir ainsi*, ou entend mal la loi de son pays, ou use indiscrètement du
» pouvoir qu'elle lui laisse, ne suivant que sa passion ou
» sa fantaisie; et, dans ce cas, s'il résulte de son testament
» des *troubles*, des *inimitiés* et des *scandales* dans sa
» famille, il en est la cause, suivant le degré de bonne
» foi où il a été, y ayant donné lieu par des dispositions
» imprudentes et déraisonnables. »

« Délibéré à Paris, au conseil de la maison royale de Navarre, le 11 juillet 1783.

« *Signés* PAILLARD, *professeur en théologie*; GROS, *professeur royal en théologie;* FLOOD, *professeur en théologie.* »

DOMAT, *Lois civiles*, 2ᵉ part., *Préface* du titre *des Successions*, art. 4 et 5, s'exprime encore ainsi :

« Le premier de ces trois ordres (de succession), qui appelle les enfans à la succession des parens, est tout *naturel*, comme une *suite de l'ordre divin* qui donne la vie aux hommes par la naissance qu'ils tiennent de leurs parens. Car comme la vie est un don qui rend nécessaire l'usage des biens temporels, et que Dieu les donne par un second bienfait qui est une suite de ce premier; il est naturel que les biens étant un accessoire de la vie, ceux des parens passent aux enfans, comme un bienfait qui doit suivre celui de la vie....

.... La liaison que fait la naissance entre les ascendans, les descendans et les collatéraux étant la première que Dieu a formée entre les hommes pour les unir en société, et les attacher aux devoirs d'un amour mutuel; chacun doit considérer dans le choix d'un héritier les personnes envers qui Dieu l'engage par ce premier lien plus qu'envers les autres, et ne les pas priver de ses biens sans de justes causes... Mais il peut arriver qu'une personne n'ait aucun parent, ou que ceux qu'il aurait se seraient rendus indignes de lui succéder, et *en ce cas l'équité du testament est toute évidente*...

.... Et cette liberté de disposer est surtout favorable pour les biens qu'un testateur *peut avoir acquis par son travail et son industrie* [1]. Ainsi Jacob disposa de *ce qu'il avait enlevé par ses armes des dépouilles* des Amorrhéens, en faveur de Joseph par-dessus ses frères. »

PROST DE ROYER. Au mot *Aînesse*. N° 56, édition de 1783.

(Après avoir parlé des efforts faits en 1629 et 1647 pour restreindre les substitutions, il ajoute ce qui suit :)

« N'ira-t-on pas plus loin? La multitude des réglemens sur les droits et les prérogatives des *aînés*, la variation, la contradiction des dispositions d'une immensité de coutumes sur cette matière, ne détermineront-ils pas enfin une loi nécessaire *qui ramène l'ordre naturel des successions et qui rétablisse l'égalité désirable entre les enfans d'un même père?*

» Si l'on conserve l'indivisibilité pour les pairies, pour les grands noms, pour les premières maisons du royaume ; *ne doit-on pas, pour les familles ordinaires, anéantir un ordre de choses évidemment vicieux?*

» Ne doit-on pas couper la racine de *tant de procès qui se meuvent en matière de droit d'aînesse bien plus encore qu'en matière de substitutions?* »

(Extrait des Mémoires de madame de Genlis), *Pandore* du 11 février.

« Dans les premiers temps de la révolution, *l'aîné* de mes élèves (S. A. R. M. le duc d'Orléans) eut un mouvement de grandeur d'âme et de générosité que je ne puis passer sous silence. Il apprit en ma présence, qu'un décret venait d'abolir le droit d'aînesse : « *Ah! que cela me fait plaisir!* » s'écria-t-il, en embrassant M. le duc de Montpensier, son frère *puîné*. »

[1] Ainsi *le préciput* en faveur d'un des enfans n'est légitime, aux yeux de Domat, que par l'acquisition personnelle qu'aurait faite le testateur des objets compris dans ce préciput. Il y a loin de cela au préciput sur les biens de famille.

TEXTE DU PROJET DE LOI

Sur le droit d'aînesse et les substitutions; présenté à la chambre des pairs, le 10 février 1826.

CHARLES, par la grâce de Dieu, roi de France et de Navarre; à tous ceux qui ces présentes verront, *salut*.

Nous avons ordonné et ordonnons que le projet de loi dont la teneur suit sera présenté, en notre nom, à la chambre des pairs, par notre garde-des-sceaux, ministre secrétaire d'État au département de la justice, que nous chargeons d'en exposer les motifs et d'en soutenir la discussion.

Art. 1er. Dans toute succession déférée à la ligne directe descendante, et *payant* trois cents francs d'impôt foncier, si le défunt n'a pas disposé de la quotité disponible, cette quotité sera attribuée, à titre de préciput légal, au premier né des enfans mâles du propriétaire décédé.

Si le défunt a disposé d'une partie de la quotité disponible, le préciput légal se composera de la partie de cette quotité dont il n'aura pas disposé.

Le préciput légal sera prélevé sur les immeubles de la succession, et, en cas d'insuffisance, sur les biens-meubles.

2. Les dispositions des deux premiers paragraphes de l'article qui précède cesseront d'avoir leur effet, lorsque le défunt en aura formellement exprimé la volonté par acte entre vifs ou par testament.

3. Les biens dont il est permis de disposer, aux termes des articles 913, 915 et 916 du Code civil, pourront être donnés en tout ou en partie, par acte entre vifs ou testamentaire, avec la charge de les rendre à un ou plusieurs enfans du donataire, nés ou à naître, jusqu'au deuxième degré inclusivement.

Seront observés, pour l'exécution de cette disposition, les articles 1051 et suivans du Code civil, jusques et y compris l'article 1074.

Donné à Paris, en notre château des Tuileries, le 5 février de l'an de grâce 1826, et de notre règne le 2me.

Signé, CHARLES.

Loi sur les substitutions.

Au château des Tuileries, le 17 mai 1826.

CHARLES, par la grâce de Dieu, roi de France et de Navarre, à tous présens et à venir, salut.

Nous avons proposé, les chambres ont adopté, nous avons ordonné et ordonnons ce qui suit :

ARTICLE UNIQUE. Les biens dont il est permis de disposer, aux termes des articles 913, 915 et 916 du Code civil, pourront être donnés en tout ou en partie, par acte entre vifs ou testamentaire, avec la charge de les rendre à un ou plusieurs enfans du donataire, nés ou à naître, jusqu'au deuxième degré inclusivement.

Seront observés, pour l'exécution de cette disposition, les articles 1051 et suivans du Code civil jusques et y compris l'article 1074.

Signé, CHARLES.

Nota. L'intention de la chambre des députés était d'*abolir la loi sur les substitutions*. Le projet de loi relatif aux majorats, telle qu'elle l'avait adopté dans cette session (1835), renfermait une disposition expresse à cet égard. Mais la chambre des pairs a retranché cet article, et la chambre des députés ne voulant pas compromettre, en l'ajournant de nouveau, *l'abolition des majorats*, a mieux aimé souscrire aux amendemens de la pairie. Il est à croire que la proposition sera renouvelée dans une autre session.

DISCOURS

DE

M. DUPIN, DÉPUTÉ DE LA NIÈVRE,

RELATIFS

Aux circonstances critiques des premiers temps de la révolution de juillet ; — à la marche et au caractère des factions ; — à la question de la paix et de la guerre et de la propagande ; — aux associations, aux clubs, aux émeutes, aux troubles de Lyon, de Grenoble et de Paris ; — au véritable caractère de cette révolution ; — au mecanisme devenu plus régulier de la constitution ; — au droit parlementaire de la chambre, et aux questions de présidence du conseil, d'enquête, d'amnistie, de réélection des députés promus à des fonctions publiques, etc.

Spes libertatis honestæ.
(Poésies de GUY-COQUILLE de Nivernais, député aux États d'Orléans et de Blois.)

DISCOURS DE M. DUPIN.

Séance du 30 septembre 1830. (*Constit.* du 1ᵉʳ octobre.)

Discours de M. Dupin, membre du conseil des ministres, en réponse à l'accusation de M. Mauguin, qui demandait une enquête contre le ministère.

M. *Dupin aîné* demande la parole. (Profond silence.) Messieurs, dit l'orateur, l'opposition est dans son droit : elle est toujours utile. Si elle dit vrai, elle avertit le pays et le gouvernement; si elle se trompe, la justification est d'autant plus facile : c'est pour cela que le ministère lui-même a désiré une libre discussion.

A la manière dont l'attaque s'était annoncée il y a quelques jours [1], elle semblait devoir être plus vive; elle s'est d'elle-même radoucie et considérablement modifiée. La réponse qui, dans tous les cas, eût été modérée, doit donc se piquer de l'être encore davantage.

L'honorable auteur de la proposition a entrepris de vous exposer ce qu'on devait faire et ce qui a été fait, vous offrant ainsi le choix entre le gouvernement existant et celui dont il vous a proposé le modèle. Il a d'abord critiqué la composition du ministère ; non pas sans doute sous le rapport des personnes et de leurs opinions, car il n'a pu oublier

---

[1] A la séance du 25 septembre, où je répondis « à ceux qui, si « légèrement, se permettent de se constituer *les Procureurs-* « *Généraux de la nation.* » — On accusait le ministère au nom de la France. La France! m'écriai-je. La France! il n'y a pas un écrivain qui ne la fasse parler à sa fantaisie! Dans sa conscience, quand il est de bonne foi ; et dans son délire, quand il a franchi toutes les bornes. Cela peut arriver aussi aux orateurs.... « La France jugera; elle prononcera entre ceux qui veulent accomplir dans son véritable esprit cette mémorable révolution de juillet, et ceux qui voudraient en faire une autre; car c'est vouloir une autre révolution que de condamner la France à se jeter dans le mouvement perpétuel. *Le mouvement perpétuel*, regardé par les savans comme un problème insoluble, mais qui n'en est pas un pour les anarchistes. » (Disc. du 25 sept. 1830. *Journal des Débats.*)

que la plupart d'entre nous avaient été appelés au ministère *par la commission municipale* dont il faisait partie, et la France sait qu'ils ont été choisis parmi ceux qui, après avoir combattu avec le plus de constance la contre-révolution, étaient entrés avec franchise dans le mouvement de 1830.

Quatre d'entre eux sont sans portefeuille... Je ne défends point cette composition qui peut n'être qu'un essai; au roi seul appartient de régler son administration. Il jugera selon l'expérience. Toujours est-il qu'on ne peut pas accuser d'ambition ceux qui, *satisfaits de l'honneur de conseiller le prince*, n'ont point voulu du pouvoir proprement dit, et certes on ne pourra pas prétendre qu'ils aient mis obstacle à la simplification de l'administration.

Non, Messieurs, le ministère n'a pas vu dans la glorieuse révolution de 1830, une *simple révolution de palais*. Le seul changement qui s'est opéré dans la personne du chef de l'Etat avec ses maximes populaires et son dévouement aux intérêts nationaux, est déjà un changement tout entier. *Les révolutions sont faciles à faire, mais elles sont difficiles à accomplir;* et si un homme ne se fût pas rencontré, qui eût adopté franchement et loyalement toutes les conséquences de notre nouvelle ère politique, je vous le demande, dans quel état serions-nous aujourd'hui?

Ce prince a compris lui-même que la *révolution de 1830 n'était pas un simple amendement à la Charte;* sans doute la Charte n'a pas été anéantie : elle ne devait pas l'être, car son nom, invoqué pendant le combat, l'était encore après la victoire. Mais elle a reçu toutes les modifications réclamées par l'expérience [1]. Considérez, je vous en conjure, le point où nous en étions quelques jours avant la révolution de juillet, et celui où nous nous trouvons aujourd'hui. Comparez ce qu'on voulait en juillet avec ce que nous avons en septembre; voyez combien nous sommes au-delà de ce qu'on désirait auparavant.

Mais n'en concluez pas que la révolution de 1830, *doive avoir pour effet de remuer la société jusque dans ses fon-*

---

[1] Elle a surtout été assise sur de nouvelles bases qui, à la place d'une Charte *octroyée*, en ont fait un véritable *pacte social*. Voy. dans le *Moniteur*, à la séance du 6 février 1832, un discours sur cette question : *Est-ce la Charte de 1814 ou celle de 1830 ?*)

demens. Cette première révolution a eu lieu en 1789. Elle a été totale ; elle a porté sur l'état civil et politique des personnes, sur les propriétés, sur l'état social tout entier. Tout fut changé, tout fut renouvelé ; le privilége fut remplacé par l'égalité, l'arbitraire par la loi.

Voilà quels furent les résultats de cette révolution de 1789, et toutes ces conquêtes, entreprises au nom du droit et de la justice, nous sont demeurées comme un bien acquis à la nation. On a voulu en vain l'en priver ; malgré de criminels efforts, 89 *a prévalu avec ses bienfaits;* notre devoir aujourd'hui est de les accepter et de les défendre. Nous ne l'oublierons pas : *il s'agit d'accomplir 89 avec franchise, et non de recommencer 1814 avec ses pas rétrogrades et ses déceptions* (très-bien ! très-bien !)

On a aussi attaqué le principe du nouveau gouvernement ; et dans la lutte entre le principe de la *souveraineté nationale* et celui du *droit divin*, ne semblerait-il pas que c'est à celui-ci que nous avons donné la préférence ?

Non, Messieurs, rappelez-vous que la chambre a voulu, au contraire, que notre état nouveau reposât sur *un véritable contrat*; elle a pris l'initiative ; elle en a proposé elle-même les *conditions*, et le prince n'a fait que les *accepter*; elle a abrogé le préambule de la Charte comme paraissant *octroyer* à la nation ce qui est essentiellement *de son droit*. On a cessé de lire dans les actes promulgués au nom du prince, la formule qui rappelait le droit divin. Il s'est intitulé Louis-Philippe Ier, pour annoncer la nouvelle ère politique et la séparer de tous les souvenirs et de tous les antécédens. Enfin le prince lui même n'invoque que le choix national, et proclame dans tous ses discours qu'il ne veut rien que *par la nation, pour la nation et à l'aide de la nation.* (Une foule de voix : c'est vrai ! très-vrai !)

Dans sa sollicitude, l'honorable auteur de la proposition, portant son attention sur les divers points de l'administration publique, s'est d'abord inquiété de ce qui regarde la sûreté de l'Etat. Il nous faut une armée, a-t-il dit. Je répondrai : nous en avons une, elle est à nous ; elle n'a jamais été mieux à nous. La cocarde tricolore a été saluée par des acclamations universelles ; elle a réuni tous les Français ; elle a été adoptée avec enthousiasme, non-seulement en France, mais à Alger, mais en Morée, là où l'armée se trouvait séparée de l'action du pouvoir.

Plus de troupes étrangères, plus de garde privilégiée, plus de Suisses! tous les corps de l'armée sont sur le même pied ; aujourd'hui *tout soldat français peut dire : Je suis de la garde du roi.* [1]. Tous sont également prêts à défendre sa personne, le pays et ses institutions. (Bravo! bravo!)

Désormais, l'état des officiers sera assuré par la loi [2]. Vous avez fixé le contingent annuel de l'armée par une loi qui vous permet de ne pas accorder un seul homme au gouvernement qui voudrait en abuser, ou de lui donner la nation toute entière, si le salut de tous réclamait ce grand sacrifice. (Nombreuses marques d'approbation.)

Messieurs, nous n'aurons pas une guerre étrangère; nous avons les plus légitimes motifs de l'espérer; mais si une agression quelconque éclatait, rappelant les expressions de l'orateur qui m'a précédé à cette tribune, nous dirions avec lui : ne nous divisons pas, et si les ambassadeurs ont vu Paris se lever comme un seul homme, l'Europe, à son tour, verrait la France entière se lever aussi comme un seul homme, avec la même énergie, pour défendre son territoire et sa liberté. (Acclamation d'assentiment dans toute la salle.)

Mais nous recevons de toutes parts les meilleures assurances que la paix ne sera pas troublée, la France elle-même a proclamé le principe de *la non intervention* dans les affaires de ses voisins, précisément parce qu'elle ne veut pas qu'on intervienne dans les siennes. Elle tiendra loyalement sa parole, et si nous avons proclamé au-dedans que *la Charte sera désormais une vérité* [3], nous prouverons également au dehors que le droit des gens est pour nous une chose sacrée. (Adhésion générale.)

Quant à la situation intérieure, l'auteur de la proposition nous a reproché de ne pas avoir envoyé des commissaires en mission dans les départemens; et ce conseil, il faut le

[1] Cette phrase a été reproduite au bas d'une gravure qui représente trois soldats (infanterie, cavalerie, artillerie,) se donnant la main. Dans le lointain on voit les habits rouges battre en retraite portant en l'air la crosse de leurs fusils.

[2] Je l'avais défendu sous la restauration en appuyant la pétition du capitaine Lafontaine destitué en 1820, à cause de son vote électoral. (Discours du 21 mai 1829.)

[3] Voyez la proclamation du duc d'Orléans, suprà, page 60.

dire, a été accompagné de réflexions tant soit peu machiavéliques; suivant lui, si les commissaires avaient commis des erreurs et des injustices, on eût rejeté sur eux la responsabilité, et l'administration se serait réservé d'y remédier. Au lieu de cela, elle a mieux aimé prendre sur elle la responsabilité de ses propres actes : elle n'eût pas été sincère, si elle eût cherché à déverser le blâme sur des hommes qu'on aurait ainsi lancés dans les départemens.

Parmi les conseils donnés au ministère, la chambre a remarqué sans doute celui-ci : créez du travail; creusez des canaux, faites des routes, des chemins de fer, des desséchemens, des défrichemens, des plantations et vous verrez au printemps!.. (Rire général et prolongé).— Hélas! Messieurs, il y a *six semaines* que nous sommes au ministère! et d'ailleurs, pour faire toutes ces excellentes choses, il faudrait voter des fonds; or, nous sommes encore enchaînés par les termes du dernier budget.

Le choix des fonctionnaires a beaucoup occupé l'auteur de la proposition. A cela je serai dispensé de répondre; car, n'ayant pas de portefeuille, *je n'ai pas eu une seule place à donner, bien que l'on m'en ait considérablement demandé.* (On rit.) Je suis heureux du moins de saisir cette occasion de déclarer une fois pour toutes à messieurs les solliciteurs [1], que je n'ai à disposer d'aucun emploi, que je ne puis, sans manquer à toutes les convenances, me rendre un solliciteur importun auprès de mes collègues; qu'il faut s'adresser à eux, et me laisser le temps de vaquer à mes devoirs. (Hilarité générale et prolongée).

Et cette réflexion ne m'est pas personnelle, reprend M. Dupin; elle est commune à ceux de mes collègues qui se trouvent dans la même position que moi. (On rit de nouveau. M. Laffitte, président, fait un signe d'adhésion.)

On a parlé de l'inexécution des lois. Cette inexécution

---

[1] Un des grands fléaux de cette époque, a été le déluge des solliciteurs. J'en ai été inondé. Mon supplice était de m'entendre dire sans cesse, *cela dépend de vous, un mot de vous*, et je serai placé. Loin de là, quoique membre du conseil, et défendant le gouvernement à mes risques et périls, j'avais si peu de crédit auprès de *mes chers collègues*, les ministres *à portefeuille*, qu'on ne me consulta même pas pour nommer un préfet dans mon département. Je le vis dans le *Moniteur*.

serait une calamité sans doute, et je déserterais un ministère qui ne pourrait pas, et surtout qui ne voudrait pas les exécuter. Mais distinguons. Est-ce du gouvernement que vient cette inexécution? Qu'on me cite un acte arbitraire, un droit méconnu, une propriété violée; je demande si dans cette *révolution faite en faveur du droit commun*, il y a quelqu'un qui n'en ait pas recueilli le bénéfice.

Ah! sans doute, il y a eu quelques lois violées; mais est-ce de la part des vainqueurs ou de ceux qu'on a nommés les vaincus? La presse, il faut le dire avec courage, parce que c'est la vérité, *la presse périodique* a donné l'exemple de ces violations, on a vu des journaux s'affranchir du droit de timbre, paraître sans signature de gérant, sans cautionnement, au détriment des journaux qui observaient toutes ces formalités; on en a vu s'afficher sur les murs, et s'offrir ainsi aux regards des passans.

On a usé de condescendance; parce que la presse avait rendu d'immenses services; qu'elle avait lutté contre le despotisme, défendu nos libertés, préparé et soutenu le mouvement; mais cette condescendance touche à son terme, et tout va rentrer dans l'ordre. Il nous tarde que la loi du jury soit rendue; car, n'en doutons pas, le jury, je l'espère, fera la police des délits de la presse, comme la garde nationale a fait la police des rues; tous d'un commun accord veilleront au maintien de la tranquillité publique. (Mouvement d'approbation).

Il y a eu des rassemblemens d'ouvriers; ils ont été quelque temps un sujet d'inquiétude. Mais comparez l'état actuel de la capitale, et ce qu'elle était quinze jours après le mouvement. On n'a rien dit en l'honneur des ouvriers que je ne sois prêt à répéter ici. On les a loués de leur courage: moi je les louerai surtout de leur raison, de leur probité, de leur bon sens. Ils n'ont pas tardé à comprendre qu'*on abusait du prétexte de leur intérêt pour alarmer la tranquillité publique*, et que des agitateurs se plaçaient à leur tête, ou les excitaient en sous-main, *pour se faire valoir à leurs dépens*. Les ouvriers ne veulent que vivre de leur travail honorablement. Ils demandent des places.... dans les ateliers. (Rire d'approbation et de satisfaction.) Ils sont plus honorables que ceux qui ne les réunissent que pour pouvoir dire: J'ai tant de soldats, et s'en prévaloir, afin d'obtenir des emplois. Aux ouvriers la gloire, aux agitateurs le regret, pour ne rien dire de plus. (Bravo! bravo!)

De toutes parts on leur a ouvert des travaux; cinq millions ont été ajoutés aux ressources ordinaires; cette somme est loin d'être épuisée. Bientôt sera votée une liste civile qui permettra de reprendre toutes les entreprises; sous un prince ami des arts, et qui, avec ses seuls revenus, n'étant que simple citoyen, a élevé sous nos yeux les merveilles du palais royal, qui peut douter, si la nation lui en donne les moyens, qu'après avoir réduit sa maison à ce qu'exige la dignité d'un roi des Français, on le verra déverser sur les artistes, sur les gens de lettres, sur tous ceux qui cultivent les beaux arts, le superflu que vous aurez mis dans ses mains? (Marques universelles et prolongées d'adhésion dans l'assemblée et dans les tribunes publiques.)

Sur quelques points, on a refusé de payer l'impôt des droits réunis. Il est onéreux, j'en conviens; la législation peut être améliorée; elle le sera très-prochainement, mais en attendant on doit payer. Et je puis ici, député de la Nièvre, louer le bon esprit de mon département : aucun désordre n'a entravé la perception. Amis de l'ordre public et des lois, mes concitoyens ont senti que leur probité politique était intéressée à payer leurs impôts. Quand les autres départemens, surtout ceux de l'Est et du Nord, acquittent ce qu'ils doivent, ils comprennent qu'au moment où tous les citoyens viennent au secours de la patrie, personne ne doit vouloir s'en dispenser au détriment des autres. Il ne serait pas juste, disent-ils, que le reste de la France payât pour nous, et nous tenons à honneur de fournir notre contingent. Nous ne voulons pas qu'on puisse dire que par un coupable égoïsme, nous avons répudié toutes les charges de la société pour n'en recueillir que les avantages. (*Une foule de voix*: Très-bien! très-bien! — Chuchotemens dans quelques parties de la salle[1].)

On a beaucoup parlé des *clubs*! (Ecoutez! écoutez!) A leur égard, il y a eu, je le sais, de la condescendance; et sous ce rapport, le ministère s'est peut-être montré habile plutôt qu'irrésolu. S'il eût agi tout de suite, et avant qu'on en eût reconnu l'abus, on eût crié à la tyrannie! Les esprits

---

[1] Ce passage faisait allusion à ce qui avait été dit pour quelques départemens du midi qu'ils se sépareraient si.... on ne supprimait cet impôt.

étaient encore trop irrités ; mais la lassitude n'a pas tardé à se faire remarquer. Bientôt le public en a ressenti dommage, ses plaintes ont éclaté ; il a manifesté qu'il en était fatigué ; il a invoqué la protection de l'autorité, et c'est alors qu'elle s'est montrée; mais *en réalité, c'est Paris qui a fermé les clubs.*

En effet, Messieurs, en présence du droit que l'opposition réclame pour les clubs [1] n'y a-t-il pas le droit des autres citoyens, le droit des voisins, d'être tranquilles, le droit des marchands de n'être pas troublés dans leur commerce?

Je ne puis trop le répéter aux partisans d'une liberté indéfinie : *le droit qu'on prétend avoir pour soi a nécessairement pour limites le droit d'autrui*, et si l'on peut faire du bruit chez soi à midi, on doit se taire à minuit, car chacun aussi a le droit de dormir en paix. (Rire général.)

On excuse les clubs par *le peu de danger* que présentent, dit-on, leurs théories ! Ah ! sans doute, je n'exagère point le péril ; et je suis tenté surtout de me rassurer, quand je vois *un républicain qu'on arrête, et dans la poche duquel on trouve une pétition où il demande d'être nommé préfet.* (Éclats de rire universels et prolongés.) Cela prouve du moins qu'il ne veut pas le changement du gouvernement. (On rit encore.) Mais n'y a-t-il donc que de vaines

---

[1] Déjà à la séance du 25 septembre j'avais dit sur le même sujet :

« On parle d'une loi dont l'objet serait de régulariser les *clubs* et les *associations*. Je me réserve de la discuter quand elle sera présentée : mais ce ne sera sûrement pas une loi qui érigera les clubs en autorités constituées. Comment penser à une telle loi [*] quand vous n'avez pas encore de *loi municipale* pour couvrir le sol, l'affermir sous vos pas, pour donner de la force, de la confiance à la population ? Et c'est dans cet état de dénuement d'un pouvoir qui vient d'arriver, que vous voulez tout de suite *organiser ce qu'il y a de plus désorganisateur.* Rappelez-vous, messieurs, que ce qui est bon pour détruire ne vaut rien pour consolider. (Témoignage presqu'unanime d'adhésion.) Discours du 25 septembre 1830, *Journal des Débats, Moniteur.*

[*] MM. Guizot et de Broglie y pensaient cependant sérieusement. Ils avaient rédigé et présenté en conseil un projet qui donnait aux *clubs* une *existence légale*, avec de minces précautions, qu'ils croyaient cependant infaillibles!.... mais je m'y opposai fortement, et j'obtins que ce projet ne serait pas présenté aux chambres.

théories, quand on a vu des délibérations prises et des projets assez graves pour motiver des poursuites judiciaires?

Je ne redoute pas beaucoup non plus ces *sociétés* qui professent la communauté des biens pour des associés dont, à la vérité, la mise est légère (on rit)[1], et qui réclament encore un autre genre de communauté. (*Plusieurs voix :* Celle des femmes! les saintsimoniens!)

Mais on va plus loin; on va des places aux états et aux professions : on se demande pourquoi des notaires, des avoués, des agens de change, se croient en droit de revendre des charges qu'ils ont achetées, et pourquoi l'accès de ces professions n'est pas également libre à tous?

Ces dangers sont si évidens qu'ils ont frappé les bons esprits, les citoyens généreux qui ont d'abord pris part à ces *associations*. J'en ai pour garant l'écrit plein de sagesse et de raison que vient de nous faire distribuer M. François de Corcelles. (Sensation.) Il se sépare de ses amis, et leur donne d'utiles conseils. Voilà, Messieurs, la jeunesse que nous aimerons toujours à encourager! *Voilà celle que nous appelons de tous nos vœux aux affaires publiques*, celle qui nous promet d'excellens députés. (Mouvement général d'approbation.)

J'ai parcouru, Messieurs, le cercle des objections, et je crois y avoir pleinement répondu. Le principe du gouvernement a été le respect de tous les droits, de tous les intérêts. Nous avons pendant long-temps combattu le privilége, et quand nos adversaires ne vivaient que d'exclusions à notre détriment, nous leur promettions tous les avantages du droit commun que nous nous efforcions d'établir[2].

---

[1] On riait le 30 septembre 1830. Mais plus tard, lors des troubles suscités par les *associations*, on a pu voir que ce n'était pas chose risible.

[2] Témoin la liberté de la presse. Les carlistes en ont usé et abusé comme les autres. Leur jeu était d'outrer toute liberté. « Tel écrivain qui déclamait contre la liberté, qui expliquait l'art. 14 de la Charte dans le sens du despotisme, a l'air maintenant d'adopter vos doctrines. Les uns poussent à la révolte, les autres insultent les meilleurs citoyens, et appellent la calomnie à leur secours. La liberté est dans le courage de la défendre, d'affronter pour elle toute espèce de périls, et la gloire est dans l'approbation des bons citoyens. » (Vif mouvement d'adhésion.) Discours du 25 septembre 1830. *Moniteur.*

N'acceptons pas cette qualification de vainqueurs et de vaincus, qui tendrait à nous séparer. Non, la France ne renferme pas deux peuples destinés à recevoir chacun un nom et à vivre en hostilité; sans doute, si des complots éclataient, si les ennemis de nos libertés recommençaient ce jeu terrible et ces machinations d'autrefois, on emploierait contre eux toutes les mesures qu'exigerait le salut de la patrie; mais sous un gouvernement qui est *national, parce qu'il s'applique à la généralité des personnes et des intérêts, que la protection soit la même pour tous ceux qui voudront obéir aux lois.* (Très-bien! très-bien!)

Témoin de tant de réactions, suivies bientôt de réactions contraires, depuis long-temps je me suis dit que *l'avantage de cette longue lutte doit rester finalement à celui qui, ayant été le plus fort, saura en même temps être le plus sage et le plus juste.*

Faisons des vœux pour que cette révolution, la plus glorieuse de toutes, soit aussi la dernière. Nous avons agi en ce sens. Et si la main du gouvernement n'a pas eu cette fermeté dont on vous a parlé, et qui, peut-être, eût serré trop fort, ce n'est pas non plus une main débile, car elle a donné secours et protection.

Messieurs, le ministère a fait du bien; il a surtout empêché le mal: il ne craint ni l'enquête ni l'accusation. (Bravos nombreux et prolongés.)

Séance du 9 novembre 1830. (*Moniteur.*)

Discours après M. Odilon-Barrot, sur les causes qui ont nécessité la séparation du ministère.

M. *Dupin aîné*: C'est une lutte honorable, sans doute, que celle que vous voyez s'établir entre des hommes doués également de mérite et de conscience, et qui ne viennent rivaliser devant vous que de zèle pour le bien public, différant seulement sur les moyens, se divisant quelquefois sur les doctrines, mais s'accordant sur ce point que tous veulent la liberté, que tous veulent la gloire et la prospérité du pays.

Ainsi chacun revendique l'honneur d'être plus près des intérêts nationaux, de les mieux comprendre, et d'être en état de les mieux servir. C'est nous, dit l'un, qui étions dans le mouvement national, c'est nous qui l'avons mieux compris; d'autres voulaient, en outrant le mouvement, le dénaturer, et nous avons dû nous y opposer. Nous voulons tous la liberté que peut comporter un gouvernement constitutionnel représentatif bien organisé, *mais nous ne voulons pas de la république* : il n'y a pas, à l'époque où nous sommes arrivés, assez de vertus, assez de désintéressement pour se bercer d'un état social que les publicistes ont voulu fonder uniquement sur la vertu. Nous ne voulons pas non plus d'un gouvernement qui serait sans cesse poussé par des émotions populaires, nous ne voulons pas d'un gouvernement qui, sous prétexte d'être libre, ne serait que licencieux, et qui, mettant de côté toutes les lois, ne pourrait régner que par l'anarchie, qui trouverait *tout le monde pour commander, et personne pour obéir*. (Voix au centre : c'est bien cela, c'est bien cela.) Nous ne voulons pas de vaines théories, elles ont fatigué notre nation; passons-les en revue, mais pour en retenir seulement ce qui est praticable; consultons l'expérience, allons pas à pas; ne refusons pas les progrès, mais au lieu de marcher en hommes qui n'auraient aucun sentiment de l'avenir, marchons en hommes éclairés qui veulent le bien du pays. (Mouvement d'adhésion.)

On a reproché à l'ancienne administration dont vous avez entendu l'un des principaux organes (M. ***), de n'avoir pas compris le mouvement de la révolution, de s'être trouvée faible, quoique environnée de forces immenses, parce qu'elle n'avait pas su s'en servir et les appeler à son secours.

Sans doute l'administration s'est trouvée environnée de forces; ces forces ont été sublimes quand elles ont résisté à la tyrannie, sublimes en maniant les armes, sublimes surtout en se reposant, en invoquant les lois pour lesquelles elles avaient combattu : mais quelques portions de ces forces ont survécu à la victoire; non pas peut-être la portion la plus magnanime, non pas celle qui avait le plus contribué à assurer la victoire et à faire triompher les droits du pays ; mais la portion la plus active, la plus turbulente, soumise à son insu à des chefs qui n'avaient pas tous été des chefs lors de la victoire, et qui poussés par des hommes factieux, cherchaient à butiner sur la victoire; qui se tenaient en face du pouvoir, non pas dans l'intention de le seconder dans l'action des lois, mais de se rendre menaçans, de lui susciter des embarras, d'appeler des résistances.

Je ne méconnais pas ces difficultés ; elles ont pesé sur le cœur des bons Français ; elles ont dû affliger les hommes qui voulaient cette force sans laquelle les lois demeurent impuissantes, et ne peuvent faire aucun bien au pays.

Mais si le gouvernement n'a pu se saisir de ces forces immenses dont on parle, à qui l'imputer? Vainement la tête délibère, si le bras n'agit pas; vainement un ministre de la justice donnerait des ordres, si les magistrats ne les exécutaient pas et restaient muets. Vainement un ministre de la guerre commanderait aux troupes de marcher, si les chefs n'exécutent pas les ordres; vainement un ministre de l'intérieur combinerait un sage système d'administration, si les préfets n'avaient pas agi en conformité. (M. Odilon-Barrot demande la parole.)

Deux choses sont à considérer dans notre glorieuse révolution et dans l'établissement qui s'en est suivi : le choix du prince et les intérêts nationaux. Quant au choix du prince, nous nous plaisons à le reconnaître et à le proclamer : il n'a été appelé ni par un droit divin que personne ne s'est avisé d'invoquer, ni par la légitimité ou prétendu droit de naissance. Qu'il se trouvât placé près du trône, ça été sans doute d'un *heureux accident*; mais ce n'a pas été une raison déterminante. Louis-Philippe n'a pas été choisi *parce qu'il était de la famille, mais quoiqu'il fût de la famille* [1], et à

---

[1] Quand j'ai pris pour épigraphe de mon écrit sur la révolution de 1830 les mots *quoique Bourbon*, quelques-uns se sont récriés contre moi, comme si c'eût été chose nouvelle! Et je l'avais déjà dit dès le mois d'août en plein conseil, et à la chambre en septembre 1830 ; et cela n'avait *point fait de tort au roi*. Pourquoi donc ne l'aurais-je point répété en 1832 ?

Comment en un plomb vil l'or pur s'est-il changé ?

la charge, non pas de ressembler à ses aînés, mais d'en différer essentiellement. (Bravo! bravo! c'est très-bien!)

Ce qu'on a considéré en lui principalement, c'est son caractère personnel, entièrement français, sa bravoure éprouvée dans les combats, son civisme généralement reconnu. (Nouvelles acclamations.)

Voilà le roi que la nation a entendu investir de ses pouvoirs, qu'elle a voulu placer à la tête de ses intérêts pour y pourvoir par un gouvernement régulier, et à côté duquel elle ne voudrait ni voir, ni souffrir aucun pouvoir occulte, aucune apparence de rivalité; car il siérait mal à qui que ce fût de lutter de puissance avec le roi des Français. (Vif mouvement d'adhésion au centre et dans toute la gauche.)

Quant aux intérêts nationaux que ce gouvernement a juré de faire prévaloir, ils sont écrits dans le serment du roi, qui a juré de ne gouverner que dans le seul intérêt de la gloire et du bonheur du peuple français; de ne régner que par les lois et selon les lois, et de faire rendre bonne et exacte justice à chacun selon son droit. L'accomplissement de ce serment était confié au ministère; *et sa politique était facile à tracer.*

Au dehors, *la paix* était dans son vœu, et il y a tout lieu de croire qu'elle est pleinement assurée. *La paix! mais toutefois sans craindre la guerre!* Des négociations dans lesquelles nos ambassadeurs ne sembleront plus seulement adressés à l'aristocratie des autres états, mais dans lesquelles ils parleront au nom de tout un peuple, stipulant nettement ses intérêts, et avec la certitude que tout ce qu'ils demanderont de juste serait soutenu par le pays tout entier. Gardez-vous de compter sur nos embarras intérieurs, peuvent-ils dire aux rois étrangers; cela était bon quand nous avions un gouvernement de minorité; mais aujourd'hui nous sommes les ambassadeurs du roi des Français, toute la nation est derrière nous, prenez-y garde. (Bravo! bravo!)

Au dedans, la liberté; une liberté large, une liberté vraie, appuyée non sur de vains mots, mais sur des garanties réelles, propres à nous en assurer la possession; mais *une liberté fondée sur l'ordre public* [1], et, par conséquent, *sur les lois.*

---

[1] « *Liberté, ordre public*, cette devise donnée à la garde na-

On a pris pour exemple celles de la presse! Je ne nie pas qu'elles ne fussent susceptibles d'améliorations ; mais était-ce une raison pour les journalistes de s'affranchir provisoirement de toute règle, et de ne respecter aucun frein? Ainsi on a violé les lois sur les cautionnemens ; pendant long-temps les journaux ont paru sans timbre, sans signature d'éditeur responsable ; on a affiché et les journaux et les placards les plus violens; on a laissé crier les plus fausses nouvelles. Tout cela pouvait-il être réprimé autrement que par les agens secondaires de l'autorité ?

Mais, dit-on, certains écarts ont trouvé leur remède dans le bon sens public, et la garde nationale a marché de son propre mouvement contre les clubs et contre les émeutes. Hélas! sans doute c'est un bien; mais un bien dont peut-être il faut gémir! La garde nationale a marché contre les émeutes ! honneur à la garde nationale ! honneur deux fois puisqu'elle a pris conseil d'elle-même à défaut d'autre impulsion ! Mais j'aimerais mieux, pour la règle, que l'ordre de service fût arrivé avant que pas un homme fût sorti de chez lui.

Sans doute encore, Paris, importuné par les clubs, les a fermés lui-même ; mais il eût mieux valu que ce fût par l'autorité du magistrat.

Il est très-vrai, par là, que Paris a fait sa police, l'a faite lui-même; mais il est vrai aussi qu'il n'était pas protégé par l'autorité civile, puisqu'elle n'a point présidé à ces actes, et qu'on n'a point agi au nom des lois !

Si les membres du ministère qui voulaient l'exécution des lois n'ont pas été *secondés*, ils auront sagement fait de se retirer.

On était divisé sur les doctrines, on disputait sur la bonté des lois, et pendant ce temps, il est vrai de le dire, Paris et la France entière disaient *force au pouvoir!* mais à qui imputer le tort ? à ceux qui voulaient mettre des théories à la place des lois, ou à *ceux qui voulaient des lois même avec leurs défauts, parce que, hors des lois, il n'y a que désordre, et qu'une règle imparfaite vaut encore mieux que l'anarchie?*

Fallait-il donc commencer par s'entourer de débris, sous

tionale sera le type de notre gouvernement. » (Discours du 25 septembre 1830. *Moniteur.*)

prétexte de reconstruire à neuf? Ainsi on a vu révoquer en doute le pouvoir de la chambre, apparemment pour attaquer ensuite les actes les plus solennels auxquels elle avait attaché son nom. On a vu ensuite attaquer les électeurs à 300 fr., parler de l'aristocratie des plus imposés, en faveur de ceux qui le sont moins, sans réfléchir que ce qu'on dit en faveur de ceux qui paient moins, il faudra le dire de proche en proche, en descendant jusqu'au dernier anneau de la chaîne, en sorte que *l'homme d'un sou* finirait aussi par être un aristocrate vis-à-vis de qui ne paye rien! (Rumeurs diverses.)

On allait ainsi au radicalisme absolu. N'était-il pas sage d'y apporter un frein? Quoique je n'aime pas l'aristocratie, ni les priviléges, quoique je sois, par les convictions de toute ma vie, un *homme du droit commun*, je déclare que le jour où l'on voudrait appeler les masses à prendre part aux affaires, nous serions envahis par une activité qui nous dévorerait. Il faut *s'abréger* pour gouverner. Notre gouvernement n'est pas un gouvernement auquel trente-deux millions d'hommes soient appelés à prendre directement part. C'est un gouvernement *représentatif*, où il suffit que l'intérêt général ait pour organes des hommes qui représentent le droit commun, sans partialité, sans privilége. *Quand ceux qui représentent leurs concitoyens ont des intérêts homogènes, il n'y a rien à craindre pour l'égalité.* Mais il y a dans un moindre nombre une garantie d'ordre qui ne peut se trouver dans la multitude. Pour moi, je le déclare, de pareilles prétentions seraient intolérables. Certes, le ministère actuel veut, comme l'administration précédente, l'affermissement du trône constitutionnel, et il en a donné la preuve en acceptant le pouvoir au milieu de pareilles circonstances. Mais s'il devait rencontrer les mêmes difficultés, les mêmes résistances, il serait obligé de se démettre, à peine de servir d'organe à l'anarchie. (Mouvement.)

Ne nous laissons pas abuser par la fausse apparence d'une vaine popularité : le peuple a ses flatteurs, comme les rois. Ceux-là le flattent, qui, contre leur conviction, lui supposent une capacité que lui-même ne réclame pas. Il est plus franc de dire quelquefois aux masses : vous n'y entendez rien. Laissez commander un tel; il a servi, il a étudié. Rapportez-vous-en à tel autre ; il sait ce que vous ne savez pas. De même que si vous entrez dans leurs ateliers, et que vous prétendiez manier leurs outils, ils vous diront fort bien : Laissez cela, monsieur, vous n'y entendez rien, vous allez vous blesser. (Marques d'approbation.)

Le peuple ne demande qu'une chose : c'est qu'on ne lui fasse point d'injustice; qu'il n'y ait ni préférence, ni privilége; qu'on gouverne par le droit commun et pour l'intérêt général. Oui, le peuple a du bon sens; écoutons sa voix, ses vœux légitimes; mais il saura entendre la voix de ses députés; de cette enceinte aussi, la vérité doit sortir pour se répandre au-dehors. Avec le roi que nous avons, avec une majorité dans cette chambre, *acquise d'avance à tout ce qui sera proposé de raisonnable*, le gouvernement saura surmonter toutes les résistances, asseoir un ordre de choses régulier auquel la nation entière s'empressera d'adhérer. (Marques très-vives d'adhésion... Agitation prolongée.)

Séance du 20 décembre 1830. — (*Moniteur.*)

Sur le complot et les rassemblemens formés à l'occasion du procès des ministres et sur les menaces proférées contre les accusés.

M. *Dupin aîné.* Je n'ai pas été surpris d'entendre les explications qui vous ont été données, puisque déjà et de toutes parts on s'occupait des mouvemens qui vous ont été signalés; mais vous avez dû entendre avec satisfaction que le gouvernement vous annonçait qu'il avait *prévu des dangers* qui pouvaient menacer l'Etat, qu'il ferait son devoir; et, en effet, s'il ne le faisait pas dans cette circonstance, dans quelle autre pourrait-on l'interpeller ? Quoique le gouvernement n'ait rien affirmé, vous pouvez reconnaître cependant qu'il y a quelque chose de positif (non pas d'alarmant, puisqu'il y a moyen d'y pourvoir), mais quelque chose de sérieux, puisqu'il y a nécessité pour l'autorité de se manifester avec énergie.

Comment! « un *complot* est préparé qui s'adresserait » tout à la fois à l'une et à l'autre chambre et au roi, c'est-» à-dire à l'Etat tout entier! » [1].

Et d'abord, quant à la chambre qui instruit maintenant le procès des anciens ministres, ne serait-ce pas le plus abominable forfait, que de voir, au sein d'un peuple civilisé, des masses, des individus quelconques se diriger vers ce qui ne peut pas s'appeler une chambre, mais *un tribunal*, en vue de lui arracher des hommes qui sont sous la main de la justice, en présence de la loi, et qui se défendent devant leurs juges, ou d'attaquer ces juges eux-mêmes, pour leur dicter un arrêt, et, pour mieux dire, de faire par leurs propres mains, je ne sais quel acte qu'ils appelleraient justice, lorsqu'ils ne doivent l'attendre que des juges, et avec les formes que la loi a prescrites?

Oui, que le gouvernement fasse son devoir. La nation veille; car, il s'agirait de déshonorer, et la révolution de 1830, et la nation toute entière. On reproduirait, au sein de la capitale, à la vue de l'Europe, au sein de la ville éternelle, à Paris, ce crime abominable qui ferait voir des factieux ameutés comme à Avignon, pour assassiner le maréchal Brune, au milieu d'une population consternée! (Profonde sensation).

Voilà quels seraient les premiers coups de la conspiration. Cependant, c'est dans cette enceinte qu'on a dit: *justice et non vengeance*.

Le gouvernement fera son devoir; il fera en sorte que l'ordre et la paix publique règnent jusqu'à la fin, et que force demeure à justice. Voilà la parole que nous a donnée le gouvernement. (Très-bien! très-bien!)

Un autre danger menacerait la seconde chambre; la représentation nationale, confiée à la garde des Parisiens, serait menacée dans le sein de cette capitale! Et quels sont ceux qui, dans Paris, se donneraient le droit de venir marcher contre nous, qui siégeons là par le vœu de tous les départemens? S'imaginent-ils donc que ce ne sont pas des hommes de cœur et de courage qui nous ont envoyés

---

[1] Discours de M. Laffitte, président du conseil.

ici, et ne savent-ils pas que chacun de nous a derrière soi un département tout entier? Ceux qui nous ont envoyés ici sont Français, bien plus que ceux qui voudraient nous en exclure! (Applaudissemens.)

S'ils déclaraient la guerre à la France, la France la leur déclarerait à son tour : quand ils parviendraient à s'emparer de cette capitale, ils pourraient, pendant quelques jours, la livrer aux massacres, au pillage et à la dévastation; mais que feraient-ils après? Comment appelleraient-ils leur charte, leur constitution, leurs fonctionnaires? Avec quelle main protégeraient-ils les personnes et les propriétés? Voilà les hommes qui menacent l'Etat! Ah! sans doute, c'est en pareil cas qu'il faut faire son devoir, et qu'il faut annoncer qu'on le fera avec une telle énergie, que ceux qui seraient tentés d'employer le crime, forment dès ce moment le dessein d'y renoncer.

Les factieux se proposent encore, dit-on, d'attaquer la personne du roi. De quel roi? d'un roi populaire, d'un roi identifié avec la nation, qui plus que tout autre mérite d'être défendu : car ce serait une trahison infâme de l'abandonner, lui et toute cette famille qui est venue nous sauver de l'anarchie; et, à l'instant où il serait menacé, de ne pas réunir autour de lui tout ce qu'il y a de grand et de généreux dans la nation. Où en seriez-vous, Messieurs, si vous n'aviez pas eu pour vous cette famille nationale? *Rien de si facile que de faire une révolution! rien de si difficile que de la bien terminer.* La Belgique a-t-elle fini la sienne? Quand finira celle de la Pologne? Et nous, nous avons accompli la nôtre en quelques jours, parce que nous avions une clé à mettre à la voûte, et que *nous avons pu substituer immédiatement un nouvel ordre de choses complet à celui qui venait d'être détruit.*

On veut le malheur du pays, ce sont des criminels qui le veulent; ce n'est pas en proposant sans cesse je ne sais quelle transaction, qu'on pourrait le prévenir; *si on leur cède une fois, il faudra céder encore, et céder toujours!* (Mouvement.) Que chacun fasse son devoir, le roi fera le sien, et nous savons qu'il se mettra à la tête de la nation, s'il le faut. (Vifs applaudissemens). Nous saurons braver avec lui tous ces dangers! *il vaut mieux être victimes que bourreaux!* (Bravos prolongés.) Oui, nous ferons notre devoir dans toute son étendue; nos concitoyens ont les yeux sur nous. Les artisans de trouble seraient des milliers, que nous leur résisterions. Mais qu'ils sachent que la France les désavoue ; que la représentation nationale apparaîtrait avec sa majesté, avec toute la grandeur de son adhésion : que le gouvernement soit digne de lui-même, nous serons dignes de nous. (Marques générales d'approbation.)

Séance du 6 décembre 1830. — (*Moniteur*)

De la politique étrangère, (guerre ou paix) à l'occasion de la levée de 80,000 hommes.

M. *Dupin aîné*. En votant pour la loi, je demande à la chambre la permission de lui en déduire les motifs. Elle sait d'ailleurs que dans les lois d'impôt (et le premier de tous les impôts c'est une levée d'hommes), il appartient aux orateurs de cette chambre de donner les raisons qui les portent à consentir ou à résister à ce qui est demandé par le gouvernement.

On a rattaché la question qui nous occupe à celle *de la guerre et de la paix*. Pour la guerre, tout le monde est d'avis que si elle était nécessaire, on la ferait résolument, on la ferait avec ensemble et unanimité, de manière, non pas seulement à se défendre, mais à faire profondément repentir ceux qui auraient osé la provoquer. (Bravo ! bravo !)

Mais tous les hommes sages, qui ne sont pas seulement animés d'un vain désir de guerroyer, qui ne voient dans la guerre qu'un grand moyen de droit des gens pour faire triompher la raison et le véritable droit parmi les hommes, et qui appellent ainsi la force, la violence, les malheurs au secours du véritable droit et des intérêts des nations ; tous les hommes sages ne peuvent s'empêcher de convenir que la paix est mille fois préférable. Parmi toutes les raisons qu'on pourrait en donner, la raison dominante est l'intérêt de la liberté.

Eh quoi! c'est lorsque nous sortons d'une révolution, lorsque tant de lois sont encore à faire; des lois constitutionnelles, des lois fondamentales! C'est au milieu d'une guerre universelle et de nos baïonnettes croisées avec celles de toute l'Europe, que vous pourriez espérer de fonder et d'accroître chez vous la liberté? *Silent leges inter arma*.

Sans doute, si notre indépendance territoriale était menacée, comme il faut avant tout être maître chez soi, guerre à outrance contre ceux qui voudraient nous attaquer. La guerre pour avoir la paix, et pour revenir à nos institutions. Mais si rien ne nous menace, si personne ne nous attaque, la paix avant tout, avec tous les fruits qui l'accompagnent ordinairement.

Notre gouvernement paraît avoir agi sagement; il désire la paix, il se tient prêt à la guerre. Vous demandez de toutes parts force au gouvernement; il faut donc la lui donner quand il est dans le vrai. Une phrase a frappé généralement, elle exprime la véritable situation d'un gouvernement sincère et généreux; c'est celle qu'on a remarquée dans le discours du président du conseil. Non seulement il a posé en principe que la France ne voulait pas intervenir; mais qu'elle ne souffrirait pas d'intervention Là est tout ce qu'on peut désirer. Nous avons été fatigués d'interventions. Nous les avons déplorées; c'était l'esclavage qu'on portait chez les peuples, c'était la liberté qu'on allait combattre avec nos hommes, avec nos finances, en créant des dettes que nous sommes réduits aujourd'hui à acquitter [1].

La France, en se renfermant dans un froid égoïsme, aurait pu dire qu'elle n'interviendrait pas: cela n'eût pas rassuré, cela pouvait n'être qu'une lâcheté; mais dire *qu'elle ne souffrira pas qu'on intervienne*, c'est la plus noble attitude que puisse prendre un peuple fort et généreux. (Très-bien! très-bien!) C'est dire, non seulement je n'attaquerai pas, je n'irai pas troubler les autres peuples; mais moi, France, dont la voix doit être entendue en Europe et dans le monde entier, je ne permettrai pas que d'autres interviennent. C'est là le langage qu'a tenu le mi-

[1] Par exemple, celle d'Espagne.

nistère, c'est celui qu'ont tenu les ambassadeurs de Louis-Philippe, c'est celui que soutiendraient l'armée, la garde nationale, la France entière. (Bravo, bravo!)

Cependant nous avons entendu un honorable général [1], dont j'estime à la fois les principes, les lumières, et dont les écrits ont jeté un grand jour sur les hautes questions militaires et du droit des gens, dire qu'il fallait se hâter, ne pas laisser l'initiative de l'attaque aux autres peuples; et, comme si un instant perdu était irréparable, qu'il fallait les prévenir, occuper la Belgique; c'est-à-dire nous mettre en opposition avec les premières maximes du droit et de la liberté. Qui vous dit que ce ne soit pas faire la guerre à une très-grande partie de la Belgique que d'intervenir ainsi sous prétexte de ses intérêts? Qui vous appelle en Belgique? et quand quelqu'un vous appellerait, qui vous donne le droit de vous répandre en armes sur un territoire étranger pour lui prescrire des institutions? Etes-vous ses législateurs, êtes-vous ses représentans, membres de son congrès? Allez-vous lui importer des perfectionnemens à main armée, porter la guerre sur son territoire, et vous rendre ainsi responsables de tout ce qui surviendrait?

Ce reproche, vous l'attireriez sur vous si vous preniez l'initiative. Ceux qui, placés de l'autre côté de la Belgique, seraient assez téméraires, assez injustes pour devenir agresseurs, mériteraient seuls ce reproche. C'est alors que vous seriez vraiment dignes du nom glorieux de sauveurs, et non pas du titre de chevaliers errans se précipitant sur les peuples pour leur porter un secours qu'ils ne demandent pas. (Très-bien!)

On nous a cité l'exemple des Anglais à l'égard du Danemarck; mais si la France avait des exemples à emprunter aux étrangers, ce ne serait pas des exemples de déloyauté et de perfidie. (Mouvement d'adhésion.) Violer en pleine paix le territoire de la Belgique, au risque d'attirer sur elle toutes les armées de l'Europe, parce que les Anglais en pleine paix ont jadis incendié la ville et la flotte de Copenhague! Non, Messieurs, laissons ces exemples à la honte, je ne dis pas des peuples, (les peuples ne veulent rien de honteux;) mais à la honte des gouvernemens qui s'en sont rendus criminels. (Très-bien, très-bien.)

---

[1] Le général Lamarque.

Qu'appelle-t-on rentrer dans nos frontières? quelles sont les frontières d'un peuple? Les frontières d'un peuple, à moins qu'il ne soit dans l'état de nature, sont tracées par les traités. Un peuple est circonvenu par des forteresses, il est aussi défendu par la loyauté, la bonne foi et l'opinion qu'on ne doit pas l'attaquer impunément, parce que, réciproquement, il n'attaquerait pas sans un juste motif. Aller reprendre nos frontières! mais pensez-vous qu'elles ne nous seraient pas disputées, si vous prétendiez les tracer vous-mêmes? en les portant au-delà des traités, n'est-ce pas déclarer la guerre aux puissances avec lesquelles ces traités ont été faits? n'est-ce pas nous plonger avec toute l'Europe dans une guerre où la raison de l'Europe civilisée nous condamnerait, parce qu'elle condamnera toujours quiconque ne sera pas de bonne foi et ne tiendra pas ses engagemens.

Si les puissances étrangères redoutent des envahissemens, si elles craignent que la France veuille encore s'étendre, qu'elles ne l'attaquent pas! car il n'y a qu'un moyen pour nous d'étendre nos limites, ce serait qu'elles vinssent nous attaquer. En effet, si on nous avertit par un danger quelconque, que nous ne sommes plus en sûreté dans nos limites actuelles, c'est alors qu'après avoir repoussé l'agression, nous serons fondés à nous tenir dans une meilleure situation, et à dire : nous nous étions contentés de ces limites, vous avez voulu la guerre; cette fois, nous vous l'avons faite. Victorieux, nous ne voulons pas conquérir sans mesure, mais nous entendons reprendre les limites plus fortes que la nature semble nous avoir destinées. C'est dans ce cas seulement que, loyalement et glorieusement, vous pourriez rectifier nos frontières. (Très-bien.)

Je ne prétends pas examiner ici, ce qui est toujours périlleux et imparfait, la politique de tous les peuples, politique quelquefois fondée sur les intérêts, mais qui souvent aussi se complique par des calculs qui échappent à l'appréciation. Cependant je n'admettrai pas ce qu'on a dit de l'Angleterre, qu'elle seule verrait peut-être avec jalousie cet envahissement pour lequel on conseille à la France de prendre l'initiative. Ce n'est pas seulement l'Angleterre : elle y aurait son intérêt; mais vous inquiéteriez tout le monde, car ce serait attaquer tous les peuples que de violer des conventions qui ont été faites avec toute l'Europe.

Du reste, repoussons ce mot de *nation ennemie*, qui a été provoqué par la discussion. Les peuples ne sont plus ennemis. Il y a eu antipathie de nation à nation, d'homme à homme, entre l'Angleterre et la France, entre l'Anglais et le Français ; heureusement la liberté, la civilisation, la philosophie, tous les sentimens généreux, ont rapproché les nations comme les individus ; on est arrivé à ce point de sentir que, non-seulement les intérêts de gouvernement, de paix et de bonheur public, mais même, ce qui est bien plus difficile à comprendre, l'industrie, le commerce, l'échange mutuel et toutes ces opérations au développement desquelles la paix est favorable, dépendaient de l'union des deux peuples ; qu'elle les ferait prospérer, tandis que, dans une querelle qui serait engagée, il y aurait à perdre pour l'un et pour l'autre. Voilà ce que je pourrais regarder comme un gage de paix [1]. . . . .

Je ne parcourrai pas ce que l'honorable orateur auquel je réponds a dit des autres puissances. Cela tient à la question générale de *la propagande* que quelques-uns voudraient rendre universelle ; en Belgique, en Suisse, en Italie, à qui l'on voudrait restituer son nom, et en Espagne ; allumant ainsi autour de nous un vaste incendie ; car ce serait d'abord le feu bien plus que la lumière.

Ces moyens extraordinaires, messieurs, devraient certainement être employés en temps de guerre. Alors, en effet, nous ne pourrions pas susciter trop d'embarras à nos ennemis. C'est alors qu'il nous conviendrait de déchaîner les tempêtes. Mais en pleine paix ! *de quel droit aller troubler les gouvernemens étrangers sous prétexte de donner aux peuples des constitutions plus parfaites ?* . . . . .

Messieurs, ayons confiance dans le gouvernement, comme il a confiance lui-même dans la nation. La France n'est hostile envers personne, elle ignore d'où pourront lui venir des ennemis. A tout événement elle sera en mesure de les repousser. Sa maxime forte, à laquelle elle doit invariablement tenir est celle-ci : *Chacun chez soi et chacun son droit.*

Je vote pour la loi. (Sensation prolongée.)

---

[1] Et en effet l'événement a prouvé que c'est l'accord entre la France et l'Angleterre qui a le plus contribué au maintien de la paix.

Séance du 15 janvier 1831. (*Constitutionnel* du 17.)

Sur la question : *Aurons-nous la guerre? en réponse à M. Mauguin, interpellé par M. Casimir Périer, et surtout au général Lamarque qui avait attaqué le ministère antérieur à celui de M. Laffitte.*

M. Dupin aîné : L'orateur qui descend de cette tribune (M. Mauguin), s'est étendu sur les causes de notre glorieuse révolution. Il a démontré qu'elles étaient graves, profondes, et qu'elles tenaient au sentiment fortement empreint dans tous les cœurs français, de l'humiliation qu'a subie la France en 1814 et 1815. Nous sommes d'accord avec lui sur cette partie de son discours. Ce qui en résulte, c'est que notre révolution fut légitime dans son principe, honorable dans ses moyens de succès, et qu'elle sera durable dans ses résultats.

Elle a été unanime, parce que la masse de la nation voulait autre chose que ce qui existait. Mais qu'a voulu en même temps la nation ? Elle a voulu un gouvernement qui fût *sincère et vrai*, un gouvernement qui ne commençât pas par tromper ses propres citoyens, en leur donnant des lois qu'il ne voudrait pas exécuter.

Que vient-on nous dire ? Qu'après un état aussi sublime, on a fait *halte dans la boue*.[1] Non, messieurs, mais on n'a pas voulu *se traîner dans le sang* ! (Mouvement).

On n'a pas voulu après une révolution qui, suivant une heureuse expression, *n'a pas coûté la vie à un seul homme désarmé*, ouvrir la porte à des réactions sanglantes, et rentrer dans cette carrière d'horreurs qui avait souillé la première révolution ; on se rappelait ses effroyables excès, qui, après le dégoût et la lassitude, nous précipitèrent sous le joug d'un despotisme, tombé lui-même malgré sa gloire, comme le colosse aux pieds d'argile. Voilà notre histoire, et nous n'avons pas voulu la recommencer. (Marques nombreuses d'une vive approbation.)

---

[1] Discours du général Lamarque.

Il n'y avait plus d'ennemis à combattre; contre qui aurait-on donc continué le mouvement? Les barricades n'étaient plus nécessaires, et nous avons fait repaver les rues. Eh bien! *ce qu'on avait fait pour les pavés, nous l'avons fait aussi au moral.* Les lois avaient été violées, on les a rétablies; on s'est appliqué à faire régner la paix la plus profonde dans la cité, et à offrir à l'Europe ce grand et magnifique spectacle d'une nation de 32 millions d'hommes en paix avec elle-même et avec l'étranger, adoptant avec enthousiasme la même loi, le même roi, les mêmes couleurs; car pas un seul *non* n'est venu troubler cette unanimité..... (Quelques dénégations.)

Plusieurs voix : Et M. de Kergorlay!

D'autres voix : Un délit n'est pas un vote.

M. *Dupin aîné.* Je le répète, pas un seul *non* n'est venu troubler cette unanimité; tandis qu'à une autre époque il y avait eu des *non* dans la nation et des *non* légalement prononcés; les registres de l'époque en font foi. (Rumeur.)

Cependant, que vient-on nous dire? que le premier soin du ministère devait être de faire reprendre à la France son rang parmi les puissances, de venger son honneur militaire outragé, et de ressaisir de meilleures frontières!

Reprendre son rang parmi les puissances! et comment oser prétendre que ce résultat n'a pas été obtenu? On vient alléguer le duc de Modène! je me contenterai de vous renvoyer à la fable du *Lion et du Rat*, pour prouver que la puissance ne doit pas toujours se venger de la faiblesse. Mais n'est-ce donc pas un immense résultat obtenu sans coup férir et par le seul ascendant du nom français, que cet assentiment unanime de toutes les puissances à l'expulsion de Charles X et à notre glorieuse révolution? Dites *si, depuis mille ans, en Europe, il est un autre exemple d'une révolution aussi complète, aussi influente sur la destinée des autres peuples, qui n'ait aussitôt amené des guerres longues et cruelles;* rappelez-vous combien de sang a coûté l'établissement des États protestans, la révolution d'Angleterre, celle d'Amérique, et notre première révolution de 1789!

Il fallait, vous a-t-on dit, venger notre honneur militaire outragé! c'est-à-dire qu'il fallait immédiatement entrer en guerre avec toute l'Europe, qui offrait de rester en paix avec nous. Je dis toute l'Europe, car c'est elle qui nous pressait de toutes parts en 1814. S'ils n'eussent été que quelques-uns, ils ne l'auraient point emporté sur nous. Nous aurions donc été au-devant d'une réaction européenne. Et qu'on ne vienne pas nous dire que, en 1814, les rois seuls en voulaient à Napoléon, et que les peuples n'étaient pas de la partie! Ce serait méconnaître l'histoire, ce serait oublier toutes nos impressions d'alors.

Oui, les peuples étaient fatigués autant que les rois. Ceux-ci, bien qu'humiliés par Napoléon, voyaient du moins en lui le restaurateur des idées monarchiques et de la royauté qu'il avait entourée du prestige de la gloire; car le principe monarchique ne sympathisait que trop avec le despotisme impérial, et ses lauriers l'auraient rajeuni s'il avait pu l'être.

Mais les peuples, au lieu de la liberté que nous leur avions annoncée, n'avaient éprouvé que les tristes effets de la conquête et de l'oppression. Pour nous, sans doute, beaucoup de gloire à la suite de tant de batailles gagnées! Mais si nous étions fiers des victoires de nos soldats, croyez-vous que les peuples étrangers n'étaient pas humiliés de notre oppression? En analysant leur position, ne s'agissait-il pas pour l'habitant de loger et nourrir nos soldats, de voir leur territoire morcelé pour créer à nos généraux *des titres nobiliaires et des majorats* [1], de voir leur pays régi et administré, non par des indigènes, mais par nos sous-préfets et nos auditeurs au Conseil-d'État? Et pour nous-mêmes, n'étions-nous pas fatigués de voir que la France épuisait sa force pour conquérir de vains titres de protecteur de la Confédération du Rhin, médiateur de la Confédération suisse, pour ajouter la couronne de fer d'Italie à la couronne de France, sans prévoir aucun terme à cette insatiable ambition? (Mouvement marqué dans l'assemblée.)

Qu'on cesse donc de le nier, en 1814, il y a eu un mouvement de tous les peuples. C'est la landwher, la landsturm, ce sont les étudians des universités qui, au nom d'une liberté devenue nationale pour eux, ont reconduit le despotisme jusque sur les bords du Rhin, qu'elles ont passé à la suite de notre armée, sans que la population s'y opposât, parce qu'elle était lasse du despotisme militaire.

[1] Eux qui de 1792 à 1803 s'étaient battu contre le parti de la noblesse et de la féodalité!

A-t-on donc oublié que ce désir, cet espoir de liberté, fit des jeunes gens de nos écoles des volontaires royaux? (C'est vrai! c'est vrai!) Sans cela, sans le concours des peuples d'un côté, en vue d'une liberté promise, et, de l'autre, cette indifférence d'une nation pour la gloire sans la liberté, jamais les despotes et leurs armées n'auraient suffi contre la France. (Vif mouvement d'approbation.)

Nous avions la Belgique avant toutes ces folies : et si, au lieu de guerroyer au loin, Napoléon était resté dans nos limites naturelles, derrière le Rhin, avec sa magnifique armée, nous étions inexpugnables. C'est donc son ambition guerrière qui a tout perdu, et spécialement la Belgique.

On reproche au précédent ministère d'avoir reconnu les traités de 1814 et de 1815, et d'avoir accepté la spoliation de notre territoire. Si ces traités étaient l'œuvre du précédent ministère, on aurait raison de les lui reprocher : s'il avait cédé du terrain, on pourrait lui en faire un crime. Ce ne serait pas un simple reproche à cette tribune, ce serait une accusation qu'il faudrait porter contre lui. Mais tout était consommé depuis plus de quinze ans, et il se fût agi pour lui de violer de gaieté de cœur les traités existans et de marcher à de nouvelles conquêtes.

M. Mauguin. Je n'ai point parlé de conquêtes, et si l'on voulait entrer en Belgique par conquête, je m'y opposerais; mais quand la Belgique s'offre.....

M. Dupin aîné. Elle s'offre par un pétitionnaire. (On rit aux centres; murmures à gauche.)

Les interruptions n'y feront rien, et ne changeront pas ma conviction. Voulez-vous ne plus parler de conquêtes, mais seulement de vos droits à la Belgique comme à un objet litigieux? je vous dirai alors qu'il est sage d'abandonner un objet litigieux, lorsque le procès, soutenu à propos de cet objet, pourrait faire perdre au plaideur la portion la plus importante de sa fortune, et ici le procès serait une immense guerre. Voulez-vous raisonner dans la supposition qu'il s'agirait pour vous d'accepter la Belgique, comme on accepte une donation? Mais où sont donc les donateurs? Quel est l'acte qui transfère la Belgique à la France?

Il peut y avoir quelques hommes en Belgique qui désirent la réunion de ce pays à la France; mais vous ne prétendrez pas qu'il y ait unanimité; il y a en Belgique des provinces inspirées par des intérêts divers; il y a des partis violens : si vous acceptez la donation que voudra vous faire un parti, vous n'acceptez que le droit de donner la guerre civile à la Belgique, et par suite la guerre à toute l'Europe. (Marques d'approbation.)

On reproche au ministère dont j'ai fait partie son inaction au moment où les autres puissances se préparaient, dit-on, à la guerre. N'avons-nous pas fait *déclarer à la Prusse que, si elle envoyait un seul régiment en Belgique, la France aussitôt y enverrait une armée?* De ce moment n'avons-nous pas préparé nous-mêmes nos moyens de défense? Mais ceux qui sont aujourd'hui si guerroyans, si militaires, et qui s'y connaissent sans doute beaucoup mieux que moi, savent-ils en quel état Charles X avait laissé la France? Qu'ils nous disent comment, au mois d'août et de septembre, nous aurions pu nous livrer à une guerre d'agression? Nos corps d'élite, la garde royale, la garde suisse étaient licenciées; certains régimens de ligne étaient en insurrection contre leurs officiers; certes, ce n'est pas avec une armée sans discipline que l'on pouvait entrer en campagne.

Enfin, il faut bien le dire, car tout ce qui accuse l'imprévoyance du dernier gouvernement justifie d'autant la révolution. N'avait-il pas tout-à-fait négligé les moyens de faire la guerre? Aviez-vous des armes? Non sans doute : la garde nationale n'a pu être armée; elle demande encore des armes aujourd'hui, et l'on fait, dans plusieurs cantons, l'exercice avec des fusils de chasse. Nos places fortes étaient en mauvais état, elles n'étaient point approvisionnées (vive sensation); mais aujourd'hui tout cela est changé. Si la guerre était nécessaire, le gouvernement, doublement fort de nos premières dispositions et de ses nouveaux préparatifs, est en mesure de la faire.

M. de Corcelles. A la bonne heure.

M. Dupin. Elle n'est pas encore faite. (Rire général.) Le gouvernement ne s'engagera pas témérairement dans des entreprises aussi graves.

Si la France fait la guerre, *je désire que ce soit une guerre juste.* Alors nous serons sûrs de la victoire, parce que le sentiment national le plus exalté inspirera la population tout entière. Mais si la guerre n'est pas légitime, c'est-à-dire, amenée par de justes causes, l'effort sera moins unanime, parce que les opinions seront divisées; il y aura moins d'enthousiasme, moins d'énergie, moins de sacrifices, parce qu'en effet ce n'est pas la même chose de faire une guerre sacrée pour la défense de son territoire et de sa liberté, ou de la faire étourdiment pour le seul plaisir de fournir à ceux qui la provoquent *l'occasion de s'orner de plumets*, et de donner des commandemens et des grades à ceux qui en désirent. (Mouvement universel et chuchotement prolongé dans l'assemblée.)

Quant à la Pologne, oui, j'éprouve pour ce peuple héroïque la plus vive sympathie; oui, je fais des vœux individuels pour son affranchissement; oui, je voudrais que, par un sublime effort d'une politique grande, généreuse, et intelligente de l'avenir, la Prusse et l'Autriche préférassent à la possession de quelques districts injustement acquis, l'avantage de replacer une vaste barrière entre elles et le colosse du nord, qui pèsera sur elles avant de peser sur nous..... Mais si tel est mon désir, je n'aperçois pas le droit que nous aurions d'envoyer actuellement 200,000 hommes en Pologne, quand naguères nous eussions trouvé révoltant que la Russie envoyât son armée inspecter notre révolution!

En résumé, le plan de l'ancien comme du nouveau ministère a été[1]: *Ordre au dedans, paix au dehors, respect des lois, et liberté la plus large que l'ordre pourra comporter.* Et c'est alors que l'on a prononcé le mot de *concession*! La nation est propriétaire de ses droits; si les chambres interviennent, ce n'est pas pour les créer ou les octroyer, mais pour en régler simplement l'exercice; et dans cette carrière, cette chambre ne s'imposera d'autres limites que celles mêmes de l'ordre public indispensable au maintien de la liberté. (Très-bien! très-bien!)

Quant à l'extérieur, nous sommes en armes; nous sommes prêts à la guerre; mais elle n'est pas résolue, et j'espère qu'elle ne le sera pas. (Bravos et marques prolongées de sensation.)

---

[1] N'est-ce point là par hasard ce qu'on a depuis appelé le système du 13 mars? Remarquez que nous n'y sommes pas encore :... ceci a été dit le 15 janvier... Voyez même un peu plus haut, page 217.

Séance du 27 janvier 1831. — (*Constitutionnel.*)

Sur la question de la Guerre, à l'occasion d'une interpellation du général Lamarque, constituant un fait personnel.

Le général Lamarque. Messieurs, je ne descendrai pas de cette tribune sans répondre à une phrase deux ou trois fois répétée par un orateur qui paraît s'y complaire. (Rumeurs et chuchotement. Ecoutez! écoutez!) A l'entendre, ce ne serait que *pour des plumets et des épaulettes* que les militaires désireraient la guerre. (Tous les yeux se portent sur M. Dupin aîné, qui écoute l'orateur, la plume à la main.) Ainsi, lorsque quatorze armées se précipitèrent vers nos frontières, qu'un million de soldats teignirent de leur sang, c'était pour des plumets, pour des épaulettes! On pouvait du moins les satisfaire à bon marché, car ces plumets étaient de crin, ces épaulettes étaient de laine. (Mouvement.)

Ne se croirait-il pas offensé si on lui disait que le seul mobile de la noble profession où il brille avec tant d'éclat est un vil lucre, un sordide intérêt (mouvement prolongé dans l'assemblée); que l'éloquence s'y vend à tant la période, et que la plume la plus facile ne coule qu'en se trempant dans les eaux du Pactole! Ah! loin de nous cette pensée! l'amour de la justice, le besoin de secourir le malheur, animent, je n'en doute pas, les héritiers des Patru, des Cochin, des Gerbier! qu'ils accordent donc aux autres les nobles sentimens que nous ne leur refusons pas, et qu'ils avouent qu'il les connaissait bien, celui qui ne leur offrait d'autres récompenses que le bonheur de dire un jour à leurs concitoyens: *j'étais à cette grande bataille qui s'est livrée sous les murs de Moscou!* (Bravo! bravo!)

Quant à moi, qui ai entendu murmurer à mon oreille, *il veut être maréchal.* (Exclamations subites; interruption.)

— *Une foule de voix*: Oui, c'est vrai, on l'a dit; écoutez du moins la réponse! (Le silence se rétablit.)

M. le général Lamarque, reprenant: Je ne répondrai qu'un mot à mon interlocuteur. Qu'il lise quelques lignes dictées à Sainte-Hélène, et il verra que, sous ce rapport, mon ambition doit être satisfaite; que la voix sortie du tombeau a payé tout le sang qui coule dans mes veines, et que je n'ai rien à demander à ma patrie que de le verser pour elle. (Bravos nombreux et prolongés.)

MM. Dupin aîné, de Schonen et plusieurs autres demandent à la fois la parole.

M. le Président à M. Dupin : est-ce pour un fait personnel?

M. Dupin aîné: Oui.

M. le Président : Vous avez la parole.

M. Dupin aîné monte à la tribune. (L'honorable membre, qui sort de la Cour de cassation, où il vient de porter la parole dans une affaire importante, et qui, souffrant depuis trois jours, n'avait pas assisté aux séances de la chambre, paraît très-fatigué.)

Il n'était pas dans mon intention, messieurs, dit l'orateur, de prendre la parole dans cette discussion; j'en aurais été empêché par l'état de souffrance où je suis; d'ailleurs, je n'ai vu dans les explications demandées qu'une question personnelle au *ministère actuel*, et comme aucun reproche n'était adressé cette fois au *ministère précédent*, je ne croyais pas, pour ma part, devoir rien ajouter aux explications qui ont été données par M. le ministre des affaires étrangères d'une manière assez nette et assez ferme pour qu'elles pussent satisfaire les personnes habituées à soutenir le gouvernement, quand il suit une ligne qui paraît d'accord avec les intérêts nationaux; mais je suis obligé de répondre à une attaque que je puis considérer comme *personnelle*, en ce sens du moins que l'on donne à mes paroles une interprétation qui n'est pas conforme à ma pensée.

Quand j'ai parlé, à une précédente, séance [1], de ceux qui poussaient étourdiment à la guerre en vue d'obtenir des plumets et des grades qu'ils n'ont pas, il est évident que je n'ai entendu parler ni des guerriers qui sont morts pour la défense de la patrie et dont nous considérons les noms comme immortels par la gloire qui leur fut acquise, ni de ces illustres chefs qui les conduisirent au combat, et qui ont conquis sur les champs de bataille leurs grades et

---

[1] Celle du 15 janvier 1851. Voyez ci-dessus, pag. 233.

leur illustration. C'était à de jeunes étourdis que je m'adressais et non pas à des hommes de guerre ; je m'adressais à ceux qui lient leurs idées de guerre à des désirs de désordre intérieur, et qui, sans considération pour les dangers de la patrie, ne recherchent dans ce bouleversement que l'occasion d'acquérir des plumets et des épaulettes.

Honneur à jamais, honneur à nos quatorze armées de 1792, qui se portèrent au-devant de l'ennemi envahissant nos frontières ; honneur à ces soldats de l'empire qui ont porté notre gloire dans toutes les contrées de l'Europe, et à ces illustres chefs qui, encore aujourd'hui, peuvent nous guider au combat et transmettre à notre jeune armée l'esprit militaire de l'ancienne. (Très-bien ! très-bien !) Voilà ma pensée tout entière.

Maintenant, si le débat s'établit sur le fonds même de *la question, s'il faut faire le départ entre ceux qui sont militaires et ceux qui ne le sont pas*, et que l'on m'objecte *mon inexpérience dans l'art militaire*, je défendrai mon droit de citoyen par un exemple qui, si ma mémoire est fidèle, réfutera suffisamment l'objection. Dans une situation qui n'était pas sans analogie avec celle où nous nous trouvons, et dans une assemblée nationale, où l'on agitait aussi *la question de la paix ou de la guerre*, L'Hôpital opinait pour la paix. A ses premiers mots, le connétable de Montmorency l'interrompt, et lui dit qu'un homme de robe ne devait pas se mêler de ce qui regarde la guerre. « A quoi » L'Hôpital répondit : Connétable, à vous de faire la » guerre quand elle sera résolue ; mais à moi de débattre » si elle est nécessaire. » (Mouvement général et prolongé.)

Je ne suis pas L'Hôpital, je ne le serai jamais ; c'est un de ces modèles qu'on admire et qu'on vénère dans le lointain, et auquel nul ne saurait atteindre. Pour vous, général (en se tournant vers le général Lamarque), la carrière vous est ouverte. (Nouveau mouvement.)

Au reste, messieurs, si au lieu de saisir dans mon discours un seul mot, une seule phrase, on veut connaître mon opinion sur la question en elle-même, je la dirai volontiers. (Parlez ! parlez !) J'expliquerai plus particulièrement pourquoi il n'y a pas lieu de se précipiter dans la guerre, et je justifierai ainsi d'autant plus que ceux qui y poussent inconsidérément ne sont que des étourdis, bien différens de ces *hommes de guerre qui, la main sur la garde de leur épée, attendent, pour la tirer, que le pays réclame leurs services et fasse un appel à leur dévouement.*

On vient de vous dire que quelques-uns voulaient *la paix à tout prix*, et certes, c'est bien là ce que chacun de vous pourrait considérer comme un fait personnel. (On rit). Car la vouloir à tout prix, ce serait apparemment la vouloir même au prix de la honte et de la déconsidération. J'affirme le contraire, Non, il n'est personne, dans cette enceinte, qui ne fût prêt à soutenir la guerre, et la guerre à outrance, je ne dis pas seulement contre toute attaque réelle, mais contre tout ce qui aurait une apparence de provocation, de danger ou d'humiliation. (Marques d'adhésion universelles).

Ainsi qu'on n'affecte pas de prendre le change et de chercher à dénaturer au dehors nos véritables intentions. Je l'ai dit dès le premier jour où cette question s'est engagée : à l'instant où la guerre deviendrait nécessaire pour défendre la liberté, l'honneur ou la prospérité du pays, il n'est pas de bon Français, de député fidèle, de citoyen généreux, qui ne s'écriât : guerre avec tous les moyens que la nature et le patriotisme ont mis en notre pouvoir! guerre jusqu'à la conclusion d'une paix honorable, d'une paix bien différente de celle signée dans ces derniers temps! (Sensation). Mais si personne ne nous attaque et ne nous défie; si, sans faire la guerre, nous pouvons nous maintenir dans cet état de paix, continuons d'en faire jouir le pays. Ce n'est pas là vouloir la paix à tout prix; c'est seulement ne pas vouloir une guerre injuste. (Très-bien! très-bien!)

Mais, dites-vous, la France est sous le poids de la défaite. On pouvait dire cela en 1814. Nous avons alors succombé sous une coalition de toute l'Europe, secondée en France même par une défection d'opinion, qui a favorisé leur entrée sur notre territoire, en leur donnant ce titre trompeur *d'alliés* : titre que je ne leur ai pas accordé; car j'ai toujours considéré comme ennemis ceux qui étaient alliés, mais *alliés entre eux contre nous*, et seulement pour nous dépouiller. (Marques générales d'approbation).

Mais quinze ans nous séparent de cette malheureuse époque, et la France ne vient-elle pas, en juillet 1830, de se relever à ses yeux et à ceux de l'Europe, brillante de force et de liberté? Non, la France n'est plus sous le poids de la défaite. La France était opprimée au dedans par un gouvernement trop bien d'accord avec l'étranger pour la tenir dans un état de dépression et de faiblesse. Elle s'est relevée de toute sa hauteur, de toute sa dignité; elle a ressaisi, non pas les armes de la conquête, mais ce qu'il y a de plus noble, le code de ses droits, le code des droits de l'homme et du citoyen; elle s'est rassise sur elle-même, et elle a dit à l'Europe : Je ne suis plus cette France gouvernée par une race de rois que vous m'aviez imposée; je vois maintenant à ma tête un roi national, un roi qui a pris part aux premiers combats de la liberté sous le même drapeau qu'aujourd'hui, un roi Français d'âme et cœur, qui est un *d'entre nous*, qui est à nous à la vie et à la mort, à la paix et à la guerre; comptez-y désormais. (Bravo! bravo!)

On pressent des orages. Voyez, a-t-on dit, cette inquiétude répandue dans les esprits, cet état de marasme produit par une paix sans confiance, au milieu de laquelle le crédit s'altère et le commerce languit, et c'est apparemment pour remédier à tant de maux, qu'on vous a proposé de ranimer la guerre en Turquie, derrière les Balkans, de traverser la mer noire pour aller bombarder Odessa, et de susciter la Perse du côté du Mont-Caucase (Rires et murmures), c'est-à-dire d'allumer une guerre universelle.

Et qui nous empêche, au lieu de poursuivre de telles chimères, au lieu d'aller provoquer tous les gouvernemens et soulever toutes les populations, qui nous empêche de nous concentrer dans nos propres intérêts, de compléter nos institutions, de raffermir notre esprit public *sans cesse inquiété par ceux qui veulent tout remettre en question, qui ne sont contens de rien et qui cherchent à porter partout le désordre et la confusion?*

Voilà ce qui empêche le crédit de se rétablir, le commerce de prospérer; voilà ce qui fait appréhender des orages pour l'avenir, et ce qui les appellerait immédiatement sur nous, si nous allions follement provoquer tous les peuples à la guerre.

On a parlé de secourir la Pologne. Entendons-nous; s'agit-il d'y aller avec une armée? Mais si les Polonais eux-mêmes ont dit : les Français sont trop loin; ne devons-nous pas dire aussi : la Pologne est trop loin de nous? (Rires et murmures à gauche. — Interruption.)

M. Dupin. Ce n'est pas en riant que vous me ferez perdre de vue la question. Vous parlez d'aller en Pologne. Comment y aller sans passer par-dessus l'Allemagne?.... (Nouvelle interruption à gauche).

Plusieurs voix. Qui vous parle d'aller en Pologne?

M. le président. On n'a pas interrompu le précédent orateur; je vous invite à garder le silence.

M. Dupin. Oui, vous voulez la guerre; autrement, comment expliquer ces associations, composées d'hommes honorables sans doute, mais par lesquelles il est manifeste qu'on veut commencer par les individus une guerre dans laquelle on voudrait entraîner le gouvernement tout entier? (Exclamation à gauche. — Interruption).

M. Dupin. Expliquez-vous donc, si telle n'est pas votre pensée, rendez-vous aux objections, ou sachez rester fermes dans vos assertions. Si j'avais introduit la question de guerre, je la soutiendrais par tous les moyens que me fournirait ma conviction et non pas par des interruptions, qui ne sont jamais des réponses. Oui, je le répète, c'est la guerre qu'on veut, la guerre universelle, le soulèvement de tous les peuples auxquels on prétend porter des constitutions, comme si nous avions des pétitions de tous les peuples, qui nous appelleraient à leur donner d'autres lois. (Dénégations à gauche; vive interruption).

Plusieurs voix: Vous n'aviez la parole que pour un fait personnel.

D'autres voix: Silence! vous répondrez à la tribune!...

. . . .

On prétend que la Belgique s'offre à nous. L'occasion était mal choisie le jour où on l'a dit pour la première fois; car il ne s'agissait que d'une pétition d'un citoyen de Mons, qui vous faisait hommage de la Belgique. (On rit.)

. . . .

Comment le vœu de la Belgique devrait il être exprimé, pour qu'on pût dire qu'elle s'offre à nous? Est-ce par des correspondances privées, ou par des opinion isolées de ses députés? n'est-ce pas par un acte solennel de son congrès? et après qu'elle aurait ainsi exercé son droit, le nôtre ne commencerait-il pas: celui d'examiner législativement si la réunion offerte doit être acceptée par nous? Cela ne s'est jamais fait autrement; en 1792 et 1794, sous la république et sous le consulat, il a toujours fallu une loi pour réunir à la France les pays conquis.

. . . .

Ce congrès ne s'est pas encore expliqué. Une majorité a même failli s'y former contre vous. Direz-vous que c'est par impatience? mais si, dans une matière aussi grave, les Belges montrent tant de légèreté, s'il y a parmi eux dissidence, c'est une raison de plus pour nous d'examiner sérieusement. Il ne me sera pas défendu à moi, qui aime la France comme un fils aime sa mère, tandis que j'aime la Belgique comme un voisin auquel on s'intéresse (on rit), de préférer les intérêts de ma patrie, de les considérer attentivement, et d'examiner la question d'opportunité.

S'il m'apparait, par exemple, que cette réunion, opérée contre le vœu de toutes les puissances, devrait nous attirer une guerre générale, je ne m'y déciderais pas. Si cependant l'Europe voulait exiger de nous une chose injuste, je ne balancerais pas à dire : faisons la guerre. Ainsi, provoqués ou attaqués chez nous, l'Europe entière voudrait-elle faire effort contre notre territoire, elle échouerait infailliblement; nous serions Français partout, soldats partout, et nous aurions la victoire.

Mais si la guerre n'était pas d'intérêt général, s'il s'agissait de conquérir et d'envoyer nos armées hors du territoire, qui pourrait prévoir le résultat? Sans doute nous pourrions acquérir quelques départemens de plus, mais après la guerre ne pourrions-nous pas aussi en avoir quelques-uns de moins? Nos soldats seraient toujours braves; mais serions-nous toujours heureux?

On veut que nous donnions la gloire pour compagne à la liberté. La liberté, d'abord ; quant à la gloire, il y en a de deux sortes. La seule vraie, la seule solide, est celle qui procure le bien de l'Etat. Ainsi, un peuple est attaqué, il se lève pour défendre son territoire et son indépendance, on le conduit à la victoire, et après lui avoir procuré les douceurs de la paix, on reste citoyen; on s'applique à perfectionner ses institutions et à faire fleurir la civilisation et faire régner les lois ; on ne considère les armées que comme des moyens de salut, et non pas comme des moyens d'oppression ; alors on est un grand homme et l'on a conquis la vraie gloire.

Mais si l'on fait la guerre pour la guerre, si l'on veut

marcher de conquêtes en conquêtes, il y a encore de la gloire pour les guerriers qui ont combattu vaillamment, non pour celui qui aurait mal employé leur courage, et tout ce qu'ils font de grand demeure enregistré dans l'histoire, sans utilité toutefois pour le pays.

Ce n'est pas de cette fausse gloire que nous sommes jaloux. Aussi la France de 1830, en se choisissant un roi, ne l'a pas appelé roi-militaire, mais roi-citoyen. (Bravos prolongés).

Séance du 29 mars 1831. (*Constitutionnel.*)

Contre l'établissement de l'association dite nationale, à l'occasion de la loi des émeutes. (Après le général Lafayette qui avait dit : je suis trop vieux pour recevoir des leçons de personne.)

M. *Dupin aîné* : Messieurs, il faudrait pouvoir se dire au-dessus de l'erreur, c'est-à-dire au-dessus de la condition de l'humanité, pour se prétendre hors d'état de rien apprendre de nouveau, ni de recevoir aucune leçon, fût-ce même celle de l'*expérience*. Il y a aussi pour nous une leçon vivante, et qui sans cesse agit au fond de nos consciences, une leçon d'autant plus imposante qu'elle se rapporte à un devoir, celle du serment que nous avons prêté, non pas à je ne sais quel *programme*, dont on nous parle sans cesse, et que personne de nous n'a vu, qu'aucun de nous n'a juré, mais à la constitution de l'Etat, à la Charte de 1830, que le *préopinant a jurée comme nous et avec nous*, cette Charte que la France entière a acceptée parce qu'elle consacre tous ses droits, parce qu'elle comporte toute la liberté compatible avec le système de civilisation le plus élevé. (Très-bien ! très-bien !)

Quel est le principe du gouvernement de juillet 1830 ? N'est-il pas fondé tout à la fois et sur l'indépendance nationale, et sur l'exclusion perpétuelle de la branche aînée des

Bourbons? et quelle marque plus éclatante de cette indépendance, que le mouvement de la nation tout entière, qui s'est levée au milieu de l'Europe pour renverser un gouvernement parjure, et fonder un trône de son choix, en récusant toute intervention étrangère? Et quant à l'exclusion de la branche aînée des Bourbons, n'est-elle pas suffisamment attestée par le choix que nous avons fait de la branche cadette? N'est-il pas évident que la branche aînée ne pourrait revenir sans forcer la branche régnante à s'exiler, et qu'ainsi Louis-Philippe, et ceux qui se sont associés à son élévation, sont les parties les plus intéressées à maintenir la révolution de juillet? (Bravo! bravo!)

A quoi donc servirait une *association* qui ne se proposerait que le même résultat? Le but est rempli sous le double rapport, et de l'exclusion de la branche déchue et de l'indépendance nationale, suffisamment garantie par notre armée et par les efforts et le concours de ceux qui chaque jour travaillent à la rendre de plus en plus redoutable.

L'association aurait donc réellement un autre but. Osons le dire, on veut introduire *un Etat dans l'Etat*. (Vives exclamations à gauche. — Interruption. — *M. de Tracy*: Je demande la parole. — *Une foule de voix*: Oui! oui! C'est vrai!)

M. Dupin, avec énergie : Oui, je le répète, n'est-ce pas introduire un Etat dans l'Etat, que de prétendre *gouverner à la place du gouvernement*? Qu'est-ce en effet qu'un gouvernement, si ce n'est l'organisation et la subordination des pouvoirs de l'Etat? Or, que fait l'association? N'a-t-elle pas ses chefs, ses inférieurs, ses subordonnés, sa hiérarchie; non pas expliquée d'une manière aussi explicite que pour l'association de la Belgique, qu'un journal de ce matin nous montre régie par trois comités, l'un d'administration, l'autre de propagande et le troisième de surveillance et de renseignemens, mais nous n'en pouvons douter, avec des élémens à peu près semblables?

On lève des deniers au moyen de cotisations publiquement indiquées; la société aura donc, comme nous, son budget, moins toutefois le compte rendu de l'emploi des recettes. (Rire d'approbation.) On lève des hommes, on les enrégimente, on les embrigade; vous ferez donc la guerre, et vous la ferez sans doute au nom du chef de l'association... (Explosion à gauche. Interruption.)

M. Dupin, aux interrupteurs : Oui, vous ferez la guerre puisque vous voulez défendre, dites-vous, l'indépendance nationale jusqu'au dernier soupir. (Éclats de rire à gauche. Nouvelle interruption.)

M. Dupin, aux rieurs : Si ce n'est pas cela, l'association ne signifie rien, et je ne m'oppose pas à ce que vous la trouviez ridicule. (Rire général.)

Messieurs, le prétexte d'un but louable n'a jamais manqué aux ligues et aux associations. Qu'on relise aujourd'hui les statuts de la sainte ligue sous les Valois, on verra que tout y était disposé pour assurer le triomphe de la religion et de la monarchie. On voulait même y faire entrer le bon roi. « Soyez tranquille, lui disait-on, ne craignez rien; nous veillons pour vous. » C'est-à-dire, messieurs, nous gouvernerons sans vous, et chaque jour nous minerons le pouvoir en paraissant le protéger. (Bravos prolongés.)

Sans doute, dans une pareille association, il doit se trouver beaucoup d'hommes honorables et bien intentionnés ; mais à côté de cette bonne foi des uns, il y a la malice des autres; *la société a des gérans* qui veulent attirer à eux toute l'utilité de l'association; ils se tiennent en arrière jusqu'au moment où il leur conviendrait de se montrer, et ils font leurs affaires en ne paraissant s'occuper que des intérêts de l'État. Qu'une telle association prenne des forces, et vous ne pourrez plus bientôt l'arrêter dans ses envahissemens. C'est la fable de la lice et sa compagne :

Laissez-leur prendre un pied chez vous,
Ils en auront bientôt pris quatre. (On rit.)

Au reste, une faute d'impression dans un des journaux qui préconisaient le plus l'association, nous a révélé ses arrière-pensées, en disant que l'âme de ces associations était la *duplicité*[1] (rire général); des hommes de bonne foi ont pu d'abord être trompés par les apparences.

Mais le gouvernement s'est prononcé, il n'a plus été permis de s'y méprendre, et le bon sens public a résisté aux sollicitations. Malheur à la patrie, si notre dynastie nouvelle et l'indépendance nationale n'avaient pour partisans et pour défenseurs que les signataires de l'association !

[1] Au lieu de *publicité*.

Car à Lyon, seconde ville du royaume, les souscripteurs n'ont pas pu atteindre le nombre de deux cents; à Paris, où dans les premiers temps, elle semblait devoir obtenir plus de cours, la source des adhésions semble déjà tarie. (Mouvement.)

Messieurs, il y a une grande association, à la tête de laquelle est placé le gouvernement du roi; c'est celle qui compte dans ses rangs la garde nationale, l'armée, les fonctionnaires publics, celle du peuple français tout entier, et aujourd'hui plus que jamais, en présence des événemens qui se préparent, l'intérêt du pays veut qu'on se rallie au lieu de se diviser. (Bravo! bravo!).

Pour moi, je le déclare hautement, je ne puis approuver ces associations; je leur appliquerais volontiers la loi de 91 sur les émeutes [1], et je leur ferais sommation de se dissoudre, en disant : « Obéissance à la loi; que les bons citoyens se retirent. » (Marques éclatantes d'adhésion.)

Cette improvisation est suivie de l'agitation la plus violente. Une interpellation adressée à quelques membres de la gauche par M. de Lascours, donne lieu à une scène tumultueuse, au milieu de laquelle retentissent avec force les voix de MM. Bernard, Audry de Puyraveau et Odilon-Barrot.

M. Mauguin, qui est à la tribune, attend long-temps le silence.

Enfin le calme se rétablit.

Du 31 mars 1831. — (*Constitutionnel.*)

Encore sur les associations, et spécialement sur la participation des fonctionnaires à ces associations; en réponse à M. Odilon-Barrot.

M. *Dupin aîné*. Messieurs, il est bien entendu que cha-

---

[1] Non pas certes en les fusillant, comme voulait l'interpréter un membre de l'opposition, mais en leur adressant le *conseil de la loi* : « on vous a abusés, on vous a trompés, que les bons citoyens se retirent. » Cette explication a été donnée à la séance du 30 mars 1831.

cun a de bonnes intentions, et ceux qui voient du danger dans les associations, et ceux qui croient y trouver du secours; cependant l'erreur est de quelque côté, et il s'agit d'éclairer la France, attentive à ces débats, de lui montrer où est la vérité, où sont ceux qui connaissent ses véritables intérêts, ceux qui veulent l'abuser?

Un gouvernement, dit-on, ne peut pas tout faire; il y a, au-delà de son action, quelque chose qu'il importe, sinon de suppléer, au moins de compléter, et qu'il est bon de confier au zèle des particuliers.

Ah! sans doute, messieurs, un gouvernement ne peut pas tout faire, et il a besoin d'être aidé; mais comment peut-il l'être avec efficacité? Assurément, au-delà de l'impôt qu'il est tenu de payer en vertu de la loi, chacun est maître de donner tous ses revenus, de donner même son fonds, et en attendant qu'il s'exécute, de déclarer qu'il est prêt à tout donner. (On rit.)

Mais alors, donnez au gouvernement si vous voulez que le don lui profite. Faites comme je me rappelle de l'avoir vu faire dans mon enfance, en 1792 : déposez vos dons sur l'autel de la patrie, où le gouvernement ira les prendre pour les ajouter au budget, et les faire tourner à la défense du pays, et ne les consignez pas dans une caisse particulière, où il n'a pas le droit de mettre la main. (Très-bien! très-bien!)

Sans doute encore, si nous passons de la contribution des fortunes au dévouement des personnes, on peut aller au-delà de la conscription; mais comment? par des enrôlemens volontaires, en se rangeant sous le drapeau de l'Etat, en venant grossir les rangs de l'armée nationale. Faites comme certaines villes; levez des cavaliers, armez-les, équipez-les à vos frais; envoyez-les au ministre de la guerre, il les recevra avec empressement et reconnaissance. (Rire d'approbation.)

Mais si, au lieu de recruter ainsi pour l'armée, vous appelez les généraux, les officiers et les soldats à faire partie *d'associations particulières*, pensez-vous ainsi venir au secours du gouvernement? A qui donc obéiront les affiliés? A leurs chefs naturels, ou bien aux chefs de l'association? Cette association a pour but, suivant ses statuts, de compléter les mesures du gouvernement! Mais, prenez garde : à la tête de l'administration militaire est un illustre maréchal, auquel chacun accorde de justes éloges, qui a conquis une grande gloire, principalement en Italie, dont on a tant parlé, et il s'en souvient. (Très-vive sensation et adhésion générale.)

Par quelles mesures l'association prétend-elle donc compléter celles qu'un homme aussi expérimenté a déjà prises? Ira-t-on rivaliser avec lui? Ignore-t-on que le devoir du soldat est de rester attaché à son drapeau; au repos, si on l'y laisse; en marche, si l'ordre est donné de marcher? Qui donc donnera le signal, du ministre de la guerre ou de l'association? C'est l'insubordination qu'on propose. (Murmures à gauche; au centre : oui! oui!)

Quant aux fonctionnaires publics, qu'ont-ils donc à faire autre chose que de remplir leur devoir énergiquement et consciencieusement? Eh quoi! chaque fonctionnaire public ne trouve-t-il pas, dans sa compétence telle qu'elle est définie par la loi, une consigne générale qui lui trace et lui rappelle sans cesse les devoirs qu'il a à remplir? C'est à bien remplir les devoirs de sa place qu'il doit s'adonner tout entier.

S'il est juge, qu'il siége assiduement et rende bonne justice aux plaideurs; s'il est conseiller-d'État, qu'il assiste au conseil, et qu'il conseille avec courage et sincérité. (Chuchotemens.)

De près ou de loin, qu'il agisse *au nom de la loi*; car tous les procureurs-généraux ne sont pas à côté du garde-des-sceaux; tous les préfets ne sont pas sous l'aile du ministre de l'intérieur, pour recevoir des instructions: mais si un délit se commet, si une émeute se déclare, chacun d'eux, de loin comme de près, prenant conseil de son zèle, de son patriotisme et des devoirs de sa place, doit agir immédiatement pour maintenir l'ordre public.

Mais si, au lieu de seconder l'action du gouvernement par tous les moyens que la loi met en son pouvoir, il déclare qu'il est en méfiance contre le gouvernement; si, pour se rassurer, il entre dans une association particulière née de cette défiance même, n'est-il pas évident qu'il fait plus de mal au gouvernement par cette défiance qu'il affecte, qu'il ne peut lui faire de bien dans l'exercice équivoque d'une fonction qu'il ne remplit plus que sous le coup de cette prévention?

D'ailleurs, conservera-t-il désormais l'indépendance nécessaire pour agir en qualité de magistrat? Ah! Messieurs, je le dis en général, et sans application à telle ou telle association politique, ceux qui la forment y cherchent un appui, ils se croyent forts de toute la force de l'association. A l'aide de cette force empruntée, ils peuvent exercer la tyrannie au dehors, et en faire ressentir les effets à ceux de leurs concitoyens qui ne sont pas de l'association ; ainsi procédait cette congrégation que nous n'hésitions pas à signaler comme un des plus grands maux du gouvernement déchu ; mais, par une réaction inévitable de la société sur ses membres, liés qu'ils se trouvent à ses statuts, à des engagemens spéciaux, ils sont à leur tour esclaves dans ces liens particuliers.

Eh bien! dans cette situation, que fera un procureur-général, un procureur du roi, s'il s'agit pour eux de poursuivre des faits qui se rattachent à l'association à laquelle ils auraient eu l'imprévoyance de s'affilier?

Que fera un préfet, un sous-préfet, s'il éclate des troubles où se trouvent impliqués ses frères, ses associés, ceux avec lesquels il a promis, il a juré de rendre le dernier soupir? (On rit). Ainsi placés entre leurs devoirs publics et leurs engagemens privés, les fonctionnaires n'auront évidemment plus cette indépendance qui est nécessaire au magistrat pour agir et parler au nom de la loi.

Des associations de ce genre existent, vous a-t-on dit, depuis près de huit mois? c'est-à-dire qu'après avoir fait des associations avant le mois de juillet pour renverser Charles X, dès le lendemain de notre glorieuse révolution, on a renoué de semblables associations pour entraver le gouvernement de Louis-Philippe! Oui, pour entraver, car, je le demande, quel gouvernement est possible en présence de telles associations, qui prétendent suppléer à son action, en créant dans les mains de leurs chefs tous les moyens de le supplanter? Aussi c'est ce qui les a fait exclure de tous les gouvernemens, des républiques anciennes comme des monarchies absolues : *avec elles*, en effet, *il n'y a pas de gouvernement possible.*

Disons-le donc sans détour, ces associations sont une source de divisions, d'inquiétude et d'agitation. Elles ont dû exciter la sollicitude du gouvernement; et le moins qu'il ait pu faire dans cette circonstance, a été d'avertir les citoyens et les fonctionnaires, et de les prévenir du danger de s'y laisser entraîner. De ce moment, les fonctionnaires, s'ils sont réellement en défiance contre le gouvernement, s'ils croient sérieusement qu'il trahit et qu'il marche à notre ruine, doivent non pas attendre leur démission, mais la donner ouvertement et se retirer : autrement on pourrait croire qu'ils ne restent plus que pour toucher leur traitement......

On a parlé d'associations particulières qui, en Prusse et en Angleterre, sont venues au secours du gouvernement; mais déjà l'on a répondu que ces associations avaient mis tous leurs moyens à la disposition de leur gouvernement, et s'étaient placées sous sa direction. La landwher de Prusse n'était autre chose que la garde nationale marchant pour la délivrance et l'affranchissement du territoire, au nom de la liberté.

(*M. de Tracy* : Ce sont les universités qui ont commencé !)

Pensez-vous donc qu'il n'y a pas de patriotisme dans les autres pays? et si notre armée, si nombreuse que vous la supposiez, au nombre de quatre ou cinq cent mille hommes, allait passer les frontières et déborder sur l'Europe, en inscrivant sur ses drapeaux qu'elle veut, comme on vous l'a dit tout-à-l'heure, *rétablir la constitution politique de l'Europe sur des bases conformes à la nôtre ;* pensez-vous que ces peuples ne se lèveraient pas encore une fois à la voix de leurs gouvernemens pour nous écarter comme un fléau? Car, quel terme assigner à une guerre entreprise dans un tel dessein, et qui n'aurait pas d'autre cause ? C'est la guerre d'extermination; c'est la propagande ! (Vives réclamations à gauche).

M. Odilon-Barrot : Vous vous êtes mépris sur mes paroles.

Messieurs, ramenons l'attention sur la situation de notre pays. *La France ne doit faire la guerre que si son honneur ou son intérêt l'y engagent* [1].

Elle sait déjà ce que va lui coûter le pied de paix; si son intérêt ou son honneur l'exigent, il n'est pas de sacrifice qu'elle ne soit prête à faire; mais si son intérêt ou son

---

[1] Casimir Périer a dit aussi plus tard : « L'or et le sang des Français n'appartiennent qu'à la France. »

honneur ne lui en font pas un devoir, elle ne se jettera pas inconsidérément dans la guerre.

On l'a dit avec raison, nous sommes à la veille de paraître devant nos juges naturels [1] : hâtons-nous donc d'achever les lois qui nous sont proposées, et de terminer cette session. Les électeurs jugeront notre conduite et nos travaux. Que le pays attentif relise le passé; *nous avons combattu les clubs, les émeutes, la propagande, les associations qui ont pour objet de l'appuyer*; si la France veut de tout cela, ce qu'à Dieu ne plaise, elle choisira des députés qui le voudront; si, au contraire, elle veut la nouvelle dynastie, la Charte de 1830, avec tous les développemens que nous lui avons donnés, et ce qui nous reste encore à faire; si elle veut accroître la confiance publique, le crédit, la prospérité commerciale, elle donnera au gouvernement *la force de contenir tous les factieux qui voudraient autre chose que l'ordre établi.* (Bravos nombreux et prolongés.)

Du 19 février 1831. (*Constitutionnel*).

A l'occasion des troubles du lundi 14 février et de l'attaque dirigée contre ma personne et mon domicile.—Aussitôt après M. Mauguin.

M. *le président* : M. Dupin aîné a la parole. (Vif mouvement d'intérêt dans l'assemblée.)

M. *Dupin aîné* ; Parmi les faits qui ont amené cette discussion; il en est un qui m'est assurément bien personnel. Je puis le dire, ce fait est un des plus graves. Sa gravité, on ne se l'est dissimulée sur aucun des bancs de cette chambre. Vous venez d'en avoir une nouvelle preuve par ce que nous a dit un honorable collègue (M. Mauguin). Il vous a appris que le projet exécuté contre moi, lundi 14 février, remontait à cinq mois ! Il est vrai que dès le commencement

---

[1] De nouvelles élections ont eu lieu le 6 juillet suivant.

de cette révolution, dès le moment où je me suis montré avec la franchise et la netteté de mes opinions, conformes à ma conscience, à l'opinion de mes commettans, et que je crois conformes au bien de mon pays, à chaque manifestation de ces opinions, j'ai été menacé.

Un rapport officiel a été fait à ce sujet dans le conseil des ministres, à l'époque où j'avais l'honneur d'en faire partie. Le lendemain de ce rapport, un honorable collègue, un ancien confrère, M. Mauguin, qui de son côté avait reçu des avis particuliers, crut devoir à sa qualité de collègue, d'ancien confrère, et je dois peut-être ajouter à celle d'ancien ami, (car nous l'avons été dans le long exercice de la profession d'avocat), de se présenter à moi; et il me dit : « Je sais de bonne part que tu dois être attaqué » chez toi aujourd'hui. Il serait peut-être prudent de te te- » nir à l'écart, et de ne pas t'exposer. » — Je lui répondis : « J'ai quelque chose de pressé à terminer; à onze heures, » j'irai au conseil des ministres; à deux heures, j'irai à la » chambre; à cinq heures, je rentrerai chez moi, et j'atten- » drai ces messieurs. » (M. Mauguin fait un signe affirmatif.)

Ces menaces, ces attaques violentes, multipliées, se sont répétées à chacun de mes actes parlementaires. Elles attesteront au moins que j'ai mis quelque courage à défendre mes opinions, que je n'ai cédé à aucune considération d'intérêt personnel. C'est là, en un mot, le plus grand certificat de bravoure civique qu'on puisse me donner. (Oui ! oui ! Adhésion.)

Mon honorable collègue ne doute pas qu'en pareille occasion, je lui aurais rendu le même service; mais j'ai la consolation de penser que parmi les auxiliaires de mon opinion, il n'en est aucun qui voulût lui faire courir le même danger. (Marques prolongées d'une vive sensation dans toute l'assemblée.)

Je ne vous entretiendrai pas de mes dangers. J'en ai été assez vengé par le discours de l'honorable M. Delessert, par celui de mon honorable ami M. Persil, par les témoignages d'une foule de bons citoyens. (Assentiment général.) Mais je saisis cette occasion, puisqu'elle m'est donnée, de remercier publiquement la garde nationale de son empressement et de son dévouement, de témoigner ma reconnaissance à ces excellens voisins, dont les prompts secours attestent cette civilisation, grâce à laquelle nous vivons sous la protection d'une véritable assurance mutuelle.

Lorsque je quittai une profession qui ne fut pas pour moi sans gloire et sans de solides avantages, que je devais à la confiance, à l'estime publique, à des travaux assidus, obstinés, entrepris dès l'enfance, à la renonciation à tout plaisir, à l'abnégation de moi-même ; lorsque j'entrai dans la carrière des fonctions publiques, je sus que je m'embarquais sur une mer orageuse. Pour l'ignorer, il faudrait ne connaître ni l'histoire, ni le monde, ni les passions humaines. Je conçus qu'il fallait ne pas y entrer et se renfermer dans l'égoïsme de la vie privée, ou se résigner à les braver ; qu'autrement on n'était pas digne de sa mission.

J'ai fait, messieurs, mon expérience. J'ai connu la popularité, son exaltation, son ivresse ; j'ai connu aussi ses retours, sa variabilité, ses injustices, ses inimitiés : je ne me suis jamais enorgueilli des éloges, ils m'ont souvent blessé par leur excès ; je ne me suis pas non plus ému des injustices, et les menaces ne m'ont pas intimidé. Mais au sein d'un fait particulier, je dois saisir une considération plus générale. Pour excuser les excès commis par la multitude, j'entends dire sans cesse qu'on ne fait rien pour le peuple ; ce serait un tort en effet. Faisons beaucoup pour le peuple, faisons tout ce qu'il est possible de faire, mais entendons-nous sur ce mot.

Je concevrais que dans une société où l'ordre établi constitue des *classes privilégiées*, les autres fussent qualifiées du nom du *Peuple* ; mais aujourd'hui, dans notre société qui exclut les priviléges, j'ai peine à comprendre quelle classe on peut spécialement désigner ainsi. Le Peuple français ! reconnaissons la majesté de ce mot, c'est la nation tout entière ; *le Peuple, c'est nous tous* ; nous avons les mêmes droits, la même carrière de bonheur et de malheur à parcourir, car nous vivons dans la même société, nous partageons la même prospérité et la même adversité. Nous avons donc intérêt à faire beaucoup pour le Peuple, à faire beaucoup pour les ouvriers ; ils ont besoin de travaux, mais ces travaux ne peuvent être toujours à la charge de l'Etat, il faut qu'ils viennent aussi des particuliers, et les particuliers ne les ordonneront que lorsque notre situation sera calme, lorsque la sécurité sera rétablie.

Si par le mot *Peuple* on a seulement voulu désigner la

classe la moins nombreuse et la moins éclairée de la société, reconnaissons avec ces magistrats qui, par devoir, se trouvent placés plus près de lui et souvent à sa tête¹, que son premier besoin est l'instruction : il a été tenu dans l'ignorance par le calcul ou la malveillance du dernier gouvernement; il faut l'éclairer et l'instruire, en même temps que lui donner à travailler ; gardons-nous de ce qui pourrait l'égarer. Rappelons nous que, par cela seul qu'il est ignorant, il est livré aux agitateurs. Les émeutes une fois formées, il devient facile à tous les partis d'en abuser.

N'est-ce pas par suite des accusations les plus absurdes, les plus contraires à ma vie entière, qu'on l'a entraîné jusqu'à violer mon domicile avec des cris de mort², et à ne reculer que devant cette force citoyenne que l'on rencontre partout pour protéger tous les droits ?...

... Mais je rentre dans la question générale. Pourquoi la calomnie trouve-t-elle tant de facilité à s'accréditer aujourd'hui ? Il faut l'attribuer à la direction donnée, dans ces derniers temps, à la polémique. Loin de moi de méconnaître les services qu'a rendus la presse. Ces reproches ne peuvent aucunement s'adresser à ceux qui savent que la mission des lettres est d'adoucir les mœurs et non d'exciter la férocité. Je ne parle point de ces hommes qui réunissent au talent un noble caractère : mais la presse a pu devenir aussi et est devenue l'arme de ceux qui n'ont ni l'un ni l'autre. On n'attaque plus seulement les principes, mais les hommes ; *on ne réfute plus, on diffame*; à force de répéter on fait croire, et quand une fois on croit, on s'irrite et l'on veut tuer. (Vive sensation.)

Ce qui m'a le plus affecté, ce n'est pas mon danger personnel : la mort d'un homme n'est rien, lorsqu'elle est accidentelle; mais si elle est le résultat d'un coup de parti, si elle est une attaque aux opinions, elle devient bientôt le signal d'autres massacres, qui conduisent rapidement à la terreur et à l'anarchie.

Faut-il s'étonner alors si le pays est inquiet, agité, effrayé? Aucune amélioration ne se fait, tout languit, et

---

[1] Odilon-Barrot, préfet de la Seine.
[2] Voyez le procès du nommé Gourdin, dans la *Gazette des Tribunaux* du 5 avril 1831.

notre révolution de juillet, si pure dans ses premiers actes, peut être souillée. Il y a eu des faits graves : non seulement attentat à la liberté individuelle, mais à des propriétés publiques et privées ; il s'est passé des actes offensans pour la civilisation, [1] et puisqu'on est convenu dans cette enceinte que les destructions entraînaient des dépenses ; que *démolir, c'est voter un impôt*; il faut bien se garder d'approuver ni d'encourager de tels actes, et de les considérer comme une sorte d'exercice du droit de pétition [2] . . . .

En attendant, voici ma disposition personnelle ; elle est toujours la même. Je professe une modération qui n'est pas faiblesse, une fermeté qui n'est que pour ce que je crois vrai. Je veux une liberté largement établie, mais avec des limites ; car la liberté sans limites fait nécessairement invasion sur le droit d'autrui. Je veux le progrès dans les institutions, *mais le progrès par les lois et non par les émeutes*. [3]

J'ai toujours combattu les excès, tout ce qui conduisait au désordre, et je les ai combattus comme ami de la liberté qui sans cela irait se perdre dans la licence. Si j'avais eu quelque doute, il serait éclairci : je persiste plus que jamais dans mes opinions, car l'anarchie pratique ne m'a pas réconcilié avec ses théories. (Très-bien ! très-bien !)

Journal des Débats : Marques générales et presque universelles d'assentiment.

---

[1] L'attaque de *Saint-Germain-l'Auxerrois* ; la destruction et le bris des meubles de l'archevêque ; la bibliothèque jetée à l'eau, etc.
[2] Voyez ci-après page 277 à la note. Convenez au moins que c'est *une pétition mal rédigée*, ai-je dit en répondant à M. le préfet de la Seine.
[3] Telle est ma devise de magistrat : *sub lege libertas*.—De même que ma devise d'avocat était *libre défense des accusés*. Cette devise est encore et sera toujours sur mon cachet, de même que lord Erskine avait inscrit dans ses armes : *Jugement par jurés*.

Discours après ma réélection par le collége électoral de l'arrondissement de Clamecy, le 6 juillet 1831.

Sub lege libertas.

Messieurs et chers compatriotes, c'est pour la cinquième fois que j'ai l'honneur d'être élu député de la Nièvre. Et cette fois-ci, j'ose le dire, l'honneur est encore plus grand, puisque mon élection a été plus vivement contestée.

Si je n'avais voulu qu'un succès facile, il m'était offert par mes amis de Cosne et de Château-Chinon qui m'ouvraient leurs rangs avec empressement, au moment même où d'autres leur affirmaient que je trouverais moins de partisans parmi vous.

Je n'ignorais pas les menées de mes adversaires ; les démarches publiques et les intrigues cachées ; les écrits, les pamphlets, les biographies et les déclamations colportées contre moi jusque dans les moindres villages... Mais précisément parce que je savais qu'il y aurait lutte, et lutte obstinée, organisée sur place et préparée en dehors du collége électoral, je n'ai pas dû céder : et, sans user de représailles envers mes détracteurs en employant à leur égard des moyens que réprouvait ma délicatesse et que la vôtre a sans doute condamnés, je suis resté ferme sur ma terre natale, attendant en silence le jour du jugement. Ma conscience me disait hautement que j'avais fait mon devoir ; elle me disait aussi que vous sauriez résister à de mauvaises suggestions ; que s'il y a de faux amis, il y a aussi des amis sincères ; que s'il y a des hommes faibles ou injustes, il y a aussi des hommes fermes et équitables ; et qu'ainsi justice me serait rendue.

Messieurs, je n'ai jamais fait aucune déclaration de principes avant les élections : ces rédactions si faciles, et si souvent trompeuses, m'ont toujours répugné. Spontanée de ma part, cette espèce de brigue aurait à mes yeux diminué le mérite de l'élection. Imposée par d'autres, cette exigence de leur part eût été, en y cédant, une dépréciation de mon caractère ; j'y aurais vu une défiance injurieuse ; je me serais cru traité comme ces débiteurs équivoques avec lesquels on prend des sûretés; et, dans mon opinion, un candidat servile ne sera jamais un député indépendant.

Mais, après chaque élection, je n'ai jamais balancé à *rendre compte* de ma conduite politique et à me montrer tel que je suis.

Je n'ai pas besoin de remonter au-delà du mois d'octobre dernier, puisqu'à cette époque, deux arrondissemens réunis, consultés sur ma réélection à la suite des fonctions publiques qui m'avaient été imposées, m'ont réélu à la presque unanimité.

La session de 1830, un moment interrompue, ayant été reprise, on a porté plusieurs lois dont les principales sont : la loi qui rend aux communes le choix de leurs officiers municipaux, loi que j'avais depuis long-temps sollicitée ;— la loi sur l'organisation des gardes nationales, cet élément si puissant d'ordre public et de liberté ;—enfin la loi des élections, qui a doublé le nombre des citoyens appelés à choisir les députés.

Il a fallu faire toutes ces lois et beaucoup d'autres encore, en présence des factions qui s'agitaient dans tous les sens, qui prenaient habilement tous les masques, et qui, soit dans leurs doctrines, soit dans leurs manifestations tumultueuses, offraient souvent la réunion des opinions les plus opposées; réunion bizarre! mais facile à expliquer par le désir commun qui les animait, de renverser d'abord le gouvernement à peine établi, sauf à se débattre bientôt au sein d'une longue et sanglante anarchie, et sur les débris de tous les intérêts compromis, pour savoir ce qu'on voudrait mettre à la place.

C'est au milieu des inquiétudes causées par les *clubs*, des agitations excitées par les *émeutes*, des cris de guerre et de soulèvement poussés par la *propagande*, et enfin des difficultés suscitées par les *associations politiques* formées en dehors du gouvernement, que vous avez pu apprécier la conduite de votre député.

J'ai combattu les clubs comme destinés à entretenir partout des foyers de discorde et de délation, et à contrarier sans cesse l'action légitime des autorités constituées.

J'ai vu dans les émeutes qui souillaient le pavé de Paris, outre un grand désordre public, un malheur spécial pour les deux principales branches de commerce de notre département, les bois et les bestiaux : car il est évident que la consommation de la capitale a dû beaucoup diminuer par la retraite des étrangers et d'une foule de riches propriétaires qui, cessant de trouver dans Paris un séjour de paix et de plaisir, ont été chercher dans leurs terres une tranquillité dont cette ville troublée ne les faisait plus jouir.

J'eusse été partisan d'une guerre immédiate, si notre honneur ou notre intérêt m'eussent paru l'exiger; et j'aurais voulu qu'alors elle se fît avec toute l'énergie dont la nation a donné tant de preuves dans toutes les grandes occasions. Une guerre pour la défense de notre territoire ou de nos institutions menacées eût été pour nous *la guerre sacrée!* et certainement nous eussions été vainqueurs !

Mais une guerre d'agression! une guerre subite avec des peuples qui voulaient rester en paix avec nous ! une guerre universelle et d'extermination avec toute l'Europe, qui eût amené la ruine immédiate de notre commerce maritime, l'incendie de nos ports, des réquisitions de toute nature qui eussent pesé principalement sur les laboureurs et les marchands; une guerre qui, par sa soudaineté même, eût compromis le sort de nos soldats en Grèce et en Afrique, et exposé nos armées, d'abord conquérantes, à être bientôt ramenées sur le Rhin par des forces quadruples ! Je l'avoue, malgré ma vive sympathie pour les peuples généreux qui courent aux armes pour la liberté, je me suis écrié avec le poète national que j'ai deux fois défendu : *mon pays, mon pays avant tout;* et j'ai dit : non pas la paix *à tout prix* (c'est là une calomnie de l'esprit de parti, répétée cent fois, quoique cent fois réfutée); mais j'ai dit : *point de guerre qui ne soit juste et nécessaire.*

Par cette raison, j'ai blâmé certaines associations politiques qui poussaient plus spécialement à la guerre, parce que, tout en rendant justice aux intentions patriotiques de la plupart de ceux qui s'y laissaient entraîner, j'y ai vu un danger imminent par la facilité qu'auraient les instigateurs d'abuser des forces de ces associations pour substituer leur action violente et désordonnée à l'action régulière et légale du gouvernement constitutionnel.

C'est alors que les clameurs ont redoublé contre moi! J'entends les clameurs de l'esprit de parti. Car la France n'a pas tardé à ouvrir les yeux, et à voir que si j'ai crié *qui vive*, c'est qu'il y avait réellement du danger.

J'y ai perdu ma popularité, soit : je l'ai compromise

quoique je n'aie jamais cessé d'y attacher le plus grand prix ! Mais, par l'énormité même de ce sacrifice, on peut juger de l'effort qu'il a dû me coûter ; et l'on doit penser que si je l'ai fait, ç'a été par conviction et par devoir. Je l'ai fait dans ce que j'ai considéré comme le plus grand intérêt du peuple français, de qui vient apparemment la véritable popularité : certain que si la calomnie cherchait à dénaturer mes intentions, la réflexion et la force des choses ramèneraient des esprits faciles à égarer, mais susceptibles aussi d'être désabusés.

Eh ! comment ne le seraient-ils pas dans le pays qui m'a vu naître, et auquel je n'ai pas cessé d'appartenir par tous les liens de la famille, du domicile et de la propriété ?

Sans doute, *nul n'est prophète sur son lieu*; mais c'est quand on veut se faire passer pour prophète, et non pas quand on veut seulement se présenter tel qu'on est.

Ai-je donc jamais cherché à en imposer sur mon origine ? fils d'avocat, avocat moi-même, si je me suis élevé dans ma profession, c'est par le travail, un travail plus dur que ne voudraient le supporter ceux qui sont envieux de ma position, et qui n'auraient pas eu le courage de se la faire : aujourd'hui procureur-général, mais après avoir été étudiant, clerc d'avoué, avocat stagiaire, c'est-à-dire après avoir passé successivement par tous les degrés de ma milice. Si j'étais parti d'ici simple soldat, qui oserait me reprocher d'être revenu avec des épaulettes de général ! Eh bien ! chaque partie a son bâton de maréchal ; je compte trente années de service actif, et, dans ce nombre, il y en a qui pourraient me compter double, ne fût-ce que celles où j'ai défendu tant d'ingrats !......

On me représentait à Paris comme ennemi des ouvriers ! Et c'est par mes soins que, sous vos yeux, et sous un régime où l'on n'élevait guère de statues qu'aux saints et aux rois, je suis parvenu à faire ériger un monument de marbre et d'airain, à un *simple flotteur*, JEAN ROUVET, inventeur de nos flottages, avec cette devise destinée à l'instruction des fainéans, *honneur au travail et à l'industrie !*

Mes détracteurs ignoraient donc qu'au milieu de nos campagnes, toutes les fois que j'ai pu m'y retirer, il n'est pas un laboureur qui n'ait trouvé chez moi bon accueil, conseil et appui ? Essaieront-ils aussi de leur persuader que votre député est un homme féodal? Ignorent-ils qu'à côté de beaucoup de simplicité dans les mœurs, nos petits propriétaires ont aussi beaucoup de droiture et beaucoup de bon sens, et qu'ils ne croient pas si légèrement de pareilles absurdités?

C'est avec aussi peu de bonne foi qu'on me représentait comme ennemi de la jeunesse de nos écoles; moi qui, tant que l'âge me l'a permis, me glorifiais d'être sorti de ses rangs! qui lui ai consacré la plupart de mes ouvrages! moi, le précepteur et l'ami de tous les étudians en droit que j'ai connus, le patron des jeunes avocats, comme bâtonnier de l'Ordre, les excitant sans cesse au travail, en leur recommandant de chercher leur avancement dans l'émulation qui élève l'âme et lui inspire les plus nobles efforts, et non dans une basse envie qui cherche à tout ravaler à son triste niveau; moi enfin qui dans mes plaidoyers, ai toujours cherché à inspirer au barreau ce mouvement généreux, cet élan patriotique que ne démentiront jamais les réquisitoires du procureur-général.

Enfin, à entendre mes antagonistes, j'avais changé de bannière, et j'étais aujourd'hui devenu l'ennemi de cette même liberté dont on m'avait vu naguère l'un des plus intrépides défenseurs! — Messieurs, beaucoup de gens qui n'ont pas défendu la liberté quand elle était en détresse, se disent à présent ses plus chauds partisans; cela s'appelle venir au secours du vainqueur : mais quand mes adversaires eux-mêmes ne peuvent pas nier que pendant 15 ans j'ai défendu toutes nos libertés à mesure qu'elles imploraient mon secours devant les cours d'assises et dans les prisons, à quel homme de bonne foi fera-t-on croire que j'ai cessé de lui rester fidèle, au moment même où elle est devenue triomphante?

Ah! je dois le dire dans ce jour qui m'est donné pour confondre la malice de mes ennemis, quand la révolution de 1830 s'est accomplie, si j'avais été un égoïste, un ambitieux uniquement désireux d'accroître mes avantages particuliers, peu de gens étaient en meilleure position que moi! homme de la liberté par 15 ans de combats, homme du roi par 12 ans de services privés, pendant lesquels il avait pu apprécier mon caractère, je pouvais *vivre sur le passé*... Il m'eût suffi de laisser faire et de ne pas contredire... Je pouvais plus encore : fort de mes antécédens, nommé ministre de la justice par la commission de l'Hôtel-de-Ville, qui me rendait pleine justice dans la grande semaine, lorsqu'on était encore sous le coup des événemens, je pouvais accepter, et me jeter hardiment dans ce qu'on a depuis appelé *le mouvement!* J'aurais été dès lors l'homme par excellence, une espèce de héros! mais du train accéléré qu'on voulait imprimer à nos affaires, où nous eût-on menés?... Mon patriotisme m'a dit alors qu'il ne fallait pas se laisser entraîner par un torrent qui menaçait de tout confondre et de tout engloutir; qu'il fallait résister dans l'intérêt surtout de cette liberté si chèrement acquise et si difficile à conserver; car elle n'a pas seulement à redouter les attaques de ses ennemis naturels, mais aussi et principalement les emportemens de ses amis les plus exaltés et les caresses hypocrites des faux amis qui ne l'embrassent que pour l'étouffer.

Faites-y bien attention : je n'ai pas cessé un seul instant de marcher d'un pas ferme dans la voie des améliorations; seulement, j'ai refusé de courir : et si j'ai paru rester en arrière, ce n'est pas que j'eusse rétrogradé, mais c'est parce que d'autres se sont précipités en avant avec une fougue que je ne voulais point imiter.

Personne, dans la dernière chambre, n'a revendiqué le titre de *sauveur!* c'est là une de ces expressions que les partis prêtent à leurs adversaires pour essayer de les ridiculiser. Non, personne en particulier n'a pris ni mérité le titre de *sauveur;* et je répéterai volontiers avec un illustre général, *que ce qui a été fait de mieux dans cette révolution a été fait par tous.* Mais par conséquent aussi chacun, en laissant aux autres leur part, a bien le droit de réclamer la sienne. Or, la chambre qui vient de finir était, je dois le dire, animée d'un véritable patriotisme. Plus elle honorait dans son principe la glorieuse révolution de 1830, plus elle a attaché de prix à conserver à ses suites le caractère de grandeur, de générosité, de justice, qui avait présidé aux actes éclatans des trois immortelles journées! Elle a pensé que c'était une *révolution au profit des lois et de la liberté*, qui ne devait pas être souillée dans ses conséquences par l'esprit de désordre et d'anarchie. Elle n'a pas prétendu, et certes je n'ai pas pensé, que ce grand événement irait prendre place dans nos fastes, ni comme une *quasi-légitimité*, ni comme une *quasi-restauration*. Rapporteur de la proposition faite par mon honorable ami M. Bérard, j'ai posé en termes de *contrat* synallagmatique, les engagemens réciproques du prince envers la nation, et j'ai constaté, au profit du peuple français, l'initiative dont il s'était ressaisi dans cette grande circonstance. J'ai opiné pour que Louis-Philippe s'intitulât *Louis-Philippe* Ier, et non pas *Philippe VII*, comme le désiraient d'autres conseillers qui, toutefois, ont conservé plus de popularité que moi !.... C'est à cette occasion que j'ai dit au duc d'Orléans : « On » ne vous choisit pas *parce que* vous êtes Bourbon, mais » *quoique* vous soyez Bourbon; et à la charge, non pas » de ressembler à vos aînés, mais d'en différer essentiel- » lement. » J'ai dit à la chambre, à la séance du 30 sep- tembre, « que notre révolution avait pour objet d'accom- » plir 89 avec franchise, et non de recommencer 1814 » avec ses pas rétrogrades et ses déceptions. » Je me suis rangé derrière cette maxime, que *la Charte désormais serait une vérité.*

Mais en France il y a des gens qui n'ont pas de patience ! on voudrait que tout se fît à la fois ! La chambre a fait dans une seule session *cinquante-deux lois*, au milieu des plus grandes difficultés, et il semble qu'elle n'ait rien fait !

Quelques lois restent encore à faire pour compléter les promesses de la Charte : la loi sur la constitution de la deuxième chambre législative; la loi sur la liberté de l'en- seignement; la loi sur les attributions des conseils muni- cipaux et départementaux, et la loi sur la responsabilité des ministres, qui, dans sa juste sévérité, doit servir de sanc- tion à toutes les autres : — toutes ces lois, je n'en doute pas, seront conformes au sentiment national de la révolu- tion de 1830, et au vœu public régulièrement exprimé par la voix de vos représentans; car votre intention n'est pas, sans doute, que ces graves questions se résolvent par les émeutes et sous les vociférations des factieux.

Notre révolution, gardons-nous de l'oublier, est une révo- lution de progrès et de civilisation; elle n'a pas eu pour but de livrer les personnes, les propriétés et les lois à la discrétion d'une force matérielle et brutale, qui voudrait disposer de tout comme d'un butin conquis sur l'étranger !

Quant à votre député, Messieurs, vous le retrouverez toujours le même; heureux d'être populaire dans les occa- sions où il lui sera donné de l'être sans danger pour le pays;

mais trop bon citoyen pour sacrifier jamais la vérité à la passion, et assez courageux pour résister, quand il le faudra, dans l'intérêt sagement entendu de notre liberté, à tout ce qui pourrait la compromettre et la faire péricliter.

L'intérêt, dit-on, est la mesure des actions, et plusieurs se demandent sans doute quel peut être le mobile de ma conduite? — Messieurs, il ne m'en coûte rien de vous le dire. Ah! sans doute, j'ai une ambition. Ce n'est point celle de la fortune. Si tel eût été mon but, j'aurais gardé mon état au point où mes travaux l'avaient élevé. Mais en le quittant, au très-grand préjudice de mes intérêts privés, pour me vouer tout entier aux affaires publiques, j'ai retenu le même esprit qui avait guidé mes premiers efforts, et qui m'avait soutenu dans ma laborieuse et pénible carrière : « N'épargner aucune veille pour devenir capable;
» devenir capable pour être utile à mon pays; et obtenir
» pour prix de mes services l'amitié de mes concitoyens,
» l'estime publique, et, s'il se peut, les suffrages de la
» postérité! »

Messieurs, je tâcherai de vous faire honneur; et j'espère que la France ne reprochera point à la Nièvre de lui avoir renvoyé le même député.

Soutenez-moi de vos efforts : défendons d'un commun accord le roi et la constitution.

Vive Louis-Philippe! Vive la liberté!

Ce discours a été souvent interrompu par de vifs applaudissemens, et l'assemblée en a ordonné l'impression par acclamation, et aux cris répétés de *Vive Louis-Philippe! Vive la liberté!*

Sur la situation intérieure de la France, l'état des partis, et spécialement sur les émeutes qui ont désolé Paris, leurs causes, leurs effets désastreux pour le commerce, l'industrie, et les ouvriers, et la nécessité d'y mettre un terme [1]. — Séance du 21 septembre 1831.

Messieurs, des explications étaient nécessaires; elles auront produit un bon résultat. On ne pourrait et on ne saurait trop dire à la nation la vérité sur les choses et sur les hommes. Tout le monde a dit qu'il parlerait franchement; comme c'est toujours ma résolution, vous verrez si je tiendrai parole, et si je viens parler dans l'intérêt du pays, dont je suis uniquement préoccupé.

Je ne reviendrai pas sur les questions diplomatiques; la carrière a été amplement fournie. Il y a eu assez d'excursions faites hors notre territoire; il y a eu assez de discours où l'on a fait ce que je pourrais appeler les trois voyages obligés (*on rit*). Il est temps de rentrer chez soi et de considérer un peu notre situation personnelle. Philosophiquement parlant on doit être ami de tous les hommes, et, par fiction, on peut se croire citoyen de tous les pays; mais en réalité on n'est citoyen que de sa nation. Ce titre est assez beau, et il impose des devoirs assez éminens pour qu'on en soit satisfait et qu'on s'empresse de les bien remplir.

La question attend une solution. Après nous être fortement occupés au loin, ne faisons pas comme l'astrologue qui se laissa tomber dans un puits, faute de regarder à ses pieds. (*Approbation.*)

Nous avons tous été douloureusement affligés des malheurs de l'héroïque Varsovie! mais si l'émotion était naturelle, le désordre auquel elle a servi de prétexte n'en était pas moins répréhensible. Ce n'est pas là demander ni faire

---

[1] Ce discours a fait, dans le temps, une vive sensation. La presse s'en est emparée; il a été réimprimé plusieurs fois, et crié dans Paris sous le titre de *Discours de M. Dupin en faveur des ouvriers*. C'est le sens que le public y avait attaché, il s'en est débité plus de 25 mille exemplaires en quelques jours.

justice [1]; c'est troubler la paix publique, c'est commettre le crime; ce n'est pas là un acte de civilisation, c'est un acte de barbarie qui nous ôterait le droit de reprocher aux peuples éloignés des actes semblables que cependant nous désapprouverions chez eux. Dans cette situation, il ne suffirait pas de déplorer les effets, il faut rechercher les causes. Paris, la France entière, répètent le *quò usque tandem*, et demandent maintenant à tous les agitateurs, à tous les fauteurs de troubles, aux exécuteurs et aux complices, quand on en finira avec les émeutes, quand on permettra à un gouvernement régulier de s'établir et de faire sentir son action? (Très-bien! très-bien!)

Je n'accuse ici personne, quand je parle de troubles et de désordres; et nul, je l'espère, ne me demandera compte de mes paroles pour un *fait personnel*.

Les faits dont je parle sont des faits généraux qui intéressent tout le pays.

En imputant au gouvernement d'avoir pris part aux émeutes, on réclame une enquête; il est permis, par conséquent, de se demander ce qui a lieu toutes les fois qu'on provoque une enquête : c'est de savoir si les faits sont pertinens, s'ils sont admissibles, s'ils sont rendus vraisemblables, au moins par l'exposition qui en est faite à la chambre; ou si, au contraire, l'impossibilité de ces faits n'est pas dès à présent démontrée.

Il n'est donc pas inutile de chercher dans le passé le caractère des émeutes depuis juillet. Il le faut pour nous; il le faut surtout pour ceux d'entre nous qui n'auraient pas été témoins de ces scènes violentes, et qui sont arrivés depuis peu à la chambre. Il faut pour la France des vérités entières, et non pas des demi-confidences.

Toute émeute, on l'a dit avec raison, a un prétexte et une cause; elle a un prétexte qu'on met en avant, et une cause qu'on s'efforce de dissimuler.

Dans les explications qu'ont amenées les précédentes émeutes, que nous disait-on? Le peuple était toujours présenté comme peu instruit, comme délaissé par les précédens gouvernemens; dès lors, disait-on, il n'est pas étonnant que ce peuple ignorant se répande sur les places

---

[1] Expression employée par un orateur de l'opposition, à la séance du 19 septembre. (*Moniteur* du 20.)

publiques pour faire entendre ses plaintes et réclamer les conséquences de la révolution de juillet......! De sorte que, pour traduire ici en peu de mots la pensée de ceux qui excusaient les émeutes en les expliquant, toute émeute était une pétition; une pétition mal rédigée, il est vrai (*rires*), mais enfin une pétition qui appelait le pouvoir à y faire droit plus ou moins promptement. Il semblait que, parce que le gouvernement nouveau était sorti d'une émeute généreuse à laquelle toute la population avait pris part, il fallait toujours désormais procéder par émeutes et par barricades, et qu'on pouvait à chaque occasion renouveler les actes d'où la révolution est sortie. (*Sensation.*)

J'ai parlé de causes et de prétextes pour les agitations de la place publique; je vais les expliquer.

Le carlisme a été indiqué avec raison comme une des causes de nos agitations; mais en même temps il ne faut pas oublier combien peu de hardiesse il y a dans ce parti, qui me semble avoir été bien caractérisé sous une forme satirique, mais éclatante de vérité, dans cette caricature dont le but est de demander *où étaient les royalistes pendant les trois immortelles journées?*

On a vu, après la chute du gouvernement des Cent-Jours, des hommes se passionner pour leurs souvenirs et leurs regrets; ces hommes ardens ne craignaient pas de crier *Vive l'empereur!* Ils se déclaraient à découvert hostiles contre le gouvernement existant.

On n'a rien vu de semblable de la part du parti qui a succombé en juillet; il aime mieux prendre d'autres couleurs, et se mêler comme ingrédient à des troubles qu'il appuie, mais dont il n'a pas toujours l'initiative.

Les carlistes, Messieurs, ont tout perdu en juillet; ils ont été atteints à la fois dans leurs affections et dans leurs intérêts, qui étaient largement servis par le gouvernement de la restauration : comptons-les comme nos adversaires, puisqu'ils persistent dans des voies anti-nationales, et qu'ils ne veulent pas reconnaître le droit que la nation a eu de s'en séparer.

Si les carlistes ont tout perdu en juillet, les républicains n'y ont guère gagné. Ils n'ont pas eu leur république, leur président à cent mille écus, un gouvernement à bon marché qui eût détruit l'industrie et le commerce; car nos mœurs n'admettent plus la simplicité des anciennes mœurs républicaines : il nous faut autre chose pour vivifier notre commerce, notre industrie. Du temps où Fabricius mangeait ses légumes dans une écuelle de bois, il n'y avait pas de manufactures de porcelaine. (*Rire général d'approbation.*)

La restauration impériale a été manquée, non pas sans doute que tous ceux qui avaient si glorieusement appartenu à l'empire désirassent sa résurrection ! car dans chaque parti il y a toujours des masses qui se détachent, des masses éclairées par leur bon sens, par leur patriotisme, et qui se séparent des anciens intérêts pour se rallier aux intérêts nouveaux ; mais toujours aussi il reste dans chaque parti des fractions obstinées, mécontentes, qui préfèrent courir après leur chimère et poursuivre des événemens aventureux. Ainsi, après la révolution de juillet, carlistes, républicains, restes de bonapartistes, étaient également mécontens ; mécontens de ce que Louis-Philippe avait été porté sur le trône par les acclamations populaires, à la place du principe du droit divin, le regardant comme un usurpateur qui avait détruit de la manière la plus poignante, pour d'autres personnes qui se trouvaient dans les mêmes circonstances, le principe de la légitimité héréditaire ; puis enfin, quant au fond et à la forme du gouvernement, parce qu'il reposait sur la charte de 1830, qui avait prévalu comme forme de gouvernement monarchique, représentatif et constitutionnel.

Les trois partis était mécontens : quel a été leur désir ? Il faut se mettre à la place des gens.

Quand une chose qu'on désirait a manqué, on ne cesse pas pour cela de la désirer ; on cherche à remettre en question ce que d'autres ont considéré comme décidé. Ainsi, sous prétexte des *conséquences de la révolution de juillet*, que chacun interprétait à sa manière, c'était pour un très-grand nombre de mécontens une question de places et d'argent ; une pétition pour un emploi dont on se croyait digne et qu'on n'avait pas obtenu ; une demande d'argent, parce qu'on était en faillite ou sur le point d'y tomber ; des nécessités et des exigences de tout genre. Chacun traduisait ainsi dans son égoïsme les conséquences de la révolution de juillet.

Il y avait aussi des hommes ardens, des hommes politiques qui ne pouvaient se résigner à adopter le nouveau système de gouvernement.

Mais ici je signale à la chambre, à vos esprits, une coïncidence, une complication des partis que j'ai énumérés ci-dessus.

Ils avaient tous des intérêts divers, puisqu'il s'agissait pour eux de substituer au gouvernement qui existe un autre gouvernement.

Mais ils avaient aussi un intérêt commun, qui était de détruire le Gouvernement qui nous régit aujourd'hui.

Eh bien! quel était le terrain commun sur lequel ils devaient se placer? Ils devaient soutenir que tout ce qui avait été fait jusqu'à présent était nul; qu'il fallait recommencer en promettant de mieux faire. On n'avait consulté, disait-on, que peu de monde; on s'était contenté des acclamations de la population, mais on n'avait pas demandé de signatures! ce qui apparemment aurait mieux valu, quoique à mon sens les acclamations, pour ceux qui ne savent pas signer (et c'est le plus grand nombre), soient la manière la plus expressive de manifester son adhésion.

Il fallait consulter méthodiquement trente-trois millions d'habitans de la France, hommes, femmes, enfans, vieillards! (*Vives réclamations à gauche.*)

Messieurs, ce chiffre de trente-trois millions d'hommes a été écrit dans les journaux.

Une voix. Lisez la lettre de M. de Cormenin.

M. Dupin. On contestait donc les pouvoirs de la chambre; on contestait la validité de ses actes, de *tous* ses actes; on demandait de faire table rase, évidemment pour remettre tout dans l'anarchie.

Et là-dessus, les républicains de se réjouir et de dire: Ce sera à nous que viendra le pouvoir.

Puis venaient les impériaux, qui disaient à leur tour: Non, certes, pas de république, nous nous retrouverons à une époque de 18 brumaire, nous tirerons le sabre et tout rentrera dans l'ordre. (Très-bien.)

Et les carlistes de se dire tout bas: Non vraiment, ce ne sera ni la république ni l'empire; mais, lassée d'eux tous, la nation reviendra à la légitimité. (*Sensation.*)

Voulez-vous un indice manifeste de ce concert?

Lisez les journaux de l'ancien parti royaliste, et les journaux des autres partis dont j'ai parlé : vous y verrez qu'ils gardent des ménagemens parfaits les uns pour les autres.

En effet, quant aux personnes, ce ne sont plus les noms chers à la légitimité qu'on diffame ; mais les noms des amis les plus sincères de la liberté, ceux qui l'ont défendue avec le plus de courage et de constance lorsqu'elle était opprimée. (*Plusieurs voix* ; C'est très-vrai.)

Quant aux doctrines, *la Gazette de France* et *la Tribune*, *la Quotidienne* et *la Révolution*, *l'Avenir* et *le Globe*, tous s'accordent à prêcher le radicalisme, la liberté absolue, indéfinie, telle qu'il la faut pour qu'elle se détruise elle-même, et qu'il n'en reste rien. (*Sensation prolongée.*)

.... Les émeutes ont fait ce qu'ont préparé certains journaux. Une émeute est-elle commencée, n'importe par lequel de ces trois partis, les deux autres s'y mêlent.[1] Si quelques libéraux exaltés plantent un arbre de liberté et prennent le bonnet rouge, en criant : *Vive la république* ! les carlistes y courent en disant : *Bravo* ! Ce n'est plus la royauté ; ce n'est plus Louis-Philippe ; tous y prennent part. Bientôt aussi on voit arriver sur la scène les malfaiteurs, les voleurs, les vagabonds, qui ne demandent pas des institutions, mais le pillage, d'abord des armuriers, pour faire croire qu'ils ne veulent que des armes, et puis des boutiques, car pour eux toutes les marchandises sont du *juste milieu*. (*Rires et marques d'approbation.*) Voilà le risque qu'on court, et à quelle triste solidarité l'on s'expose quand on prend le parti des émeutes !

La preuve que l'émeute était pour les anarchistes un moyen d'attaquer sans cesse le gouvernement, de l'empêcher de s'asseoir, c'est qu'elle a été ouvertement préconisée dans ce qui est à mes yeux plus qu'un journal, à cause de la force et du talent qui s'y font remarquer, dans un écrit intitulé *la Némésis* ; il y a une livraison qui a pour titre : *l'Emeute*. On n'y dit pas que l'émeute est faite par le gouvernement ; loin de là, on avoue qu'elle est faite contre lui. C'est une

---

[1] Dans le Midi il y a eu des émeutes *carlistes*, des émeutes *dévotes* ; ailleurs on a vu des émeutes *républicaines* ou *bonapartistes*, toutes ont été *anarchistes*, accompagnées de désordres, de scènes violentes et de clameurs sanguinaires !

hydre, y dit-on, dont on s'efforcera vainement de couper les cent têtes. Tout cela est dit en vers révolutionnaires par la muse autrefois fleurdelisée de l'auteur de *la Némésis.* (*Rire général et chuchotemens.*)

M. Demarçay. A la question.

M. Dupin. Je suis complétement dans la question.

M. Madier de Montjau. Vous n'y êtes que trop pour quelques-uns.

M. Dupin. Ces émeutes ont été faites contre le gouvernement, et je suis dans la question, puisqu'on a dit que le gouvernement se faisait des émeutes un moyen d'action, comme jadis M. de Villèle (vieille habitude de citer le passé en comparaison avec le présent), comme jadis M. de Villèle faisait de fausses conspirations pour en tirer parti.

Messieurs, il est une règle de droit souvent invoquée dans les accusations : *Is fecit cui prodest*, celui-là fait une chose à qui elle doit profiter et qui peut en tirer avantage : c'est avec cette pierre de touche que vous allez voir clair dans vos affaires.

En octobre, le gouvernement avait à peine deux mois d'existence; les partis avaient eu le temps de se reconnaître et de se former en factions; nous eûmes une première émeute. Voyons d'abord le prétexte, car j'ai dit qu'il y en avait toujours un en même temps qu'une cause.

La cause était de renverser le gouvernement; le prétexte était la prétendue intention de sauver les ministres. On voulait, je l'affirme, renverser le gouvernement; vous vous rappelez les vociférations proférées autour du Palais-Royal, et les torches incendiaires agitées devant la maison du prince.

Le prétexte était qu'on voulait sauver les ministres, prétexte fondé sur un vote de la chambre pour arriver à l'abolition de la peine de mort. Ce n'était qu'un prétexte, car on sait que la proposition d'abolir la peine de mort avait été faite dans un but philantropique tout général, et était partie d'hommes que l'esprit de parti le plus acharné ne pourrait accuser d'avoir voulu sauver les ministres de Charles X.

Rappelons donc les faits en peu de mots, car *je ne connais pas de pays où l'on soit plus oublieux*, je ne dis pas seulement des services rendus, mais des faits les plus simples dont le souvenir s'efface tout à coup devant les événemens nouveaux.

Qui donc fut l'auteur de la proposition ? L'honorable M. de Tracy, qu'on trouve toujours à la tête des inspirations généreuses, pour améliorer la législation dans l'intérêt du bien-être général de l'humanité.

Par qui fut-elle appuyée ? Par M. de Lafayette, qui, en termes touchans et presque paternels, déclara qu'une telle proposition rapprochait davantage de son cœur, s'il était possible, celui qui venait de la faire.

Qui donc a proposé de prendre la proposition en considération ? Un grave jurisconsulte qui préside aujourd'hui l'assemblée.

Qui le premier ouvrit la proposition de s'en rapporter sur ce point à la sagesse du Roi ? Ce fut le garde-des-sceaux d'alors, M. Dupont (de l'Eure), qui adopta la proposition par un mouvement si généreux, si spontané, qu'il ne prit pas même la peine de consulter auparavant ses autres collègues.

Ainsi, l'abolition de la peine de mort n'était pas liée au projet de délivrer les ministres. Le prétexte qu'on choisit pour agiter les émeutes d'octobre était un faux prétexte. La cause était le renvoi du ministère, parce qu'on voyait dans le ministère, dans la manière honorable dont il avait compris la révolution de juillet, un obstacle à d'autres desseins.

Cela est si vrai que les cris de : *A bas les ministres !* se mêlaient à ceux qui demandaient la mort des ministres passés.

Je sais que la composition de ce premier ministère était vicieuse. C'est assurément par dévouement que j'avais accepté de faire partie d'une telle combinaison. C'était un amalgame entièrement faux que de mettre avec des ministres à portefeuille des ministres sans attributions, des ministres *in partibus*, avocats-plaidans du ministère, responsables d'actes dont ils ne connaissaient pas les détails, et qu'ils devaient cependant défendre solidairement comme s'ils eussent gouverné eux-mêmes.

Du reste, on peut interroger la vie de tous et de chacun de ceux qui ont fait partie de ce ministère, et là aussi se trouveront des hommes qui, non seulement par leurs antécédens, ont rendu d'éclatans services à la patrie, mais qui ont aussi sacrifié leur santé et leurs forces au soutien de l'ordre de choses actuel. (*Les regards se portent sur M. Casimir Périer.*)

Des hommes qui étaient entrés franchement, cordialement, dans la révolution de juillet, non comme des conspirateurs, mais comme des hommes indignés quand ils virent le souverain manquer à la foi jurée et qu'ils se trouvèrent déliés de tout engagement antérieur, parce que le pacte était brisé par celui qui devait en être le premier défenseur; ceux qui disent qu'ils étaient fidèles la veille des ordonnances, sont aujourd'hui les plus fidèles défenseurs de la révolution de juillet, qu'ils aiment surtout parce qu'elle a été pure de tout excès, de toute perfidie, de toute trahison. (Bravo! bravo!)

Le ministère fut renvoyé; je m'en félicitai. Je n'étais pas à Paris; j'étais alors dans mon département, où l'on me réélisait à l'unanimité moins trois voix, tant j'étais impopulaire! (*On rit.*)

En décembre les événemens se pressaient; en décembre on allait juger les ministres, on allait voir si se réaliserait ce prétendu projet de les sauver.

Il y avait quelque chose de bien légitime, de bien vrai dans la douleur de ces parens, de ces frères, de ces amis, qui se pressaient autour de l'enceinte où l'on devait prononcer sur l'accusation des ministres! il y avait de sincères désolations dans les motifs de cette affluence! mais, même dans ce cas, tout ce qu'il y avait de vrai, d'honorable même, ralliait toujours ces mauvais élémens dont je vous ai parlé.

Et que l'on ne vienne pas dire que rien dans ces émeutes ne devait faire peur, qu'elles ne pouvaient intimider que *des effrayés*; Messieurs, il y avait des hommes effrayans... mais je n'en ai pas vu d'effrayés dans cette enceinte. (Très-bien!)

Reportez vos souvenirs vers cette époque des émeutes de décembre, ou permettez qu'on vous les raconte, si vous n'y avez pas assisté; car dans les départemens on n'a pas pu en apprécier assez la gravité : oui, ces émeutes étaient effrayantes.

Je vais, messieurs, vous citer un fait pour vous montrer combien elles étaient graves.

Trente-quatre membres de la chambre, et la plupart

siégent encore aujourd'hui parmi nous, s'étaient réunis chez M. le président du conseil d'alors pour s'éclairer sur la situation du pays. Un des membres présens prit la parole, et dit : « Oui, il y a complot, un complot grave, sérieux, dont le but est de renverser le gouvernement, de prononcer la déchéance du roi. » Et à l'appui de cette assertion, il précisa des faits, invoqua des assertions, et parut même redouter un premier succès...... Ces preuves produisirent une vive impression sur les membres présens; ils peuvent le dire ici, M. Laffitte le peut dire aussi, lui qui les avait appelés à lui comme dans un danger public, et cette démarche atteste tout à la fois sa prudence et sa sollicitude...... (*M. Laffitte* : C'était chez moi.)

Ce n'était donc pas seulement une émeute fortuite, et surtout ce n'était pas une émeute excitée par le gouvernement, car, certes, le gouvernement aurait donné beaucoup pour qu'il n'y en eût point. (*On rit.*)

M. le président du conseil se présenta à la séance du 20 décembre, et interpellé sur ces événemens, il monta à la tribune et dit : « Messieurs, nous devions nous attendre
» que l'inquiétude extérieure pénétrerait dans cette enceinte
» et que la chambre nous demanderait des explications... »

Il continua : « De vives inquiétudes se sont répandues de
» toutes parts : aujourd'hui on craint pour le roi, pour les
» chambres, pour la justice, c'est-à-dire pour la France,
» car toutes ces choses se tiennent et n'en font qu'une éga-
» lement sacrée. »

On craint pour le roi! on craint pour les chambres!.... Sans doute, puisque derrière l'émeute il y avait une vaste conspiration !... On répondit au premier ministre que le gouvernement eût à faire son devoir, que la chambre ferait le sien et ne craignait rien pour elle-même; elle avait pris part à la révolution de juillet : elle savait que ses résultats avaient été unanimement accueillis par la France; elle savait que la représentation nationale était confiée à la fidélité et à la loyauté des Parisiens, et qu'elle trouverait dans la capitale l'hospitalité qu'y obtiennent toujours les étrangers, et qu'elle doit à plus forte raison aux représentans de la nation !

Voilà quelle fut la séance et quelles furent les déclarations du premier ministre. Pour calmer l'inquiétude, on nous dit aussi que dans ces troubles il ne se trouvait pas seulement des théoriciens qui voulaient d'autres institutions, mais qu'il y avait aussi de ces garnemens dont j'ai parlé. (*Mouvemens divers.*) Je rapporte un passage de l'*ordre du jour* du général Lafayette, qui, dans cette conjoncture, à la tête de la garde nationale, usant de la puissance de son nom, portant à la main comme dans le cœur cette devise écrite sur son drapeau : *Liberté*, *Ordre public*, fit tout ce qu'il put pour calmer l'exaspération, et y réussit. (Très bien!)

Dans l'ordre du jour qu'il adressa ensuite à ses concitoyens, il leur dit qu'ils devaient considérer à quelles gens ils avaient affaire.

Il fallait prémunir la garde nationale contre les moyens employés par les divers partis pour la faire rester chez elle. Tantôt on lui disait que c'étaient des bagatelles qui ne valaient pas la peine de bouger; dans une autre circonstance, au procès des ministres, on leur disait : Comment! vous, gardes nationaux, vous iriez défendre ceux qui ont fait massacrer vos pères, vos fils! vous devez rester chez vous.

M. le général Lafayette, dans son ordre du jour, assigne le caractère réel de ces mouvemens désordonnés, et après avoir parlé des partisans de la dynastie déchue qui s'y trouvaient mêlés, il dit avec vérité : « Le général en chef n'a » jamais eu rien de commun avec eux. » Il ajoute ensuite : « Encore moins s'adresse-t-il à ces hommes habitués au » crime, avides de pillage, qui regrettaient la rapidité et la » pureté de la victoire (en trois jours, une victoire, une » charte et un roi) qui ne leur avaient pas laissé le temps » de faire *leurs mauvais coups*.

» Sous quelque masque qu'ils se couvrent, ils ne sédui-» ront pas une population victorieuse, laborieuse et intelli-» gente, qui jusque dans la chaleur du combat, a montré » son horreur pour de *pareils excès* et pour de *pareilles* » *gens.* »

En effet, messieurs, de telles occasions sont précieuses pour ces hommes qui, ayant autrefois à craindre la gendarmerie pour les arrêter et les tribunaux pour les juger, étaient bien aises de pouvoir appeler les gendarmes voleurs et de demander des armes pour les tuer impunément sous prétexte de se défendre.

Nulle sympathie ne peut exister entre aucun parti et de *pareilles gens* qui se trouvent dans toutes les émeutes.

Toutes les fois donc qu'il y a des émeutes, il ne doit y avoir parmi les gens de bonne foi qu'un cri pour les condamner, sans examen, sans réflexion, et uniquement parce que ce sont des émeutes, c'est-à-dire, un foyer de désordres, d'impuretés et de flétrissures. (Très-bien!)

Ainsi, à la seconde émeute, il est bien évident, par la déclaration du président du conseil, par l'ordre du jour du général en chef, qu'un coup était monté contre le gouvernement.

Et rappelons-nous que, pendant quarante-huit heures, la garde nationale eut à souffrir des attaques très-redoutables, qu'elle reçut des coups, des blessures, en se tenant sur la défensive; qu'elle fut si violemment attaquée que deux fois elle fut sur le point d'être forcée. Rappelons ces faits pour lui en faire honneur et signaler la tactique de ceux qui, quand un coup a manqué, veulent que ce ne soit rien et prétendent qu'on s'est *effrayé* hors de propos.

Enfin on sortit de cette crise; devait-on croire que ce serait la dernière? toutes les espérances étaient-elles satisfaites? Malheureusement non; on vit même des esprits si préoccupés des périls du gouvernement, si frappés de ce que les émeutes renfermaient de danger réel, qu'ils crurent qu'il fallait exhorter le gouvernement à modifier sa marche pour empêcher, disaient-ils, le retour de tels désordres. Certes, ces hommes ne sympathisaient pas avec les émeutes; ils savaient bien que l'émeute pouvait tout compromettre!.....

Ils en craignaient le retour, et dans leur sollicitude (comme si c'eût été le remède au mal), ils demandaient des modifications à l'ordre de choses actuel. Il est un fait grave, messieurs, un fait que beaucoup de personnes savent à Paris, mais qu'on n'a pas su dans les départemens, et qu'il importe cependant que tout le monde sache. Quelques jours après l'émeute dont je viens de parler, on demandait au roi de dissoudre les chambres, non-seulement la chambre dissoluble, mais aussi la chambre qui ne l'était pas; on demandait la composition d'un ministère dont on dictait les noms au roi, au moins en grande partie, et enfin des assemblées primaires radicales pour ratifier ce coup d'état!

On voulait ainsi changer le système de nos institutions. Je n'accuse les intentions de personne, mais c'était un fait considérable que de croire la situation assez grave pour changer la constitution de l'État! Et comme on alléguait une sorte de mission pour stipuler la liberté universelle, comme si c'eût été une mission religieuse, le président du conseil, auquel ce discours s'adressait, répondit : « J'entends! vous êtes le prince Hohenlohe de la liberté! » (*Vive sensation.*)

M. *Laffitte.* Je n'ai pas entendu le propos que vient de rapporter l'orateur, mais on m'assure qu'il a dit que c'était moi qui avais répondu à la personne qui était venue faire des propositions au Palais-Royal : « Vous êtes le prince Hohenlohe de la liberté! »

M. *Dupin.* On me l'a dit.

M. *L'affitte.* Je déclare formellement que cela n'est pas vrai. (*Marques de satisfaction à l'extrême gauche.*)

M. *Dupin.* Je regrette que ce ne soit pas vous qui l'ayez dit. Si c'est un autre, c'est à lui qu'il en faut faire honneur. Je le tiens de M. d'Argout.

M. *d'Argout.* Puisque mon témoignage est invoqué, je dois le donner à l'instant même. Je regrette que la mémoire de l'ancien président du conseil ne le serve pas bien en ce moment; mais *c'est lui-même* qui m'a répété ce propos; c'est lui-même qui, dans une discussion fort vive, qui avait précisément pour objet les faits dont M. Dupin vient de parler, s'était servi de cette expression, qui m'a paru aussi juste que piquante. (*Marques de satisfaction aux centres.*)

M. *Laffitte.* Je déclare formellement que non-seulement je n'ai pas dit une chose pareille à M. d'Argout, mais que je n'étais pas au Palais-Royal lorsqu'on est venu faire une telle proposition. M. d'Argout se trompe vraisemblablement : je suis prêt à répondre à toutes les explications. (*A gauche :* Ah! ah!)

M. *de Montalivet* (*de sa place avec force*). Je demande à dire un mot. (Parlez, parlez.) Je puis joindre mon témoignage sur un fait historique important qui vient d'être indiqué. (*Marques d'attention.*) Il est très-vrai que dans les derniers jours de décembre il a été question de conditions à proposer; que ces conditions, j'ai pu les entendre, et que la conversation qui les contenait s'est passée, en partie du moins, chez l'honorable général des gardes nationales, en présence du président du conseil et de moi. (*Sensation.*)

M. Laffitte. C'est une autre question. (*Voix des centres :* Ah! ah!) Si l'on veut..... (*Ici l'honorable membre est interrompu par de longs chuchotemens.*)

Voix des extrémités. Silence! écoutez donc M. Laffitte.

M. Laffitte. J'ai déclaré formellement, et je viens répéter ici que je n'ai vu personne au Palais-Royal, qui soit venu faire des propositions. Maintenant M. l'ancien ministre de l'intérieur parle d'une conversation qui a eu lieu chez M. le général Lafayette. C'est autre chose. (Ah!) Je déclare que j'ai rapporté fidèlement au roi la conversation que j'ai eue avec le général Lafayette, le jour où l'honorable général a donné sa démission. Au reste, j'ai à regretter peut-être que M. le ministre de l'intérieur se soit trouvé présent, car sans lui cette conversation aurait eu un meilleur résultat. (*Agitation bruyante.*)

M. Berryer. Pour l'honneur de la chambre et du pays, je demande la clôture. (*Rumeur.*)

M. Jollivet. Vous n'êtes pas chargé de l'honneur de la chambre.

M. de Laboissière. Ni de celui du pays.

M. Dubois. Je demande la parole pour le rappel au réglement. (*Agitation.*)

M. le président. J'ai déjà eu l'honneur de représenter à la chambre que les interruptions, de quelque côté qu'elles partent, sont contraires à notre dignité, et j'ai réclamé pour tous les orateurs le même silence et la même attention.

M. de Saint-Aignan. On demande la clôture.

M. Dupin. Il fallait la demander avant l'accusation et non dans la défense.

(*Le silence se rétablit.*)

M. Dupin. Il est bien singulier, Messieurs, qu'on veuille contester le caractère politique, le caractère grave d'un fait relatif à la personne du roi, d'un fait où il s'agissait d'un changement de la constitution, d'un fait où l'ancien président du conseil joue un rôle! Se gêne-t-on pour mettre en scène le président actuel du conseil? Par quel privilége son prédécesseur serait-il exempt de figurer dans nos débats?

Il importait, Messieurs, de faire voir à la France, aux nouveaux députés, et c'est pour eux surtout que j'ai fait cette révélation, que tout atteste une série de tentatives contre l'ordre de choses actuel. Il faut qu'ils sachent que l'on a fait des efforts près du roi pour obtenir un changement dans la constitution ; et sa réponse est trop noble, trop belle, pour que je ne vous la répète pas ici. « On » peut, répondit-il, m'attaquer dans mon palais, on peut » me tirer un coup de fusil dans une émeute ; mais j'ai » juré fidélité à la Charte, et je ne serai pas un roi parjure ; » je ne souffrirai pas qu'on y porte atteinte. » (*Un vif mouvement éclate au sein de l'assemblée ; on répète de toutes parts avec vivacité les cris de* vive le roi !)

M. Dupin, *avec énergie.* Eh bien ! Messieurs, vous le voyez, l'argumentation n'était pas inutile, elle a produit un bon résultat !

Messieurs, une cause légitime d'émotions peut sans doute produire une agitation populaire ; mais je veux vous faire remarquer que toujours elles dégénèrent ; elles ont toujours été couronnées par des faits affligeans, par des attaques à des personnes et aux propriétés et à des objets toujours vénérables, et que la politique, sinon la religion, commande à tous de respecter.

En février, il y eut une émeute grave qui avait un prétexte légitime, car le peuple n'a pu voir sans indignation ce service carliste célébré en face du tombeau des défenseurs de la liberté.

Mais qu'est-il arrivé ? On a vu des attaques dirigées d'abord contre des carlistes et des prêtres, et ensuite contre des amis de la liberté. Le matin, on avait abattu des croix, dévasté le palais de l'Archevêché ; et le soir, par une nouvelle direction imprimée à l'émeute, on est venu assaillir la maison d'un député. (*Mouvement.*)

Et que dit-on pour excuser cet attentat ? On insinua que c'était une pétition contre la chambre, une manière d'indiquer le mécontentement du peuple contre la chambre, d'intimider les autres par un exemple, et de montrer que le peuple des émeutes n'en voulait point, et qu'il fallait la dissoudre.[1]

---

[1] A la séance du 17 février 1831, un orateur de l'opposition expliquait l'émeute en ces termes : « Il y a, je le sais, des actes fâcheux » qui ont été commis, et qui attestent dans une partie très-faible » de la population un reste de *barbarie* qui tient à l'*ignorance* » dans laquelle ont été entretenues les classes inférieures de la

SITUATION INTÉRIEURE.

Au 5 mai, était-ce le gouvernement qui avait excité cette émeute? N'était-ce pas un mouvement bonapartiste? Lorsqu'on vient de vous dire que le gouvernement exagérait ses craintes, et allait jusqu'à avoir peur d'une femme et d'un enfant...., on a donc par cela même reconnu que le gouvernement n'avait pas provoqué lui-même un danger dont on dit qu'il était si effrayé!...

Au 14 juillet, n'était-ce pas le tour des républicains?...

J'arrive à ce qui s'est passé dans les dernières journées. Quoi de plus légitime que la douleur universelle excitée par les désastres de Varsovie! Mais, à côté des cris de *vive Varsovie! Vivent les Polonais! à bas les ministres!* c'est un fait constant, et je regrette que *le Moniteur* n'en ait pas parlé le lendemain ; ce n'était pas prudence, c'était une omission impolitique; à côté de ces cris, on criait aussi *Vive l'empereur!* (quoiqu'il ait livré la Pologne aux Russes), *Vive la république!* (que l'empereur avait détrônée); et, en chorus, *A bas Louis-Philippe!* Dira-t-on que c'est le gouvernement qui excitait ces cris?

Maintenant, qui n'a vu ces placards incendiaires où le roi et les ministres sont accusés de trahison? Qui n'a vu cette grossière lithographie où le roi et deux de ses ministres sont livrés au supplice, avec ces mots : *Condamnés pour haute trahison?* Est-ce le gouvernement qui fait toutes ces choses? N'est-il pas vrai qu'il a, au contraire, le plus grand intérêt à s'en préserver? Peut-on, au milieu de ces dangers qui ont menacé le gouvernement, donner à l'accusateur la satisfaction de faire une enquête contre les ministres qui ont failli en être les victimes?

Ici, Messieurs, l'accusation sort des bornes de la politique et rentre dans l'ordre judiciaire; et la première règle

---

» population... Cette ignorance fait que tous les bruits, que toutes
» les inquiétudes, que toutes les versions les plus absurdes, pren-
» nent à l'instant même une consistance effrayante... C'est à cette
» très-fâcheuse disposition des esprits que vous devez attribuer les
» préventions qui se sont manifestées contre cette chambre, ou
» contre quelques membres de cette chambre en particulier... Et
» comme ces fâcheuses préventions ne peuvent pas venir s'expri-
» mer à cette tribune, et discuter avec vous,... *elles s'expriment*
» *par des actes de violence*, de brutalité barbare contre des
» membres de cette majorité. » (*Moniteur* du 19 février.)

nécessaire pour la faire adopter, c'est qu'elle ne soit pas faite avec légèreté : il faut qu'il y ait un corps de présomptions qui inspire le désir d'aller plus loin.

Mais quand on adresse des accusations sans vraisemblance ; quand, après quatre mois, on n'apporte pas la preuve de ce qu'on avait avancé, et qu'on dit toujours : *Je la donnerai,* sans la donner jamais ! je réponds : Non, il n'y a pas lieu à ordonner une enquête.

Comment accuser le gouvernement de fomenter des émeutes, quand les attaques sont dirigées contre la sûreté personnelle des ministres ? Dira-t-on encore qu'il ne s'agissait que de menaces, et faudra-t-il attendre la triste réalité d'un cadavre sanglant pour croire à la vérité de ce qu'on vous avance ? (*Réclamations à gauche... Aux centres* : C'est vrai, c'est vrai.)

Comment, quand on se livre à la dévastation des propriétés publiques, quand on grève ainsi le trésor public, je ne conçois pas qu'il y ait des réclamations dans le sein de cette chambre ; il me semble qu'il devrait y avoir unanimité. (*De toutes parts* : Oui ! oui !)

Quand des ministres courent de pareils dangers, lorsqu'ils sont arrêtés en plein jour, en place publique, obligés de descendre de voiture, de se présenter aux coups de leurs ennemis, et de se faire protéger par la force armée, dans un pays qui se prétend civilisé, qui croit avoir tant de liberté, qu'il en offre à tous les autres peuples ; que quelques personnes hésitent à flétrir de pareilles scènes, c'est ce que je ne conçois pas. (*Vif mouvement d'approbation aux centres.*)

M. *Cabet.* C'est de la passion.

M. *Madier de Montjau.* L'assassinat ne peut exciter que de l'horreur.

M. *Las-Cases fils.* Toute violation de la liberté est une horreur que nous réprouvons.

(De vives interpellations sont encore adressées au milieu de l'agitation de l'assemblée.)

M. *le président.* Toutes ces interpellations troublent l'ordre : je vous invite au calme et au silence.

M. *Dupin.* Je reviens à la question de droit. J'ai dit en commençant que l'on ne demandait probablement une enquête qu'afin d'arriver à une accusation. Cette enquête ne peut être ordonnée qu'après nous être assurés de la vraisemblance et de la pertinence des faits. Ce n'est pas moi qui ai posé la question, c'est l'accusateur; je n'en suis pas même le défenseur. Je suis l'un des juges émettant mon vote, et déclarant que dans mon opinion il n'y a pas lieu à une enquête. (*Murmures aux extrémités.*)

Je le déclare ainsi, non-seulement parce qu'il ne résulte pas des faits qui m'ont paru constans la moindre présomption, mais parce qu'il résulte de toutes les preuves acquises le contraire de ce qui est allégué dans l'accusation.

Il est impossible de prétendre que les ministres aient excité contre eux une émeute qui les a exposés à des insultes et qui a mis leur vie en péril. Il ne suffit pas de montrer de la détestation pour ces faits en eux-mêmes, il faut encore, en rejetant la proposition d'enquête sur ces faits, proclamer qu'il n'y a pas possibilité de les imputer aux ministres.

Quel serait l'effet de l'enquête? Ce serait de mettre le ministère en état de prévention ; de prolonger, vous députés du pays, cet état de marasme et d'anxiété dans lequel se consument toutes les affaires publiques et privées ; ce serait dire que les ministres ont dès à présent perdu la confiance de la nation et de la chambre, et que les faits présentés contre eux étaient assez vraisemblables pour qu'une enquête devînt nécessaire. Je pense que l'invraisemblance de l'accusation est au contraire sortie de tous les faits que j'ai parcourus et que je devais parcourir.

Il faut sortir au plus tôt de cet état de malaise qui existe dans Paris, dont vous êtes les habitans, et dont les intérêts doivent nous être aussi chers que ceux du reste de la France. Eh quoi! n'en avez-vous pas été les témoins? Les marchands sont obligés de fermer brusquement leurs boutiques le matin, à midi, le soir avant l'heure où ils ont l'habitude de se livrer au repos; les citoyens, les hommes paisibles craignent d'être atteints par les excès populaires. Il en résulte que la vraie liberté n'existe plus. Il ne s'agit plus, en effet, de ces libertés politiques dont parle la Charte, mais il s'agit de la liberté de n'être pas attaqué...

Une voix à droite. Par qui?

M. Dupin. Par les émeutes. Il s'agit de n'être pas obligé de subir une espèce d'interrogatoire au milieu de la foule, et de n'être pas exposé à recevoir un coup de poignard; de n'être pas livré à la fureur d'individus mécontens de ne pas avoir obtenu ce qu'ils appellent pour eux les conséquences de juillet, c'est-à-dire une fortune qu'ils n'ont pas, le partage des propriétés d'autrui, et qui voudraient voir surgir la loi agraire. (Très-bien! très-bien!)

Je me rends la justice de n'être l'organe d'aucun parti, pas même du ministère, dans lequel se trouvent, à la vérité, plusieurs de mes amis, des hommes avec lesquels je sympathise de cœur et d'opinion depuis qu'il est question de liberté et de gouvernement représentatif; mais je parle dans l'intérêt du pays, dans son intérêt pressant, juste, imminent, matériel, qui doit nous occuper tous les jours, tous les instans.

La question est entre le pays et les émeutes, entre la loi et la force, la civilisation et la barbarie, un gouvernement régulier et l'anarchie par où l'on voudrait nous faire passer, pour voir si un nouveau tour de roue imprimé à la fortune ne procurerait pas de nouvelles chances à ceux qui n'ont pas d'abord obtenu un bon numéro. (*On rit.*)

Je dis que la question est d'abord pour Paris; mais la question de Paris est aussi celle des départemens. Chacun de vous pourra me démentir ou me confirmer. Quand une capitale s'est formée par un si grand nombre de siècles, elle a dû lier des relations avec toutes les parties du pays; toute l'industrie, tous les produits des départemens sont dirigés vers la capitale, et la seule chose qui fasse excuser cette immense population, si difficile à gouverner, c'est son immense consommation.

Paris est la source de la richesse publique : les départemens n'ont de vie que par la prospérité de Paris. Quand on consomme à Paris, les départemens écoulent leurs produits; quand le riche vit selon ses goûts à Paris, quand il peut y satisfaire ses vices mêmes, en payant tribut à la société entière, la prospérité devient générale. Si la consommation de Paris cesse, celui qui a des bois peut les brûler sur place au lieu de les faire flotter; celui qui engraisse des bestiaux peut les tuer chez lui au lieu de les envoyer aux marchés de Sceaux et de Poissy; car il les vendra mal, ou même il ne les vendra pas. (*Interruption à gauche. Aux centres.* C'est pourtant vrai.)

Nous sommes dans une saison où d'ordinaire les voyageurs affluent à Paris, non pas de ces voyageurs forcés que notre hospitalité soutient et paie, et qui quelquefois (car j'absous quelques-uns d'entre eux) figurent dans des émeutes contre ce gouvernement qui les protége et qui leur donne des alimens.

Mais je parle de ces voyageurs riches qui viennent dépenser à Paris leurs économies pour s'y procurer les jouissances du luxe et du plaisir. Ces voyageurs, Messieurs, devraient dépenser cinq cent mille francs par jour à Paris, quinze millions par mois ; eh bien ! ces voyageurs restent chez eux quand Paris n'est pas tranquille ; en même temps les gens riches fuient, emportant leurs richesses, et les commandes du dehors se ralentissent partout. Et qu'on ne nous dise plus alors qu'il n'y a pas de travail pour les ouvriers ! (Non ! non ! *vive interruption*.)

M. *Dupin* (avec force). Je crois cordialement, Messieurs, être dans la vraie question des intérêts du pays, y être bien plus que si je vous parlais de diplomatie. A quoi sert, en effet, de nous tant occuper des pays étrangers dans la position où se trouve le nôtre ? (*Assentiment*.)

Au milieu de tout cela, on parle de travail pour les ouvriers. Mais n'y a-t-il pas une extrême injustice à dire à un gouvernement : « Donnez du travail à tous les ouvriers ? »

Sans doute on peut augmenter la masse des travaux publics ; mais quand vous mettriez 80 millions, 100 millions, tout le budget à la disposition du gouvernement pour cet objet, à quoi cela servirait-il ? Le moyen de créer assez de travail pour les ouvriers, c'est d'abord d'assurer la perception des impôts et les services publics, puis de donner de la sécurité à tous les riches ; car ce ne sont pas les gens des émeutes qui feront travailler les ouvriers. (Très-bien ! très-bien !)

Les ouvriers qui se mêlent aux émeutes ne sont pas non plus des travailleurs, ce sont des paresseux qui aiment mieux recevoir 40 sols pour crier *à bas les ministres ! mort aux ministres !* que de gagner péniblement et honnêtement le prix de leur journée pour en nourrir leur famille. (*Bravo ! bravo !*) Il faut qu'il y ait paix, sécurité pour tous; et en effet, chacun se dit : Pourquoi ferai-je telle ou telle dépense ? Je puis avoir besoin au premier jour de tout mon argent disponible : pourquoi achèterais-je une voiture ? on peut me la briser, et ainsi du reste.

Et vous croyez ne faire tort qu'au riche en l'empêchant d'avoir une voiture! point du tout ; c'est aux ouvriers que vous faites du tort; vous punissez le cocher du riche, son valet, son carrossier, son maquignon.... (*Murmures à gauche. . Voix aux centres* : C'est bien cela.)

Ce que je dis, Messieurs, je le dis avec une conviction sincère; je désire que mes paroles soient entendues; je désire que mes expressions soient fidèlement recueillies; je désire qu'on me lise partout, jusque dans la boutique de l'ouvrier, dans la chaumière du laboureur, et que l'on me juge; on verra si je prends la véritable défense des intérêts populaires ; on verra si je m'écarte du point qui doit toujours nous être présent, la situation, les intérêts du pays. On verra si je parle autrement que dans l'intérêt vrai et immédiat des classes laborieuses. (Très-bien! très-bien!)

Veiller aux besoins du pays, aux exigences de la situation présente, est le devoir rigoureux de la chambre des députés, et cependant on ne fait rien et on n'avance sur rien.

Sans doute le ministère a une grande responsabilité. S'il est coupable, accusez-le ; il se défendra lui-même, ou par un avocat, s'il en prend un. Mais les chambres n'ont-elles donc pas des devoirs à remplir, et aussi leur responsabilité ?

S'il y a une chose qui afflige la France, c'est quand elle voit des réticences qui ne sont pas sincères, des attaques qui ne sont pas de bonne foi, des discussions qui n'arrivent à aucun résultat. Il faut que la chambre prenne une allure décidée. Le gouvernement peut demander à la chambre une majorité pour ou contre, mais enfin une majorité. Que tout le monde fasse comme moi, que chacun vote, comme moi, fortement, hautement, résolument sur toutes les questions, nous verrons bien vite où sera cette majorité. (*Mouvement*).

Donnez la majorité à un ministère quelconque ; mais il n'y a rien de plus funeste à un gouvernement comme le nôtre, qu'une chambre flottante et sans majorité fixe. Est-il possible qu'on puisse se résigner à présenter à la France le spectacle d'hommes uniquement ambitieux de popularité, et qui tous veulent faire de l'opposition ? Il ne manquerait plus qu'au roi de faire aussi de l'opposition : où en serions-nous? (*Rires et approbation.*)

Vous ne me verrez jamais rire, Messieurs, en parlant de choses si sérieuses. Je parle avec chaleur des intérêts qui me touchent profondément. Je puis être trop rude quelquefois dans mes expressions, parce que je suis vrai. C'est peut-être imprudent de ma part, mais c'est un gage de ma sincérité, qui me recommande à votre indulgence. (Très-bien ! très-bien!)

Nous avons été préoccupés dans notre existence passée : dans ce sentiment qu'il n'y a rien de plus favorable près de la nation que de faire de l'opposition. L'opposition est sans doute un beau rôle avec un mauvais gouvernement; elle peut être encore un beau rôle avec un bon gouvernement, lorsqu'elle tend à signaler des fautes afin de l'en préserver, lorsqu'elle montre comment il faut aller, sans jamais empêcher la marche des affaires du pays.

Si, au contraire, nous nous laissons toujours dominer par l'habitude que nous avions de faire incessamment de l'opposition contre l'ancien gouvernement, contre ce gouvernement anti-national, ce gouvernement imposé par l'étranger, qui nous rançonnait au profit de ses partisans en petit nombre, sous prétexte de leur accorder des indemnités; c'est un grand tort. Est-ce que nous ne nous apercevons pas que notre situation est changée aujourd'hui, sous un gouvernement que nous-mêmes nous avons fondé?

Si actuellement nous faisions toujours sans relâche de l'opposition contre un tel gouvernement, nous ne ferions que combler les vœux de nos ennemis : ils verraient se réaliser leur prédiction; ils diraient que, excellens pour *critiquer, abattre, démolir*, nous ne sommes bons ni pour fonder, ni pour édifier, ni pour consolider, ni pour améliorer. (Bravo! bravo!)

Entrons dans le vrai pour en finir.

Nous avons un point de départ : c'est notre serment. Pour moi, je tiens à l'observation de celui que j'ai prêté; je vous l'ai déjà dit, je n'ai point pris part à la révolution de juillet comme un conspirateur, mais comme un homme légalement dégagé de toute obligation envers un gouvernement parjure, et avec la sincérité d'un citoyen qui a mesuré l'étendue des engagemens nouveaux qu'il allait contracter, et qui a la ferme résolution d'y demeurer fidèle.

Une voix à gauche: Qu'est-ce que cela dit ?

M. Dupin, vivement : Ce que cela dit! vous allez le voir. Cela dit que puisque nous avons élevé sur le pavois Louis-Philippe et sa dynastie populaire, il faut condamner les partisans de toutes les dynasties déchues (Oui, oui), tous les regrets des hommes désappointés, et tous les hommes sans exception qui voudraient attaquer les principes sacrés de la révolution de juillet, que nous avons fondée sur Louis-Philippe, roi des Français; sur la Charte qu'il a jurée comme nous et avec nous, et auquel nous avons dit : Si vous la jurez, vous serez roi, et à cette condition seulement nous vous serons fidèles. Ainsi le roi, et pas d'autre; la Charte, et pas de programme, pas d'autre constitution. (*Vive et générale adhésion.*)

Occupons-nous donc de nos lois organiques, de la pairie d'abord, avec calme, avec dignité; mais, je vous en conjure, que ce soit le mieux et le plus tôt possible ; car c'est là une des causes de l'incertitude qui règne dans le public. On se plaint que nous ne nous occupons que de généralités, et que nous ne faisons pas de chemin.

Faisons la loi de la pairie ; car sans elle la constitution n'est pas complète, et subit toujours une foule d'objections auxquelles elle ne sera plus en butte quand nous aurons terminé.

Occupons-nous ensuite de nos municipalités et de nos départemens; tâchons, non pas de décentraliser le pouvoir, parce que sa centralisation est nécessaire à la dignité et à l'indépendance du pays; mais décentralisons le plus que nous pourrons les affaires locales. Vous enlèverez ainsi une foule de prétextes d'irritation ; on ne demandera plus compte aux ministres de ce qu'auront fait les départemens et les municipalités; vous travaillerez ainsi dans l'intérêt de Paris et de la France entière. (Oui! oui!) Je vous en adjure donc, terminons le plus promptement toutes ces lois que la France attend avec tant d'impatience. (*Mouvement d'une vive adhésion..... bravos prolongés.*)

Discours de M. Dupin aîné, député de la Nièvre, dans la discussion des communications relatives aux Evénemens de Lyon; prononcé dans la séance du 19 *décembre* 1831. (Moniteur *du* 20.)

Messieurs, avant d'examiner les reproches qui sont adressés au Ministère, il faut au moins le louer d'une chose, c'est d'être entré dans la voie des communications avec la chambre ; non sans doute en vue de diminuer sa responsabilité propre sous couleur d'une solidarité avec vous, mais parce que la chambre, bien avertie, peut aussi mieux exercer sa propre surveillance en pleine connaissance de cause.

Chacun recueille ainsi les bons effets de la publicité, qui ne doit pas être seulement une des conditions du gouvernement représentatif, en tant qu'elle serait hostile au Gouvernement ; mais qui doit être aussi dans cet ordre de choses, sincèrement compris, un de ses principaux moyens de défense. En un mot, c'est par l'attaque et la défense, sur ce terrain de la publicité, que toutes les questions doivent se débattre. Il y aurait trop de duperie à laisser tous les avantages de parler et d'écrire à la calomnie, si l'on n'assurait pas les mêmes avantages à la vérité. Ce n'est qu'en disant tout, ce n'est qu'en posant bien les termes de chaque question, devant ce grand jury national qui est appelé à connaître de toutes les affaires du pays, qu'on peut savoir enfin qui a tort ou raison ; car, dans un gouvernement représentatif, un pouvoir ne peut s'établir que quand il est fondé sur l'intérêt du pays, quand il a convaincu le pays qu'il a suivi la ligne la plus conforme à ses intérêts. (Bien ! très-bien !)

Quel est ici l'office de la chambre ? La chambre doit rester dans les termes de l'adresse qu'elle a votée dans sa séance du 26 novembre 1831.

Entre ceux qui attaquent et ceux qui sont appelés à se défendre, vous êtes constitués juges. La majorité quelconque qui se déclare, par son suffrage, porte son verdict, soit sur l'attaque, soit sur les moyens de défense.

Dans l'adresse vous avez exprimé vos sentimens, vos vœux particuliers sur l'événement de Lyon; vous avez déclaré au Gouvernement que vous vouliez lui donner votre concours pour assurer force à la justice et respect aux lois.

Pour vous, la question n'a pas changé de point de vue; elle est la même aujourd'hui. Ce résultat a-t-il été obtenu? L'a-t-il été par les moyens légaux? Voilà la question de responsabilité qui naît de l'évènement de Lyon, et qui a donné lieu aux communications que vous avez entendues.

Ici, Messieurs, je ne me présente ni comme assaillant ni comme apologiste, je me présente comme l'un de vous, comme observateur et comme juge, ayant à m'expliquer sur les faits exposés devant vous.

Je considère d'abord quels sont matériellement les résultats obtenus. Au 26 novembre, l'autorité du Gouvernement était méconnue dans Lyon. Tout ce qui tenait à la force publique, légale et constitutionnelle, avait été évincé. La ville était en état de pays conquis, conquis par la force brutale et matérielle qui s'était insurgée contre le pouvoir des lois. Il y avait eu contre les personnes des attaques violentes qui dépassent tout ce qu'on dit de l'ancienne barbarie. Des attaques non moins révoltantes avaient été dirigées contre les propriétés. Puis vous avez vu un simulacre d'ordre, symbole de résipiscence, qui ne pouvait faire fermer les yeux sur le passé, et enfin, la ville fermée, le mot d'ordre donné, et la garde montée au nom du pouvoir illégal qui dominait alors et tenait tout sous sa dépendance.

Aujourd'hui quelle est la situation des choses? L'autorité des lois et du Roi est reconnue dans Lyon; les fonctionnaires ne sont plus là, comme les complaisans de la multitude, obligés de contresigner des ordres évidemment imposés, à en juger par le style et l'orthographe... (Mouvement), de pièces au bas desquelles ces fonctionnaires ne rougissaient pas d'apposer leur signature, s'imaginant encore remplir leur devoir de fonctionnaires du Gouvernement!

Les travaux ont repris leur activité, parce qu'ils ont repris leur liberté; et tout cela a été obtenu sans coup férir, sans de nouveaux malheurs, sans lois ni actes arbitraires ou d'exception. Sans doute une force imposante a été déployée; mais je demande s'il fallait employer une répression insuffisante qui aurait pu laisser continuer la lutte? Il semble donc qu'en présence de la paix publique rétablie sans qu'un seul homme ait péri, sans qu'aucun acte arbitraire nous ait été signalé, la critique ne peut pas ressembler à ce qu'elle serait si aucun bon résultat n'avait été obtenu et si les événemens n'avaient pas pris une aussi heureuse fin.

Cependant, dans la discussion que j'ai entendue, on a paru blâmer la mission du prince royal et quelques actes qui s'attachaient à la mission du maréchal qui lui servait de *mentor* dans cette circonstance. (Rumeur aux extrémités.)

M. Dupin. Si vous ne voulez pas donner à la haute expérience du maréchal cette qualification, reconnaissez du moins que c'est entre les mains du maréchal qu'était réservé le pouvoir d'agir, et qu'appartenait le pouvoir exécutif sous sa responsabilité ministérielle.

Les mêmes voix. A la bonne heure !

M. Dupin. C'est le sens de la pensée que je voulais émettre.

Chacun, Messieurs, avait sa mission bien marquée et bien distincte; mais toutes deux avaient leur centre commun dans le pouvoir royal qui a délégué d'une part le pouvoir exécutif dans ce qu'il a de rigoureux, et aussi cette autre portion inhérente à la royauté, d'influence bienfaisante, paternelle, qui porte avec soi les graces et les consolations.

Telle était la partie de la mission qui appartenait au prince royal, et il serait étonnant qu'on voulût prétendre devant vous que cette mission avait quelque chose d'illégal, en présence de l'adresse où vous dites :

« Nous applaudissons au patriotique élan qui a porté le prince votre fils à se précipiter au milieu des Français dont le sang coule, pour en arrêter l'effusion. »

Qu'a-t-il fait autre chose ? Où est un autre acte qui lui soit propre, si ce n'est des paroles de consolation et d'encouragement adressées au nom du Gouvernement ? Ne l'avez-vous pas vu promettant la clémence sans compromettre les droits de la justice, respectant les droits de chacun, voulant faire obéir à l'autorité royale, et laissant à la magistrature, à l'autorité des lois ce qui leur est propre ?

Aussi il en a été justement récompensé, non-seulement par les acclamations d'espérance qui le saluaient à son passage, mais par les acclamations plus vives encore qui ont accompagné son retour jusque dans la capitale. (Très-bien.)

Quant au maréchal, je ne doute nullement que s'il était ici présent, il ne fût prêt à donner toutes les explications nécessaires et sur ses actes civils et sur ses actes militaires. Cependant, dès à présent, n'ayant pas à expliquer une conduite que je ne suis pas chargé de défendre, mais, comme juge, ayant à exprimer mon sentiment sur la validité des reproches qui ont été articulés, j'ai saisi dans les discours des deux orateurs que vous avez entendus (MM. Salverte et Pagès) un reproche sur les récompenses qui auraient été accordées par le maréchal dans ces circonstances.

C'est un peu poétique, Messieurs, de venir, au temps où nous vivons, nous dire que les Romains ne décernaient pas les honneurs du triomphe à ceux qui avaient combattu dans les guerres civiles! C'est vrai; mais cela pouvait tenir à leur constitution, à leurs mœurs. Aujourd'hui, dans notre ordre de choses, sans s'applaudir d'un triomphe lorsqu'on aurait mieux aimé qu'il n'y eût pas de combat, il n'est pas défendu de discerner la bonne et la mauvaise conduite, et lorsque tant d'encouragemens sont prodigués au mal, d'en accorder à ceux qui ont bien fait.

Voix à gauche. Qui est-ce qui encourage le mal?

M. Dupin. Pensez-vous que la conduite de l'armée ne méritât pas tous les éloges qu'elle a reçus?

Pensez-vous qu'elle ne dût pas les obtenir de ce vétéran de la gloire, qui plus d'une fois avait conduit nos soldats à la victoire contre les ennemis extérieurs, et qui devait bien apprécier le dévouement des troupes qui marchaient avec lui à la conquête de la paix et de l'ordre public?

Ne devait-il pas aussi ses éloges à ces gardes nationales qui de toutes parts étaient accourues au secours de la constitution et des lois? Et qui donc prétendrait, ici, que ceux qui font de tels actes ne méritent pas de récompenses?

On vous a dit, avec raison, qu'il y avait coïncidence entre les Journées de Lyon et celles de Paris: à Paris on combattait pour la défense des lois, contre un gouvernement qui voulait les renverser; et à Lyon on combattait aussi contre des hommes qui voulaient renverser les lois. On a trouvé juste de récompenser ceux qui avaient combattu en juillet, et du même droit qu'on les a récompensés, on a récompensé également ceux qui ont fait respecter à Lyon les conséquences de la révolution de Juillet. (Très-bien ! très-bien !)

Quant à ceux qui n'auraient pas fait leur devoir, quelles voix pourraient s'élever pour les justifier? N'est-ce pas au patriotisme de la garde nationale, qu'un article du pacte fondamental a confié la défense de nos lois et de nos institutions? Qu'on sache bien que la garde nationale n'est pas instituée seulement pour parader dans les fêtes publiques, ou pour donner à ses officiers des épaulettes et des plumets; mais qu'on n'oublie pas non plus qu'au jour du danger, lorsque la patrie crie : *aux armes* ! elle doit être toujours prête à repousser les ennemis de l'intérieur comme ceux de l'extérieur. (Très bien ! très-bien!)

Il faut considérer encore la question sous un autre point de vue, Messieurs. Les gardes nationaux étaient appelés à marcher avec une portion de l'armée. Il y avait une fraternité d'armes, et n'était-ce pas une lâcheté insigne, quand l'armée faisait son devoir, qu'une portion de la garde nationale désertât et laissât ses camarades exposés au feu?

La garde nationale a des drapeaux ; elle jure fidélité à ces drapeaux ; et si elle est plus particulièrement instituée dans l'intérêt des lois et de l'ordre public, c'était là sa guerre, c'était sur elle que devait aussi porter le fardeau. Honneur donc à ceux qui ont fait leur devoir ; blâme et honte à ceux qui n'ont pas su le faire ! (Bravos au centre.)

Comme vous aviez imposé au Gouvernement l'obligation de n'employer dans ce grand acte que la puissance des lois, après avoir fait reconnaître l'autorité du Gouvernement, rétabli les fonctionnaires dans leurs pouvoirs, la mission du Gouvernement était pour ainsi dire consommée. Chacun étant rentré dans son devoir, chacun ayant repris ses droits, il ne reste plus qu'une chose à faire : la justice informe contre les crimes qui ont été commis.

Oui, la justice informe, et elle a dû informer. La justice est un pouvoir indépendant, et personne n'a droit d'arrêter son action, et de lui demander compte de ses actes. (Très-bien !)

On a eu raison de dire que la puissance des lois conservait la liberté, que la liberté était le despotisme de la loi.[1]

---

[1] *Sub lege libertas.* C'est ma de...

Ce n'est qu'à cette condition que vous êtes libres; ce n'est qu'à cette condition que la tyrannie des hommes se taira. Il faut bien que la loi parle, quand on ne veut pas que ce soit un homme. (Sensation.)

La justice parlera, non avec ce caractère de vengeance qui a signalé les réactions politiques, elle punira avec discernement; elle ne méconnaît pas, et le Gouvernement non plus, que le plus grand nombre des hommes étaient égarés, que presque tous sont repentans. Mais il y a des exceptions, et il faut les signaler.

Il y avait à Lyon de ces hommes que l'on trouve partout où il y a des émotions populaires, et où il y a à profiter des excès qui peuvent en résulter.

Il y a eu des crimes commis à Lyon, des crimes atroces; mais ces crimes n'ont pas tous été commis par des ouvriers! Que cela nous serve de leçon : il y avait des étrangers à Lyon; on prétend qu'il fallait le dissimuler, qu'il ne fallait que le dire en partie. Non, messieurs, et je remercie l'honorable député du Rhône de nous les avoir signalés; si l'on dit : Des attentats, des crimes ont été commis, sans rien préciser, on se jette dans des généralités qui ne frappent personne. Il faut signaler les faits, alors on sait qui l'on doit punir.

Personne alors n'osera dire qu'il y avait là matière à l'admiration! Quoi! ce que vous ne pardonneriez pas à ce que nous connaissons des peuplades les plus barbares, nous voudrions l'excuser ici! achever, mutiler des blessés, les jeter dans la rivière, et les envoyer aux populations voisines, montrer le spectacle odieux pour des Français, de l'uniforme français, de l'uniforme tricolore et national traîné avec des cadavres jusque sur les rives lointaines! (Mouvement.)

Je le dirai aussi : sans doute une grande partie de la population, les honnêtes ouvriers, ceux qui ont domicile, femmes, enfans, ont été douloureusement navrés de ces actes abominables; mais qu'il en résulte au moins un enseignement salutaire pour tous, qu'on sache qu'il n'y a pas de bonnes émeutes. (Très-bien, très-bien!)

Car l'émeute, commencée avec les motifs les plus louables, peut finir par les crimes les plus détestables. L'ordre public les réprouve, et la loi les punit. Et ici, messieurs, il y a une raison de plus.

Le gouvernement a dit qu'il n'y avait rien de politique dans ces menées, c'est-à-dire qu'on a cru tellement à la force de nos institutions, qu'aucun parti n'a osé arborer son drapeau.

On me persuadera cependant difficilement qu'il n'y avait pas derrière la révolte, bon nombre d'hommes qui ne demandaient pas mieux que d'en profiter.

Ici j'entre dans les vues de l'honorable député de la Seine, dont le coup-d'œil perçant ne perd pas de vue les ennemis de la patrie, quelles que soient les transmutations qu'ils subissent dans leurs personnes et leurs doctrines, et je partage avec lui l'opinion d'un honorable député du Rhône, qui a dit qu'il croyait bien que les ennemis perpétuels de la liberté et de l'ordre constitutionnel, n'étaient pas étrangers à ce qui s'était passé dans les murs de Lyon.

Oui, je le proclame sincèrement, il existe une société, pervertissement du christianisme, qui s'est persuadée que la religion devait tourner à son profit mondain. Cette société, c'est celle des Jésuites; on a pu la qualifier de ce nom tant qu'elle s'est montrée à découvert, et elle n'a pas craint de le faire quand le gouvernement était pour elle; mais elle s'est effacée, elle s'est supprimée toutes les fois qu'elle a cru ne pouvoir se montrer sans danger. Protée n'est qu'une fable, le jésuitisme est la réalité. (Profonde sensation.)

Pour quiconque veut observer, réfléchir, méditer, ne pas juger seulement sur une époque, suivre les diverses situations, comment se sont-ils établis? Sans vouloir même avouer leur nom : laissez faire, laissez passer, nous sommes tels quels, c'est-à-dire tels que les circonstances le commandent ou le permettent, se faisant *tout à tous;* laissez faire cependant, nous deviendrons les maîtres. (Rires d'approbation.)

Ils n'ont jamais demandé que la liberté de faire ce qu'ils voudraient, poussant à l'excès le principe de l'indépendance, outrant ce principe, pourquoi? Parce que, pour qui ne dépend pas de son gouvernement, de sa patrie, mais qui place ailleurs son chef, sa patrie et ses lois, vous concevez qu'il faut plus que de l'indépendance, il ne faut pas que de la liberté, il faut aller souvent jusqu'à la révolte, faire un Etat dans l'Etat, le mettre partout où l'on est, faire prévaloir ses doctrines contre tout ce qui leur est contraire dans l'ordre politique et légal.

Tant que cette société a pu se produire sous les couleurs du christianisme, elle a eu ses missionnaires, ses prédications, ses journaux, ses croix de mission, tout ce qui pouvait propager ses doctrines; quand elle a été un peu gênée et contredite, on l'a vue exciter toutes les associations, celles mêmes qui ne rentraient pas dans son sein; elle les défendait encore comme principe d'indépendance, parce qu'elle disait : Si nous en réclamons l'usage pour tous les autres, il faudra bien qu'on l'accorde pour nous.

Ainsi donc, liberté indéfinie d'association; que ce soit libéral, républicain, monarchique, ce sera aussi jésuitique, et dans la concurrence, nous nous flattons d'être les plus forts. Voilà la doctrine de la société. (Vive approbation.)

De là les embrigademens d'ouvriers, à qui on ne dira pas le secret de l'association qui anime les chefs; mais on leur tiendra le langage qu'il faut pour en disposer au besoin. On n'est pas obligé d'admettre les soldats dans le conseil de guerre; mais on les tient disposés à obéir.

On promet aux ouvriers de leur fournir de l'ouvrage : en leur distribuant des secours, on leur explique à qu'elle classe de personnes ils auront des obligations; et au bout d'un certain temps on se trouvera avoir fait un chemin immense dans les esprits! et viennent alors ces circonstances qu'aucun gouvernement ne peut empêcher, parce qu'il y a toujours quelque fatalité attachée aux événemens humains, et ces trames ourdies dans le silence peuvent présenter un caractère alarmant!

J'adjure les amis de la liberté, ceux qui pendant quinze ans ont combattu pour elle, de réfléchir à quelle effrayante solidarité ils s'exposent en servant les projets de leurs plus dangereux ennemis.

Parmi ceux qui depuis quinze ans ont combattu pour la liberté, quels étaient ses partisans les plus ardens? C'étaient les manufacturiers, les industriels, les hommes qui mettaient en mouvement les capitaux, et portaient au plus haut degré notre industrie et notre prospérité manufacturières.

Contre qui s'exerçaient les antipathies du pouvoir absolu? Contre qui étaient dirigées les insultes de ses journaux? C'était contre les boutiquiers, contre les industriels. Après quinze ans, ces hommes ont acquis la liberté solidairement sans doute avec ceux qu'ils faisaient vivre dans leurs ateliers. Qu'est-il arrivé? A peine avons-nous eu vaincu, et je dis *nous*, car c'est nous tous (Rumeurs à gauche), on a cherché à nous diviser; on savait que les hommes industriels étaient attachés aux principes pour lesquels ils avaient combattu, mais qu'il fallait en détacher les masses, car c'est dans l'intérêt des masses que la révolution a été conçue, qu'elle a été accomplie; et on nous calomnie quand on dit que la France n'a pas déjà reçu, par nos soins, une grande partie des conséquences de juillet, et qu'elle n'en recevra pas le complément qu'il est dans nos devoirs et dans nos vœux de lui accorder. (Acclamations.)

En 89, la révolution a délivré le peuple des campagnes parmi lequel il y avait encore des serfs; elle a aboli les priviléges, supprimé la dîme et les droits féodaux, et préparé le morcellement des propriétés, qui est aujourd'hui une garantie de l'ordre public, par le grand nombre d'hommes qui y sont intéressés. (Très-bien! très-bien!)

Après l'évenement de 1830, la haine du parti a dû se réveiller contre la classe intermédiaire qui prenait les intérêts du peuple contre la classe privilégiée; et comme le peuple pris en masse a du sens et de l'intelligence, comme il ne quittera jamais le drapeau tricolore pour le drapeau blanc, on a pris une marche détournée. On s'est adressé à ses intérêts matériels, on a profité de sa misère en ne lui expliquant pas d'où elle provenait. Si quelques riches carlistes, au lieu d'entrer franchement dans la ligne de la révolution, qui leur offrait honneurs d'un côté, s'ils voulaient franchement l'égalité avec nous; sécurité pour leurs propriétés, de l'autre, s'ils ne voulaient que la sécurité, se sont séparés de nous; s'il y a eu en effet quelques exceptions, au lieu d'expliquer au peuple quelles étaient les causes de sa misère, causes la plupart antérieures à la révolution de juillet, et non conséquences de cette révolution, on l'a animé contre ceux qui l'avaient conduit à la liberté.

On lui a dit que ses ennemis sont les bourgeois, les propriétaires, les industriels, contre lesquels on cherche à insurger les ouvriers; on voudrait que la liberté se suicidât elle-même; et lorsque nous n'avons jamais cessé de faire partie du peuple, on voudrait nous en séparer, détacher le peuple de la classe intermédiaire, en lui donnant pour drapeau la misère qu'on voudrait éterniser, car on fait tout ce qu'on peut pour la faire durer! De tout cela, la conséquence nécessaire, c'est qu'il faut se débarrasser de la bourgeoisie, pour en revenir à la noblesse et aux prêtres. (Très-bien! très-bien!)

Voilà le secret de leur conduite: c'est à nous, Messieurs, à comprendre tout cela: et bien certainement, quand nous voyons des amis maladroits tenir un langage semblable à celui de nos ennemis les plus obstinés, nous ne devons pas nous y laisser prendre: il y aurait danger si nous adoptions leurs doctrines. J'éprouve toujours de la défiance quand je vois des hommes, bien connus pour n'être pas nos amis, professer des doctrines de liberté absolue; je ne puis m'empêcher de dire: Ce n'est pas là de la liberté; et quand je les vois venir, de m'écrier: « A moi! Auvergne! ce sont des ennemis, car ce ne sont pas nos amis! » (Bravo! bravo!)

J'ai peu de choses à dire sur les reproches généraux qui ont été mêlés à cette discussion particulière. La question dont il s'agit est celle qui est née de la première communication lors de l'adresse de la chambre; elle consiste à savoir si le compte rendu a été complet, si on ne signale pas que le résultat obtenu est bon, si des actes arbitraires, des violations de la loi, ont été commis pour arriver à son accomplissement?

Il ne doit rien rester de ces reproches généraux qu'il est impossible de saisir à raison même de leur généralité, et dont, en cas de succès, nos ennemis ne manqueraient pas de s'emparer avec plus de sévérité peut-être contre ceux qui se croient plus avant dans la ligne de la liberté, que contre ceux qui, par leur conviction, par un véritable amour, un amour éclairé de la liberté, semblent se précipiter avec moins d'ardeur dans une route où ils craignent de ne pas trouver d'issue.

Deux mots sur la question extérieure. La paix, quoi qu'on en dise, est assurée. *La paix est mon système*, dès l'origine, et encore à présent. Nous l'avons, et je m'en réjouis. On nous a dit qu'on avait peur de la guerre! Messieurs, la guerre est toujours possible. Quel État, en effet, peut dire qu'il est pour long-temps en paix? Il n'y a point d'almanach où l'on ne lise : « Il y aura une grande guerre sur tel ou tel point du Globe. » (Murmures aux extrémités.) Au bout d'un certain temps, il faut bien que cela finisse par se réaliser. Mais enfin nous avons cette paix, profitons-en sans craindre la guerre, que nous sommes en mesure de repousser, et ne jetons pas le trouble dans la société.

Quant à l'intérieur, notre état est amélioré. Pendant un certain temps, le désordre était presque partout; il inquiétait les personnes, l'industrie, le commerce; il arrêtait l'action des lois. Aujourd'hui, nous ne voyons plus ce spectacle : si quelque part des troubles se manifestent, la force publique est là pour les réprimer.

Vous ne voulez plus que des perturbations affectées viennent sans cesse tout mettre en question; vous voulez qu'à jamais les lois et la tranquillité reprennent leur empire. Des charges pèsent sur ce pays, parvenons à des améliorations dès-long-temps désirées : c'est là notre besogne, sachons la faire : il y a long-temps que nous aurions dû ne nous occuper que de cela. (Adhésion marquée aux centres.)

Et d'abord, Messieurs, ne faisons pas d'actes contradictoires. Aujourd'hui, ce sont les ouvriers en soie qui sont l'objet d'une sollicitude méritée. Eh bien! la soie est du luxe, je pense; le meilleur moyen de venir à leur secours n'est donc pas.... (Murmures et interruption aux extrémités.)

Messieurs, si la conséquence est fausse, on la détruira....

Pour moi, il est évident que préférer la bure à la soie, ce n'est pas le moyen de leur donner du travail.

Ce n'est pas un moyen de procurer de l'ouvrage aux ouvriers de Lyon, que de déclamer sans cesse contre le luxe des cours, et contre les dépenses qu'entraîne la représentation.

A gauche. Ah! ah! nous y voilà..... C'est la liste civile! (Longues rumeurs aux extrémités.)

Si nous vivions dans d'autres temps ou dans un autre pays, si nous étions transportés dans les anciens déserts de la Pensylvanie, occupés des premiers besoins sociaux, nous pourrions redouter l'intervention du luxe, qui peut corrompre les mœurs; mais nous sommes arrivés au plus haut.

degré de civilisation; nous n'avons pas la prétention d'imiter l'austérité des mœurs antiques. Les richesses aujourd'hui sont nécessaires au maintien de la société; la société veut le commerce, le commerce veut la consommation, et la consommation de toutes les branches de productions doit être favorisée.

Et puisque nous sommes sur une production aussi importante que celle des fabrications de soierie, dont nous avons eu long-temps le monopole, dont il faut tâcher de conserver au moins l'utile concurrence, ne posons pas des principes qui, dans leur application, seraient en contradiction palpable avec cette affection, cette tendresse que nous professons pour la classe ouvrière. (Très-bien! très-bien!)

Quand Napoléon, dont personne ne méconnaît le génie, et qu'il ne faut pas admirer non plus avec idolâtrie et sans discernement; quand Napoléon a voulu rattacher à lui les populations; quand Napoléon, homme de la révolution, sorti du peuple et de la masse nationale, a voulu rétablir le commerce, il a songé à lutter contre les Anglais; car il leur faisait aussi la guerre sur ce terrain.

Napoléon a senti qu'il fallait donner de l'ouvrage à Lyon et aux manufactures; il a senti que c'était le moyen de faire la guerre à l'Angleterre; et c'est à cause de sa persévérance dans ce dessein que l'Angleterre lui a fait elle-même une guerre si obstinée. Il a favorisé les progrès du luxe, et personne ne lui en a fait un reproche.

Simple pour lui-même, avec sa capote grise et son petit chapeau, que l'on peut ridiculement singer aujourd'hui (On rit), mais qu'il ne portait que pour se distinguer au milieu de la foule des courtisans, Napoléon a donné un costume à tous les fonctionnaires de l'Etat. (Ah! ah!)

Eh bien! c'est un impôt, c'est un véritable impôt qu'il a mis sur tous les traitemens comme sur toutes les vanités.

Ce n'est pas à titre de forfanterie que je le réclame pour les fonctionnaires; je reconnais que c'est pour eux une gêne, une dépense, un impôt, un accoutrement ridicule, tout ce que vous voudrez : c'est moins commode que d'arriver avec le chapeau rond et le parapluie, dans l'état où l'on est.... (Hilarité générale et prolongée.)

C'est en brodant son monde sur toutes les coutures qu'il a fait vivre l'ouvrier. Eh bien! faites vous-même cette cotisation ; ce sera une mesure patriotique dont on vous saura gré.

Quant aux travaux, on l'a dit avec raison, le budget lui-même ne suffirait pas pour faire exécuter la masse de ceux qu'il serait nécessaire de faire exécuter en France pour faire vivre les ouvriers. Sous toute espèce de gouvernement il serait souverainement injuste de vouloir que l'Etat fît à son compte assez de travaux pour donner de l'ouvrage à tous les ouvriers. Tout ce qu'un gouvernement peut faire pour en donner à la classe ouvrière, est toujours infiniment au-dessous de ses besoins.

C'est aux riches, aux propriétaires, à faire le surplus. Mais, pour cela, il faut que chacun ait sécurité pour l'avenir. Autrement, celui qui se sent menacé dans son commerce s'en tient à son capital, et celui qui se sent menacé dans sa propriété se restreint dans ses revenus.

Une prétendue nouvelle religion... (Bruits divers. Interruption.)

Messieurs, ce serait la première assemblée politique où l'on n'accorderait pas une grave attention à tout ce qui tient à l'introduction de ce qu'on annonce comme une nouvelle religion. Certes, les anciens ne manquaient pas de dieux, et le nombre incroyable de leurs divinités semblait devoir les rendre plus faciles sur l'introduction de nouveaux dieux. Dans les républiques anciennes, chaque fois qu'un culte nouveau cherchait à s'introduire dans l'Etat, les consuls et le sénat en connaissaient extraordinairement, parce qu'ils savaient bien que ces religions qui cherchaient à s'infiltrer, pouvaient cacher de mauvais desseins contre l'Etat; que des conspirations s'attachent ordinairement aux affiliations, aux mystères, à tout ce qui n'est pas patent, avoué, à ce qui n'a pas reçu la sanction des lois et du temps. Eh bien! les hommes qui n'osent plus se présenter aujourd'hui avec leur ancien masque, et dont la figure est la même en dessous, propagent aujourd'hui une nouvelle religion en haine de la propriété individuelle, de l'hérédité. Ils s'interdisent le mariage ; ils ne connaissent pas les affections de la famille, ces gens-là; ils voudraient aujourd'hui faire de la société un vaste couvent dont les chefs, sous le nom de *capacités*, seraient des moines, et dont les membres, sous le nom de *travailleurs*, seraient des pénitens. (Rire général.)

Ils voudraient aujourd'hui réaliser pour vous l'Eldorado du Paraguay, où tout revient au chef suprême, et où il existe une véritable égalité, celle de la servitude et de l'abrutissement les plus complets. (Sensation.)

Je dirai en terminant : Il faut que la chambre s'occupe du budget. Un budget se compose de recettes et de dépenses, vous le savez ; je dis vous le savez ; car il importe de ne pas l'oublier. Quoiqu'on n'ait pas voté les recettes, on s'est beaucoup occupé des dépenses. En effet, ici je dois faire une remarque. Depuis quelques mois il n'y a pas une dépense qui n'ait été accueillie favorablement, qui n'ait été votée avec empressement ; pas une pétition d'argent qui n'ait été recommandée avec tendresse ; je n'en ai pas le total, mais il s'élève à plusieurs millions. Quant aux impôts, on ne s'en est guère occupé que transitoirement pour critiquer leur assiette ou leur répartition.

Sans doute, nous devons tous vouloir leur meilleure assiette et leur exacte répartition ; mais c'est à l'instant même où nous pouvons y faire des changemens qu'il faut le dire, car les critiquer d'avance, ce n'est pas les alléger, mais en rendre le recouvrement plus difficile ; c'est jeter à l'avance dans les esprits, des espérances d'allégement que peut-être vous n'aurez pas la puissance de réaliser ! Quand vous avez voté les dépenses, pouvez-vous refuser les recettes ?... Ne faites donc pas marcher l'un sans l'autre.

La responsabilité n'appartient pas seulement au ministère et au gouvernement. Ne méconnaissez pas une partie de votre responsabilité, vous méconnaîtriez une partie de votre pouvoir. C'est vous qui votez les impôts : quand vous les avez votés, votre devoir est de dire au peuple que vous l'avez fait dans l'intérêt de l'Etat, et il saura comprendre que, si vous le faites, c'est qu'il le faut ; car vous payez comme lui et avec lui, plus que lui, si vous êtes plus riches ; en un mot, vous payez suivant l'importance de votre fortune. (Légers murmures à gauche.)

Le ministère ne fait pas la loi, il l'accepte ; il ne crée pas l'impôt, il le perçoit ; il ordonne les dépenses, mais quand vous les avez votées ; ainsi il a droit de vous dire : Nous ne dépensons que l'argent que vous accordez, nous ne faisons que les dépenses que vous avez autorisées. C'est donc à vous à décider ce que vous voulez faire lors de la discussion du budget : si vous ne voulez pas d'armée, le gouvernement n'armera pas; mais il dira à la nation : Je n'ai pas de soldats, parce que je n'ai point de quoi les équiper et les nourrir. Si vous faites des réductions dans les services, il les fera; si vous ne voulez pas payer les employés, il les renverra; mais il dira que c'est vous, vous, chambre des députés, qui l'avez ordonné. (Mouvement.)

A vous l'honneur de faire des économies bien entendues, c'est-à-dire sur le superflu, mais non sur les choses utiles, nécessaires; autrement, à vous les reproches un peu plus tard, et la responsabilité. Je termine en disant que nos vrais intérêts se résument dans la discussion du budget. Tâchons donc enfin d'y arriver. Nous avons déjà le malheur d'être retombés dans le provisoire, et je le dis, c'est un peu par notre faute; car, peut-être, si nous l'avions voulu, le budget serait voté.

Je propose l'ordre du jour.

Nota. L'ordre du jour a été adopté à la presque unanimité.

Discours de M. DUPIN *aîné, député de la Nièvre, en réponse à M. Garnier-Pagès, au sujet des troubles de Grenoble; prononcé dans la séance du 20 mars 1832.* (Moniteur.)

Messieurs, il est douloureux, alors que du sein de cette chambre ne devraient sortir que des moyens de paix et de conciliation, qu'on voie sans cesse se produire des opinions qui ne sont propres qu'à entretenir les troubles ou à exciter de nouveaux. (*Voix nombreuses.* Oui! oui! C'est vrai!) Déjà je l'ai signalé à cette tribune, et je ne me lasserai pas de le faire remarquer. Il n'éclate pas un désordre au dehors, on ne voit pas une émeute qui ne trouve ici des excuses et des apologies. (*Une voix.* A la question!)

C'est là la question, c'est la véritable, la seule question.

Je la pose ainsi :

Il n'y a pas un désordre qui ne trouve son excuse ou son apologie, et qui ne la trouve même à cette tribune. Toujours quelques orateurs sont disposés à excuser ou à justifier ceux qui ont pris part au désordre, et toujours ces mêmes orateurs se montrent empressés à attaquer, à condamner l'autorité.

(*Voix aux centres.* C'est vrai! c'est vrai!... Murmures aux extrémités.)

Comment voulez-vous donc que marche le gouvernement, quand, dans le sein du corps de la représentation nationale, dans cet abrégé de la population, parmi les dépositaires de son pouvoir, le premier mouvement, la présomption n'est pas en faveur de l'autorité et des agens de la loi, et lorsque la première impulsion est de donner tort à l'autorité et de donner raison au désordre? (Sensation.)

A l'instant où la nouvelle des événemens de Grenoble arriva à Paris, la presse s'en empara. Elle était dans son droit. Elle n'est pas appelée à se manifester avec autant de régularité, de prudence et de discrétion que la représentation nationale.

On conçoit bien que les journaux de l'opposition, rédigés avec leur correspondance particulière, se soient répandus comme donnant des nouvelles officielles reçues de leurs émissaires; on conçoit qu'ils trouvent des échos qui s'emparent de ces nouvelles, les renvoient à ceux qui les leur ont données, avec de nouvelles impressions, de manière qu'il y ait réaction d'un pays sur un autre, et accord parfait entre tous ceux qui, de près ou de loin, attaquent le gouvernement.

Mais, si le gouvernement à son tour, dans un article sage et modéré, à mesure qu'il reconnaît les faits, les expose, explique sa conduite, défend ses agens qui n'en ont jamais eu plus besoin qu'alors qu'ils sont partout attaqués, menacés et en quelque sorte victimés, alors on lui conteste le droit d'user de la presse. (Murmures aux extrémités.)

La liberté de la presse! nos adversaires l'entendent comme ils entendent toutes les libertés. La liberté pour eux, c'est la licence; la liberté de la presse! ils ne veulent pas même qu'elle soit une défense pour le gouvernement!

Car, à l'instant où il veut opposer la vérité à la calomnie, le calme à la tempête, on s'écrie, comme on vient de le faire à l'instant, qu'il y a abus de la part du gouvernement, de dire, dans le *Moniteur*, que les faits se sont passés de telle ou telle manière.

(*Voix aux centres.* Très-bien! très-bien!)

On a dit qu'il y avait une instruction commencée, que les faits s'éclairciraient; mais alors il fallait attendre que cette instruction fût faite, et que ces faits se fussent éclaircis. Au lieu de cela, que fait-on? On lance contre le gouvernement un reproche..... que dis-je! une accusation sanglante et atroce, à l'aide d'un *si*, il est vrai, mais qui n'en est pas moins une accusation! On dit: « *Si* les soldats ont égorgé les citoyens! » Mais je vois là, je le répète, une accusation formelle. (Adhésion aux centres.)

M. *Garnier-Pagès*. On a égorgé la population!

M. *Dupin aîné*. On m'interrompt; mais à quelque chose malheur est bon; je répondrai à l'interruption : que nous devons aussi expliquer à la population comment elle doit comprendre sa situation, et voir enfin où l'on voudrait la mener. Messieurs, on a accusé à cette tribune la conduite de la troupe de ligne! L'armée française est composée de citoyens français; elle ne se compose pas d'étrangers; si nous avons une légion composée d'étrangers, elle est tout-à-fait placée en dehors et à l'écart. L'armée se compose de citoyens que la loi appelle au service de la patrie, qui doivent se sacrifier pour elle, et se faire tuer, s'il le faut, en combattant sur les frontières, les ennemis extérieurs qui viendraient l'attaquer; mais qui à l'intérieur doivent aussi marcher contre les ennemis du dedans, non pas seulement à la voix de leurs chefs militaires, mais à la réquisition du magistrat civil qui parle lui-même au nom de la loi.

On a parlé de la population de Grenoble, du maire, des adjoints! Je crois que ces magistrats ont rempli leur devoir, qu'ils ont mis le holà! Mais quel système, Messieurs, que celui qui suppose que la population entière se rangeait contre la troupe de ligne! C'est placer la question sur un bien dangereux terrain, que d'opposer ainsi la population au soldat : aujourd'hui on ne peut plus dire que l'on dirigeait contre les citoyens un corps composé de Suisses, ou un corps de troupes privilégiées, une garde royale; c'était un régiment de ligne appelé à la réquisition des magistrats, pour protéger les citoyens et l'ordre public contre les factieux.

On a dit que les sommations n'avaient pas été faites. Mais quand les sommations doivent-elles être faites? C'est quand les rassemblemens deviennent inquiétans, par leurs cris, par leur présence, mais non par leur agression subite, violente et manifestée par des voies de fait.

M. le Président du conseil. Voilà la question! Vous avez raison.

M. Dupin. Lorsque l'on invoque l'ordre légal, il faut se soumettre soi-même aux règles de la légalité. Si dans une ville je suis attaqué par un malfaiteur, j'invoquerai l'assistance des magistrats, la protection légale de l'autorité; mais si tête à tête je suis menacé sur un grand chemin, je me défendrai tout d'abord.

Messieurs, si les troupes appelées se sont trouvées attaquées à l'instant même, si des pierres ont été lancées, si des hommes ont été blessés, si l'on a tenté de désarmer la troupe, si l'on a fait un effort, non-seulement physique, mais moral; car désarmer le soldat, lui ôter ses armes, c'est lui ôter plus que la vie; ne doit-il pas rendre coup pour coup; n'est-il pas dans les termes de la défense naturelle? (Vive approbation aux centres.)

M. le Président du conseil. Il n'y a pas de gouvernement sans cela!

M. Dubois-Aymé. Mais vous raisonnez sur un *si*!

M. Dupin. Oui; mais c'est un *si* pour défendre et non pour accuser. L'expérience le prouve, messieurs, nos soldats ont le sang-froid des braves; ils ne cèdent pas à une première provocation, tout est employé par les chefs pour contenir ce qu'aurait de trop impétueux un premier mouvement d'effervescence; mais lorsqu'on persiste à les maltraiter, mais lorsqu'on leur fait la guerre, il faut bien qu'ils la rendent, c'est le seul moyen d'arriver à la paix.

Pensez-vous, messieurs, qu'une armée française puisse accepter la condition d'être à la disposition des magistrats, de veiller à la défense, à la protection des citoyens, et cependant de se laisser insulter, attaquer, tuer au coin d'une rue, ou du fond d'une allée? messieurs, j'en suis sûr, la population entière de Grenoble est indignée.

M. Garnier-Pagès. Oui, indignée.

M. Dupin. Elle est indignée, mais contre les auteurs du désordre. Et qui donc a occasioné ces troubles, ces malheurs? Ce ne sont pas des gens qui se livraient à un simple divertissement; c'est un crime abominable, c'est le simulacre du meurtre du roi! une offense directe à sa personne!

Voix aux centres. Oui, voilà la question!

M. *le Président du conseil.* Voilà les gens qui trouvent des apologistes!

M. *Dupin.* A Grenoble, messieurs, la population est laborieuse, sage; elle sait, comme ailleurs, que son industrie n'existe qu'avec le maintien de l'ordre, de la légalité. Certes, vous n'appellerez pas population de Grenoble cette masse de gens sans aveu, cette escouade improvisée, qui n'était ni garde nationale, ni armée, et qui s'est manifestée tout-à-coup; cette escouade qui semblait réunie par un coup de sifflet.

La preuve, messieurs, que ces brigands n'appartenaient pas à la population, c'est que lorsque les postes eurent été dépossédés par ces gens-là, lorsqu'ils se furent emparés de ces postes, on reconnut qu'aucun n'appartenait à la garde nationale; personne ne les connaissait. Ces hommes, messieurs, appelés du dehors et qui s'étaient donné rendez-vous sur les lieux, s'étaient rendus coupables d'un attentat, d'un crime de lèse-majesté: ils provoquaient au mépris de la constitution et au renversement de l'autorité.

Maintenant, qu'on vienne en quelque sorte célébrer l'extension donnée à ce mouvement; qu'on fasse des amplifications sur ce qu'il y a eu, non pas un seul mouvement, mais deux, mais trois dans différentes villes du midi; sans doute, nous savons qu'il y a un centre d'agitations qu'on cherche à exciter sur différens points, au moyen des mêmes élémens soulevés sur différens points par les mêmes circulaires [1], et qui trouvent partout aussi la même résistance, des magistrats, de l'armée et des bons citoyens. (Oui, oui!)

C'est ici l'occasion de donner une leçon aux uns et aux autres. Il faut que la garde nationale comprenne, comme je l'ai déjà dit à l'occasion de l'affaire de Lyon, qu'elle n'est pas instituée seulement pour parader sur les places et dans les fêtes publiques.

Il faut que les officiers sachent que, parce qu'ils ont 200 hommes par compagnie, habillés non aux frais des officiers, mais à leurs propres frais, cela ne suffit pas pour

---

[1] *Aide-toi, le démon t'aidera.*

gagner la croix d'honneur, qu'ils demandent de toutes parts; mais qu'il faut savoir la mériter en payant de sa personne; car la garde nationale aussi a son champ d'honneur. (Approbation générale.)

Les jurés aussi, il faut qu'ils comprennent leurs devoirs! et s'il y a des jurés vendéens qui veuillent la paix dans leur pays, il faut qu'ils aient le courage d'être jurés et d'accomplir leur mission; car sans cela comment revendiqueraient-ils un droit qu'ils ne sauraient pas exercer! et de qui se plaindraient-ils en cas d'impunité, si ce n'est de leur propre faiblesse?

Je termine par un mot. La cour royale de Grenoble, nous dit-on, est saisie de l'affaire, elle l'a évoquée; c'est là par conséquent qu'il faut reconnaître une autorité compétente pour qualifier les faits, les réprimer et les punir.

Eh bien! je suis bien aise de cette invocation qui est adressée de toutes parts à la justice. Elle est donc bonne à quelque chose!...

Mais ne lui faut-il pas aussi du courage et de l'indépendance pour exercer sa mission au milieu des factieux, pour arracher leur masque, et pour leur infliger la peine qui leur est due?

Eh bien! c'est la mission de la cour royale de Grenoble: je l'en adjure, qu'elle contemple les exemples du passé, qu'elle voie les exemples de lâcheté et de courage, l'ignominie attachée aux uns et l'honneur qui est resté aux autres; que les magistrats fassent leur devoir, qu'ils soutiennent l'honneur de la magistrature dont on a bien pu réduire les émolumens, mais dont le courage n'est pas diminué, et qui, en toute occasion, saura montrer son indépendance! (Bravo aux centres.)

Elle le fera, j'en ai pour garant un de ces honorables magistrats qui est à la tête du parquet de cette cour, qu'on a vu siéger avec distinction dans cette enceinte, un véritable procureur-général, un homme que les factieux n'intimideront pas, qui ne craint ni les clameurs, ni les menaces. Oui, j'en ai la certitude, justice sera faite. (Approbation prolongée.)

Discours de M. Dupin (*de la Nièvre*), *dans la discussion sur la pétition des condamnés politiques; prononcé dans la séance du* 16 *février* 1833. (Moniteur.)

Jura negant sibi nata. . . . .

Messieurs, quand l'intérêt que réclament les personnes peut s'allier avec l'ordre public, avec l'intérêt général de la société, je ne balance pas à me rendre à tout ce que les propositions peuvent avoir de favorable; mais, toutes les fois qu'il peut y avoir conflit entre des intérêts particuliers et l'intérêt général, l'intérêt de l'ordre social tout entier, je ne balance pas, mon choix est fait, et je me prononce pour l'ordre social, quoique en général il soit muet et peu reconnaissant, contre l'intérêt individuel, quoiqu'il soit actif et quelquefois menaçant. (Mouvement d'approbation.) C'est là le devoir.

Messieurs, la pétition consisterait à solliciter pour les condamnés politiques en masse et sans distinction, des indemnités pour leurs pertes, des réhabilitations qui feraient disparaître les taches et l'impression de leur condamnation, et même des emplois, s'il y en avait de vacans qui pussent leur être attribués.

A Dieu ne plaise que je méconnaisse l'intérêt que méritent et que réclament plusieurs des condamnés politiques. J'ai employé plus de temps de ma vie à les défendre qu'à défendre les intérêts généraux! mais quand j'exerçais mon droit en les défendant devant la justice par des moyens qu'avouait la justice, par les armes que mettaient dans mes mains les lois de mon pays, je n'attaquais pas l'ordre social. Aujourd'hui, au lieu de me laisser aller à un sentiment aveugle d'intérêt, à des sentimens qui seraient déplacés, s'ils faisaient fermer les yeux sur la nouvelle situation où nous sommes, je me demande si une pareille pétition pourrait-être admise sans aucune distinction? Je ne le pense pas.

Que des indemnités pécuniaires soient accordées au malheur, et qu'elles soient accordées en connaissance de cause et avec discernement des situations, je ne crois pas qu'il y ait une seule voix dans cette chambre pour s'opposer à une pareille proposition.

Les peines ont été remises : et quant aux emplois, sans doute il y a des hommes qui, ayant été condamnés par une opinion, peuvent être relevés par une opinion contraire, si dans les accusations dont ils étaient l'objet, il n'y avait pas le mélange de ces faits qui, dans tous les temps, sont en opposition soit avec les lois, soit avec l'ordre social, soit avec la morale toujours subsistante.

Mais vouloir établir en thèse générale qu'on pourra trouver dans une condamnation le principe d'une candidature, et que par cela seul qu'on a été condamné on est candidat privilégié, c'est une prétention à laquelle je m'oppose comme à une subversion de tous les principes.

Ensuite, qu'est-ce que cela signifie, des réhabilitations en masse ?... L'homme injustement condamné, seulement pour délit d'opinion, n'en appelle qu'à l'opinion; celui-là n'a pas besoin de demander une réhabilitation, elle lui est octroyée de plein droit. Mais on demande quelque chose de plus : on a senti le poids d'un jugement; et on demande qu'il soit annulé; on demande une loi pour anéantir ce jugement! c'est-à-dire qu'on demande la chose la plus monstrueuse, la plus illégale, la plus inconstitutionnelle, une chose qui soulève à la fois ma raison comme homme, comme citoyen, comme magistrat. (Vive adhésion aux bancs de la majorité.)

Il faut considérer l'ordre public, l'intérêt social ; il faut considérer, non pas seulement l'intérêt des condamnés, mais aussi l'honneur des magistrats et l'honneur des jurés, de ceux à qui la société et les lois en vigueur avaient confié le soin d'appliquer des peines, de venger l'ordre social. Il faudra donc aussi que plus tard ces juges, ces jurés, vous présentent des pétitions, et vous disent : « Nous étions ju-
» ges, nous étions jurés; nous avions fait serment de juger
» en notre âme et conscience, et ce serment, nous l'avons
» rempli: excusez-nous. » En ce moment, ce sont les condamnés que l'on vous propose de réhabiliter, et ce sont les juges que vous plongeriez dans l'avilissement!... Messieurs, il faudrait donc refaire tout le passé, et bouleverser toutes les idées de morale et de droit. (Profonde sensation.)

Les réhabilitations ordinaires sont individuelles; elles se font en connaissance de cause et avec des formes solennelles; c'est la justice qui a condamné, qui intervient; c'est elle qui modifie, s'il y a lieu, son ouvrage, et qui le modifie avec la puissance de la loi : là il n'y a pas infraction à tous les principes, mais il y a, au contraire, respect parfait et des formes et de la loi.

Quand j'ai demandé des révisions, c'est en ces termes que je les ai demandées [1].

Ici, au contraire, c'est une réhabilitation en masse que l'on réclame, et par quels singuliers motifs?

On voudrait faire considérer ceux qui ont attaqué un gouvernement établi comme les auxiliaires futurs et éventuels d'un gouvernement quelconque qui viendra; et comme l'avenir n'appartient à personne, comme il est toujours permis de supposer qu'après une forme de gouvernement, il en viendra une autre, il en résulterait qu'il n'y aurait pas de bien et de mal absolu, de juste et d'injuste absolu; qu'il n'y aurait pas de loi actuellement en vigueur; que le crime ne sera que conditionnel et la répression qu'éventuelle....... (Mouvement); qu'enfin le mal ne pourra pas être appelé mal, et qu'on nous dira : Attendez, peut être dans quinze ans cela sera bien, peut-être dans vingt ans cela sera héroïque!.... (Très-bien! très-bien!) Ce n'est pas là la morale, c'est la subversion de toute morale et de toute vérité. (Acclamations.)

Mais comme ordinairement on est aveugle dans sa cause, il faut transporter la question sur le terrain d'autrui, et l'on va voir comment on apprécierait la question dans cette hypothèse.

Je suppose que quelqu'un dise dans la Vendée : « Conti- » nuez de vous battre, braves gens, continuez d'aller pil- » ler les fermes, assaillir les patriotes, rançonnez, tortu- » rez : est-ce que ce sont des lois qu'on vous oppose ? » est-ce que ce sont des magistrats? Est-ce que c'est » un bon gouvernement que celui que vous attaquez? » non assurément : la légitimité viendra plus tard; vos cri- » mes, ce sont des pétitions au gouvernement futur; vienne » Henri V, et vous arriverez avec le récit de vos faits à la

---

[1] En effet, dans l'affaire du maréchal Ney, j'ai demandé que son *procès fût révisé par la chambre des pairs elle-même*, en vertu des articles 443 et suivans du Code d'instruction criminelle.

» main, réclamer des récompenses, réclamer des places, » réclamer des indemnités! » (Mouvement prononcé d'approbation.)

Messieurs, la morale véritable, c'est que, lorsqu'un gouvernement est établi, qu'il y a des lois, des magistrats, un ordre régulier, on doit obéissance à cet ordre régulier : quiconque conspire contre cet ordre de choses, quiconque veut le détruire ou par le fer ou par le feu, ou par tout autre moyen qu'on emploie pour renverser un gouvernement, celui-là est coupable non seulement aux yeux du gouvernement établi, mais aux yeux de la morale qui dit : « Quand il existe une loi, il faut obéir à cette loi ; quand » on la viole, on doit être puni, et alors la punition est » juste, et par conséquent on ne peut pas flétrir les juges » qui l'ont prononcée. » (Très-bien! très-bien!)

Dans cette circonstance, après avoir posé les principes que je ne voulais pas voir sacrifier, je reprends volontiers toutes les émotions qui nous ramènent du côté de l'intérêt que méritent les personnes.

Je ne m'oppose pas à ce que des secours soient donnés et distribués avec discernement; mais je m'oppose à ce qu'on flétrisse indistinctement et sans examen *des jugemens rendus dans les formes tracées par la loi*, et qu'on érige en maxime cette proposition qui aurait les plus grands dangers, et pour le présent et pour l'avenir, cette maxime : « que l'homme qui conspire et ne réussit pas, n'est qu'un soldat qui marche avant l'ordre, qui tire avant le feu, qui ne pêche que par le défaut de temps, mais qui peut compter sur l'avenir pour voir finalement réhabiliter son action. (Bravos prolongés.)

Procès-verbal de la séance relative à l'affaire du journal la Tribune; présidence de M. Dupin.

Séance du mardi 16 avril 1833.

La séance est ouverte.

M. le Président, sur la réclamation de plusieurs membres, donne l'ordre de faire évacuer une partie de l'enceinte, occupée par des personnes qui n'ont pas le caractère de députés.

M. le Président. « La chambre a arrêté que le sieur *Lionne*, gérant du journal *la Tribune*, serait cité par un huissier de la chambre, à comparaître aujourd'hui à sa barre, pour avoir à s'expliquer sur deux articles insérés dans son numéro du samedi 2 avril 1833. L'assignation a été donnée au sieur *Lionne*. Avant qu'il soit introduit, il est nécessaire de procéder à l'appel nominal.

» En effet, l'article 15 de la loi du 25 mars 1822 porte que : Dans le cas d'offenses envers les chambres ou l'une d'elles, par l'un des moyens énoncés en la loi du 17 mai 1819, la chambre offensée, sur la simple réclamation d'un de ses membres, pourra, si mieux elle n'aime autoriser des poursuites par les voies ordinaires, ordonner que le prévenu soit traduit à sa barre. Après qu'il aura été entendu ou dûment appelé, elle le condamnera, s'il y a lieu, etc....

» Il est nécessaire avant tout que la chambre soit constituée. On va donc procéder à l'appel nominal : d'une part, afin d'exclure du droit de participer au jugement ceux qui ne seraient pas dans l'enceinte au moment de l'interrogatoire ; d'autre part, pour constater l'abstention des députés qui ne voudraient pas, dans cette circonstance, participer à l'exercice des prérogatives de la chambre ; enfin pour constater si ceux qui auront accepté la mission déférée par la loi, présentent le nombre constitutionnel voulu par la Charte et par le règlement. »

L'un des MM. les secrétaires fait l'appel nominal et le réappel.

Un membre, *M. le général Demarçay*, déclare qu'il n'admet point cette condition, que pour être apte à juger, il faille avoir entendu la totalité de la défense.

M. le Président répond que quiconque se sera abstenu aux débats, ne pourra être juge après.

Un membre, *M. Fiot*, dit que sa conscience lui commande de ne pas juger dans sa propre cause ; une voix intérieure lui dit : Ne juge pas dans ta propre cause, car il y a des tribunaux institués pour juger l'offense qui t'est faite. La raison lui dit aussi : Ne condamne pas tes adversaires politiques, car ils auraient un prétexte pour dire : *Ce n'est pas justice, mais vengeance.*

M. Fiot ajoute qu'il s'abstient.

M. le Président objecte à M. Fiot qu'il peut bien s'abstenir, mais sans y ajouter des motifs qui seraient un blâme pour la chambre ; il doit lui suffire de dire qu'il s'abstient.

Un membre, *M. Portalis*, déclare qu'il se borne à répondre : *Présent* : mais qu'il se réserve le droit de se récuser si les lois sont violées.

M. le Président pense que l'honorable membre est trop ami des convenances ; qu'il doit trop bien connaître les devoirs qu'il a à remplir ici, pour ne pas, en y réfléchissant, sentir que si son droit est de s'abstenir, il n'a pas celui de manquer à ses collégues en supposant qu'ils veuillent violer les lois.

Ce membre répond qu'il ne croit pas que la Chambre veuille violer les lois ; que sa réserve s'appliquait aux cas où, dans sa conscience, il penserait que les lois fussent violées, par exemple, sur la majorité nécessaire pour condamner ; qu'au surplus, il croit que la chambre est légalement convoquée.

M. le Président fait observer qu'il n'est pas besoin de réserver ce qui n'est pas compromis ; par cela seul qu'on ne se récuse pas, on reste juge ; le reste est de trop.

(Plusieurs membres déclarent s'abstenir, et en donnent les raisons. Le procès-verbal contient leurs noms ainsi que les noms de ceux qui resteront juges.)

M. le Président proclame le résultat de l'appel nominal.
Nombre total des députés. 459
1° Non encore admis au serment. 1
2° Démissionnaire non remplacé. 1
3° Membres qui se sont abstenus oralement. . . . 65
                       Par écrit. . . . 1
4° Membres présens à l'appel, qui ne se sont pas abstenus. 323
5° Non présens par congé ou autrement. 68
                                Total. 459

Attendu que le nombre de 323 est supérieur à celui qui est exigé par la Charte et par le réglement, M. le Président déclare la Chambre constituée : il donne au chef des huissiers l'ordre d'introduire le prévenu et les défenseurs, et il invite l'assemblée entière à garder le plus profond silence. C'est, dit-il, un devoir pour les députés qui sont juges ; c'est une bienséance pour ceux qui ont déclaré s'abstenir, et qui ne voudraient pas troubler leurs collégues dans l'exercice de leurs fonctions; et, pour le public, c'est la condition de son admission à nos débats.

Le plus profond silence s'établit.

Le prévenu Lionne et ses défenseurs, MM. Marrast et Cavaignac, sont introduits.

On procède à l'interrogatoire.

M. le Président : Lionne, levez-vous.

Demande. Quels sont vos noms et prénoms ? *Réponse.* Lionne, Pierre. — D. Quel est le lieu de votre naissance ? R. Sens. — D. Votre domicile ? R. Paris. — D. Votre profession ? R. Gérant du journal *la Tribune*.

M. le Président : Vous savez que vous êtes cité devant la chambre comme responsable ou auteur de deux articles insérés dans le numéro de *la Tribune*, du 2 avril 1833. R. Oui. — D. Est-ce vous qui en êtes l'auteur ? R. Non. — D. Dans tous les cas, vous savez que vous en êtes responsable. R. Oui, j'en ai la responsabilité. — D. Entendez-vous vous défendre vous-même ? R. Non, M. le Président. — Quels sont vos défenseurs ? R. Mes défenseurs sont MM. Marrast et Cavaignac. — D. Dans quel ordre désirez-vous qu'ils parlent ? R. M. Marrast doit parler le premier.

M. le Président. Je rappelle aux conseils de l'accusé qu'ils ne peuvent rien dire contre leur conscience, ni contre le respect dû à la loi ; et qu'ils doivent s'exprimer avec décence et modération. Je le leur rappelle dans les termes mêmes du Code d'instruction criminelle, et je le leur recommande tant dans l'intérêt de la défense que dans celui de leur propre réputation.

La parole est à M. Marrast.

» Messieurs, dit le défenseur, avant d'entrer dans le fond de la discussion, je demande à la chambre de lui présenter une question préjudicielle que l'intérêt de la défense me commande de soulever. Mardi dernier, un certain nombre de députés se sont récusés par des considérations tirées, soit de la loi, soit de leur conscience. Deux députés seulement se sont récusés par des considérations purement personnelles. Nous désirons que la chambre veuille bien décider si M. Lionne est fondé à demander qu'un certain nombre d'autres députés soit récusé pour des motifs qui, soit dans l'institution du jury, soit dans la procédure civile, font ordinairement règle en pareille matière.

» Je crois, Messieurs, que je puis me dispenser de développer longuement les motifs pour lesquels nous désirons exercer cette récusation. La loi est formelle, elle ne veut pas que le plaignant puisse douter de l'impartialité du juge; elle indique les conditions auxquelles il peut légitimement soupçonner cette impartialité; par exemple, elle ne permet pas à ceux qui, d'avance, ont exprimé leur opinion sur la fin d'un débat, de prendre part au jugement; elle le permettrait encore moins si, parmi les juges, il y en avait qui, d'avance, eussent déclaré à la tribune qu'ils n'auraient pas élevé la demande en accusation, si elle ne devait pas conduire au *maximum* de la peine. Enfin, Messieurs, indépendamment des hommes que nous avons pu attaquer dans leur vie parlementaire, il en est d'autres avec lesquels nous avons eu des débats pour ainsi dire personnels. Je ne doute donc pas, d'après ces considérations, que M. le président ne nous autorise à vous lire la liste de vingt-cinq députés que M. Lionne demande à récuser. »

M. le Président déclare qu'il n'admet le droit de récusation contre aucun membre de la chambre; dans les tribunaux ordinaires, en matière criminelle, il n'y a pas lieu à récusation dans l'exercice d'un droit public; à plus forte raison en matière politique. Les députés tiennent leur mandat de leurs commettans; ils sont les députés de la France. Chacun d'eux est maître de son abstention; chacun peut, de lui-même, déclarer s'il entend se récuser; mais il n'appartient à aucun citoyen d'interdire un député de ses fonctions par une récusation quelconque. La loi ici n'introduit pas une procédure qui comporte la récusation; elle n'accorde qu'un droit au prévenu, celui d'être entendu par lui-même ou par ses défenseurs.

Un membre pense qu'il n'appartient qu'à la chambre de porter une décision à cet égard.

Le droit de récusation est un de ces droits qui dérivent du droit de défense, inhérent à toute justice humaine. L'orateur entend parler de cette récusation directe, de cette récusation fondée sur ce que tel ou tel des membres appelés à juger aurait, en quelque sorte, un intérêt direct et personnel dans le procès. De quelque manière que l'on envisage le procès, il doit toujours aboutir à un jugement, c'est-à-dire à un acte de justice; et, comme tel, il doit être pur de toute prévention, de toute partialité. Si les membres qui concourront à ce jugement étaient directement et personnellement intéressés dans le procès, le jugement perdrait le caractère d'un acte de justice.

L'orateur demande donc que la chambre veuille bien statuer sur ces récusations, ou plutôt il croit qu'elle sera dispensée de statuer; qu'il suffira au prévenu de donner lecture du nom des membres sur lesquels il entend faire porter la récusation, et qu'à l'instant même chacun d'eux ira au-devant des exigences de la défense.

M. le Président reconnaît que ses droits, même les plus certains, sont soumis à l'appréciation de la chambre dès qu'ils sont contestés. Si la chambre manifeste le désir d'être consultée sur ce point, il n'hésitera pas à lui soumettre la question. Mais il lui a paru, en considérant la nature du débat, qui n'est point une discussion purement politique, mais une véritable action judiciaire, qu'il pouvait en dire son avis personnel comme étant l'un des juges, et, de plus, comme chargé de diriger le débat; qu'au fond, et en considérant en soi le caractère de député et les droits de la chambre, il lui a paru que, dans la circonstance présente, la loi n'accordait qu'un droit au prévenu, celui de faire entendre ses excuses ou ses explications, mais non pas le droit de se constituer agresseur personnel et nominatif contre certains membres de cette chambre, de leur déclarer une guerre individuelle à titre de récusation, en exposant des motifs qui ne pourraient être que désobligeans pour eux.

Un membre invoque à l'appui des récusations un arrêt de la Cour de cassation : il pose en fait que, du moment où la loi de 1822 ne fait pas d'exception à l'égard des causes de récusation, on doit prendre pour règle le droit commun. Il ajoute que le droit de récusation tient à l'essence de la justice criminelle, et qu'il n'appartient pas à un corps qui veut être judiciaire, d'empêcher l'exercice de ce droit.

Un deuxième membre dit que cette question est d'autant plus grave que le jugement que la chambre doit rendre, doit avoir une grande influence sur l'opinion du pays; et pour que son influence soit salutaire, il faut que le jugement apparaisse dégagé de toute espèce de prévention ou de sentiment personnel. Par cela même que le droit de récusation est présenté, il faut que la chambre juge. Elle doit juger d'après les termes du droit général et comme corps judiciaire, elle est obligée de se reporter au droit commun sur la défense. Le droit commun sur la défense est non-seulement qu'elle soit libre et entière, mais encore que le prévenu puisse, à tort ou à raison, récuser tout juge dont il suspecte l'impartialité. Ce droit est tel, qu'il n'a pas besoin d'être écrit dans la loi qui établit la compétence de la chambre. L'orateur pense que les récusations doivent être permises, sauf ensuite à la chambre à les admettre ou à les rejeter.

M. le Président fait remarquer à la chambre que, si cette doctrine pouvait s'introduire dans le sein de l'assemblée, il dépendrait d'un journal de n'être jamais jugé; il lui suffirait d'insulter nominativement tous les membres de la chambre pour en conclure qu'ils doivent conserver un sentiment d'inimitié qui les rend inhabiles à juger. Il dépendrait toujours aussi du prévenu de déconstituer la chambre, en empêchant par ses récusations qu'elle soit en nombre voulu par la Charte. M. le Président estime que de tels motifs seraient assez péremptoires pour ne pas même soumettre la question à la délibération de la chambre. Toutefois, il la lui soumettra, parce qu'il y a des réclamations qu'il respecte.

Le préopinant répond que s'il pouvait être au pouvoir d'un journal de déconstituer la chambre par des attaques personnelles, le même inconvénient pourrait se trouver vis-à-vis des cours et des jurés, et une cour et un jury pourraient être attaqués dans chacun de leurs membres. Mais la loi ne s'est pas arrêtée à un pareil inconvénient, parce qu'on ne les suppose pas.

D'ailleurs, on ne doit admettre que des récusations raisonnables; c'est la chambre qui en sera juge.

L'orateur insiste par quelques autres observations.

La chambre, consultée par M. le Président, déclare qu'*elle ne reconnaît pas le droit de récusation*.

La parole est accordée aux défenseurs.

MM. Cavaignac et Armand Marrast prononcent chacun un discours qui est écouté par l'assemblée dans le plus profond silence.

Les plaidoiries terminées, M. le Président adresse à l'accusé les questions suivantes :

M. le Président : Accusé Lionne, vous avez entendu ce qu'on a dit en votre nom? R. Oui, monsieur.— Avez-vous été suffisamment défendu? R. Oui, monsieur le président. —D. Avez-vous été défendu librement? R. Oui, monsieur, j'ai été librement défendu. — D. Avez-vous quelque chose à ajouter à votre défense? R. Rien, monsieur.

M. le Président proclame la clôture des débats; il ordonne de faire retirer l'accusé et ses défenseurs, et annonce que la chambre va délibérer.

M. le Président dit que la première question à résoudre est celle de savoir si le sieur *Lionne*, directeur-gérant de *la Tribune*, qui a comparu devant la chambre et qui a été entendu, est coupable du délit d'offense envers la chambre, pour lequel il a été cité.

M. le Président annonce qu'il va être procédé au scrutin secret.

Un de MM. les secrétaires fait l'appel nominal.

Les membres suivans-déclarent s'abstenir, et motivent ainsi leur abstention.

M. Berryer. Lorsqu'il a été question de savoir si le prévenu serait cité à la barre, un orateur a dit qu'il s'agissait d'une lutte entre deux opinions politiques; qu'il s'agissait d'ennemis qu'il fallait traiter en ennemis : la défense que nous venons d'entendre me paraît avoir laissé la question sur le même terrain : désormais, à mes yeux, il ne peut y avoir ici qu'un simulacre de jugement, et je déclare m'abstenir.

M. le Président. Vous pouviez déclarer purement et simplement votre abstention, sans la motiver.

M. Berryer. J'ai le droit d'émettre mon opinion.

M. Cabet. D'après la Charte, les délits de la presse devraient être jugés, dans mon opinion, par des jurés impartiaux, à la majorité des deux tiers des voix, et avec le droit de récusation; cette garantie constitutionnelle ayant été refusée à l'accusé, ma conscience me prescrit de m'abstenir.

M. le Président. Vous êtes maître de vous abstenir, mais je ne laisserai point passer sans réponse un moyen d'abstention qui serait une attaque contre la partie de la chambre qui ne s'abstient pas.

M. Charlemagne. Je déclare que je ne prends part au vote que parce que je m'y regarde comme légalement contraint par la décision de la chambre.

M. le général Demarçay. L'art. 69 de la Charte m'interdit, on ne peut plus clairement, de voter.

M. Glais-Bizoin. Je ne voterais pas, même quand il n'y aurait pas d'article 69 de la Charte.

M. Gras-Préville. Je m'abstiens purement et simplement.

M. Hernoux. Je m'abstiens.

M. Reboul-Coste. Je me récuse.

M. Gaëtan de La Rochefoucauld. Je ne vote pas.

L'appel nominal est terminé.

Personne ne réclamant le vote, M. le président se fait présenter successivement les deux urnes, et vote le dernier. Il déclare ensuite que le scrutin est fermé.

Le dépouillement donne le résultat suivant :

Nombre des votans, 306; majorité absolue, 154; pour l'affirmative, 256; contre, 50.

La chambre a adopté.

En conséquence, le sieur Lionne, gérant de *la Tribune*, est *déclaré coupable du délit d'offense envers la chambre.*

Un membre demande qu'on pose la question des circonstances atténuantes.

M. le Président fait observer que cette proposition a été écartée dans une précédente séance.

M. le Président donne lecture de la lettre suivante qui vient de lui être adressée par les deux défenseurs du sieur Lionne.

« Monsieur le président, nous espérions pouvoir assister au scrutin et obtenir encore de vous la parole, non pas pour prolonger la discussion, mais pour dire un mot en faveur du seul prévenu, M. Lionne, dont nous n'avions pas voulu nous occuper dans la question générale.

» En supposant que la chambre ne veuille pas nous entendre de nouveau, je vous prie, monsieur le président, dans le cas où elle déclarerait la culpabilité de notre gérant, de lui faire observer encore qu'il est complétement étranger aux articles incriminés.

» L'être collectif, qui est le journal, ne demande aucune indulgence; mais la chambre comprendra, sans doute, que M. Lionne supporte ici tout le poids d'une fiction que sa justice saura distinguer et rendre moins cruelle.

» Il n'y aurait pour elle, je crois, dans une sentence contraire, ni équité, ni utilité quelconque; dans l'acception la plus vraie du mot; ce serait ici condamner l'innocent.

» Les deux défenseurs, *signés*, Armand MARRAST, G. CAVAIGNAC. »

M. le Président dit qu'il n'a pas cru devoir appeler les défenseurs pendant le scrutin, parce que les défenseurs ne sont pas admis dans la chambre du conseil.

Un membre répond que les défenseurs ont toujours le droit de faire des observations sur l'application de la peine, et que la chambre, par cela seul qu'elle se constitue tribunal, doit suivre les mêmes règles.

Un deuxième membre ajoute que la chambre ne saurait être assimilée à une chambre de conseil, qu'autrement, le public aurait cessé d'être admis dans les tribunes, et il lui paraîtrait étrange que, dans son intérêt, l'accusé ne pût être présent à l'opération de la chambre alors que le public y assiste.

M. le Président fait observer que l'on confond deux questions; qu'il ne s'agit pas de faire des observations sur la peine, mais seulement de savoir si l'accusé et ses défenseurs devaient être présens pendant l'opération du scrutin : M. le président maintient que non, et il rappelle qu'avant de les faire retirer, il a eu soin de leur demander si la défense était complète et si elle avait été libre, et qu'il ne les a fait retirer qu'après la réponse affirmative du prévenu. Il ajoute que la chambre peut d'ailleurs les faire introduire dans le moment actuel pour dire ce qu'ils voudront entre les deux scrutins, et qu'après avoir été entendus, ils devront se retirer pendant la délibération.

Un membre pense que la chambre se trouve en ce moment dans le cas d'un tribunal qui jugerait lui-même l'offense qu'il croirait lui avoir été adressée; et qu'il n'y a point lieu par conséquent d'entendre les avocats sur l'application de la peine.

M. le Président donne l'ordre d'introduire l'accusé et ses défenseurs.

M. le Président aux défenseurs : La chambre, à la majorité de 256 voix contre 50, a déclaré le sieur Lionne coupable du délit d'offense envers elle. Vous avez demandé à être entendu avant l'application de la peine; la chambre consent à vous entendre.

L'un des défenseurs, M. Cavaignac, s'exprime en ces termes :

« La chambre n'a pas besoin que je lui dise la position dans laquelle se trouve le sieur Lionne. La peine est double; il y a une peine qui atteint le vrai coupable, c'est l'amende, car elle frappe directement les intérêts du journal; sur celle-là nous n'avons aucune observation à faire. Plus la chambre prononcera une peine élevée, moins nous serons disposés à nous en plaindre. Quant à la prison qui doit frapper M. Lionne, il est évident que M. Lionne ne peut pas être considéré comme le vrai coupable; c'est par suite d'une fiction qu'il se trouve sous le coup de la condamnation qui va être portée, par conséquent voici comment je voterais si j'avais à dicter votre arrêt : forte amende, très-peu de prison.

Le sieur Lionne et ses défenseurs se retirent.

M. le Président remet sous les yeux de la chambre, la suite de sa résolution :

« Si le prévenu est déclaré coupable, le président fera connaître à la chambre les dispositions pénales; la chambre votera ensuite sur leur application par bulletins écrits, au scrutin secret. »

M. le président lit ensuite le texte des articles de la loi relatifs aux peines prononcées pour délit d'offenses envers les chambres.

Art. 11 de la loi du 17 mai 1819. L'offense, par l'un des mêmes moyens envers les chambres ou l'une d'elles, sera punie d'un *emprisonnement d'un mois à trois ans*, et d'une amende de *cent francs à cinq mille francs*.

Articles 9 et 10 de la loi du 9 juin 1819, relative à la publication des journaux.

Art. 9. « Les propriétaires ou éditeurs responsables d'un journal ou écrit périodique, ou auteurs ou rédacteurs d'articles imprimés dans ledit journal ou écrit, prévenus de crimes ou délits pour faits de publication, seront poursuivis et jugés dans les formes et suivant les distinctions prescrites à l'égard de toutes les autres publications. »

Art. 10. « En cas de condamnation, les mêmes peines leur seront appliquées. Toutefois, les amendes pourront être élevées au double, et, en cas de récidive, portées au quadruple, sans préjudice des peines de la récidive prononcées par la loi. »

Art. 14 de la loi du 18 juillet 1828. « Les amendes, autres que celles portées par la présente loi, qui auront été encourues pour délit de publication par la voie d'un journal ou écrit périodique, ne seront jamais moindres du double du *minimum* fixé par les lois relatives à la répression des délits de la presse. »

M. le Président ajoute les explications suivantes :

« La chambre remarquera que d'après la loi de 1819, le *minimum* est *d'un mois* de prison, et le *minimum* de l'amende de 100 fr., le *maximum* de *trois ans de prison* et 5,000 fr. *d'amende;* mais que cette loi a été modifiée, quand il s'agit des journaux, par les autres articles dont j'ai donné lecture. Suivant l'article 14 de la loi du 28 juillet 1828, combiné avec l'article 11 de celle du 7 mai 1819, quand il s'agit de publication par la voie des journaux, les amendes ne seront jamais moindres du double du *minimum*. Le *minimum* pour les journaux, quant à l'amende, est donc de 200 fr. et le *maximum*, d'après l'article 10 de la loi du 9 juin 1819, peut être de 10,000 francs, puisqu'il est dit, qu'à l'égard des propriétaires ou éditeurs des journaux, les amendes pourront être élevées au double. Mais vous remarquerez que c'est là un *maximum* purement facultatif; c'est la différence qu'il y a entre le *minimum* qui est rendu obligatoire à 200 fr. pour l'amende, par la loi du 18 juillet 1828. Quant au *maximum*, il est de 10,000 fr. applicables *facultativement* pour l'amende seulement; elle pourrait être élevée au quadruple s'il y avait récidive. Ainsi le *minimum* est *un mois* de prison et 200 fr. d'amende, et le *maximum* est de *trois ans* de prison et 5,000 fr. d'amende, sauf la faculté donnée par la loi de la porter au double, c'est-à-dire, 10,000 fr. »

Après le tirage au sort des scrutateurs, on procède au scrutin; l'appel et le réappel terminés, et M. le Président ayant, comme la première fois, voté le dernier, il déclare que le scrutin est fermé.

Le dépouillement donne les résultats suivans qui sont proclamés par M. le Président.

Nombre de votans représentés par les bulletins. . . 305
Nombre des boules. 304

Cette erreur provient probablement de ce qu'il y avait un bulletin blanc attaché à un bulletin écrit.

Majorité absolue............ 153

Pour trois ans de prison et 10,000 fr. d'amende, 204 suffrages uniformes.

Pour le *minimum* de la prison, 39 bulletins.
Pour le *minimum* de l'amende, 24 —
Bulletins blancs.......... 30
Intermédiaires variés...... 31

Le total des suffrages se trouve conforme à celui de 305.

La majorité est de 204, tandis qu'elle pourrait n'être que de 153.

En conséquence, le sieur Lionne, déclaré coupable du délit d'offense envers la chambre, *est condamné à trois ans de prison et six mille francs d'amende.*

La séance est levée.

Signé Dupin, *président;* Cunin-Gridaine, Ganneron, Martin (du Nord), Félix Réal, *secrétaires.*

CE QUE NOUS VOULONS :

Discours prononcé par M. Dupin, député de la Nièvre, président de la chambre, dans la discussion du projet d'adresse, en réponse au discours du trône.

Séance du 9 janvier 1834.

Messieurs, arrivés au terme d'une discussion où toutes les opinions se sont manifestées avec une grande liberté, mais dans laquelle aussi, en raison même de cette liberté portée au plus haut degré, quelques doctrines ont paru destinées à saper les bases même du gouvernement; si j'ai dû entendre tout ce que la chambre elle-même a cru devoir écouter, j'éprouve actuellement le besoin, pour l'acquit de mon serment, par respect pour les obligations qu'il m'impose, pour l'honneur de cette chambre et dans l'intérêt du pays, de rappeler les principes sous l'influence desquels le gouvernement de 1830 a été fondé, et au nom desquels il a le droit de commander l'obéissance et le respect.

Depuis quelque temps, Messieurs, le mot d'ordre de tous les partis est d'en appeler à la souveraineté du peuple; et parce que le gouvernement de 1830 est sorti d'un grand acte de la souveraineté nationale, on veut rétorquer sans cesse contre lui cette même souveraineté !

Ainsi, parce que le peuple a pu se lever en masse contre un gouvernement oppressif; parce qu'il a pu, dans un acte de sa colère, détruire cette oppression, on voudrait qu'il reportât cette même force contre le gouvernement qui le protége, contre le gouvernement de son choix; et, pour faire une épreuve continuelle de cette souveraineté, qu'il refusât de se reposer dans le sein d'aucune espèce de gouvernement, et qu'il renonçât à toute idée de stabilité et de paix publique.

Ainsi, parce que le peuple aurait usé de sa souveraineté dans son intérêt, contre ce même intérêt on fait un appel perpétuel à sa souveraineté, c'est-à-dire, à sa force brutale, pour l'exciter à en abuser et à se plonger dans l'anarchie.

Si l'on y fait attention, la souveraineté du peuple a été invoquée de deux manières : d'abord dans un sens qui est celui de la dérision, de la raillerie, de l'insulte pour le peuple même au nom duquel on prétend l'invoquer. On l'invoque comme moyen actif et incessant de trouble et de destruction, comme un dissolvant perpétuel, pour qu'on ne trouve jamais ni paix, ni repos. Et quand on objecte à ceux dont je parle, qu'avec un tel système il n'y a pas de gouvernement possible, ils vous répondent : *Qui vous a dit le contraire?* C'est la seule réponse qu'on fasse, c'est la solution à la difficulté qu'on s'est proposée. Ainsi on s'y résigne, pas de gouvernement possible; on fait donc insulte à la souveraineté du peuple au moment même où on l'invoque, pour prétendre qu'elle ne peut produire que désordre, ni rien établir de fixe.

Il faut traduire nettement la pensée :
Les uns veulent traverser la république, dans laquelle ils savent bien qu'on ne pourrait s'arrêter, pour revenir à la légitimité dans la personne de Henri V. (Sensation.) D'autres invoquent la souveraineté du peuple dans un autre sens, mais dans le même but : détruire ce qui est pour y substituer le républicain; concert monstrueux et cependant évident, non convenu en forme d'alliance, mais avoué en fait. C'est une *lutte collective* pour détruire ce qui est,

sans avenir pour le pays, ou pour mieux dire avec l'avenir le plus affreux pour la patrie. (Très bien! très bien!)

Voilà pourtant ce qu'on a appelé devant vous *les prétentions légitimes des partis*.

Messieurs, s'il y a un accord des partis pour ébranler et pour détruire, il faut l'union des bons citoyens pour maintenir, pour défendre; et le succès n'est pas douteux. (Nouvelles marques d'une très-vive adhésion.)

Quant aux légitimistes, ils auraient tort, en effet, de nier la légitimité du peuple. Qui les a vaincus? Le peuple. Qui a détrôné leur dynastie? Le peuple. Qui l'a reconduite hors du royaume? Le peuple. Qui a fait évacuer le trône au point que nous l'avons déclaré vacant, puisqu'il l'était en effet? C'est le peuple. Voilà la souveraineté du peuple. Elle a pesé sur eux de tout son poids; ils ont raison de la reconnaître. Qu'ils ne l'invoquent pas, mais qu'ils s'y soumettent. (Profonde sensation.)

Certes, le peuple est moins inconséquent dans ce qu'il veut, dans ce qu'il fait, que certains sophistes qui parlent en son nom. Le peuple n'a pas chassé Charles X pour reprendre Henri V; ce n'est pas seulement quelques personnes, c'est un système tout entier; c'est tout le cortége avec sa manière d'agir et de gouverner dont on a voulu délivrer le pays. (Oui! oui!)

Chasser un homme qui pouvait avoir d'ailleurs de bonnes qualités individuelles, sans renvoyer avec lui tout l'entourage qui, par de mauvais conseils ou de mauvais actes, l'avait conduit sur le penchant de l'abîme, n'eût pas été remplir le but. C'est le système qu'on a proscrit, le système né, ancré dans le sang de cette dynastie, dans lequel ses membres avaient été nourris, et sans lequel ils ne concevaient pas que l'on pût régner. Ainsi donc le peuple je le répète, n'a pas chassé Charles X avec ses courtisans, pour reprendre Henri V avec ses précepteurs. (Mouvement prolongé d'hilarité.)

Quant au nouveau gouvernement, reconnaissons-le, il a été élevé par la même force qui a détruit le gouvernement de la légitimité. Le duc d'Orléans, Messieurs, a-t-il été proclamé, comme Hugues Capet, par quelques seigneurs féodaux, par quelques châtelains influencés d'ailleurs par un corps de troupes destinés à faciliter l'élection? Non.

Qui donc était armé en juillet et août 1830, si ce n'est

ce même peuple qui avec ses armes avait combattu et vaincu l'autre dynastie?

Quand le duc d'Orléans est parti de son palais pour aller à l'Hôtel-de-Ville, il était seul et sans armes, seul à cheval, pas un second homme à côté de lui, pas un aide-de-camp, pas une épée! il avait pour cortége la représentation nationale, il avait le plus près de lui Laffitte, Benjamin Constant, tous les deux en litière, Casimir Périer et beaucoup d'entre nous. (Profonde sensation.)

Voilà quelle était la garde qui marchait à côté de Louis-Philippe, et qui allait avec lui au milieu du peuple à l'Hôtel-de-Ville, au sein même de la révolution de juillet.

Après qu'une constitution a été faite dans cette enceinte, qu'un gouvernement monarchique a été établi par l'appel d'une nouvelle dynastie, quand nous sommes partis de ce palais pour aller saluer le nouveau chef de l'Etat, où était notre garde? Etait-ce la garde du directoire, était-ce la garde du consulat ou de l'empire? Avions-nous des baïonnettes à nous? Toute notre force était dans la garde nationale, qui s'est trouvée là sans convocation; elle était dans tous les citoyens qui formaient la haie, et nous excitaient par leurs acclamations.

Voilà la force réelle, la force vraiment populaire au sein de laquelle a été proclamé le gouvernement de juillet. C'est la même force, la même souveraineté du peuple qui, après avoir écrasé l'ancienne dynastie, a élevé la dynastie nouvelle, renversé le gouvernement de la branche aînée, et créé le gouvernement de juillet.

Voilà ce que j'appelle la légitimité de ce gouvernement; légitimité véritable et complète, la plus légitime de toutes. Je ne m'étonne pas qu'en effet personne n'ait prétendu infliger de bonne foi à notre gouvernement le titre de *quasi-légitimité*.

Messieurs, il n'y a pas de mot plus absolu que le mot de légitimité. Aux yeux de ceux qui professent ce dogme, c'est tout ou rien; et, pour eux, loin que le voisinage du trône soit une excuse, c'est quand on en approche le plus qu'on en est réellement le plus loin. (*De toutes parts:* c'est très-vrai!) Le duc d'Orléans, parent de la dynastie déchue, et collatéral de la branche régnante, est plus criminel à leurs yeux que ne le serait tel ou tel soldat, empereur ou usurpateur. C'est là notre première garantie, la haine du parti légitimiste, qui depuis quarante ans déteste la maison d'Orléans. Ce n'est donc point parce qu'il était Bourbon qu'on l'a fait roi; car s'il avait été Bourbon comme les autres, il aurait été exclu avec les autres, et obligé de les suivre en pays étranger: aucun de nous n'aurait songé à le retenir. Mais, quoique Bourbon, différent de ses parens, détesté par leur parti, séparé d'eux par tout ce que la révolution avait d'antipathique pour la restauration, animé de sentimens nationaux qui étaient les nôtres, voilà ce qui a fait que le choix s'est porté sur le duc d'Orléans. (Bravo, bravo! Oui, oui!)

C'est alors que vous avez eu une dynastie nouvelle, un roi élu, un roi accepté avec des conditions constitutionnelles, accepté par les acclamations de tous, élevé sur le pavois populaire; voilà sa légitimité. (Très-bien, très-bien!)

Quels sont donc les résultats? Ils sont immenses sans doute. On a raison de dire que la base du gouvernement a été changée. Au lieu d'une dynastie imposée, d'une charte octroyée, vous avez eu un gouvernement nouveau, vous avez eu un gouvernement fondé sur un pacte social librement débattu, librement arrêté, librement juré, d'abord par le chef du gouvernement, ensuite par nous. (Marques générales d'assentiment.)

C'est à ce changement que nous devons deux résultats immenses.

Le premier est d'avoir été délivrés d'un gouvernement imposé par l'étranger, et qui sans l'étranger n'aurait jamais pesé sur la France (approbation); d'un gouvernement (il faut le rappeler, non dans le but de réveiller des inimitiés qu'il importe de laisser dans l'oubli, mais afin de marquer son véritable caractère), d'un gouvernement qui fut réactionnaire, vindicatif, sanguinaire; qui avait proscrit toutes nos gloires nationales; qui avait exilé par ordonnances, exilé sous couleur d'amnistie! qui avait couvert la France de cours prévôtales; qui avait voulu nous gouverner par l'émigration et par les prêtres; un gouvernement que notre adresse flétrit en lui-même, et dans tout ce que ses tendances ont eu de funeste et d'anti-national!

Au contraire, nous avons eu à sa place le gouvernement de 1830, avec les améliorations vainement désirées pendant quinze ans, et fort étendues depuis!... avec des améliorations que vous étendez chaque jour!

Ainsi nous avons la liberté constitutionnelle et les conséquences du gouvernement représentatif : sachons les conserver.

On a beaucoup disserté sur les affaires étrangères. J'ai admiré les orateurs qui ont choisi ce champ de discussion qui était à leur convenance ou à leur prédilection. (On rit.) Pour moi, la principale question est dans l'intérieur, dans la stabilité de nos institutions, dans notre union à les défendre, dans notre sagesse à les conserver. Avec l'union, tout nous est possible au dehors ; sans cela tout est difficile, pour ne pas dire inextricable. (C'est vrai !)

Des hommes dont je veux respecter les intentions, mais dont j'attaque les erreurs, croient pouvoir maîtriser les excès en déchaînant toutes les passions qui les produisent ; ils croient qu'ils n'atteindront pas Robespierre, parce qu'ils ne lui empruntent d'abord que son manifeste, et qu'ils ne suivront pas leur modèle dans ces voies funestes qui répandirent tant de calamités sur la France, parce qu'ils ne sont encore qu'à son point de départ ! Erreur fatale, qui serait bientôt démontrée par de sanglans résultats.

Il en est d'autres qui paraissent fort paisibles, lorsqu'ils sont confondus dans les rangs de leurs concitoyens ; ils protestent de leurs bonnes intentions ; ils affirment que rien n'est à redouter dans les moyens qu'ils veulent employer, que les propriétés seront respectées, que chacun trouvera protection pour sa liberté, son industrie, son existence, dans l'ordre de choses qu'ils se proposent d'établir ; c'est ainsi qu'on pensait avant la fatale époque de 93 ; mais ces hommes proclamés pacifiques sont ensuite entraînés par la force des choses, et deviennent les oppresseurs et les tyrans de leurs concitoyens, quand ils ne sont pas les victimes de leur propre parti ! insensés qui n'aperçoivent pas qu'une fois lancés dans cette carrière, on a derrière soi des hommes que rien n'arrête et ne peut assouvir ! que, pressés de toutes parts, assaillis par leurs exigences, il faudra obéir en tout, ou être sacrifiés par eux. Car, si la popularité élève des idoles, elle sait aussi les précipiter ! Et comment en serait-il autrement quand on appelle à l'exercice du pouvoir politique, non pas quelques hommes, ni beaucoup, mais tout le monde, bons et mauvais, sans exception ? (Sensation prolongée.)

D'autres sont plus aveugles encore, et plus incompréhensibles. Hélas ! je voudrais voir ici les rejetons des familles qui furent victimes de la république ; je demanderais à ceux qui survivent, je demanderais à leurs enfans s'ils voudraient traverser de nouveau ces torrens de sang dont fut inondée la France en 93 ; s'ils voudraient recommencer un exil de vingt-cinq ans ; enfin s'ils voudraient renouveler tous les sacrifices qui ont été faits de 93 à 1815 (profonde sensation), et s'ils consentiraient, à ce prix, à recouvrer Henri V, je ne dis pas dans sa minorité, mais dans sa caducité. (Très vive sensation.)

En 1814, nous avons subi les Bourbons ; mais il a fallu, pour qu'ils nous fussent imposés, une foule de circonstances qui ne se renouvelleront pas. (Nouvelle approbation.) Non, non, ce n'est point 1793 qui a ramené les Bourbons. En 1794, ils eussent été impossibles. Il a fallu tout l'intervalle écoulé sous le consulat et l'empire, et tout l'abus qu'il avait fait de sa puissance, pour qu'ils fussent possibles en 1814 ; et ils ne l'ont été que comme pis-aller, et seulement à l'aide de l'étranger.

Que les légitimistes ne s'y trompent pas ; il a fallu tous nos efforts pour empêcher qu'en 1830 une vive réaction ne débordât sur eux. Silencieux alors, et inaperçus, ils ne sont devenus insolens que depuis qu'ils ont eu le loisir de se rassurer : et cependant ils disent du gouvernement de juillet : « N'attendez rien de ce gouvernement impuissant. »

On invoque à outrance la liberté de discussion ! mais cette liberté existe pour tous les partis, elle est grande, complète : cette liberté est l'exercice d'un droit, mais elle ne doit pas être employée à la violation de tous les autres.

Philosophiquement parlant, la liberté de discuter les théories du gouvernement est entière ; mais alors donnez une nouvelle édition de la république de Platon. Faites-vous un peuple idéal, soyez ses législateurs, donnez-lui un gouvernement et des lois à votre fantaisie : mais en peut-il être ainsi quand on vit au milieu d'une société réelle (marques générales d'approbation), quand vous êtes homme public, que vous représentez une masse immense d'hommes dont les intérêts, le travail, l'industrie, le bien-être, vous sont confiés ? quand vous exercez une fonction publique, que vous l'exercez sous la foi d'un serment qui vous lie à un ordre de choses ? Sans doute il faut une liberté de discussion grande, entière, mais dans le cercle de la constitution, car vous ne pouvez pas en sortir sans violer votre serment (marques générales d'approbation); vous ne le pouvez pas sans discréditer votre parole, car les paroles n'ont de poids qu'autant qu'elles sont appuyées sur la bonne conscience, la morale et la conviction. (Nouvelle adhésion.) Que croire de ceux qui ont prêté serment à Louis-Philippe, et qui prêcheraient son détrônement! Serment à la loi, à la constitution de l'Etat, et qui en proclameraient le mépris et provoqueraient à son renversement.

Un tel prosélytisme peut être dangereux avec des hommes ignorans et abrutis; mais certainement il ne peut l'être pour des gens qui se feraient une idée nette de la conscience et du devoir. Je demande à tous les hommes qui ne sont pas étrangers à l'histoire de tous les peuples, s'il y a eu un gouvernement, quel qu'il fût, ancien ou moderne, passé ou actuel, républicain, aristocratique, démocratique, oligarchique, qui ait jamais mis au nombre des libertés reconnues le droit de dire, d'écrire, de publier qu'il faut le changer! Jamais, jamais; car la première des lois est celle de l'existence. La république aurait-elle permis de dire qu'il fallait la renverser? (Hilarité générale, marques générales d'approbation.)

Le peuple romain aurait-il toléré, même de la part de ses tribuns, qu'on dît qu'il fallait rappeler les Tarquins? Les Etats-Unis d'Amérique ne sévirraient-ils pas contre tout homme qui proposerait de faire rentrer ce pays sous la domination de l'Angleterre ou de le convertir en monarchie? Et la légitimité, qui vante aujourd'hui la souveraineté du peuple, et qui pense qu'on peut l'invoquer impunément, et l'insulter en soutenant qu'elle n'a rien pu fonder, la légitimité a-t-elle toléré même l'apparence de cette discussion? Sous elle d'abord nous avons vu la censure : c'est une de ses gloires; elle l'a eue plusieurs fois; et ensuite les supplices qu'elle a fait planer sur ses adversaires sont là pour attester que non-seulement la liberté n'était pas entière, mais qu'elle n'existait pas du tout sur ce point, non plus que sur beaucoup d'autres.

Je dirai un mot des associations. Il y a des gens qui posent en fait que ce qu'ils appellent le droit d'association, c'est une doctrine, c'est une théorie; et je suis bien aise de saisir cette occasion de faire remarquer qu'il y a plus d'une espèce de ce qu'on appelle *doctrinaires*, sans application. (On rit.) Ainsi beaucoup de gens croient qu'il n'y a que leurs adversaires qui sont doctrinaires. Je vois, quant à moi, que dans tous les partis il y a des doctrinaires, des gens qui ont des maximes générales dont ils abusent, qu'ils mettent en avant ou qu'ils acceptent sans savoir souvent où cela peut les mener. En soi, rien n'est si beau que le droit d'association. On trouvera mille exemples où l'association est une chose excellente; mais le droit d'association ne peut-il aussi avoir ses dangers? Et il n'en aurait qu'un, celui des associations politiques, ne serait-ce pas une suffisante raison pour reconnaître que ce prétendu droit n'a rien d'absolu? En effet, ne peut-il pas être destructif de l'ordre social? Est-ce qu'il peut y avoir un droit d'association dans l'Etat contre l'Etat? L'Etat n'est qu'une force organisée placée à la tête de la société, et à l'exclusion de toutes autres associations rivales ou contraires. A ceux qui veulent faire un gouvernement de second plan, un gouvernement souterrain, un gouvernement de congrégation, appelez-le des noms les plus beaux ou des noms les plus flétrissans, je dirai: Vous voulez faire un gouvernement dissimulé, destiné à saper le gouvernement véritable, et qui peut amener des destructions dans la société. C'est ce droit que j'ai condamné sous l'ancien gouvernement, quand on y procédait par des congrégations qui étaient dirigées par une autre espèce de gens. Je m'y oppose également maintenant, parce que toutes ces organisations, quelque nom qu'on leur donne, ne sont qu'un moyen d'affaiblir et de supplanter le gouvernement légal, sous prétexte de suppléer à son insuffisance. (Très-bien!).

Messieurs, il en est temps, revenons aux obligations tracées par notre serment, et expliquons-nous nettement, non pas seulement sur ce que nous ne voulons pas, mais sur *ce que nous voulons*. Je remarque qu'en général on est habile à dire ce dont on ne veut pas. Les hommes aiment les formules négatives; cela laisse le *moi* en dehors, et permet de n'exprimer souvent que la pensée d'autrui.

Mais quand on dit à un homme: Que voulez-vous? c'est là qu'on échoue; car les hommes disent rarement ce qu'ils veulent, parce qu'ils ne veulent pas toujours bien.

La France ne veut pas de la légitimité de la branche aînée des Bourbons. (Non, non!) C'est une question qui a été décidée en 1815 pour la seconde fois, et en 1830 pour la troisième; c'est ordinairement la dernière. (Sensation générale.)

La France ne veut pas non plus de la république; et je dirai à tous les inventeurs de gouvernemens, à tous ceux qui imaginent des formes nouvelles de mettre en action leurs pensées : « Malheur à tout ce que vous appellerez république dans ce pays-ci ! » (Même mouvement.)

Votre adresse l'exprime, Messieurs; vous avez dit nettement que vous combattriez ceux qui prétendraient, par exemple, substituer un gouvernement électif à la monarchie héréditaire : personne n'a demandé la parole contre ce paragraphe, et j'aime à croire que c'est l'unanimité que vous avez exprimée. (Silence sur tous les bancs.)

Maintenant ce que la France veut, ce que je veux, ce que je désire pour mon compte, c'est ce que nous avons; nous avons ce qu'il dépend de nous de conserver en faisant tous notre devoir, chacun dans la limite de ses fonctions.

Voici *ce que nous voulons* :

Une monarchie, non de droit divin imposé, mais de convention; une monarchie héréditaire, parce que nous ne voulons pas jouer aux rois, parce que nous ne voulons pas qu'à chaque instant cela dégénère en candidatures, et nous expose, par notre situation européenne, à être surpris par des gouvernemens qui ne mettraient pas comme nous leur existence en question, et qui profiteraient de nos dissentions pour nous attaquer. (Bien! très-bien!)

Nous voulons une monarchie; et c'est une vérité, la monarchie est dans les mœurs de la France; non pas une monarchie féodale, aristocratique, cléricale ou privilégiée, qui veuille reconstituer ce qui n'est plus dans nos mœurs, ce que le peuple a déclaré ne vouloir plus; mais le sentiment monarchique comme unité, comme gage de paix et de stabilité.

Nous avons une constitution écrite, non pas octroyée cette fois par la royauté, qui se croirait en droit de la révoquer, mais une Charte faite par vous, imposée par la nation à la nouvelle dynastie, comme condition *sine quâ non* de son avénement, lorsque vous avez dit à Louis-Philippe, en lui présentant votre déclaration : « A cette condition, mais à cette condition seule, vous serez Roi; sinon, non. »

Nous voulons un ministère qui soit un, solidaire, indépendant, et responsable par conséquent ;

Deux chambres, pour éviter la tyrannie d'une seule ;

Le vote annuel de l'impôt, comme garantie souveraine du respect pour le vœu de la majorité, exprimant le vœu du pays que notre devoir est toujours d'interroger ;

La liberté de la presse (qui dira qu'elle n'existe pas ?) ;

Le progrès, mais par les moyens constitutionnels, par une discussion régulière qui n'ait pas une révolution pour premier terme, et l'anarchie pour dernier résultat. (Marques d'adhésion.)

La liberté, réglée par les lois, c'est ma devise : *Sub lege libertas*, et non pas cette liberté dont la devise est : *Liberté ou la mort*, et dont la livrée est couleur de sang. (Sensation profonde.)

Messieurs, tant d'expériences ne seront pas perdues ; sachons défendre notre ouvrage ; usons de nos prérogatives, usons-en avec fermeté, tout en respectant celles des autres pouvoirs. Je ne cesserai de vous le recommander ; et l'avenir du pays est assuré. Voilà l'esprit qui a dicté votre adresse, en flétrissant ce que la nation ne veut pas, en proclamant ce qu'elle veut ; allons dans cette voie, et la France nous soutiendra.

(L'orateur descend de la tribune au milieu des marques générales d'assentiment de l'assemblée ; un grand nombre de membres l'entourent et le félicitent de l'effet produit par son improvisation) — *Moniteur* du 10 janvier 1834.)

CRISE MINISTÉRIELLE. — PRÉSIDENCE DU CONSEIL — ORDRE DU JOUR MOTIVÉ.

Discours prononcé par M. Dupin, député de la Nièvre, président de la chambre, sur les explications provoquées à l'occasion de l'adresse, et des changemens ministériels, sur la présidence du conseil, et sur ce qu'on a nommé le système. (Moniteur.)

(Séance du 5 décembre 1834.)

Messieurs, j'éprouve le besoin de faire entendre quelques mots, non pas dans un intérêt de parti, mais pour placer la question sous son véritable point de vue, le seul où elle puisse recevoir une solution digne de vous.

Je ne prends pas cette question dans les termes plus ou moins restreints, où chacun, en évitant un peu ses adversaires, a cherché à la circonscrire; mais je prends la question dans son ensemble, telle que tous les esprits se la font, telle qu'elle apparaît aux yeux du pays.

Messieurs, je professe un grand respect pour les prérogatives de la couronne; je reconnais combien il importe (en tout temps et surtout aujourd'hui) qu'elle soit maintenue dans toute son intégrité. La faiblesse des gouvernemens est leur plus grand défaut, elle est la source de tous les malheurs, et pour le pouvoir et pour les citoyens. Mais, réciproquement aussi, dans un gouvernement qui se compose de plusieurs pouvoirs, c'est dans le maintien fidèle des prérogatives de chacun d'eux que peut se trouver l'accomplissement de la constitution, la confiance publique et la fermeté de l'administration.

Je l'avoue, je suis jaloux du pouvoir de la chambre; j'en suis jaloux comme député, je le suis surtout comme président; et je m'en ferais une opinion exagérée, que cette opinion devrait trouver au moins grâce devant vous.

La chambre est un des trois pouvoirs de l'État : elle vote les impôts; aucun ne peut être établi sans son consentement, et par conséquent elle limite les charges de l'État. Elle exerce son contrôle sur les actes du ministère; enfin, et c'est là une grande partie de ses attributions, elle épie l'opinion publique, elle la révèle, elle en est l'expression, elle fait connaître les vœux du pays.

Mais en tout temps les ministres chargés du pouvoir exécutif ont supporté impatiemment le contrôle des assemblées. Leur jalousie s'est toujours manifestée contre les corps délibérans. Ils s'imaginent que le pouvoir exécutif hérite de ce qu'il ôte aux autres pouvoirs de l'État. On oublie trop cette vérité de tous les temps, qu'on ne peut s'appuyer que sur ce qui résiste. Et comme je le disais au roi lui-même, avec l'approbation que j'ai reçue à ce sujet de mes collègues : « Une chambre ne montre pas seulement sa fidélité par ce » qu'elle accorde, mais encore par ce qu'elle fait refus ou » difficulté d'accorder. » De là *mes efforts constans pour conserver à la chambre la place qu'elle doit occuper dans la constitution*, pour qu'elle se maintienne digne aux yeux du pays, non-seulement quant à la forme de ses délibérations, mais quant au fond; non-seulement pour ses votes, mais pour faire respecter leur exécution.

Messieurs, c'est surtout aujourd'hui qu'on peut dire que nous ne sommes pas à une époque où le pays, où 32 millions d'habitans plus ou moins animés d'idées nouvelles, et dans cet état d'effervescence qui travaille la société, puissent être tenus par un seul homme ou par huit hommes. L'ascendant sur l'opinion publique, le concours des grands corps de l'Etat, l'expression des volontés du pays dans le sein de cette chambre, que par son importance j'ai toujours considérée comme *la première*, voilà les forces sur lesquelles un gouvernement constitutionnel doit s'appuyer. De là mes efforts, mes vœux pour que la chambre se grandît toujours aux yeux du pays : — elle sert le pouvoir quand elle refuse ce qui est mauvais; et quand elle accorde ce qui est bon, ses décisions alors ont une plus grande force aux yeux de la nation; tandis qu'un corps qui s'est laissé avilir, prosterner, n'est plus bon à rien. Rappelez-vous, messieurs, les 300. Malheur au pouvoir qui pourrait ramener à cette discipline un corps comme le vôtre! Quand il aura tout pris, quand il aura placé tous les pouvoirs dans la même main, il tombera. Ce n'est pas ainsi que vous avez voulu qu'il en fût avec le gouvernement de 1830.

Imbu de ces idées, je le dis avec amertume intérieure; mais avec sincérité, les votes de la chambre ont été fréquemment méprisés. Ainsi le plus grand de nos droits, celui qui consiste à limiter l'impôt, à limiter les charges du pays, a été souvent méconnu. Vos allocations ont été dépassées avec excès, avec une hardiesse sans égale, malgré vos plaintes exprimées dans trois adresses successives; et cette fois vous avez été réduits, sur ma provocation je l'avoue, et je l'ai fait parce que j'étais humilié pour vous de voir qu'on vous présentait chaque année des comptes qui attestaient le mépris qu'on faisait du budget, vous avez été réduits à exprimer que vous manqueriez à votre mission, si vous n'exigiez pas que les ministres se renfermassent enfin dans les budgets,

Ce n'est pas là un point sans importance : c'est par l'abus dans les finances que les autres abus s'introduisent, et c'est par ce droit de voter l'impôt et de limiter les charges, que vous pouvez protéger le pays contre les ministres qui se passeraient bientôt de votre pouvoir si vous n'aviez cette prérogative pour vous maintenir et les arrêter!

Quand la chambre a été dissoute, quand une autre a été convoquée, je le répète sans intention de personnalité, en faisant la part de l'injustice (car après avoir été tant calomnié pour ma part, je dois reconnaître que tout le monde peut l'être à son tour), lorsqu'une autre chambre a été convoquée, lorsque nous sommes revenus de nos départemens, avions-nous mission de dire que tout était pour le mieux dans le meilleur des mondes possibles? (On rit.) Etait-on entièrement satisfait de la marche de l'administration? Même en lui tenant compte des efforts qu'elle avait faits pour surmonter les difficultés, apportions-nous l'idée que tout avait été heureusement conçu, habilement exécuté?........

Non, messieurs, il faut le reconnaître; il faut nous le rappeler avec sincérité : il y avait des *griefs dans l'opinion*, et je ne parle pas seulement des exagérations de la presse, mais il y avait des réclamations, des objections réelles, formulées et exprimées par le pays.

Eh bien! l'adresse a voulu rendre cette impression. Et d'abord je le déclare, ni la commission ni la chambre n'ont jamais voulu s'associer à ce qu'on appelait un *système*. Depuis huit sessions j'ai fait partie des commissions de l'adresse; depuis quatre sessions j'ai eu l'honneur de présider vos commissions ; eh bien ! chaque année dans cette dernière période, le mot de *système* était toujours employé dans le discours de la couronne; on cherchait à obtenir de vous une approbation générale, une espèce de plein pouvoir ou de *blanc-seing pour le système*. Et toujours à l'unanimité, au premier tour d'opinion, comme préface, avant d'entrer dans l'examen de l'adresse, il a été reconnu toujours que ni commission, ni chambre, ne pouvaient canoniser un système .... (On rit). Nous étions fort satisfaits que le gouvernement n'allât pas au hasard, qu'il se fût fait un système; mais nous avons toujours évité de l'adopter; et comme chaque adresse est divisée en paragraphes qui présentent les questions qui doivent faire l'objet de la session, nous pensions que la chambre devait se borner à des explications sur chacun des paragraphes, sans s'engager dans des formules générales dont les termes devraient être sacramentels pour qu'on n'en sortît pas.

Cela a eu lieu encore cette fois. — Dans l'adresse, que fait-on ? On ne veut pas renverser : loin de là, le caractère de cette chambre, et je l'avais affirmé à l'ouverture de la session, sa mission essentielle est d'affermir le gouvernement de juillet et la dynastie qu'elle a placée sur le trône; mais de maintenir aussi nos institutions, de les faire valoir tout ce qu'elles peuvent valoir; elle est chargée, non pas d'entretenir des illusions, des déceptions, l'apparence du gouvernement représentatif, mais la réalité de ce gouvernement : voilà ce qu'a voulu la chambre et ce que veut le pays. (Marques d'adhésion.)

L'adresse ne renverse pas, mais elle conseille; elle ne refuse pas un concours, mais elle déclare qu'elle ne donnera qu'un concours éclairé; la chambre, en un mot, veut influer sur la direction des affaires du pays, dans le sens de ce qui lui apparaît être le vœu du pays. Aussi votre commission a été unanime, le vote a eu lieu à une grande majorité; et jamais minorité plus faible, dans une assemblée qui s'est trouvée très-nombreuse, ne s'est présentée contre une adresse votée par la chambre.

Il faut ajouter que l'adresse a été acceptée par le public. Ce n'est pas que quelques-uns n'en aient murmuré; l'adresse a été attaquée surtout par certains journaux; car les journaux vont toujours en avant de ceux qu'ils soutiennent; cela est vrai pour le pouvoir comme pour l'opposition, et pour les amis du gouvernement comme pour ses adversaires. Ainsi que l'a dit un poëte de bon sens,

> Rien n'est plus dangereux qu'un imprudent ami ;
> Mieux vaudrait un sage ennemi.

Les ennemis sages manquent toujours : malheureusement les amis imprudens ne manquent pas. (On rit.)

M. de Salvandy. Je demande la parole.

M. Dupin. Et pourquoi donc ?

M. de Salvandy. Pour le fait personnel du regard de M. le président. (Nouveaux rires.)

M. Dupin. J'ai le droit de regarder à droite comme à gauche; et quand j'ai regardé M. le président du conseil, il n'a pas pris mon regard pour un fait personnel. (Hilarité générale.)

Je dis que dans les journaux l'adresse a essuyé des commentaires bien différens de ceux qu'on attendait, ou qu'on se serait permis dans la chambre. L'un d'eux surtout a signalé l'adresse comme mauvaise, on a excité les hommes du pouvoir et du gouvernement à la contredire; une liste d'inscription a eu lieu : et quand douze personnes s'inscrivaient pour la contredire ou la commenter, apparemment que ces douze hommes de talent et de marque éprouvaient le besoin de faire disparaître certains paragraphes pour en substituer de meilleurs, et en tout cas au moins pour provoquer des explications. Le ministère, nous dit-on, n'a eu qu'un léger doute, et s'il n'a pas insisté pour l'éclaircir alors, c'est que les circonstances ne semblaient pas opportunes; il ne voulait pas irriter, il réservait ses explications pour des temps meilleurs, parce que (je crains de ne pas reproduire fidèlement les expressions) les dispositions de la chambre étaient peu favorables pour lever le doute....

Je n'ai pas à blâmer cette marche du ministère. Mais si je me demande ce que j'aurais fait en présence d'une adresse qui m'aurait présenté le plus léger doute offensant pour mon caractère, je déclare que j'aurais voulu en avoir le cœur net à l'instant; j'aurais combattu le paragraphe, élucidé tous les termes, j'aurais gagné ou perdu; mais j'aurais voulu que la question se vidât à l'instant. (Bruits divers.)

Quoi qu'il en soit, messieurs, tous ceux qui étaient inscrits contre l'adresse ont déclaré successivement ne vouloir pas prendre la parole; tous ceux qui étaient inscrits pour la défendre si elle était attaquée, voyant qu'on désertait l'attaque, ont vu qu'elle n'avait pas besoin de défense. Les paragraphes ont été successivement approuvés; seulement on a rejeté un ou deux amendemens qui n'ont pas même trouvé d'appui dans cette chambre, et qui signalaient la possibilité de faire mieux pour le ministère, mais qui, n'ayant pu réussir, ont été écartés. L'adresse a été acceptée par l'opinion publique, et des journaux de l'opposition nous ont fait l'honneur, ce qui est bien rare (on rit), de convenir qu'aucune adresse plus digne, plus énergique, n'était sortie d'une chambre française depuis 1830.

M. le maréchal Gérard est entré aux affaires, et, ce que vous ne savez peut-être pas, c'est que c'est moi qui ai décidé son acceptation. Je ne dis pas qu'il n'eût pas cédé à d'autres; mais je l'ai trouvé résistant, et c'est sur mes observations qu'il a consenti, en me donnant la main. J'en revendique l'honneur; et pour ceux qui voudraient me séparer de la solidarité d'hommes illustres, je rappelle que c'est encore moi qui ai décidé Casimir Périer à accepter le ministère. Je l'ai soutenu de toutes mes forces, parce que son âme répondait à la mienne, qu'il était de mon opinion, qu'il avait mes sympathies, parce que j'étais fier d'être soldat sous un tel chef. Si je ne suis pas entré dans son ministère, où il m'offrit les sceaux après avoir essuyé un refus, c'est qu'ayant long-temps seul combattu sur la brèche, j'avais conquis une immense impopularité! mais l'impopularité des ennemis publics! l'impopularité des partisans de l'émeute! l'impopularité des assassins! (Bravos.) La preuve que ce n'était pas par timidité que j'agissais ainsi, c'est que sous Casimir Périer, dont je connaissais l'opinion, l'honneur, l'amour de la légalité, qui est aussi dans mes mœurs, dans mes études, dans mes goûts, j'ai marché à côté de lui, et je l'ai défendu dans toutes les situations. Si c'est son système que vous suivez, j'en étais même avant qu'on l'eût inventé. (On rit.)

M. le maréchal Gérard hésitait à entrer aux affaires: vous le savez, il est doué d'une modestie qui est, il faut le dire, la vertu de nos guerriers. Ces hommes si bouillans sur le champ de bataille, qui affrontent cent mille hommes, cent mille morts, à l'instant où l'on veut les appliquer aux affaires civiles, confessent leur inexpérience, et méconnaîtraient volontiers la supériorité de leur ascendant sur l'esprit du pays. M. le maréchal Gérard hésitait; il alléguait son défaut d'habitude des débats parlementaires, sa vue fatiguée par le service militaire, son inexpérience de la tribune. Maréchal, lui dis-je, il ne s'agit pas d'éloquence, la chambre ne vous demande pas cela, elle ne vous demande que ce que vous avez, probité, sincérité, bonne foi et nationalité, toutes qualités que vous avez montrées sur les champs de bataille. (Sensation.)

Vous êtes sorti de nos rangs, vous respecterez les votes de la chambre: vous lui exposerez les besoins du pays, elle a trop de patriotisme pour ne pas les satisfaire. Mais dans l'intérêt du roi, dans celui de la chambre dont vous avez été membre, et du pays qui vous honore, renfermez-vous je vous en conjure, dans les limites du budget! respectez les votes de la chambre pour qu'elle ne soit pas déconsidérée, et qu'on ne vienne plus, après avoir dépensé 30 millions en sus du budget, nous dire : « Mettez le ministère en accusation, » comme s'il ne valait pas mieux prévenir que réparer! (Mouvement.)

Hé bien! à ces conditions, Maréchal, ai-je ajouté, vous savez à quel point je suis votre ami, combien je vous aime et vous estime, vous pouvez compter sur moi. A ces mots le maréchal Gérard me tendit la main en signe d'assentiment, et il déclara son acceptation. — Plus tard, et quand la chambre eut voté son adresse, le maréchal Gérard ne trouvait pas d'équivoque dans l'adresse, le maréchal Gérard l'adoptait dans son entier; il était parfaitement résolu à se conformer, autant qu'il dépendrait de lui, à tout ce qui était dans l'adresse. C'est l'impression que m'ont laissée les conversations que j'ai eues depuis avec lui.

Une longue vacance a été interposée entre le commencement de la session et l'époque à laquelle on devait vous convoquer de nouveau; et toutefois je dois, à la louange du ministère transitoire, lui rendre cette justice, que, comme son premier vœu était de marcher avec vous, son premier soin a été de rapprocher le terme de votre réunion.

Dans l'intervalle de la session, on a attribué l'adresse à un calcul de parti, à la perfidie de ceux qui l'avaient rédigée, et qui avaient enveloppé apparemment sous le masque de certaines expressions douteuses, un sens hostile qu'on se serait réservé d'exploiter.

C'est faire insulte d'abord à la commission toute entière, et ensuite à la grande majorité de l'assemblée; à la commission qui aurait commis la perfidie de ces mots ambigus, et à la chambre qui aurait eu la simplicité de ne pas apercevoir le venin caché sous cette rédaction entortillée.

Il faut le dire même : depuis notre prorogation, une portion de la majorité a été attaquée, a été insultée sous le nom de *tiers-parti!* et c'est la première fois peut-être qu'on a vu un pareil brandon de discorde, jeté au milieu de la majorité par les partisans du pouvoir qui ne sauraient se passer du concours de cette majorité elle-même! Jusqu'à présent on avait vu les attaques de l'opposition contre la majorité, on avait vu des attaques extérieures; mais cette fois c'est une portion de la majorité, ou plutôt ce sont des hommes parlant soi-disant au nom d'une portion de la majorité, qui se sont imaginé servir leurs amis au pouvoir, en insultant une notable partie de cette majorité.

Messieurs, je crois que, dans la majorité, personne n'accepte la qualification de *parti*, ni de *tiers-parti*; personne n'accepte la qualification de chef de ce *parti*. Et j'en tire de suite cette conséquence, qu'un parti qui existerait ne se renierait pas, ou cesserait par là même d'être un parti. Le prétendu chef de ce parti qui y renoncerait, et les membres du parti qui s'abdiqueraient, perdraient tout empire l'un sur l'autre.

Un prétendu chef de ce parti qui renierait ses troupes ne serait pas leur général.

Je répète donc qu'aucune portion de cette chambre n'accepte la qualification de *tiers-parti*. En effet, qu'est-ce qu'un parti? qu'est-ce qu'une coterie? Tout le monde le sait : c'est une société, une affiliation ordinairement circonscrite de gens qui se connaissent, qui s'aiment ou qui s'estiment, ou qui du moins se livrent aux mêmes calculs ambitieux, qui ont un même système, qui veulent le faire prévaloir, l'imposer, qui veulent *tout avoir*, *tout savoir*, *tout pouvoir*, tout renfermer dans l'intérêt de leur parti ou de leur coterie. On sait ce que veut l'intérêt légitimiste, ce que veut l'intérêt républicain, intérêts qui se posent comme partis. Mais cela peut-il s'appliquer à ceux qu'on nomme tiers-parti? Véritablement à tous ceux qui m'en ont parlé, j'ai toujours dit : Vous me rendriez service si vous vouliez me donner une liste des membres de la chambre qui composent le tiers-parti. (On rit.) Je ne les connais pas.

Il y a des hommes qui ont plus ou moins d'indépendance, et à qui l'on voudrait voir plus de docilité...; il y en a sur tous les bancs. Mais tous ces hommes sont-ils unis par les liens d'un parti? ont-ils des réunions, des conciliabules en vue de faire réussir un projet, une chance ambitieuse, un calcul personnel d'aucun d'eux? Qu'on le dise, qu'on les fasse connaître; car, pour moi, je ne les connais pas; je n'ai jamais rien su de pareil autour de moi; et si j'avais à dire combien je compte d'hommes dévoués à voter aveuglément sur ma parole quand ce n'est pas leur conviction, je pourrais répéter ici ce mouvement oratoire : en trouverait-on vingt, en trouverait-on dix, en trouverait-on un? Non, je n'en connais pas un seul, pas même mon propre frère [1], qui fût à mon égard dans cette disposition.

Je repousse donc, je repousse, pour mes honorables collègues et pour moi, la qualification de tiers-parti ; et, à plus forte raison, je repousse pour moi la qualité de chef de ce parti. Je ne puis à aucun titre accepter cette qualification. Je serais trop à l'étroit dans un parti ! Je connais trop le malheur des partis ! je connais leurs exigences ; je sais dans quelle tyrannie et dans quelle oppression ils tiennent les hommes qui se croient à leur tête, et qui n'y sont qu'à la veille d'être lancés !...

Voilà pourquoi je ne suis et ne serai jamais à la tête d'un parti ; mais je ne suis pas et je ne serai pas davantage servile ni complaisant ; je conserverai toujours ma liberté d'opinion et l'indépendance de mon vote.

Et ne croyez pas, au reste, que ce soit là de l'isolement. Quoi ! n'ai-je pas été souvent, presque toujours même l'organe de la majorité ? et comment m'y suis-je pris pour me la concilier ? Messieurs, mon secret je vais vous le dire : je n'avais pas besoin d'avoir un parti composé de dizainiers ou de centeniers pour appuyer *mon système* ; mais quand je voyais l'ordre public menacé, quand je voyais le pouvoir mal à propos attaqué, une bonne chose à soutenir ou une mauvaise chose à combattre, alors, n'empruntant ma force qu'en moi-même, qu'en ma conviction, je me présentais avec confiance devant vous, à cette tribune ; je disais mon opinion en honnête homme, en ami du pays, en homme désireux du bien de la France ; et si la majorité venait à moi, c'est que je trouvais des hommes dont la conviction répondait à la mienne. (*Voix nombreuses.* C'est vrai ! c'est vrai !)

Et comme sur tous les bancs de cette chambre siègent des hommes indépendans qui, comme moi, veulent le bien du pays, j'ai vu souvent qu'une majorité se rendait à mon avis, et ne laissait qu'une minorité de quinze ou de seize membres, dont je veux aussi respecter les convic-

---

[1] Notre union comme frères est inaltérable ; nos opinions comme députés, sur chaque question, sont entièrement libres, et ne dépendent que de nos convictions ; exemple, celle d'Alger.

tions, mais dont je n'avais pas besoin pour assurer le triomphe de mon opinion.

Maintenant, est-ce simplement cette indépendance d'opinion qui inquiète dans ce qu'on veut appeler le tiers-parti? est-ce l'indépendance d'opinion qui inquiète dans celui qu'on voudrait mettre malgré lui à la tête d'un parti, et à qui on voudrait donner une armée qu'il ne prétend pas commander? Voudrait-on prétendre que c'est dans une vue quelconque du pouvoir? — Le désir du pouvoir! dans les hommes dont j'ai parlé, hélas! qui en accuserait-on? ce n'est pas moi sans doute. Certes, on sait bien que je n'ai jamais désiré ce genre de position dans laquelle je vous plains si sincèrement de vous trouver. Quand vous parlez de vos douleurs, ministres du roi, quand vous parlez de vos embarras, de vos soucis, de toutes les angoisses que vous éprouvez au pouvoir, tout ce que vous dites, je me le suis dit mille fois.

Je demande quels sont les hommes qu'on pourrait accuser d'avoir voulu aller à l'attaque de vos portefeuilles pour y succéder?

Dans la crise actuelle, je me permettrai de poser ces questions : Est-ce du dehors qu'est venue l'attaque dirigée contre le cabinet? Est-ce au dehors que s'est décidée la retraite du maréchal Gérard? je ne veux pas l'appeler autrement; je n'ai pas besoin d'examiner à quel titre il est sorti; je dirai, si vous voulez, sa séparation. Il est évident que la cause est venue de l'intérieur même du conseil, cause que je respecte, qui tient à des convictions de la part de celui qui s'en est allé, comme de ceux qui sont restés; mais enfin ce n'est pas une attaque du dehors, une attaque d'un parti, qui soit venue troubler la quiétude du ministère!

Est-ce du dehors qu'est venue la provocation à la démission combinée des cinq membres restans, qui les a mis d'accord pour donner leur démission? Tout cela sans doute a été parfaitement libre : tout cela est venu de l'impossibilité de s'accorder entre eux pour concilier des difficultés à l'occasion desquelles je n'ai pas l'intention de diriger contre eux aucune attaque, mais que je constate comme un fait qui a pris naissance dans le sein même du conseil. — Si enfin, après huit jours d'attente, de réflexion, donnés par la couronne et par le pays, il y a eu à la fin acceptation des démissions, je demande si ce n'est pas la nécessité seule qui a rendu indispensable la composition d'un autre cabinet?

J'y ai eu bien peu de part, mais je dois dire à la chambre laquelle. — Le ministère ayant donné sa démission, il paraît qu'un noble personnage, dont je n'ai point besoin de dire le nom, fut chargé d'aviser aux moyens de reconstruire un cabinet; je dis reconstruire, car il paraît qu'il devait y employer une partie des anciens matériaux. (Hilarité.)

Je reçus sa visite...; car je dois répéter ici que, lorsque j'ai vu cette perturbation, je me suis condamné aux arrêts chez moi, et je ne suis sorti qu'après avoir lu dans le *Moniteur* l'ordonnance qui mettait un terme à la crise. Je dis donc que ce noble personnage est venu chez moi, me disant qu'il était chargé de composer un cabinet.

Il m'a proposé d'y entrer avec lui comme garde-des-sceaux. Je le dis positivement; je le dis d'autant plus volontiers, que dans cette occasion j'ai rendu pleine justice au chef de la justice, à l'intégrité, à la fermeté de son caractère personnel, à sa science qui m'est bien connue, non par la superficie, mais pour l'avoir vu travailler noblement et honorablement dans sa profession pendant vingt-cinq années. Je refusai et j'en donnai les motifs. — Je déclarai à mon noble interlocuteur que j'accepterais sans difficulté un portefeuille sous sa présidence, que j'accepterais même sous tout autre président que lui, *pourvu que ce fût réellement un président*. (Profonde sensation.)

Je lui dis ensuite que, si j'étais dans cette position personnelle vis-à-vis de lui, cependant quelques personnes que j'éviterai de nommer, que je tiens pour fort honorables sous d'autres rapports, n'étaient pas avec moi en assez complète sympathie, pour que je pusse entrer dans le cabinet avec eux; et qu'ils feraient sûrement la même objection à mon égard si j'y étais d'avance, et qu'on leur proposât d'y entrer avec moi. Je le répète, pour qu'on me comprenne bien, les dissidences d'opinion ne font rien à ce qu'on peut penser des personnes sous tous les rapports qui font l'homme de bien.

Mais ici j'ai besoin de le dire à la chambre, de le dire à mon pays, de le dire même à la presse insensée, qui tantôt, quand il est question de moi, me proclame incapable du pouvoir (hélas! j'adhère de tout mon cœur à cette proclamation!); — ou tantôt, quand la composition du cabinet est faite, me reproche de n'avoir pas *pris le pouvoir*, comme si je devais faire un 18 brumaire civil pour m'en emparer! Plusieurs ministères ont été faits sans que j'en fisse partie; et la preuve que ce n'est pas par timidité, c'est que je les ai soutenus tout en restant dehors, et quelquefois beaucoup plus que ceux qui en étaient membres. Mais je le déclare ici à la face de mon pays, *il ne m'a jamais été offert d'y entrer à des conditions que je pusse accepter.* J'ai toujours considéré la besogne gouvernementale comme la plus difficile de toutes : la plus glorieuse quand on réussit dans l'intérêt du pays, et la plus misérable quand on a contre soi les résultats. Mon patriotisme l'a toujours vue avec une telle appréhension, que j'ai pensé que le devoir d'un bon citoyen était de ne s'y jamais aventurer sans avoir pris d'avance toutes les garanties, toutes les précautions qui pourraient assurer le succès des affaires.

Ainsi, j'ai toujours mis le choix et la convenance des personnes, leur estime mutuelle, pour première condition. J'ai pensé qu'elles devaient se voir, s'entendre sur la marche à suivre : non qu'il soit possible de régler pour toujours, ni même pour long-temps l'avenir d'un pays; mais au moins parce qu'il faut se concerter sur les questions imminentes, afin qu'à la première entrevue on n'ait pas à faire pour ainsi dire connaissance avec les figures, et à se trouver divisés sur la première question.

Ainsi, convenir des personnes, arrêter la marche à suivre, avoir un conseil parfaitement uni, présidé avec dignité, avec indépendance, m'ont toujours paru des conditions nécessaires pour couvrir de sa responsabilité la personne royale, et servir avec honneur la prérogative et le pays. Assurément, le roi a toujours l'intérêt comme le droit de surveiller la conduite des affaires, de rejeter les conseils de ses ministres; mais aussi ses ministres ont le droit incontestable de conférer entre eux, afin de conseiller la couronne avec la dignité et l'indépendance qui sont les élémens d'un bon conseil, et qui permettent à ceux qui en font partie d'appliquer librement toutes les facultés de leur esprit à la conduite des affaires.

Ce n'est pas là faire une candidature assurément : mais je veux déclarer quels ont été les motifs de mes refus répétés. J'honore beaucoup certains hommes politiques, mais j'ai dû expliquer ce qui m'a quelquefois empêché d'entrer au conseil avec eux, sans cesser pour cela d'être l'ami du pouvoir, de le soutenir dans l'exercice de ses prérogatives légitimes; et toujours ami de l'ordre et de nos institutions, de défendre les ministres dans tout ce qu'ils entreprenaient de légal. Mais je le répète, jamais je n'ai vu ces conditions remplies. J'ai refusé sept fois, j'aurais refusé mille, je refuserai toujours tant que ces conditions ne seront pas remplies. (Vive sensation.)..........

Je reviens maintenant à votre adresse et à la situation où le ministère s'est placé vis-à-vis de vous. Il vous demande une espèce d'*exequatur*. Le ministère est nommé; il ne tient qu'à lui d'entrer en fonctions; il y est même entré par la présentation de projets de lois; mais il ne veut pas accepter décidément le ministère, si la chambre ne lui donne pas avant tout une sorte de diplôme, qui n'est pas encore formulé, mais que l'on prépare, une espèce d'investiture parlementaire. Enfin, il ne veut pas entrer en fonctions s'il n'a pas d'avance une majorité compacte, assurée, et qui ne déviera pas, sous peine de manquer au contrat... (Dénégation au banc des ministres.) Enfin, une adhésion au système, n'est-ce pas cela? (Oui, oui!) Eh bien! c'est précisément ce que j'ai traduit ainsi.....

M. le ministre de l'instruction publique. Vous traduisez mal.

M. Dupin. Je ne veux pas d'équivoques dans les termes, et si mes paroles peuvent donner lieu à une autre interprétation, on ne pourra pas du moins m'accuser d'amphibologie. (On rit.) Je dis donc que les ministres ne veulent pas s'engager à conserver le pouvoir, s'ils n'obtiennent pas à l'avance une adhésion positive, et je dis que c'est demander à la chambre de *contracter avec le ministère*.

Je vais vous faire voir tout de suite une difficulté grave. Si l'on vous tient ce langage, messieurs, comme il y a deux chambres, il faudra aussi qu'on aille faire la même déclaration à l'autre chambre.

Voix à gauche. Il n'en est pas besoin.

M. Dupin. Permettez. J'honore assez les deux chambres pour croire qu'elles sauront conserver la même dignité, la même indépendance vis-à-vis du pouvoir exécutif : si donc une forme est réclamée comme étant absolument nécessaire, ce qui est exigé vis-à-vis d'une chambre ne devra pas être négligé vis-à-vis de l'autre.

Il pourrait donc y avoir nécessité d'aller ainsi aux deux; et les deux chambres se trouveraient dans cette situation d'adopter un système qui leur serait présenté, sans pouvoir même y fournir d'amendemens.

Messieurs, qu'est-ce donc qu'un système en général? Un système, c'est une collection d'idées, ce sont des généralités qui sont destinées à produire des faits. Comme dans les sciences un système produit des phénomènes, un système politique produit des actes, il enfante des conséquences, et les conséquences vont sans effort loin du principe, pour peu que la logique se néglige en chemin, et cela arrive souvent en matière politique et de gouvernement; de manière que, quand on a adopté un système, on est toujours fondé à dire : C'est une conséquence du système, nous sommes dans le système; vous avez appuyé le système, il faut bien vouloir les conséquences du système. (Mouvemens divers.)

Ainsi, messieurs, si la chambre en 1829, au lieu de faire l'adresse des 221, avait adopté *le système*, eh bien! dans les flancs du système du 8 août 1829 étaient, à quinze mois de distance, les ordonnances du 25 juillet !.,..

Une voix à droite. C'est pour cela que les 221 ont refusé leur concours.

M. Dupin. La chambre de 1829 a déclaré que, de la part du ministère, le concours n'existait pas; elle a elle-même refusé un concours général et absolu; elle a seulement accordé un concours limité; elle a fait ses conditions. Le pouvoir n'a pas voulu adopter les conditions, il a dissous la chambre, convoqué les colléges électoraux, lutté contre les choix populaires, fait du pouvoir absolu, réuni tous les pouvoirs dans ses mains par ordonnances; tel était son système : vous savez le reste.

Quand on demande des engagemens à quelqu'un, et surtout à une chambre, il faut en calculer la nature, l'étendue, les conséquences, la portée. Une chambre législative ne peut pas s'engager indéfiniment, à peine de déplacer tous les pouvoirs et de compromettre sa propre responsabilité, en partageant plus qu'elle ne le doit celle du ministère.

Ainsi, est-ce une approbation du passé? Mais depuis quatre ans, en supposant qu'une pensée unique ait toujours traversé tous les ministères, ait surnagé au milieu de toutes les modifications, de toutes les difficultés; si le système a triomphé quand la chambre a adopté les propositions du ministère, a-t-il également triomphé quand la chambre a voté contre ? a-t-il triomphé dans toutes les hypothèses? Je demande encore quel est le passé qu'on voudrait faire ratifier ? Ce ne peut être un passé tout entier, un passé avec tout ce qui peut s'y rattacher. Le ministère lui-même ne pourrait pas y prétendre; il stipulerait pour autrui.

Est-ce le passé avec M. de Broglie quand la chambre a rejeté le projet de loi relatif aux 25 millions des Etats-Unis ?

Est-ce le passé, alors qu'un illustre maréchal était au pouvoir; alors que les perpétuelles apparitions de crédits supplémentaires fatiguaient la chambre ; ou depuis qu'il est parti, bien que, pour être juste, il soit vrai de dire que ces demandes de crédits n'étaient faites que sur les rapports alarmans de ses collègues des affaires étrangères et de l'intérieur ?

Sera-ce le système pendant l'interrègne, pendant les démissions, au milieu des difficultés de se compléter ?

Considérez, messieurs, tout le danger qu'il y a, quand même il n'y a pas matière à accusation, quand même vous ne pensez pas à une censure des actes des ministres, à venir *approuver un passé en masse*, à venir approuver en masse tous les actes qui ont eu lieu pendant un certain espace de temps!

Accepter *tout un système, pour tout un passé*, ce serait encourir la responsabilité de certains actes dans lesquels il pourrait y avoir ou abus de quelques ministres, quant aux ordres donnés, ou abus de la part de quelques agens, quant à la manière dont l'exécution s'est opérée. (Bruit.)

Je remarque que c'est quand on met le doigt immédiatement sur la question, que cela excite le plus de fermentation. C'est là la question. Vous demandez à la chambre de déclarer *qu'elle approuve un système*, et moi je demande *qu'elle ne l'approuve pas*; quelle que soit la décision de la chambre, je la respecterai, mais j'aurai exprimé mon opinion.

S'agirait-il d'adopter *tout un système pour l'avenir?* C'est encore pis. Si mes concitoyens, si ceux qui m'ont fait l'honneur de me nommer député m'avaient remis une pancarte intitulée système, non pas un système en général, mais un système formulé, j'aurais dit : je n'accepte pas votre mandat, je resterai dans la formule générale de me conduire en bon et loyal député; mais je ne serai pas l'avocat de votre système. De même dans cette enceinte, si les ministres ont un système, s'il est bon, je l'approuverai dans ce qu'il aura de bon quand il se produira par des actes, mais je me réserve de le combattre quand il en sortira quelque chose de mauvais ; je me réserve d'examiner quand il se présentera des doutes. Je déclare donc que je ne veux pas d'avance adhérer à un système.

En me résumant, je dis que le ministère fait à la chambre une proposition insolite. Nous avons entendu ici le discours de la couronne. La chambre y a répondu par son adresse : les termes de cette adresse sont clairs, précis; tout le monde l'a comprise, elle a été acceptée par la majorité, acceptée par le pays, nous ne pouvons y faire aucun amendement. Je m'opposerais à tout changement explicite, car ce serait démentir ce que vous avez fait. En effet, prenez l'adresse, essayez d'en renverser les termes ; mettez à l'affirmative ce qui est à la négative, et voyez si une seule proposition ainsi renversée pourrait être offerte au pays.

Je m'opposerai de même à tout changement qui tendrait à mettre la chambre dans une position encore plus fausse, c'est-à-dire, à tout moyen *indirect* qui tendrait à faire croire que la chambre est revenue sur sa décision, que la chambre s'est donné un démenti. Si j'avais à formuler mon opinion, je dirais « que la chambre, en se référant à son adresse, doit passer à l'ordre du jour. »

Nota. Un ordre du jour *motivé* ayant été proposé en faveur de *la politique* du ministère, j'ai voté contre, redoutant pour la chambre et pour le pays les suites de tout engagement de cette nature.

Séance du 14 février 1835.

Sur le droit d'enquête parlementaire, en réponse à M. de Salvandy qui avait contesté ce droit à la chambre.

M. *Dupin.* Messieurs, Je demande la permission de dire quelques mots sur les droits de la chambre. Ces droits sont mis en question, et il me semble qu'il est de son intérêt que cette séance ne finisse pas sans rétablir ce que je regarde comme les vrais principes.

On prétend que l'enquête n'aurait d'autre utilité que de créer des précédens. Déjà les faits, plus forts que les raisonnemens, prouvent que ces précédens existent; celui-ci est au moins le troisième. Mais l'enquête n'aurait-elle d'autre utilité que celle qu'on lui suppose, cette utilité serait immense. Je la repousserais comme un danger, si elle était une usurpation; mais je le proclame, moi, c'est le droit essentiel de la chambre, c'est l'exercice légitime et éclairé de votre pouvoir. Vous l'exercez comme droit; vous n'avez pas besoin de l'usurper comme pouvoir. On ne peut pas vous accuser d'empiétement. C'est, dans la situation où vous êtes placés, une chose éminemment utile à la France.

On parle de la division des pouvoirs; je suis grand partisan de la division des pouvoirs. Elle ne fait pas seulement la sûreté du pouvoir, elle fait aussi la garantie de la liberté. — Quand les pouvoirs sont trop accumulés dans une seule main, il n'y a pas d'équilibre possible, il y a trop de force d'un côté, trop peu de résistance de l'autre. Je déclare que je serai le premier à m'opposer à tout débordement des droits de la chambre, comme à tout empiétement de la part des autres pouvoirs. Mais y a-t-il ici empiétement? la chambre veut-elle étendre ses droits sur une matière qui n'est pas de son ressort? Non; car le droit d'enquête, d'après la proposition de la commission, reçoit une triple délimitation. Il se borne à une matière essentiellement législative, il est limité à la durée de votre session, en sorte que la couronne n'a pas à craindre de voir se perpétuer une sorte de pouvoir, une fois la session finie. Il n'y a pas de coaction sur les citoyens, mais un simple appel à des personnes qui, je n'en doute pas, y répondront avec empressement quoique sans contrainte.

On nous parle de l'Angleterre. Hélas! on ne parle ici en général de l'Angleterre que pour lui envier ce dont nous ne voulons pas, et contester ce qui nous convient essentiellement. (C'est vrai! c'est vrai!)

On fait des prédictions sinistres sur les développemens que recevrait le droit d'enquête, parce qu'il en a reçu de très-grands en Angleterre. Messieurs, il n'y a d'appréhension pour nous, il n'y a de danger possible que dans le cas où l'on voudrait fausser le gouvernement représentatif, empêcher sa légitime action, mais non pas lorsqu'il s'agit simplement d'assurer son libre et juste exercice. Qu'importe donc que la chambre des lords, de cour de justice soit devenue cour parlementaire; qu'au lieu de séparer utilement les pouvoirs en Angleterre, on les ait laissés confondus! De ce qu'ils sont restés confondus en Angleterre, tandis que chez nous ils ont été divisés, il faut seulement conclure que notre organisation sociale marche mieux, que la justice ordinaire a été séparée du pouvoir politique; mais ce n'est pas une raison pour méconnaître que ce pouvoir politique doit conserver ce qui lui est propre, et par conséquent le droit qu'il a de s'éclairer, non pas sur des matières judiciaires, mais sur toutes les matières parlementaires.

Ainsi, que la chambre des lords soit un pouvoir redoutable parce qu'elle se compose de juges, de magistrats; parce que c'est une grande collection de personnes puissantes et aristocratiques, dont les jugemens, surtout lorsqu'il s'agit de leurs intérêts, sont terribles : c'est Montesquieu qui l'a dit, et Montesquieu n'était pas un anarchiste; (très-bien! très-bien!) cet inconvénient n'existe pas chez nous heureusement. Ce n'est que dans des cas extrêmement circonscrits, dans des cas très-rares, et qui, je l'espère, le deviendront de plus en plus, qu'on voit une justice confiée à des corps politiques. Dans tous les autres cas, ce sont les tribunaux et les jurés en matière criminelle. Reste donc le droit d'enquête, non pas judiciaire, mais parlementaire; non pas pour faire tomber des têtes...., (si ce n'est quand elle se rattache à l'accusation des ministres d'après les termes de la Charte), mais le droit d'enquête dérivant de la Constitution, et reconnu par le ministère lui-même.

Maintenant, n'est-il pas évident que si ce droit vous appartient, afin d'asseoir vos lois en connaissance de cause, ce n'est pas avec l'assentiment obligé des deux autres pouvoirs, à qui vous ne contestez pas leur liberté d'action, mais chacun d'eux doit en faire usage selon son génie et les besoins qu'il en éprouve. Si le ministère est assez instruit, s'il se complaît avec une sorte de béatitude dans la contemplation des faits qu'il a recueillis, et ne juge pas à propos d'en recueillir d'autres, il ne se donnera pas la fatigue d'une enquête.

Si la chambre des pairs n'éprouve pas le besoin d'une enquête, elle n'en fera pas. Mais si la chambre des députés a plus de sollicitude, j'irai plus loin, il faut de la modestie, si nous sommes moins habiles, si nous sommes moins instruits, si notre conscience nous dit que nous ne pouvons exercer un droit qu'en connaissance de cause, si nous considérons les charges immenses, mais nécessaires, qui pèsent sur le pays; si nous considérons que ces charges seraient moins lourdes si elles étaient mieux réparties; si, lorsque nous les premiers, nous chargés de voter l'impôt, par une enquête, non-seulement légalisée, mais mûrement réfléchie, nous arrivons à prouver aux contribuables qu'un impôt, qu'ils croyaient mauvais, doit être conservé parce qu'il est bien assis, ce sera une immense conquête, et loin d'atténuer les forces du gouvernement nous les accroîtrons.

L'enquête serait également avantageuse si elle avait pour résultat de prouver au gouvernement qu'il y a des abus indépendans de ceux qu'il connaît; car les gouvernemens ne savent pas toujours tout, ils ignorent les conspirations dans les temps où l'on conspire, ils n'entendent que des flatteries et des complimens; n'y a-t-il pas des gens gagés et payés pour les complimenter? (*A gauche* : Très-bien! très-bien!)

Mais l'enquête n'a pas ce défaut; une enquête recueille des faits, elle ne juge pas. Elle apporte des faits sur lesquels la chambre jugera.

Dans cette situation, l'enquête ne peut dépendre que de la déclaration de la chambre: son droit est concentré dans cette enceinte.

Ce n'est pas une loi, ce n'est pas un titre de loi qui ait

besoin de la sanction de deux autres pouvoirs pour devenir loi. C'est une *déclaration* de la chambre, c'est une enquête faite pour éclairer son vote sur une matière de sa compétence. Franchement je n'y vois pas le moindre danger, et j'en attends beaucoup d'utilité. (*De toutes parts* : Aux voix ! aux voix !)

Une longue agitation succède à ce discours. Un grand nombre de députés remercient et félicitent M. Dupin.

Aux extrémités : Aux voix ! aux voix !

Nota. A la séance du 16, la proposition d'enquête a été adoptée à la majorité de 241 boules blanches,
    contre 140 noires.
    381 votans.

RÉSOLUTION DE LA CHAMBRE DES DÉPUTÉS,

Qui charge une commission d'enquête de recueillir tous les faits et documens concernant la culture, la fabrication et la vente du tabac.

ARTICLE UNIQUE.

Il sera nommé immédiatement au scrutin, par la chambre des députés, une commission d'enquête de neuf membres, chargée de recueillir tous les faits et documens concernant la culture, la fabrication et la vente du tabac, dans leurs rapports avec les intérêts du trésor, de l'agriculture et du commerce.

Cette commission remettra à la chambre, avant la clôture de la session, ses procès-verbaux et rapport.

Si les travaux de la commission ne sont pas terminés dans le cours de la présente session, ils pourront être repris et l'enquête être continuée dans les formes de l'article 53 du règlement.

Délibéré en séance publique, à Paris, le seize février mil huit cent trente-cinq.

Les président et secrétaires,
Dupin, Félix Réal, Cunin-Gridaine, Piscatory et Boissy-d'Anglas.

Noms des membres de la commission d'enquête, élus dans les séances des 17 et 18 février 1835.

MM. Vivien, Dupin, Passy, Wustemberg, Ganneron, Martin (du Nord), Kœchlin, Mosbourg, Desjobert.

Nota. Dans sa séance du 20 février, la commission s'est constituée sous la présidence de M. Dupin, et a nommé M. Vivien secrétaire-rapporteur. Ce rapport sera présenté à la chambre avant la fin de la session.

GRACE ET AMNISTIE.

Discours de M. Dupin sur la distinction à faire entre l'amnistie par une loi et la grâce par ordonnance.

Séance du 18 mars 1835.

(Après le discours de M. Bérenger, M. Dupin quitte le fauteuil, où il est remplacé par M. Pelet de la Lozère, et il monte à la tribune, où il prend la parole en ces termes):

Messieurs, La question me paraît trop grave, elle intéresse trop tout à la fois la législature et la constitution, pour que je ne croie pas qu'il est de mon devoir, autant que de mon droit, d'exprimer de quelle manière je comprends les principes en matière, soit de grâce, soit d'amnistie.

On veut établir une distinction entre les lettres d'abolition qui seraient, dit-on, personnelles, et l'amnistie qui aurait un caractère politique et plus général. Les lettres d'abolition seraient interdites à la couronne, mais l'amnistie, cependant, lui resterait comme une dépendance du droit de grâce.

Sans doute les lettres d'abolition ne peuvent plus se reproduire aujourd'hui: elles étaient données ordinairement par faveur de cour, par importunité de requérans, pour arracher de grands coupables aux poursuites des grands corps judiciaires; et quelquefois pourtant, même dans ces temps réputés soumis au pouvoir absolu, on a vu des cours de justice, par une sage et puissante énergie, refuser d'accepter ces lettres d'abolition, continuer le procès bon gré mal gré, et faire parler la justice du roi malgré le roi lui-même, faire parler plus haut le roi dans son parlement que le roi dans les lettres-patentes qui lui avaient été arrachées. Ainsi, le droit des lettres d'abolition a éprouvé de fréquentes contradictions, même sous l'ancien régime.

Ce droit n'a pas survécu à la révolution; et l'on voudrait que le droit bien autrement important, puisqu'il est plus général, le droit d'amnistie, celui d'arracher par ordonnance toute une masse d'individus à la justice qui en est saisie; on voudrait, dis-je, que ce droit eût survécu à la révolution!

Non, messieurs, l'amnistie ne peut pas être considérée comme une dépendance du droit de grâce : il y a une distance immense entre les deux droits.

La grâce remet la peine; elle consiste dans le droit de faire succéder la miséricorde à la justice, lorsque la justice a prononcé, lorsqu'elle est satisfaite, lorsque la loi a parlé, lorsque les magistrats ont rendu leur arrêt. La grâce remet, après la constatation du délit, la peine qui y est attachée; mais ce qui a été poursuivi comme crime reste qualifié de crime; et quelquefois même l'infamie, sous le rapport de l'opinion, peut y rester attachée. Le roi intervient; mais il n'a pas arrêté l'action de la loi et paralysé la justice : c'est un droit sublime que le droit de grâce! la grâce! c'est le droit le plus beau, peut-être, après la création; mais il n'est salutaire que parce qu'il vient après justice faite. (Très-bien! très-bien!)

Supposez le contraire; supposez que, lorsque la justice est saisie, qu'elle a informé, qu'elle a agi au nom de la loi, au nom de la société, lorsque les accusés sont (et c'est une figure qui n'est pas de pure idéologie, mais qui est bien réelle), lorsqu'ils sont sous la main de justice, sous cette main puissante à laquelle personne ne peut résister, à qui le devoir de tout bon citoyen est de prêter appui; dans cette situation, au nom du roi, par quelques obsessions de cabinet, on ferait *apparoir* une ordonnance portant qu'une amnistie est accordée, c'est-à-dire que la loi ne sera point exécutée! que les tribunaux se tairont et cesseront leur action! que les mandats décernés seront annulés, que les poursuites commencées seront anéanties ! Non, messieurs, la puissance royale tout entière ne peut que laisser faire la justice, et ne peut pas l'empêcher d'agir; elle ne peut que laisser accomplir la loi, elle ne peut en arrêter ni en suspendre l'exécution; jamais un tel droit n'a pu raisonnablement être réclamé, au nom de l'autorité royale, à aucune époque; il ne peut l'être, aujourd'hui moins que jamais.

Que vient-on dire? qu'il y a eu des amnisties royales accordées dans telle ou telle circonstance! mais qu'importeraient telles ou telles violations de la loi ? Est-ce qu'on pourrait s'autoriser de ce qui a été fait anciennement ou dans des temps rapprochés, à des époques de trouble, pour en faire la règle des temps de calme et des temps ordinaires ?

Une amnistie aurait été accordée après juillet 1830 ! Mais c'est à une époque où il n'y avait pas de constitution, où par conséquent elle ne pouvait pas être violée; c'était à une époque où la guerre venant de finir, la victoire était maîtresse, et les vainqueurs délivraient ce qu'ils pouvaient regarder comme leurs prisonniers; ce fut un fait, ce n'était pas l'abus d'un droit; ce n'était pas la violation de la Charte, il n'y en avait pas : c'était au moment où l'on combattait pour avoir un ordre de choses tout-à-fait nouveau.

Que parle-t-on encore d'amnistie accordée pour délits forestiers, ou pour désertion ? Mais il n'y a pas un général en chef, il n'y a pas un général d'armée, qui, la veille d'une bataille, en campagne ou autrement, n'ait ce droit que vous voulez appeler droit d'amnistie, n'ait le droit d'ouvrir les prisons à ses hommes et de leur dire : « Battez-vous bien, et il n'y aura pas de poursuite contre vous, ou votre peine sera remise »; ou bien encore de dire à ceux qui sont en face de lui : « Mettez bas les armes, et il ne vous sera rien fait. »

Quant aux délits forestiers, ce sont des choses qui tiennent à l'administration. Même pour nos propriétés privées, les délits forestiers ne sont poursuivis qu'autant que nous le voulons bien; nous-mêmes, par là, nous avons aussi, de fait, notre droit d'amnistie particulier, nous l'avons en ne faisant pas poursuivre sur nos procès-verbaux ou en transigeant en tout état de cause.

Il n'y a donc pas à argumenter de là pour l'amnistie en matière politique.

Revenons aux principes:

Le droit de grâce, après justice faite, après condamnation, c'est la remise de la peine. La grâce intervient, le roi étend la main entre la justice et le bourreau. Mais l'amnistie intervient entre la loi et la justice, et elle intervient pour paralyser l'une et l'autre. L'amnistie par ordonnance serait donc une violation flagrante de la Charte; c'est seulement par une loi qu'une amnistie peut être accordée. (Très-bien! très-bien!)

Sans doute, il faut que la prérogative royale soit forte, mais il n'y a de prérogatives fortes que celles qui ne peuvent pas être contestées. Plaignons ce qui s'est fait dans le passé, et empêchons pour l'avenir que jamais on ne compromette des droits certains pour des droits qui pourraient être contestés. C'est toujours en allant à la conquête de droits contestés qu'on a perdu les droits incontestables. (Marques nouvelles d'approbation.)

On voudrait laisser à la couronne la faculté d'associer les chambres à l'exercice de sa prérogative. Ainsi ce serait toujours une chose de bon plaisir: en certains cas on daignerait faire une loi, et dans certains autres on croirait pouvoir s'en dispenser.

Non, messieurs, c'est un droit que je revendique pour la législature, quand je dis qu'elle doit être appelée à concourir avec la prérogative royale, en matière d'amnistie.

En effet, c'est dans les grandes occasions, dans les occasions qui ont excité les plus grandes commotions dans l'opinion publique, qu'il faut, comme on dit: « Aux grands maux les grands remèdes! » S'il faut alors faire taire la loi, ce ne doit être que par la loi. Il faut que ce soit une puissance au moins égale à celle de la loi qui fasse taire la loi, et qui n'ait sur la loi déjà faite d'autre avantage que d'avoir parlé la dernière. La loi seule peut arrêter la loi; sa voix suprême parle aux tribunaux comme aux autres pouvoirs. Mais un pouvoir ne peut s'interposer seul contre les autres, et les empêcher d'agir dans l'ordre de leurs attributions en exécution et en vertu de la loi.

Voyez ce qui arriverait dans le cas où une amnistie serait accordée par simple ordonnance.

L'amnistie pourrait être contestée en point de droit, et

tout d'abord, le pouvoir lui-même deviendrait presque accusé, à l'occasion de l'acte qu'il aurait fait : par conséquent cet acte ne serait pas accepté avec l'autorité qui s'attache toujours aux actes légitimes qui sont au contraire à l'abri de toute contestation, et qu'on reconnaît généralement pour avoir été faits par un pouvoir qui avait le droit de les faire.

En second lieu, sous le rapport de l'autorité de l'acte aux yeux des citoyens, il est évident que si tous les pouvoirs ont parlé à la fois dans une question aussi importante, c'est véritablement un commandement fait à tous les citoyens. L'amnistie est alors à la fois un oubli commandé aux tribunaux et aux citoyens. C'est là ce que ne peut faire une simple ordonnance qui arracherait des accusés à la justice. Et sous le rapport des responsabilités, dans une loi proposée pour opérer une amnistie, il y a toute faveur pour la couronne à la présenter ; car si elle juge à propos de la faire, elle a le mérite de l'avoir jugée nécessaire. Si ensuite la législature joint son autorité à cette proposition et s'associe à la pensée qui est dans la proposition, la mesure a toute la force que donne la loi, sans cesser de conserver la faveur qui s'attache à la proposition. On ne ferait pas violence au pouvoir qu'il s'agirait de dépouiller de sa juridiction ; au contraire on l'associerait à déclarer lui-même qu'il y a lieu à amnistie, et c'est aussi de son consentement qu'il serait dessaisi.

Dans mon opinion, le principe ne peut pas être douteux. Il le serait, que je conseillerais encore au gouvernement de ne pas aller à la recherche d'un pouvoir nouveau et contesté. Aussi, c'est avec plaisir que j'ai vu par les signes d'adhésion de MM. les ministres, signes qui pour moi n'ont rien d'équivoque (on rit), qu'ils tiennent au principe de la loi et non pas à l'interprétation qu'on aurait voulu donner dans le sens d'une grâce par ordonnance.

Je crois même que le très-savant membre de cette chambre (M. Bérenger), qui a professé l'opinion qu'on pouvait donner une amnistie par ordonnance, s'est laissé trop préoccuper par des idées qu'il a puisées dans l'étude de quelques ouvrages anglais sur la matière, et notamment de l'ouvrage de Allen sur la *prérogative royale*.

En Angleterre, malgré les nombreuses analogies qu'on veut quelquefois établir avec nos institutions, il y a cependant d'immenses différences. Le fond de ce gouvernement, dans bien des points, repose sur des réminiscences féodales;

le roi est encore à quelques égards un souverain fieffeux. Ainsi, un délit n'est pas, comme en France, une attaque à la loi, un trouble à la paix publique ; en Angleterre, on a troublé la *paix du roi*, et le roi, en faisant amnistie, est pour ainsi dire censé ne remettre qu'une offense personnelle : la fiction va jusque là.

Chez nous les choses ne sont pas ainsi. La majesté du roi chez nous est tout aussi grande, parce qu'elle repose sur l'autorité de la loi ; mais le langage est plus conforme à l'esprit du siècle et à notre Constitution, qui, dans sa dernière rédaction comme dans son véritable esprit, celui de 1830, veut que le roi, ni par lui, ni par ses ministres, ne puisse rien faire contre la loi, qu'il ne puisse ni en arrêter ni en suspendre l'exécution.

Messieurs, tenons-nous fermes à ce principe, et la constitution marchera. (Applaudissemens unanimes et prolongés.)

(M. Dupin reprend le fauteuil.) — *Moniteur* du 19 mars 1835.

DROIT DE LA CHAMBRE

En matière de vérification de pouvoirs et de réélection de députés promus à des fonctions publiques.

La chambre des députés vérifie les pouvoirs de ses membres. *Règlement de la chambre*, art. 3, 4 et 5.

Elle prononce définitivement sur toutes les réclamations, relativement aux opérations des colléges électoraux. *Loi du 19 avril 1831*, art. 46.

« La chambre des députés est seule juge des conditions d'éligibilité. » — *Même loi*, art. 62.

» La chambre des députés a seule le droit de recevoir la démission d'un de ses membres. » — *Même loi*, art. 67.

Lorsque ces démissions sont adressées à M. le président, il les transmet au ministre de l'intérieur, qui est chargé de convoquer les colléges électoraux dans le délai prescrit par la loi.

« Tout député qui accepte des fonctions publiques salariées est considéré comme donnant, *par ce seul fait*, sa démission de membre de la chambre des députés. — *Loi du 12 septembre* 1830, art. 1.

» Néanmoins, ajoute l'article 2, il continuera de siéger dans la chambre jusqu'au jour fixé pour la réunion du collége électoral chargé de l'élection à laquelle son acceptation de fonctions publiques salariées aura donné lieu. »

Suivant l'article 3, « sont *exceptés* de la disposition contenue dans l'article 1er, les officiers de terre et de mer qui auront reçu de l'avancement *par droit d'ancienneté*. »

Donc, sauf cette exception, tous les cas de promotion avec salaire ou augmentation de salaire, donnent lieu à la question de réélection.

Quand un député se trouve dans des cas de *réélection*, (art. 4), il serait dans les convenances parlementaires qu'il en informât la chambre par une lettre adressée à son président.

Si le député promu garde le silence vis-à-vis de la chambre, et que le ministère convoque le collége électoral chargé de procéder à la nouvelle élection, dans le délai fixé par la loi (40 jours, art. 66 *de la loi du 19 avril* 1831), la loi étant exécutée, tout est dans l'ordre.

Mais si le ministère omet de faire cette convocation, soit par négligence, soit parce qu'il penserait que le cas où se trouve le député ne rentre pas dans les prévisions de la loi, la chambre des députés aurait le droit de se saisir de la question, et de déclarer que celui de ses membres dont il s'agirait est considéré comme ayant donné sa démission, dans le sens de l'article 1er de la loi du 12 septembre 1830, c'est-à-dire, qu'il est sujet à réélection.

C'est précisément ce qui est arrivé dans la session de 1835, à l'encontre de MM. Laurence et Sébastiani.

Le premier, chargé d'une mission *temporaire* à Alger, et investi du titre de procureur-général *par intérim*, avec appointemens de 3,000 fr. par mois.

Le second, ambassadeur à Naples, et promu à l'ambassade de Londres, avec des appointemens très-supérieurs ; (car l'ambassade de Londres est de première classe, tandis que celle de Naples n'est que de deuxième classe. — *Ordonnance du 22 mars* 1833.)

Dans cette position, y avait-il lieu à réélection ? — Le gouvernement ne l'a pas pensé, car il n'a pas convoqué les colléges. MM. Laurence et Sébastiani ne l'ont point pensé davantage, car ils n'ont pas réclamé; l'un d'eux a continué de siéger, et M. Sébastiani n'en a été empêché que par son absence.

Alors des réclamations se sont élevées dans la chambre : de la part de M. Desabe au sujet de M. Sébastiani; et de la part de M. le comte Jaubert contre M. Laurence.

Cette question a été envisagée comme une question qui se rattachait *à l'examen et à la vérification des pouvoirs des membres de la chambre*, et comme tenant à l'exercice même de ses *prérogatives parlementaires*.

On n'a pas considéré cette question comme une *proposition* qui dût être soumise à l'examen préalable des bureaux; et la chambre l'a renvoyée *de plano* à l'examen d'une *commission*.

Cette commission s'est composée de MM. Hervé, Dufaure, Lavielle, Maleville, Charlemagne, de Mornay, Reynard, Guestier, Vatont. Elle a nommé pour son rapporteur M. Dufaure.

Le rapport exposait parfaitement les termes de la question; il se terminait par un projet de Résolution ainsi conçu :

« Art. 1er. La chambre déclare que, conformément à l'article 1er de la loi du 12 septembre 1830, M. Laurence et M. le lieutenant-général Horace Sébastiani sont considérés comme ayant donné leur démission des fonctions de député.

» 2. La chambre ordonne qu'une copie de la présente résolution sera adressée par son président au ministre de l'intérieur. »

Après une discussion digne et ferme, qui a surtout fait honneur à M. Dufaure, rapporteur, la Résolution a été mise aux voix et adoptée *pour chaque membre nominativement*, dans la séance du 9 mai 1835; elle a été transmise le 11 par le président de la chambre à M. le ministre de l'intérieur, avec une lettre ainsi conçue : « Monsieur le ministre, conformément aux ordres de la chambre, je m'empresse de vous transmettre sa résolution relative à M*** député de l'arrondissement de***, département de*** qui appelle à son égard l'exécution de la loi du 12 septembre 1830. Agréez, monsieur le ministre, l'assurance de ma haute considération.   Le Président, DUPIN.

Nota. Quoique la décision de la chambre ait considéré MM. Laurence et Sébastiani *comme ayant donné leur démission*, cependant elle ne leur a pas ôté le droit de siéger jusqu'au jour de la réunion des colléges électoraux de leurs arrondissemens respectifs, parce que l'article 2 de la loi du 12 septembre 1830 leur accorde ce droit, et qu'elle a considéré le retard apporté à la convocation comme le résultat d'une erreur produite par une bonne foi réciproque.

Les ordonnances de convocation des deux colléges ont paru dans le *Moniteur* du 24 mai.

Extradition des députés

Pendant la durée des sessions législatives.

Demandes en autorisation de poursuites.

Pourquoi faut-il que le refus obstiné de M. Audry de Puyravault de donner à la chambre des députés les explications qu'elle était en droit d'attendre de lui, et qui probablement eussent été semblables à celles de M. de Cormenin, ait réduit la chambre à la fâcheuse nécessité de discuter et de résoudre la question de savoir s'il y avait lieu de renvoyer ce député devant la chambre des pairs, pour y être jugé sur le délit d'offense à cette chambre, qui lui était imputé?

On peut lire la discussion longue et si pleine de regrettables incidens qui eut lieu aux séances des 22 et 23 mai 1835.

Voici l'opinion que j'ai prononcée dans cette circonstance, où je voyais le droit de la chambre si fortement impliqué !...

M. Dupin. Messieurs et chers collègues, je ne veux point rentrer dans la discussion, ni engager de lutte avec aucun des orateurs que vous avez entendus ; seulement je demande à la chambre la permission de voter à haute voix sur une question où je crois qu'il est de mon devoir parlementaire de ne pas me renfermer dans un vote silencieux.

Je regrette que M. Audry de Puyravault n'ait pas suivi l'exemple de M. de Cormenin, et qu'il ait refusé de donner des explications, je ne dis pas seulement à votre commission, mais à la chambre entière. Son refus de répondre est offensant pour la chambre : c'est à elle qu'il devrait, avant tout, une réparation.

Quant à la chambre des pairs, l'harmonie est non-seulement désirable, mais indispensable entre les deux chambres. L'accord entre elles se maintient par leur parallélisme, par leur mutuelle indépendance, par des égards réciproques, par le soin d'éviter des collisions. C'est un devoir général, en dehors de la circonstance actuelle, applicable à toutes, et qui ne peut pas dominer celle-ci. Accorder la poursuite ne doit pas être un acte de condescendance ou de courtoisie, mais un acte de conviction et de liberté. Votre droit, en cette matière, est politique, souverain, absolu, péremptoire; vous n'êtes point appelés à rendre raison de son exercice.

Non, assurément, il ne peut être permis d'offenser impunément l'une ou l'autre chambre. Je vais plus loin, et l'on ne saurait trop proclamer cette vérité sociale : ce n'est pas seulement la pairie qui doit être protégée contre d'injustes attaques ; c'est l'*autorité, partout où elle réside;* et pour moi, la plus humble des juridictions, comme la plus élevée, a droit au concours de toutes les forces de l'État pour la maintenir et l'appuyer dans le juste et paisible exercice de ses attributions. *Avant tout, force à justice et force à la loi.*

Cela posé, si l'autorisation demandée devait avoir pour effet de traduire M. Audry de Puyravault devant la juridiction ordinaire, comme le comporte la loi du 25 mars 1822, je n'hésiterais pas à l'accorder. L'écrit qui lui est imputé me paraît évidemment passible de poursuites.

Mais devons-nous permettre qu'à raison de cet écrit un député soit cité à la barre de la chambre des pairs?

Ici la question n'intéresse pas seulement M. Audry de Puyravault; c'est la chambre surtout qu'elle touche; et c'est principalement sous ce point de vue que j'en suis vivement affecté.

Un membre de la chambre des députés déféré par vous-mêmes à la chambre des pairs! Quelle plus grande marque d'infériorité pour celle qui fournit l'accusé, vis-à-vis de celle qui doit infliger la peine?

Remarquez bien qu'ici je parle de la chambre des pairs

comme *chambre législative* et non de la *cour des pairs*. La différence est immense ! Elle n'est pas seulement dans les mots : elle est surtout dans le fond des choses. Comme chambre, la pairie est notre égale; elle ne forme qu'une des trois branches du pouvoir parlementaire; sa volonté n'est rien sans le concours des deux autres pouvoirs, tandis que, constituée en cour de justice, elle représente, comme les autres cours du royaume, la société tout entière; elle exerce en son nom le plus grand des pouvoirs sociaux, le droit de vie et de mort, la juridiction souveraine, suprême, seule, sans recours et sans appel, dans les cas prévus par la loi.

» Je ne répéterai aucun des argumens déjà produits dans la discussion : aucun texte précis n'existe sur ce cas entièrement nouveau ; mais là où les textes se taisent les principes parlent, et, pour moi, le premier principe applicable à la chambre des députés est de maintenir son indépendance vis-à-vis de l'autre chambre, et de ne point *se subordonner*.

» Excusez, Messieurs, ma susceptibilité ; je repousse toute solidarité avec des opinions qui ne sont pas les miennes ; je déplore, je réprouve leurs aberrations. Mais une voix supérieure et ma conviction parlementaire me disent que je ne dois pas consentir au renvoi de M. Audry de Puyravault à la barre de la chambre des pairs. Je voterai contre la proposition. »

L'autorisation de traduire M. Audry de Puyravault à la chambre des pairs n'en a pas moins été accordée. La situation générale des affaires a eu, je crois, une grande influence sur cette détermination. Un des esprits les plus justes et les plus éclairés, un homme que je vénère comme un sage, M. Royer-Colard, a voté contre.

Les chambres ont des *précédens* qu'on peut citer, et des *exemples* qu'on doit suivre. J'espère que cette résolution restera isolée dans les néfastes parlementaires.

Discours de M. Dupin, président de la chambre des députés, en prenant place au fauteuil. (I.)

Séance du 23 novembre 1832.

Messieurs et chers collègues, aux trois élections dont je me glorifiais naguère dans une autre enceinte, votre bonté pour moi vient d'en ajouter une quatrième dont l'éclat surpasse toutes les autres.

Si cette haute faveur est une approbation de ma conduite parlementaire, j'en ressens vivement tout le prix. La présidence de la chambre des députés (je le dis par honneur pour les représentans du pays) est à mes yeux la première dignité de l'Etat ! on ne peut que déchoir quand on y est parvenu.

C'est dans ce palais qu'a pris naissance le gouvernement légal sorti de notre glorieuse révolution de juillet; c'est dans ce palais que la Charte du 7 août 1830 a été votée, que Louis-Philippe est venu recevoir le titre de roi des Français, et qu'il a entendu nos sermens, après que nous eûmes reçu les siens.

Des lois importantes, complément inséparable de notre pacte fondamental, ont été promises ; quelques-unes ont été portées dans les précédentes sessions : achevons notre ouvrage. Dotons enfin le pays de ces institutions si vivement désirées, si impatiemment attendues :

Une loi communale et départementale, qui, sans nuire à l'unité de commandement et d'action si nécessaire au gouvernement d'un grand Etat comme la France, restitue cependant une large part aux communes et aux départemens dans la manutention de leurs affaires locales.

Une loi sur la responsabilité des ministres, qui leur apprenne qu'enfin cette responsabilité n'est point illusoire, et qu'ils doivent gouverner avec fermeté, avec indépendance, puisqu'il y va de la gloire de leur administration et de leur propre sûreté.

Une loi sur l'instruction publique ; publique dans toute la généralité de l'expression, afin qu'un plus grand nombre de citoyens puisse être admis à la participation des droits politiques, quand ils auront appris à les connaître, et qu'ils se seront rendus capables de les exercer.

Une loi sur l'état des officiers, sans perdre de vue l'équilibre que réclament les autres services, et en ménageant les possibilités du trésor, déjà si obéré!

Enfin, diverses lois financières et industrielles, surtout une loi sur l'expropriation pour cause d'utilité publique, qui aide l'administration à surmonter l'égoïsme et l'esprit de chicane des propriétaires, qui, trop souvent, arrêtent, par des prétentions exagérées, l'exécution des entreprises les plus utiles et les plus propres à assurer du travail aux ouvriers, des débouchés au commerce, des communications faciles à tous les citoyens.

Messieurs et chers collègues, le sort de la patrie est dans nos mains : l'union des Français dépend peut-être de l'union de leurs députés et du rapprochement de leurs opinions! (Très-bien! bravo!) Rendons cette session aussi profitable par les lois que nous aurons faites, que par le bon esprit, l'esprit intelligent et véritablement gouvernemental qui aura marqué dans nos discussions; qu'elles soient pour nous un moyen de nous éclairer mutuellement et non une source pénible d'aigreur et d'irritation. Ne rivalisons que de zèle et de dévouement pour la défense des droits et des intérêts du pays; que chacun de nous puisse se féliciter avec orgueil d'avoir fait partie de la session de 1832.

Pour moi, Messieurs et chers collègues, chargé du maintien de votre réglement, ma volonté, comme mon devoir, est de le faire observer avec la plus stricte impartialité. Prêtez-moi votre force au besoin, soutenez-moi dans les efforts que je ferai constamment pour assurer la liberté de la tribune et maintenir le calme et la dignité de vos délibérations.

(Ce discours est suivi des plus vives acclamations.)

Discours de M. Dupin, président de la chambre, en prenant place au fauteuil. (II.) — *Séance du 27 avril 1833.*

Messieurs et chers collègues, élevé par vous une seconde fois à la dignité de président de cette Chambre, mes devoirs augmentent avec ma reconnaissance. Aidé par les honorables collègues que vos suffrages m'ont conservé pour collaborateurs, je consacrerai mes efforts et mes soins à diriger et à faciliter vos travaux dans une session qui, sans être aussi longue que celle qui vient de finir, peut marquer par des résultats encore plus importans.

Le vœu public appelle la cessation d'un *provisoire* qui introduit l'irrégularité dans notre situation financière, rend l'examen des dépenses moins efficace, facilite le débordement des crédits, et affecte dans son principe, par la nécessité de voter précipitamment des douzièmes, cette liberté et cette connaissance de cause qui constituent essentiellement le droit de la nation dans le vote des subsides.

Mais en même temps que vous prêterez à la couronne votre loyal concours par le vote d'un second budget, vous n'oublierez point qu'il ne vous suffirait pas d'avoir pourvu aux exigences financières du moment, et qu'il vous reste encore d'autres devoirs à remplir envers le pays.

Rappelez-vous ces termes de votre dernière adresse; ce désir que vous exprimiez, « de voir notre législation fon-
» damentale promptement complétée, et toutes les pro-
» messes de la Charte fidèlement accomplies. »

Grâces à l'heureuse modification introduite dans notre réglement les travaux préliminaires de la dernière session profiteront à celle-ci, « et vous pourrez terminer les im-
» portantes lois d'organisation qui ont déjà été soumises à
» vos délibérations. »

Ces paroles proférées du haut du trône, reportent désormais sur vous toute la responsabilité; et certes, loin de l'affaiblir, je ne cherche qu'à lui donner plus d'évidence encore : les rapports sont faits; les lois sont là; il ne tient qu'à vous de les voter.

S'il m'était permis d'assigner une préférence à quelques-unes de ces lois, je désirerais que l'on commençât par celles-ci :

1° La loi sur l'*instruction primaire*;
2° La loi sur les *attributions municipales*;
3° La loi (qui ne peut tarder à vous être rapportée) *sur l'expropriation pour cause d'utilité publique.*

Ainsi, dans une session, qui resterait à jamais mémorable, vous auriez assuré, aux ouvriers une source abondante de travail; au peuple français, l'instruction dont il est digne; au pays tout entier, les bienfaits de ce régime municipal qui constitue la base la plus étendue et la plus solide de l'édifice social.

Travail, instruction, municipalité, budget!...

Tel devrait être, à mon avis, le programme de cette session.

Discours de M. Dupin, président de la chambre, en prenant place au fauteuil. (III.) — Séance du 27 décembre 1833.

Messieurs et chers collègues, les témoignages réitérés de votre bienveillance augmentent en moi le désir de travailler chaque jour à les mériter davantage.

La présidence, je le sais, n'est pas seulement un immense honneur; cette haute fonction impose de grands devoirs; et je me félicite de ce que vous me les aurez rendus plus faciles à remplir, en me conservant des collaborateurs dont l'aide et l'amitié ne m'ont jamais manqué. Unis avec moi de zèle et de sentimens, ils savent que notre devoir commun est de faire régner l'ordre dans vos discussions, de faire observer avec impartialité votre réglement, de soutenir les prérogatives de la chambre et l'indépendance de ses membres, de défendre ses actes, de maintenir ses délibérations.

Messieurs et chers collègues, à l'ouverture des précédentes sessions, nos premiers regards se portaient naturellement sur ce que nous avions à faire : au commencement de celle-ci, n'est-il pas juste de rappeler ce que nous avons fait?

Aucune chambre n'aura vécu plus long-temps, puisqu'il nous est donné d'épuiser la durée légale de notre mandat; mais aussi, il sera vrai de le dire, aucune chambre n'aura voté un plus grand nombre de lois véritablement utiles au pays. On vous rendra ce témoignage : qu'étrangers à tout autre *système* que celui du bien public, vous avez su le saisir partout où il se révélait à vos yeux.

Je ne prétends pas retracer tous vos travaux : le détail en serait trop long. En seize mois de sessions, vous avez voté 101 lois d'intérêt général, et 240 lois d'intérêt local.

Parmi les lois d'intérêt général, la France a reçu avec reconnaissance celles qu'elle avait long-temps souhaitées avec le plus d'ardeur :

La loi qui, en révisant l'article 23 de la Charte, a, conformément au vœu national, aboli l'Hérédité de la Pairie ;

La loi qui, en modifiant les dispositions trop rigoureuses du code pénal de 1810, a rendu la répression plus certaine par la juste proportion qu'elle rétablit entre les peines et les délits ;

La loi sur la contrainte par corps, conçue dans le même esprit d'humanité et de progrès ;

La loi du recrutement, et celles qui règlent l'avancement et les promotions dans les divers grades de nos armées de terre et de mer ;

La loi sur l'organisation départementale, suivie d'élections qui révèlent les heureux effets qu'on a droit d'en attendre, dès qu'une bonne loi d'attributions sera venue la compléter, et quand la capitale pourra participer au bienfait de cette législation ;

La loi sur l'expropriation pour cause d'utilité publique, qui doit faciliter l'exécution des travaux à achever ou à entreprendre sur toute la surface du royaume ;

Toutes les lois que vous avez faites pour encourager et activer ces travaux, soit à Paris, soit dans les départemens ;

La loi sur le transit et l'établissement facultatif des entrepôts à l'intérieur ;

La jouissance des droits civils et politiques accordée aux hommes de couleur dans nos colonies, sans qu'il en soit résulté aucun des malheurs que faisaient appréhender les adversaires de leur émancipation ;

Enfin, cette grande loi sur l'instruction élémentaire, qui prépare un affranchissement plus général encore, celui de tous les hommes qui vivent esclaves de l'ignorance, au milieu des préjugés funestes et des séductions faciles dont elle est accompagnée.

Encore un effort, messieurs, pour faire, s'il se peut, une bonne loi sur les douanes, et achever les lois promises par la Charte ; et la France vous devra ses principales institutions, et vous aurez été véritablement *constituans*, non pas avec la hardiesse téméraire de novateurs inexpérimentés, mais avec la maturité d'hommes sages, habiles à terminer des révolutions, quand d'autres se sont montrés habiles seulement à les exciter.

Vous aurez accompli ces travaux avec calme, au milieu des troubles de la cité, sans que votre sang-froid en ait été un seul instant affecté : donnant ainsi au pays la leçon la plus utile, celle qu'il lui importe le plus de recevoir, l'exemple du *courage civil*, advienne que pourra! et le résultat a prouvé qu'il en advient toujours bien, quand les bons citoyens ont le courage de leur opinion.

A la fin de cette session, arrivés au terme de la carrière, vous aurez voté libéralement cinq budgets, en exprimant le vœu que des prévisions aussi larges ne fussent pas légèrement dépassées [1]. — Même avec cette précaution, qui a besoin d'être fortifiée plutôt qu'affaiblie; même en refusant avec indépendance quelques demandes dont l'utilité ne vous a point paru justifiée, vous avez imposé au pays de grandes charges, que vous supportez vous-mêmes, et dont, comme lui, vous sentez tout le poids; mais vous avez fourni au gouvernement de juillet les moyens, devenus trop nécessaires, d'affermir le crédit, de maintenir en état tous les services publics, de secourir d'héroïques infortunes, et d'autres encore!... de renforcer notre marine, l'un des ressorts les plus puissans d'influence, de gloire et de prospérité; de pourvoir nos arsenaux, que la restauration avait laissés pauvres et dégarnis, et de porter au complet cette magnifique armée qui ferait notre sûreté dans la guerre, comme elle fait notre orgueil au sein de la paix.

Messieurs, à qui nous demandera : qu'avez-vous fait? amis ou ennemis, voilà la réponse, et tel sera notre *compte rendu*.

---

[1] Adresse de la chambre de 1832. « . . . Nous devons tra-
» vailler sans relâche à mettre les dépenses de l'Etat en équilibre
» avec les revenus, à sortir du provisoire..... et *à renfermer*
» *avec plus de sévérité les dépenses dans les allocations du*
» *budget.* »

Discours de M. Dupin, *président de la chambre, en prenant place au fauteuil.* (IV.) — Séance du 9 août 1834.

Messieurs et chers collègues, la dissolution de la dernière chambre, avait pour *condition inévitable* la convocation de la nouvelle législature dans le délai fixé par l'art. 42 de la Charte.

La constitution l'a réglé ainsi, afin que le pouvoir parlementaire ne demeurât incomplet que pendant le temps strictement nécessaire à sa réintégration.

Il était donc du devoir des nouveaux députés de se rendre à leur poste, *et de se constituer*.

Appelé pour la quatrième fois à l'honneur, si grand à mes yeux, de présider cette chambre; élu par vous le 7 août, anniversaire du jour où la charte de 1830 fut votée dans cette enceinte; installé le même jour où elle fut jurée du haut de cette même place par le roi des Français; je suis fier, à juste titre, messieurs et chers collègues, d'avoir obtenu les glorieux suffrages d'une assemblée dont les sessions doivent exercer une influence décisive sur l'avenir de ce pays; d'une chambre, dont la mission, essentiellement conservatrice, est d'affermir et de consolider le trône et les institutions que les précédentes législatures ont fondés.

Messieurs et chers collègues, quel que soit le cours de vos travaux, quelle que soit l'époque où vous deviez les interrompre ou les reprendre, si j'exprime en cela votre pensée autant que la mienne, j'ai la ferme confiance que, fidèles à notre serment (ce serment qui, pour nous, n'est pas un vain jeu de paroles), nous sommes résolus à ne pas souffrir que la légitimité de notre glorieuse révolution de juillet, que le principe populaire du gouvernement qu'elle a fondé, et la légalité de son existence, soient en aucune manière contestés ni remis en question. LA CHARTE CONSTITUTIONNELLE ET LA DYNASTIE DE 1830 : voilà notre point de départ; c'est dans ce cercle que toutes les questions secondaires devront s'agiter désormais.

Défenseur jaloux de vos prérogatives, gardien scrupuleux de votre règlement pour tous et contre tous, l'impartialité est mon devoir; j'ajoute qu'elle est essentiellement de mon goût. Mais l'impartialité serait mal garantie par la faiblesse elle exige parfois de la vigueur, et je compte au besoin sur votre adhésion.

Messieurs, faisons les affaires du pays; faisons-les de bon accord, avec intelligence, et sans nous perdre dans de vaines théories envenimées par d'amères disputes, ou de vieilles récriminations qui ne servent qu'à produire de l'irritation : rivalisons, soit; mais rivalisons seulement de zèle pour la chose publique, de patriotisme et de capacité.

Que les lois qui nous seront soumises soient discutées dans un esprit d'amélioration et de progrès, éclairé par l'expérience d'un passé dont le souvenir ne doit pas se présenter à nous comme un vain et stupide épouvantail, mais comme un enseignement utile, qui mérite d'être consulté, pour éviter les écueils contre lesquels nous avons vu se briser, tour à tour, le pouvoir et la liberté.

Ce qui devra surtout préoccuper vos esprits, c'est *notre état financier*. Vainement la chambre a proclamé dans trois adresses successives : « qu'il importait de travailler » sans relâche à mettre les dépenses en équilibre avec les » revenus, et à renfermer avec sévérité les ministres dans » les allocations du budget [1]. — Le contraire est toujours arrivé; les dépenses se sont de plus en plus élevées au-dessus des recettes; les limites des crédits législatifs ont été constamment dépassées!...

Cependant, messieurs, la chambre des députés a l'initiative de l'impôt; elle fixe par ses allocations la mesure des charges dont il sera permis de grever le pays. Elle ne doit donc pas tolérer qu'on lui force la main après-coup, par l'allégation tardive, qu'il faut bien que l'on paie ce qui, quoique malgré elle, a été une fois dépensé!

Si la législation actuelle est insuffisante pour parer à cet abus, il y faudra chercher un remède plus efficace : mais certainement la chambre doit porter sur ce point la plus sérieuse attention, à peine de voir annuler la souveraineté qui lui appartient en fait de subsides, et de déchoir aux yeux de la nation, du rang qu'elle occupe, et qu'elle doit garder, dans la constitution.

Messieurs et chers collègues, notre première réunion sera probablement de très-courte durée; mais elle aura

---

[1] Adresses de la chambre, en réponse aux discours de la couronne, en 1832, 1833 et 1834.

produit cet immense avantage : de mettre la chambre à portée de se connaître elle-même; de montrer l'esprit dont elle est animée, de lui révéler ses propres forces, d'inspirer du respect à l'étranger, et de donner confiance au pays.

EXTRAIT DE L'ADRESSE AU ROI, DU 12 AOUT 1834.

« Mais, sire, quelque flatteuse que soit cette perspective de prospérité, quelques ressources qu'elle promette à l'avenir, elles seraient insuffisantes sans l'ordre dans les finances, première garantie de l'ordre dans l'Etat. *Il faut de toute nécessité obtenir cet équilibre* que vous nous faites espérer entre les recettes et les dépenses publiques. Nous comptons que les ministres de Votre Majesté, s'associant au vœu bien prononcé du pays, de *renfermer les dépenses dans la limite des revenus ordinaires*, prendront l'initiative de toutes les réductions possibles; qu'ils éviteront même, s'il se peut, d'épuiser les crédits extraordinaires qu'ont fait mettre à leur disposition les craintes d'un avenir qui, grace au maintien de la paix et au facile rétablissement de l'ordre, ne se sont heureusement pas réalisées. *Il est temps de rétablir dans nos budgets une balance exacte.* C'est, nous le savons, une tâche laborieuse; mais nous nous y dévouons, et la chambre poursuivra ce but avec une *persévérance dont elle ne saurait se départir sans manquer à sa mission.* »

Discours au roi prononcé par le Président de la chambre, à la tête de la grande députation, le 1ᵉʳ janvier 1833.

« Sire, la chambre des députés vous présente ses félicitations et ses vœux. Elle voit pour votre majesté un grand motif de satisfaction dans le retour de ces jeunes princes qui, par leur bravoure et leur dévouement, ont su mériter l'estime de leurs frères d'armes, et justifier la confiance de la nation.

» Sire, on ne doutera plus que notre modération ne soit appuyée sur la force : quand la France, si désintéressée pour elle-même, ne stipule que pour ses alliés, sa voix ne saurait manquer d'être entendue : en voyant comment nous ferions la guerre, l'Europe sentira la nécessité de s'unir à nos efforts pour assurer le maintien de la paix.

A la gloire si noblement acquise à nos armes, nous joindrons celle qui nous attend comme législateurs, si nous savons faire de bonnes lois, des lois sages et mûrement méditées. Nous nous attacherons à perfectionner et à compléter nos institutions; elles seules, en effet, peuvent affermir la tranquillité intérieure, obtenir la reconnaissance des citoyens, et asseoir la félicité publique sur des bases durables. »

LE ROI A RÉPONDU :

« Messieurs, de bonnes lois sagement méditées, franchement et loyalement exécutées, sont en effet la meilleure garantie de ces institutions que la France a conquises, et que j'ai juré de maintenir. Dans le cours de l'année qui vient de s'écouler, elles ont été exposées à des attaques dont la force de mon gouvernement a triomphé, par l'appui qu'il a trouvé dans la nation, et par le concours que vous lui avez donné. Ce sont des gages qui nous assurent de nouveaux succès, si de nouveaux dangers nous mettaient dans le cas d'en obtenir. C'est aussi cette force qui m'a donné les moyens de garantir et de maintenir la paix extérieure. L'expédition d'Anvers a eu ce double but; celui d'assurer l'exécution des traités, et de garantir la France des dangers auxquels l'avait exposée une politique ennemie, par une agrégation de forces trop rapprochées de nos frontières et qui pouvaient la menacer. Aujourd'hui j'espère que nous avons éloigné ces dangers par la fidélité avec laquelle nous avons rempli nos engagemens; et nous continuerons à les remplir, en nous abstenant de cet esprit de conquête qui n'est plus de notre temps et qui n'est propre qu'à attirer sur ceux qui s'y laissent entraîner tous les maux qui peuvent affliger l'humanité. J'espère qu'avec le concours des deux chambres et l'appui de la nation, nous mènerons cette crise à bien. Je suis heureux de la part que mes fils ont prise aux travaux, aux périls de nos jeunes soldats, et j'ose dire aussi à la gloire que notre brave armée vient d'ajouter, sous les murs d'Anvers, à toutes celles qui ont illustré le nom français. Je suis bien touché des sentimens que vous m'exprimez, et j'apprécie hautement le suffrage de la chambre des députés pour mes enfans. »

Discours de M. le Président au roi, et réponse de sa majesté, le 1er mai 1833.

« Sire, Nous venons avec empressement prendre part à la fête du roi. La chambre des députés, dont je me félicite d'être en ce moment l'organe, forme des vœux sincères pour votre bonheur. Elle sait que vous ne pouvez le trouver que dans la prospérité publique, et dans la protection des droits et des intérêts nationaux, auxquels votre destinée et celle de votre dynastie sont liées inséparablement.

» Nous aurions voulu, Sire, pouvoir vous présenter aujourd'hui même, pour lui donner une date heureuse, la loi sur l'instruction publique, qui doit influer si puissamment sur l'avenir du peuple français : du moins cette loi ne tardera pas à être votée.

» Nous nous occuperons successivement des autres propositions qui appelleront notre loyal concours pour le bienêtre du pays. Sire, l'accord n'a jamais manqué entre la nation française et ceux de ses rois, qui, comme votre majesté, ont pris à cœur sa gloire et ses intérêts. »

LE ROI A RÉPONDU :

« Vous savez que, dans mon cœur et dans mes principes, les intérêts du pays n'ont jamais été séparés des miens. Vous savez que, pour moi, les intérêts de la nation ont toujours été les véritables, les seuls intérêts du trône. Ce n'est que par leur union intime que les uns et les autres peuvent s'assister et prendre la place qui leur appartient et qu'ils doivent occuper. Telle a été la devise de toute ma vie; j'y serai fidèle tant que j'existerai; et je vous remercie de me l'avoir rappelée. Vos travaux sont toujours pour moi l'objet d'un grand intérêt. Je vois avec plaisir que vous vous occupez de l'instruction publique. C'est là qu'on peut trouver le meilleur moyen de conduire la nation à ce haut degré de prospérité dont elle est susceptible, et que je serais si heureux de lui voir atteindre. Ce n'est que par la propagation des lumières qu'on peut éclairer la masse des hommes sur leurs véritables intérêts, et préserver la nation de toutes les illusions qui pourraient l'entraîner dans des précipices. Je vous remercie des sentimens que vous venez de m'exprimer à l'occasion de ma fête et du loyal concours que vous m'annoncez de nouveau. »

Discours de M. le Président de la chambre, au roi, le 1er janvier 1834.

Sire, à ceux qui n'assignaient au gouvernement de 1830 qu'une durée éphémère, nous pouvons répondre que l'année a déjà changé quatre fois de date depuis la révolution de juillet; que chaque année le roi a reçu nos vœux, et que chaque année les a vu s'accomplir; que tous les événemens, ceux-là même qui dépendent du hasard et de la fortune, sont venus seconder l'action du pouvoir, et qu'ainsi nos affaires sont arrivées à l'état prospère où nous les voyons.

Sire, je renouvelle aujourd'hui les mêmes vœux; heureux de les former au nom de la chambre des députés, dont les membres se pressent autour de moi, je ne vous souhaite pas ce qui peut suffire au bonheur d'un chef de famille : à ce titre, Sire, la Providence a, depuis longtemps, comblé vos désirs.

Mais je souhaite à votre majesté ce qu'elle a toujours ambitionné, ce qui seul peut faire la satisfaction d'un bon roi.

Que sous votre règne, Sire, la France parvienne au plus haut degré de gloire et de prospérité!

Au dehors, des relations amicales, un commerce florissant, de fortes alliances, la paix tant qu'elle sera possible, mais la paix telle que vous la voulez, une paix honorable et sûre, la seule qui puisse convenir à notre nation! Au-dedans, le travail, l'instruction et l'aisance du peuple, la liberté définie et protégée par les lois, la justice exactement rendue, la tranquillité publique assurée ; l'accord de tous les bons citoyens, le concours éclairé de tous les pouvoirs pour affermir votre trône constitutionnel, et pour développer nos institutions dans le sens généreux et sincère qu'y attache la saine opinion du peuple français.

Tels sont nos vœux, Sire, d'accord, nous n'en doutons pas, avec ceux du roi des Français. La nation compte sur la stabilité de nos institutions, parce qu'elle compte sur votre fidélité à les garder, comme sur notre fermeté à les maintenir.

RÉPONSE DU ROI.

Oui, vous avez raison, la France sait que je me suis dévoué à elle tout entier. Au moment du danger, elle m'a trouvé empressé de m'y précipiter pour la préserver de ceux auxquels elle était exposée. C'est ainsi, Messieurs, que nous sommes parvenus, grace à votre concours, grace à l'appui de tous les hommes éclairés, à l'appui de la masse de la nation, qui ne veut pas plus de l'anarchie qu'elle ne veut du despotisme, à satisfaire au vœu de la révolution de juillet, de sauver nos institutions de toute attaque, de les défendre, et de les conserver à la France dans toute leur pureté : voilà, Messieurs, le concours que je vous ai demandé, et que vous m'avez accordé. La nation en ressent aujourd'hui les heureux effets ; et si j'ai le bonheur de pouvoir penser que mes services ont été utiles à mon pays, vous, Messieurs, vous avez la satisfaction d'avoir rempli, comme députés, la haute mission que la nation vous a confiée, et d'avoir répondu à son attente : je vous en félicite. C'est avec la même satisfaction que je reçois vos félicitations sur l'état prospère où se trouve la France, sur sa situation avantageuse à l'extérieur, où partout nous avons su soutenir l'honneur et la dignité de la France, sans cesser de conserver la paix, cette paix sur laquelle on avait cherché à répandre tant de craintes et tant de doutes, et dont cependant nous recueillons aujourd'hui le fruit par l'accroissement de notre commerce et de notre prospérité, par le repos intérieur dont nous jouissons au milieu de la tranquillité de l'Europe. J'espère que le cours de cette session achèvera de la consolider par les lois que vous serez appelés à voter, et qui, en accomplissant les promesses de la Charte, rempliront tout ce que la France attend de vous et de moi.

Discours au roi, à l'occasion des événemens de Lyon et de Paris, prononcé par M. Dupin, *Président de la chambre, en présence de tous les députés admis à l'audience de sa majesté, dans la salle du trône, au Palais des Tuileries, le 14 avril 1834.*

Sire, la chambre des députés n'a pu résister au désir de venir se presser autour du trône constitutionnel de votre majesté.

Dans cette circonstance affligeante pour le pays, pénible pour le cœur du roi, douloureuse pour tous, nous aimons à vous renouveler, Sire, l'assurance de notre attachement à votre personne, de notre fermeté à maintenir et à défendre nos institutions, et de notre loyal concours à tous les moyens légaux qui auront pour objet de réprimer de pareils attentats et d'en empêcher le retour.

RÉPONSE DU ROI.

Messieurs, je suis vivement touché de cette démarche de la chambre des députés; elle m'y a déjà habitué dans d'autres circonstances, dont le souvenir m'est également pénible; sans doute, mon cœur est profondément affligé des maux que la France vient de souffrir, de ceux que la ville de Lyon, en particulier, a subis, de ceux dont nous avons été les témoins dans les rues de Paris. Je sens, comme votre Président, la nécessité d'employer toute la force des pouvoirs de l'Etat pour réprimer de pareils attentats, non-seulement pour protéger nos institutions et les garantir des attaques dont elles sont l'objet, mais encore pour assurer la sécurité publique et la liberté individuelle si douloureusement compromises par la possibilité d'être surprises au milieu de la paix par de pareils crimes.

Je vous remercie, Messieurs, du loyal concours que

vous m'apportez. C'est une nouvelle preuve de l'union qui règne entre tous les pouvoirs de l'Etat. Je vous remercie des sentimens que vous me témoignez personnellement. Je ne puis mieux y répondre qu'en me dévouant tout entier, comme je l'ai toujours fait, au salut de la France, et au maintien de nos institutions que je soutiendrai avec vous. Fort de votre concours, je réponds que rien ne pourra y porter la moindre atteinte.

Discours de M. le Président au roi, et réponse de sa majesté, le 1er mai 1834.

Sire, si la recommandation expresse qu'en a faite votre majesté, ne permet pas de se livrer à des manifestations d'allégresse, votre fête n'en sera pas moins marquée par les actes les plus agréables au cœur du roi; par des actes de bienfaisance qui attestent la bonté du caractère français; par l'exposition des produits de l'industrie et de la richesse nationale, que tous vos efforts tendent à encourager, et par la négociation d'arrangemens qui, en préparant une heureuse solution aux affaires de la péninsule, deviendront pour la France un nouveau gage de paix et de sécurité.

En faisant des vœux pour votre bonheur et celui de votre royale famille, la Chambre, Sire, vous adresse aussi ses adieux. Une autre va venir, qui ne l'emportera pas sur nous en patriotisme, en loyal dévouement! Puisse cette chambre, organe sincère de l'opinion publique courageusement exprimée, avoir à traverser des situations moins difficiles que nous!... Puisse-t-elle surmonter les exigences et l'excitation des partis, et concourir efficacement, avec le gouvernement de votre majesté, à procurer l'apaisement et la conciliation des esprits!

Sire, une chambre fidèle n'aide pas seulement la couronne par des votes de subsides; elle l'appuie surtout par l'ascendant moral qu'elle exerce sur le pays! elle sert le gouvernement par ce qu'elle lui accorde, et quelquefois aussi, par ce qu'elle fait refus ou difficulté de lui accorder. Car c'est seulement ainsi qu'elle peut entretenir au sein de la nation l'opinion nécessaire, que les droits du pays sont compris et que ses intérêts sont défendus.

La force immense qui en résulte, Sire, se retrouve dans l'œuvre commune des lois : elle accroît leur empire sur l'esprit des citoyens; elle assure l'obéissance, et tourne au profit d'un trône dont l'affermissement et la grandeur sont l'objet constant de tous nos vœux.

LE ROI A RÉPONDU :

Il m'eût été bien pénible de ne pas recevoir aujourd'hui la dernière expression des vœux de la chambre des députés. Elle sait combien je les ai appréciés dans le cours de ses grands et honorables travaux ; elle sait combien j'ai toujours recherché le concours que j'ai trouvé en elle, et qui seul pouvait nous prêter cet appui mutuel sans lequel aujourd'hui, ni le trône, ni aucune autre de nos institutions ne pourraient être efficacement défendus. C'est, comme vous l'avez bien dit, cette force morale que nous recevons de nos institutions, et de la chambre des députés en particulier, qui peut seule donner à la France les moyens nécessaires de comprimer les factions qui cherchent à la déchirer. Leurs dernières tentatives, quelle que soit la douleur qu'elles nous aient causée, doivent être pour elles-mêmes, comme elles le sont pour nous, un gage certain de leur impuissance. Toujours déçus dans leur attente, les perturbateurs doivent enfin reconnaître que les agitations qu'ils fomentent, ne font que fatiguer et irriter la nation, que la France a la ferme volonté de conserver ses institutions dans toute leur intégrité, et que si nous avons à gémir sur les maux que ces criminelles tentatives entraînent à leur suite, au moins nous avons la consolation de voir nos institutions refleurir, et sortir de ces pénibles luttes plus fortes et plus vigoureuses qu'elles ne l'étaient auparavant.

Vous savez que, tout dévoué à mon pays, je n'ai jamais eu d'autre but que celui d'assurer le triomphe de la liberté, le règne des lois et cette sûreté publique et individuelle, qui est l'objet du vœu national aussi bien que du mien. C'est là ma seule ambition et c'est le seul motif qui m'ait porté à accepter le trône. Au moment où je me sépare de la chambre, il m'est doux de voir qu'elle me rend justice, qu'elle apprécie mes efforts. J'apprécie également les siens, ainsi que l'affection qu'elle m'a témoignée dans toutes les occasions; et j'aime à lui dire, en lui parlant pour la dernière fois, combien mon cœur en est pénétré.

Discours au roi, prononcé par M. DUPIN, *président de la Chambre, à la tête de la grande députation, le 1er janvier 1835, et réponse de sa majesté.*

Sire, le premier jour de l'an est un jour de souhaits et d'espérances! c'est le jour de la famille et de l'amitié: ce serait presque une solennité politique, si cette époque d'émotion pour les cœurs, disposait les esprits à l'union, calmait l'irritation des partis, et amenait tous les bons citoyens à se presser, comme des frères, autour du père de la patrie!

Tels sont, du moins, nos vœux, Sire! Puisse le sentiment du bien public, effacer les dissidences d'opinion, surmonter les antipathies, et rallier au trône constitutionnel de 1830, tous les hommes généreux qui veulent sincèrement le repos et l'honneur de notre pays! Puisse le roi, toujours heureux au sein de cette admirable famille que la France voit avec orgueil s'élever et croître pour elle, trouver encore une plus haute satisfaction dans le succès de ses constans efforts pour consolider l'ordre public, affermir nos institutions de juillet, accroître le bien-être général, et diriger toutes les intelligences et toutes les forces nationales vers ce noble but auquel la chambre accordera toujours, de grand cœur, son libre concours : la sûreté, la grandeur et la prospérité de l'État!

RÉPONSE DU ROI.

Vous savez que, toujours uni avec vous dans ce vœu, je n'ai cessé de travailler à l'accomplir. Je reçois avec plaisir cette nouvelle assurance des sentimens de la chambre des députés, et de ce concours si heureux que vous m'annoncez de nouveau. C'est par l'intime union des trois pouvoirs que peut s'accomplir le grand œuvre qui leur est confié : celui de maintenir à la fois la paix intérieure, l'ordre public, le règne des lois, et de décourager toutes les tentatives qui auraient pour but de renverser nos institutions, et d'introduire l'anarchie en France. J'espère que l'impuissance de ceux qui ont osé les former nous préservera à l'avenir du malheur de les voir se renouveler. Je voudrais pouvoir effacer jusqu'au pénible souvenir de ces tristes agitations; je voudrais qu'il n'en restât d'autres traces que ce sage avis, que, tant que les chambres et le roi seront unis dans les mêmes sentimens, que nous persisterons dans le système qui a été constamment suivi depuis la fondation de mon gouvernement, depuis mon avénement au trône, depuis la Charte de 1830, les factieux seront impuissans en France, et que leurs vaines tentatives ne pourraient avoir d'autre résultat que des regrets pour nous et des revers pour eux. Leurs excès ont affligé mon cœur; j'ai gémi de la nécessité de sévir contre eux; mais j'espère avec vous que cette cruelle nécessité ne se représentera plus.

Je suis heureux d'entendre les vœux que vous formez pour moi et pour ma famille. Vous savez combien j'apprécie ceux que vous m'avez toujours témoignés : recevez-en de ma part l'expression la plus vive et la plus sincère. Croyez à ma reconnaissance pour les grands services que vous avez rendus à la France, pour la noble impulsion que vous concourez avec moi à donner à ses destinées, et recevez le témoignage de ma vive et sincère affection pour vous tous.

―――

Discours au roi, prononcé par M. DUPIN, *président de la chambre, à la tête de la grande députation le* 1er *mai* 1835, *jour de la fête du roi, et réponse de sa majesté.*

Sire, toujours heureux jusqu'ici comme père et comme roi, un nouvel événement vient encore, à la veille de votre fête, ajouter à votre satisfaction et aux espérances de l'avenir. La naissance d'un fils au roi des Belges n'est pas seulement un sujet de joie pour votre royale famille, c'est aussi un gage de paix et de stabilité pour ce jeune royaume dont nos sympathies ont salué l'indépendance, que nous avons protégé de nos armes, et que garantit notre alliance.

Sire, vous verrez toujours la chambre des députés s'associer avec bonheur à tous les événemens comme à tous les actes qui pourront contribuer à la gloire de votre règne! C'est à votre garde, Sire, qu'est confié l'honneur et la dignité du nom français : ce grand nom qu'ont illustré nos armées et nos escadres, et qui, dans la paix, ne doit pas moins commander le respect par la fermeté de notre attitude et le sage développement de nos institutions.

Cette session, Sire, n'aura pas vu rendre toutes les lois que la nation attendait, et que la chambre elle-même eût désiré faire. Des incidens qu'elle a déplorés ont retardé le cours de ses travaux. Cependant nos commissions ont préparé d'utiles matériaux, et la prochaine session verra facilement accomplir ce que celle-ci n'a pu qu'ébaucher.

D'ici là, Sire, les derniers embarras d'une pénible situation auront disparu...; un voyage de votre majesté dans les départemens les plus éloignés du centre de l'empire, lui fournira l'occasion, qu'elle saisit avec tant de sagacité, d'entendre et de recueillir le vœu des populations, de répandre par sa présence l'esprit de paix et de conciliation; et quand nous nous remettrons à l'œuvre, espérons qu'il n'existera plus en ce pays d'autre rivalité que l'émulation pour le bien public, d'autre sentiment que l'amour de la patrie!

RÉPONSE DU ROI.

Je suis bien touché de la part que vous prenez à l'événement qui m'a donné un petit-fils. Cet événement est, sans doute, heureux pour la France, puisqu'en assurant l'indépendance et l'avenir de la Belgique, il resserre des liens que la politique et tant de sentimens nous recommandent d'entretenir.

Je remercie la chambre des députés des félicitations que vous m'offrez en son nom, et à mon tour, je la félicite de l'esprit dont elle s'est montrée animée; de cet esprit si sage, si propre à faire sentir le prix de nos institutions, et à nous garantir des illusions par lesquelles on s'est tant de fois efforcé de donner à nos affaires une direction contraire au vœu national. Je m'enorgueillis d'avoir concouru avec vous à le faire prévaloir, et d'avoir réussi à préserver notre patrie des dangers qui la menaçaient.

Oui, sans doute, je désire vivement parcourir les départemens dans l'intervalle des sessions; vous savez que je l'ai fait toutes les fois que cela m'a été possible. Il me sera bien doux de me trouver entouré de leurs populations, et j'ai la confiance que j'aurai le bonheur de les voir satisfaites.

Je remercie la chambre du concours qu'elle a prêté à mon gouvernement; l'appui que j'ai trouvé en elle, toutes les fois qu'il s'est agi de défendre le trône et nos institutions, lui assure autant de droits à la reconnaissance publique, qu'il lui en donne à mon affection et à mes vives sympathies.

Improvisation sur la tombe du général Daumesnil, à Vincennes. — (Journal des Débats du 22 août 1832.)

— Voici le discours que M. Dupin aîné a improvisé hier sur la tombe du général Daumesnil, à la prière de ses amis. La personne qui veut bien nous le communiquer est sûre d'en avoir reproduit exactement tous les termes. Malgré la sainteté du lieu, *il a excité de nombreux bravos parmi tous les soldats de la garnison qui faisaient cercle autour de la fosse.*

« Messieurs, le général Daumesnil sera regretté, non-seulement par toute l'armée, mais par la France entière. Dans le civil comme dans le militaire, citoyens et soldats, tous lui rendront le même hommage, celui qui est dû au courage et à la vertu.

» Avant 1814, le général Daumesnil semblait avoir assez fait pour sa gloire; mais il lui était réservé de l'augmenter encore par sa noble conduite dans le commandement de la place de Vincennes.

» Menacé en 1814 par des armées immenses, comparées surtout à sa faible garnison, bien loin de céder aux sommations des étrangers, il les avertit de ne point se risquer à portée du canon de la forteresse; et cet ordre (car ce ne fut point une capitulation) fut respecté.

» En 1815, les mêmes ennemis, qui désespéraient de le vaincre, voulurent essayer de la corruption; des offres considérables lui furent faites pour l'engager à livrer le matériel confié à sa garde; il repoussa ces offres avec un profond mépris.

» Daumesnil est mort pauvre de biens, mais riche de gloire! Ce sera le premier patrimoine de ses jeunes enfans. Ils seront soutenus d'ailleurs par les bienfaits du roi, qui compte surtout parmi les consolations du pouvoir, la faculté de récompenser les belles actions.

» Le corps de Daumesnil va reposer ici. J'aurais voulu, Messieurs, que son cœur demeurât en dépôt dans l'enceinte du château de Vincennes. Il eût fait à jamais partie de la garnison. Un monument aurait rappelé sa conduite héroïque en 1814 et 1815. Les soldats auraient su qu'ils avaient à le défendre, en même temps que leurs remparts. Mais si ce vœu n'est point accompli, l'image de ce guerrier n'en sera pas moins présente à leur souvenir! Si dans d'autres temps Vincennes était destiné à revoir encore l'ennemi se présenter à ses portes, le nom de Daumesnil, répété par nos soldats, ranimera leurs forces épuisées, il leur tiendra lieu de renfort, et à d'autres insolentes sommations, si elles étaient renouvelées, on répondrait comme il le ferait lui-même : *Ici l'on meurt, mais on ne se rend pas!*

Discours prononcé aux funérailles de Casimir Périer, le 19 mai 1832. (Moniteur.)

Après M. Bignon, M. Dupin aîné prend la parole et exprime ainsi avec une vive émotion :

« Messieurs, je ne m'étais pas proposé de faire ici l'éloge de notre ami commun. Mais son cercueil réveille en moi les impressions qu'eût excitées sa présence, et je demande à lui dire un dernier adieu.

» La France perd en ce jour un de ses meilleurs citoyens; un des plus anciens et des plus constans défenseurs de nos libertés; l'homme de notre époque le plus remarquable par la fermeté de son caractère et l'énergie de ses opinions. Il voulait le bien public avec cette chaleur de sentiment qui inspire et cette intrépidité qui assure le succès des grandes résolutions. Il nous l'a dit lui-même, avec un accent de sensibilité uni à la grandeur. « *Entré aux affaires en homme de cœur, je n'aspire qu'à en sortir en homme d'honneur.* » Il a tenu parole, il y est entré avec courage; il y a laissé la vie! La paix maintenue au-dehors, l'ordre défendu au-dedans, le crédit soutenu à une grande hauteur, la loi commune pour tous, et point de lois d'exception! Tels sont les services qu'il a rendus à son pays. La voix publique le proclame ; la voix publique juste pour les hommes illustres…. au moins quand ils ne sont plus ! Ce concours spontané de tous les citoyens, ce deuil universel de la grande cité, de la cité de juillet! est pour lui la plus belle oraison funèbre. La manifestation d'opinion de tant de Français pressés sur le chemin que ce cercueil a parcouru, est un nouveau service rendu à la patrie : aujourd'hui encore, Périer, tu obtiens une éclatante majorité !

» Homme de cœur, homme de courage, illustre citoyen, repose en paix : va, ton nom vivra parmi nous ; il sera prononcé avec respect par tes contemporains; par la postérité, avec admiration ! »

Discours prononcé par M. DUPIN, président de la chambre, aux obsèques de M. Edmond Bailliot, chef d'escadron de la garde nationale, officier de la Légion d'Honneur, le 17 avril 1834.

Messieurs, la douleur et le devoir nous conduisent ici; Edmond Bailliot a péri pour la cause que nous défendons tous, et que son père, aujourd'hui si malheureux, défendait avec nous : la cause de l'ordre et de la liberté.

C'est à nous, Messieurs, c'est aux députés de la nation, aux législateurs, aux représentans du pays qu'il appartient surtout de déplorer l'horreur des guerres civiles, et de flétrir par une éclatante réprobation, de lâches et criminels attentats!

La France comprendra maintenant quel régime de sang lui préparait la faction qui prétend, à sa manière, réformer l'ordre social! Elle doit la connaître à ses fruits!

Hélas! en rendant un pur hommage à la valeur et au dévouement de la garde nationale et de l'armée, formons des vœux ardens pour que les citoyens apportent la même énergie dans l'exercice de leur droits, dans l'accomplissement de leurs devoirs politiques! Soyez, comme électeurs et comme jurés, ce que vous êtes comme gardes nationaux; que chacun, dans toutes les occasions, ait le courage de son opinion, que tous se prononcent, et jamais la France ne subira le joug abject qu'une faction sanguinaire et spoliatrice voudrait lui imposer.

Bailliot, mort bien jeune, mais pour une cause si glorieuse, ta mémoire restera chère et honorée parmi nous!

TABLE CHRONOLOGIQUE

DES

DISCOURS PRONONCÉS A LA CHAMBRE DES DÉPUTÉS,

Par M. DUPIN,

DÉPUTÉ DE LA NIÈVRE.

Ces discours ayant été improvisés, et recueillis seulement par les journaux dont les sténographes n'étaient pas également habiles, et dont les rédacteurs étaient plus ou moins passionnés, on a indiqué sur chaque discours celle des feuilles périodiques dont la version est la plus exacte et la plus complète, afin que le lecteur puisse y recourir si bon lui semble. Lorsqu'un discours a été réimprimé séparément, on l'indique aussi.—Les discours marqués d'une astérique (*) sont ceux qui présentent les questions les plus importantes, ou qui ont eu le plus de succès.

Session de 1828.[1]

8 février. — Rapport sur l'*élection* de M. Gellibert, député de la Charente Inférieure. Improbation de la conduite du marquis de Guer, préfet de ce département (*Moniteur*).

10 et 14. — Observations sur plusieurs questions électorales. (*Moniteur*).

12. — Réplique à MM. de la Bourdonnaye, de Martignac et Ravez, pour soutenir *l'omnipotence de la chambre* dans la vérification des pouvoirs de ses membres (*Moniteur* et *Constitutionnel* assez exact).

16. — *Inviolabilité des décisions de la chambre*, contre la préten-

---

[1] Parmi les discours prononcés en 1815 à la *Chambre des représentans*, les plus importans (sur le *Serment*, la *Constitution* et l'*Abdication* de l'empereur) ont été imprimés dans le tome X des *Annales du Barreau français*, édition de Warée.

1828

tion de M. Chardonnet, qui voulait qu'on revînt sur son exclusion (*Moniteur*).

d°. — Contre les faux électeurs, comparés à l'alliage dans les monnaies (*Moniteur*).

20.* — Réclamations contre l'inexécution de la *loi des Élections* en Corse (*Moniteur*).

21. — Réplique à M. de Martignac, sur le même sujet. (*Moniteur*).

et 7 mars. — Discours, en comité secret, dans la discussion de *l'adresse* pour faire infliger la qualification de *déplorable* à l'ancien ministère. (*Courrier-Français*).

13.* — Développement de la proposition pour l'abolition de la *censure facultative*. Cette proposition a été prise en considération par la chambre (Impr. in-8).

15 mars. — Contre l'admission de M. Dufougerais. Son élection a été annulée (*Moniteur*).

10 avril.* — Discours sur l'illégalité du *Conseil-d'État*, et la nécessité de régler ses attributions par une loi. (Impr. in-8.)

19. — Sur une pétition relative à *l'élection de M. de Bully*, député du Nord. Irrégularités de cette élection. [Voyez 4 mars 1829] (*Moniteur*).

23. — Sur la proposition de M. de Conny, pour soumettre à *réélection* les députés qui accepteraient des emplois salariés (*Constitutionnel*).

25*. — Sur les lettres de grande naturalisation de MM. de Hohenlohe et d'Arenberg (Impr. in-8).

1er, 2, 3, 5, 6, 7, 9, 10 et 12 mai. — Discussion de la *loi électorale*. L'orateur insiste particulièrement sur l'attribution aux cours royales, du jugement des questions électorales, et sur l'abus des conflits en cette matière, etc. (*Moniteur*).

10 mai. — Sur la pétition du sieur Oudotte, qui demandait une enquête de *commodo et incommodo* avant de voter les impôts de localité (*Moniteur*).

19 et 20. — Sur le crédit de 80 millions, à l'occasion d'un amendement de M. Laffitte (*Moniteur*).

21. — Incident relatif aux jésuites, soutenu contre MM. Dubourg et Alexandre de Noailles, (ce dernier membre de la commission ecclésiastique); M. Dupin soutient l'opinion qu'il a émise au sein de cette commission à la conférence du 10 mai (*Moniteur et Courrier-Français*).

1828

24. — En faveur de *l'inamovibilité de l'état des militaires*, à l'occasion de la huitième pétition du colonel Simon Laurière. [Voyez séance du 21 mai 1829] (*Moniteur*).

d°. — Les *Colonies* ne sont pas seulement régies par des ordonnances, mais aussi par les lois (*Moniteur*).

26 et 27. — Discussion de la loi relative à l'interprétation des lois ; improbation des ordonnances interprétatives contresignées par M. de Peyronnet (*Moniteur*).

31 mai. — Opinions sur trois pétitions relatives : la première aux *frais de justice* mis à la charge des parties civiles, (affaire Brune rappelée) : la seconde relative aux *fraudes électorales*; la troisième aux postes et au *cabinet noir* (*Moniteur*).

4 juin. — Discussion sur la *loi de la presse*. L'orateur a pris la parole dans cette discussion aux séances des 4, 5, 6, 9, 11 et 12 juin (*Moniteur*).

7. — Incident relatif au *monogramme* des jésuites : I. H. S., arboré dans la cour du palais de la chambre (*Moniteur* et *Constitutionnel*).

d°. — Sur quatre pétitions relatives : 1° au privilége des Pairs, 2° aux remèdes distribués par les sœurs de la charité, 3° à l'abolition de la marque, 4° aux enfans nés après la séparation de corps (*Moniteur*).

14. — Sur la proposition de M. Labbey de Pompières, relative à *l'accusation des ministres*. Contre la division demandée par M. Ravez (*Moniteur* et *Constitutionnel*).

21.* — Question des jésuites ; illégalité de leur institut en France (Impr. in-32).

2 juillet.* — Sur le budget de la justice (impr. in-8).

5. — Sur le *Conseil-d'État*. Réduction de 119,000 fr. — Episode Desgraviers (Impr. in-8).

7.* — Budget des *affaires ecclésiastiques*. — Revue du clergé. — Archevêque d'Amasie, *in partibus*. Sur le siége de Lyon (Impr in-8).

15 juillet. — A l'occasion du licenciement de la garde nationale parisienne (Impr.)

18. — Contre les cumuls et sinécures. — Réduction du traitement des gouverneurs de divisions militaires. — Sur les *Suisses* et leur juridiction en France (Impr. in-8).

26.* — Sur les *appels comme d'abus*. (Impr. in-8.) [Voyez 11 juillet 1829].

1828

30. — A l'occasion de la loi sur les *demi-bourses* dans les petits séminaires; défense des ordonnances du 16 juin, contre M. Duplessis-Grenedan (Impr. in-8).

d°. — Sur la cession des Champs-Elysées par le domaine à la ville de Paris (Impr. in-8).

Session de
1829.

Janvier. — Commissaire à la rédaction de l'*adresse* avec MM. St.-Aulaire, Etienne et Bignon.

6 février. — Comité secret. — Discussion de *l'adresse*. Résumé de la discussion générale (*Constitutionnel*).

14 mars.* — Sur la pétition des électeurs du Nord et du Calvados, contre l'admission de M. de *Bully*. — Deux points : 1° cette admission n'aurait pas dû avoir lieu, (fraude signalée à la séance du 19 avril 1828); 2° mais une fois admis, la chambre ne peut porter atteinte à son inviolabilité dans la personne d'un de ses membres (*Moniteur* et *Constitutionnel*).

19 mars. — Rapport sur la *loi communale*. (Imp. in-8).

4 avril. — Sur la pétition du général *Allix*, pour rappel de solde arriérée (*Moniteur* et *Constitutionnel*).

7. — Réponse à M. de Martignac, au sujet de la loi départementale (*Moniteur*).

10. — Sur la pétition de la commune de Lalonde, qui se plaignait amèrement de son *desservant*. (*Moniteur* et *Constitutionnel*).

13. — Titre de *tuteur des communes*, contesté au ministre de l'Intérieur (*Moniteur*).

21.* — Réplique *ex abrupto* à M. de Martignac, qui, en répondant à M. de Cormenin, avait incriminé ses paroles et ses intentions (*Moniteur*).

d°. — Dotations des pairs. [Cette loi était le seul moyen d'assigner un terme à un provisoire illégal, qui durait depuis 15 ans.] (*Moniteur*.)

22. — Pour restreindre l'*hérédité* de la pairie en ligne directe seulement; contre M. de Formont, qui voulait que les dotations fussent transmissibles, même en collatérale (*Constitutionnel*).

d°. — Réponse à M. de Charencey, — * à M. Viennet sur la même question (*Moniteur*).

23* — Contre l'article 7 du projet qui consacrait l'établissement d'un fonds permanent de 120,000 fr. de rentes pour doter les

1829

pairs ecclésiastiques. — Ces derniers mots disparaissent de l'article, mais l'argent y reste, à douze voix de majorité ! Quarante constitutionnels étaient absens (*Constitutionnel*).

24. — Défense du notariat (Impr. in-8).

5 mai.* — (Séance mémorable.) La chambre adopte l'amendement qui n'alloue les 179,000 fr. de crédit supplémentaire demandés pour la salle à manger de la justice, qu'à la charge d'intenter *devant les tribunaux* une action récursoire en indemnité contre M. de Peyronnet, ex-garde des sceaux. (*Moniteur*).

14. — Contre un *échange* préjudiciable aux intérêts de la couronne. *Le roi saura*. — Réplique à M. Pardessus. Liste civile. Henri IV aux notables de Rouen (Impr. dans le *Traité des Apanages*).

19. — Sur l'amendement de M. Duvergier de Hauranne, relatif aux *crédits éventuels*. Responsabilité des ministres est un vain mot (*Moniteur*).

d. ° — Réplique à M. le Ministre des Finances (*Moniteur*).

21. — Sur la pétition du capitaine Lafontaine. Propriété du grade militaire. Obéissance passive n'a lieu pour les *élections* [Voyez séance du 24 mai 1828.] (*Constitutionnel*).

25. — Loi interprétative de l'article 475 du code pénal. (*Constitutionnel* et *Moniteur*.)

29 mai. — Sur une pétition ayant pour objet de faire précompter aux condamnés la détention antérieure à leur jugement. (*Moniteur*.)

5 juin.* — Budget du ministère de la *justice*. Ministres d'Etat. *Montlosier!* * — Conseil-d'Etat, les dix sinécures. — Cumuls de fonctions, juges-auditeurs. — L'Hôpital,* *Henrion de Pansey*. (impr. in-8°.)

8 — En réponse à M. de Vatimesnil, sur le même sujet. (*Constitutionnel*.)

9.* — Sur la politique extérieure. Budget des affaires étrangères. Espagne. Portugal. Grèce. La Russie et Mahmoud. (*Constitutionnel*.)

10. — Budget des *affaires ecclésiastiques*, traitement des desservans. Murmures violens de la droite quand l'orateur trace le tableau des donations faites au clergé, publié plus tard dans la *Gazette des Cultes* des 13 et 16 juin. (*Moniteur* et *Constitutionnel*.)

11. — Sur une pétition relative aux appels comme d'abus. (*Constitutionnel*.) (Voyez 26 juillet 1828.)

TABLE CHRONOLOGIQUE

1829

18. — Sur l'extradition du malheureux Galotti, officier napolitain, accusé politique, réfugié en Corse. (*Constitutionnel.*)

26. — Sur les aumoniers des régimens. (*Moniteur.*)

30. — Sur les poudres et salpêtres. (*Moniteur.*) Brochure in-8 sur le même sujet.

5 juillet. * — Sur le budget de la marine ; importance de la marine ; porte partout le nom et le pavillon français ; ne fournit point de prétoriens ; n'est-ce donc rien d'être la seconde marine du monde ? (*Moniteur et Constitutionnel.*)

6. — (Après M. Casimir Périer). Sur la dette d'Espagne. (*Constitutionnel.*)

11. — Appels comme d'abus. — Pétitions de la commune de La Londe.

15. — Explication sur les salines de l'Est. (*Moniteur.*)

d°.— Affaire d'Espagne. Droit de la chambre d'exiger communication des traités. (*Constitutionnel et Débats.*)

Session de
1830.

15 mars 1830. — Discussion de l'adresse des 221. Réponse à M. Guernon-Ranville (impr. in-8).

24 juin. — Discours au collége électoral de Cosne (imp. in-8).

6 août. — Rapport sur la charte (impress. de la chambre, n. 2 bis, la seule qui soit *exacte et complète*. Voyez p. 70, note 3.)

7. — Discussion des divers articles de la charte : — Sur le préambule de la déclaration ; — Sur l'inamovibilité de la magistrature ; — Sur les couleurs nationales ; — Sur les lois énumérées à la suite de la charte, « et qui devront être faites dans le sens du mouvement qui nous anime aujourd'hui. » (*Moniteur.*)

12. — Question de réglement. (*Moniteur.*)

19. — Sur le serment des pairs. (*Moniteur.*)

20.—Sur les pouvoirs de la commission d'accusation des ministres. (*Moniteur.*)

28. — Sur une pétition concernant les avocats. (*Moniteur.*)

30. — En réponse à M. Mauguin, sur le prétendu défaut de pouvoir de la chambre. (*Moniteur et Constitutionnel.*)

2 septembre. — Dans la discussion de la loi des bannis. (*Moniteur.*)

4. — Réponse aux calomnies des journaux (impr. in-8).

1830

6. — Discours à l'appui de la proposition de M. Humblot-Conté, sur la loi communale. (*Moniteur*.)

11. — Incidens sur l'envoi de la loi du sacrilége à la chambre des Pairs. (*Moniteur*.)

15. — Sur la loi du recrutement. (*Débats*.)

25. — Réponse à M. Mauguin, à l'occasion des clubs. (*Moniteur et Constitutionnel*.)

* 30 — Réponse aux attaques de M. Mauguin contre les ministres. (*Constitutionnel*.)

4 octobre. — Discussion de la loi sur le jugement des délits de la presse et des délits politiques, par le jury. (*Moniteur*.)

22. — Discours au collége électoral de Cosne (impr. in-8).

5 novembre 1830. — Sur le serment de M. Voyer-d'Argenson. (*Moniteur*.)

8. — Sur l'amendement de M. de Tracy, relatif au timbre des journaux. (*Moniteur*.)

9. — Discours après M. Odilon-Barrot, sur les causes qui ont amené un changement de ministère. (*Moniteur et Constitutionnel*.)

11. — Demande de renvoyer à une commission la question relative à l'assignation donnée à M. Lameth. (*Moniteur*.)

12. — Contre la proposition de donner à la commission des récompenses nationales, le droit de juger les questions de l'état-civil, telles que mariages, naissances, etc. (*Moniteur*.)

17. — Sur la réélection des deux commissaires à l'accusation. (*Moniteur*.)

19. — Sur l'indemnité des imprimeurs. (*Moniteur*.)

* 26. — Demande de l'ordre du jour, sur la pétition des avocats de Clermont, qui demandaient que les juges fussent assujétis à une nouvelle institution. (*Constitutionnel*.)

6 décembre. — Discours sur la politique étrangère, à l'occasion de la levée de 80,000 hommes. (*Moniteur*.)

* 7. — Dans la loi sur les juges-auditeurs, en réponse à M. de Podenas qui remettait en question l'inamovibilité des juges. (*Moniteur*.)

14. — Sur l'organisation des gardes nationales par commune. (*Moniteur*.)

*20. — Sur la conspiration *populaire* contre le roi et les chambres, à l'occasion du procès des ministres. (*Moniteur et Constitutionnel*.)

23. — Remercîmens votés à la garde nationale, après les troubles des trois jours précédens. (*Moniteur*.)

Session de
1831.

7 janvier. — En réponse à la pétition d'un militaire qui réclamait l'arriéré de la légion d'honneur. (*Sténographe des Chambres.*)

15. — Sur l'article 1ᵉʳ de la loi sur l'amortissement. (*Moniteur du 17.*)

Même séance. — En réponse à une attaque du général Lamarque, à l'ancien ministère. (*Moniteur et Constitutionnel.*)

22. — Sur l'almanach militaire.

* 27.— En réponse au général Lamarque, sur un fait personnel, à la suite de la discussion sur la paix et la guerre. — L'Hôpital opposé au connétable de Montmorency. (*Constitutionnel.*)

3 février. — Discussion de la loi municipale ; nomination des maires par le roi. (*Moniteur* du 5.)

7. — Sur le Conseil-d'État. (*Moniteur.*)

9. — Sur la loi municipale ; radicalisme du cens électoral, Robespierre ; réponse à M. Podenas ; discussion de l'amendement de M. Lamarque. (*Constitutionnel.*)

16.—Loi municipale C. un amendement de M. Gillon. (*Moniteur.*)

* 19.—Discours après M. Mauguin, sur les événemens des 14 et 15 février ; excuse de ne pouvoir user de réciprocité. (*Constitutionnel.*)

23 mars. — Loi relative à Charles X, contre la confiscation. (*Moniteur.*)

29. — Sur l'association dite *nationale*, en réponse à M. de Lafayette. (*Moniteur et Constitutionnel.*)

30. — En réponse à M. Bernard, sur la loi d'association. (*Constitutionnel.*)

31.—(Après M. Odilon-Barrot) Encore sur les associations, spécialement sur la participation des fonctionnaires à ces associations. (*Constitutionnel.*)

1ᵉʳ avril.—Sur les sommations dans la loi des émeutes. (*Moniteur.*)

2. — A M. de Podenas, sur les amendemens heureux et malheureux. (*Moniteur.*)

14. — Dans la discussion de l'emprunt facultatif de cent millions ; en réponse à M. Berryer. (*Constitutionnel.*)

* 6 juillet. — Discours au collége électoral de l'arrondissement de Clamecy (impr. in-8).

28. — Pour engager la chambre à vaquer pour la fête du 29. (*Moniteur.*)

1851.

10, 12, 13 et 15 août. — Dans la discussion de l'adresse, contre les amendemens de MM. Mauguin, Odilon-Barrot, Cormenin et Lamarque. (*Moniteur.*)

15. — Contre l'amendement du général Lafayette. (*Sténographe.*)

22. — Loi transitoire sur les listes électorales. (*Moniteur.*)

10 septembre. — Pour l'ajournement de la proposition de M. de Tracy, sur l'état civil des hommes de couleur. (*Sténographe.*)

15. — Contre la proposition de M. Boissy d'Anglas, relative aux grades conférés dans les cent-jours. (*Sténographe.*)

Id. — Réponse au maréchal Clausel, « simple soldat dans la milice des lois, etc. » (*Moniteur.*)

16. — Encore sur les grades des cent-jours. (*Sténographe.*)

* 21. — En réponse à M. Mauguin, sur les ministres et sa proposition d'enquête (imp. in-8).

27. — A l'occasion d'un amendement conçu en ces termes : « M. le « ministre des finances, la loi ne dit : monsieur, à personne. »

28. — Apologie du corps de la gendarmerie, en réponse aux attaques de M. Legendre, contre ce corps. (*Sténographe.*)

10 octobre. — Dans la discussion de la loi sur la pairie, contre l'hérédité. (*Moniteur.*)

10. — Contre une proposition de M. Mérilhou qui voulait faire insérer au procès-verbal, le nom de ceux qui demandaient l'appel nominal. (*Sténographe.*)

* 13. — Loi de la pairie, contre l'amendement des candidatures par arrondissement (impr. in-8).

14. — Dans la loi de la pairie, 1° sur l'ordre de la délibération; 2° sur la Cour de cassation; 3° sur la candidature des imposés à 3,000 fr. (*Sténographe.*)

* 15. — Contre l'amendement de M. Mesnard qui voulait admettre les prélats à la pairie. (impr. in-8.)

17. — Sur l'ordre de la délibération. (*Sténographe.*)

3 novembre. — Sur la loi du recrutement; pourvoi et cassation. (*Sténographe.*)

7. — Amendement à l'article 41 de la loi du recrutement. (*Sténographe.*)

9. — Secours aux anciens pensionnaires de la liste civile : — Comme secours et non comme dette. (*Moniteur.*)

1851

12. — Pétition relative au maréchal Ney (impr. in-8, dans la brochure de Laumond); demande en révision de son procès.

25. — Proposition d'une adresse au roi, à l'occasion des troubles de Lyon. (*Sténographe.*)

26. — Défense de cette adresse, contre M. Mauguin. (*Moniteur.*)

2 décembre. — Dans la discussion sur la réforme du Code pénal. — Peine de l'exposition. (*Moniteur.*)

19. — Après les communications relatives aux événemens de Lyon. (Impr. in-8.)

20. — Suite de la même discussion. (*Moniteur.*)

24. — Ordre du jour sur une pétition en indemnité des fournisseurs de l'ancienne liste civile. (*Sténographe.*) — Sur les calomnies qu'elle contient. (*Sténographe.*)

50. — Sur la liste civile. — Domaine privé. (*Moniteur.*)

*31. — Sur la pétition des trapistes de la Meilleraie. (Impr. in-8.)

Session de 1832.

7, 9, 10 et 13 janvier. — Liste civile, forêt de la couronne. — 1° Compiègne, 2° les manufactures, 3° détail des lois à relater, 4° sur les théâtres, 5° contre un amendement Salverte, 6° apanage d'Orléans, 7° dotation du prince royal, 8° Rambouillet, 9° Domaine privé, 10° dots des princesses, 11° charges du domaine privé. (Impr. in 8.)

21. — Pétition sur les attributions des juges-de-paix. (*Sténographe.*)

27. — Sur l'amortissement. (Impr. in-8.) C'est dans ce discours que se trouve l'épithète de *loups-cerviers* appliquée aux banquiers et aux liquidateurs de la Sainte-Alliance, venus à la suite de ses armées : épithète qu'on a ensuite appliquée méchamment à tous les gens de finances sans distinction, tandis que le discours rend pleine justice au patriotisme dont plusieurs d'entre eux ont donné des preuves. En toute profession il y a du bon et du mauvais.

30 et 31. — Sur le déficit Kessner. (*Sténographe.*)

2 février. — Réponse à MM. Demarçay et Tracy, à l'occasion des troubles de Lyon. (*Sténographe.*)

4. — Sur le procès-verbal. — Police de la chambre. (*Sténographe.*)

6. — Sur la révision des pensions accordées sous la restauration.

832.

— Distinction essentielle faite entre la charte de 1814 et celle de 1830. (*Moniteur.*)

. — Amendemens relatifs aux pensionnés qui reprennent des fonctions. (*Sténographe.*)

. — Maintien de l'administration sociale de la Légion-d'Honneur. (*Moniteur.*)

0. — Contre la trop forte réduction des traitemens de la magistrature. (Impr. in-8.)

1. — Sur la proposition d'abroger la loi des fêtes et dimanches. (*Sténographe.*)

3. — Sur les secrétaires des procureurs-généraux. (*Moniteur.*)

B. — Réponse à M. Garnier-Pagès, sur la bonne et la mauvaise presse, et sur l'arrestation des écrivains prévenus de délits de la presse. (Impr. in-8.)

5 et 16. — Budget des cultes. — 1° Traitemens des évêques créés depuis 1821. — Réplique sur le même sujet; 2° saisie du temporel; 3° traitemens des absens. (*Moniteur.*)

0. — Budget de l'instruction publique : 1° division des articles de chaque chapitre du budget; 2° traitemens des professeurs de droit. (*Sténographe.*)

1. — Budget de l'intérieur : — 1° Indemnité du comte de Lobau, commandant en chef de la garde nationale; 2° secours aux réfugiés polonais. — Hospitalité à condition de respecter l'ordre et les lois. (*Sténographe.*)

4, 25, 28 et 29. — Discussion de la chambre des pairs comme commissaire de la liste civile. (Impr. in-8.)

7. — Budget de l'intérieur. — Abus des souscriptions. (*Moniteur.*)

" mars. — Sur le traitement des préfets dont on demandait la réduction. (*Sténographe.*)

. — Proposition d'une pension pour la veuve et les enfans du général Daumesnil. (Impr. in-8.)

. — Sur la loi du recrutement. (*Sténographe.*)

. — Recrutement, amendemens sur les insoumis. (*Moniteur.*)

. — Affaires étrangères. — Défense du traitement des chefs de division. (*Sténographe.*)

0. — Interpellation à l'opposition : — « Il y en a parmi vous, » qui, s'ils tenaient le pouvoir de la main gauche, ferait encore

1832.

» de l'opposition de la droite, pour n'en pas perdre l'habitude,
» et n'en avoir pas le démenti. »

*13. — Budget de la guerre : — Privilèges accordés aux militaires. — États-majors, etc. (Impr. in-8.)

13. — Réponse au garde-des-sceaux sur la retenue illégale de 5 p. 0/0 sur le traitemens des magistrats. (*Moniteur.*)

*14. — Réponse au général Lamarque pour un fait personnel. (*Moniteur.*)

15. — Contre un amendement de M. Leidet, tendant à suspendre le traitement des grades illégalement conférés. (*Sténographe.*)

20. — Au sujet des troubles de Grenoble. — Réponse à M. Garnier-Pagès. (Impr. in-8.)

22. — Loi d'avancement, contre l'amendement du général Subervic, tendant à faire attribuer moitié des grades de lieutenant-colonel à l'ancienneté. (*Sténographe.*)

24. — Développement d'une proposition sur la publication des sociétés de commerce. (Impr. in-8.)

27. — Budget de la marine : — Défense des établissemens de Guérigny (Nièvre). (*Sténographe.*)

30. — Loi sur les céréales. — Éloge et défense de l'intérêt agricole. (Impr. in-8.)

2 avril. — Budget des finances. — Défense de la Cour des comptes. (*Sténographe*)

12. — Défense de l'impôt sur les théâtres en faveur des hospices. (*Moniteur.*)

*19 mai. — Discours prononcé aux obsèques de C. Périer.

*21 août. — Discours sur la tombe du général Daumesnil. (*Journal des Débats.*)

*30. — Discours de réception à l'Académie française. (Impr. in-8. et in-4.

*Novembre. — Révolution de 1830, son caractère légal et politique. (Broch. in-8.)

20. — Discours au roi, au nom de l'Institut, comme président de l'Académie française. (*Moniteur.*)

*25. — Discours du président de la chambre en prenant place au fauteuil. « On ne peut que déchoir quand on y est parvenu. » (Impr. in-8.)

1832.

17 décembre. — Loi sur la déchéance des dépôts aux bureaux de poste. (*Moniteur.*)

29. — Sur l'emprunt d'Haïti et les 4,800,000 francs ordonnancés en contravention aux lois de finance. (*Moniteur.*)

Session de 1833.

1er janvier. — Discours du président au roi. (Impr. in-8.)

5. — Résumé du président avant de mettre aux voix l'ordre du jour sur les pétitions relatives à la duchesse de Berry. (*Moniteur.*) (Voy. séance du 10 juin 1833.)

12. — En faveur de la profession d'avocat qu'on voulait assujétir à la patente; différence avec les médecins privilégiés *après les frais funéraires*. (*Moniteur.*)

17. — Sur l'amendement de M. Comte, relatif à l'éligibilité des ministres du culte aux conseils-généraux. (*Moniteur.*)

*29. — Pétitions. — Légitimation des enfans nés de beaux-frères et belles sœurs. (*Moniteur.*)

*16 février. — Pétition des condamnés politiques afin d'obtenir des indemnités, des places et une réhabilitation en masse. (Impr. in-8.)

*23. — Mariage des prêtres qui ont renoncé à l'exercice du sacerdoce. — Réplique à M. Berryer. (Impr. in-8.)

*2 mars. — Pension Daumesnil : — Discours aussitôt après la proposition faite par M. le ministre de la guerre, maréchal Soult. (*Moniteur.*)

16. — Loi du recrutement, sur les étrangers. (*Moniteur.*)

23. — Récépissés du trésor. (*Moniteur.*)

*12 avril. — Déficit Kessner, défense du baron Louis. (Impr. in-8.)

*16. — Procès de la *Tribune*. (Archives de la chambre, *procès-verbal.*) (Impr. in-8.)

18. — Défense de l'impôt sur les théâtres en faveur des hospices. (*Moniteur.*)

27. — Discours du président en prenant le fauteuil pour la deuxième fois : — Programme de la session. (Impr. in-8.)

30. — Loi sur l'instruction primaire. — Instituteurs. (*Moniteur.*)

1er mai. — Fête du roi, discours du président. (Impr. in-8.)

1833.

5. = Contre les réunions forcées des communes. (Impr. in-8.)

7. — Sur la distribution du fonds d'amortissement. (Impr. in-8.)

28. — Sur la translation des condamnés au Mont-Saint-Michel et les plaintes faites à cette occasion : *Jura negant sibi nata.* (Impr. in-8.)

29. — Cultes ; sur l'amendement de M. Eschassériaux, relatif aux évêchés. (Impr. in-8.)

30. — Augmentation des traitemens de la haute magistrature. (Impr. in-8.)

31. — Propriété de la place de la Concorde. — Vote pour que l'Obélisque de Luxor n'y soit point élevé ; il nuirait au coup d'œil sous les quatre aspects. (*Moniteur.*)

1er juin. = Pension de Daumesnil. — Discours à l'appui. (Impr. in-8.)

18. — Observations sur l'effet non définitif des traités soumis au vote de la chambre. (*Moniteur.*)

Session de
1834.

27 décembre. — Discours du président en prenant place au fauteuil pour la troisième fois. (Impr. in-8.)

1er janvier. — Discours au roi, au nom de la chambre. (Impr. in-8.)

7. — Observation sur un amendement de M. Jaubert, relatif aux évêchés. (*Sténographe.*)

* 9. — Discours *sur l'adresse.* (Impr. in-8.)

* 1er mars. — Conservation de l'évêché de Nevers. (Impr. in-8.)

5. — Sur la proposition du président, la chambre arrête qu'à l'avenir en matière d'interpellations, elle devra : 1° les autoriser expressément par son vote ; 2° fixer le jour.

21. — Discours dans la discussion de la loi sur les associations, pour repousser toute exception, même sous prétexte de religion, comme prêtant à un facile abus. (*Moniteur, Débats.*)

14 avril. — Discours au roi lors de l'audience par lui donnée à la chambre des députés, à l'occasion des troubles de Paris.

15. — Discours contre la proposition de mettre à la charge du trésor public, les pensions de la caisse de vétérance ; et réplique à M. de Schonen. (Impr. in-8.)

1834.

* 17. — Discours aux funérailles d'Edmond Bailliot. (Impr. in-8.)

21. — Défense du traitement du gouverneur des Invalides (maréchal Moncey). (Impr. in-8.) Voyez les précédens discours pour l'indemnité du maréchal Lobau, commandant de la garde nationale, et pour le traitement du duc de Trévise comme grand-chancelier de la Légion-d'Honneur.

26. — En faveur des pétitions pour les évêchés. (Impr. in-8.)

* 29. — Sur la question d'Alger. (Impr. in-8.)

1er mai. — Discours au roi, à l'occasion de sa fête. (Impr. in-8.)

2. — Contre l'amendement de M. Mérilhou, qui tendait à faire régir Alger par des *ordonnances royales*. (*Moniteur*.)

15. — Observation sur la loi concernant l'état des officiers, article 1er. (*Moniteur*.)

16. — Indemnité de la ville de Lyon : Contre la proposition de M. Pelet, de répartir cette indemnité à ceux-là seulement qui auraient perdu leur propriété. (*Moniteur*.)

Session de
1835.

9 août. — Discours en prenant place au fauteuil pour la quatrième fois. (Impr. in-8.)

14. — Adresse de la chambre; 256 boules blanches, 89 noires; 295 votans.

* 5 décembre. — Discours sur les explications provoquées par le ministère. (Impr. in-8.)

6. — Autre discours contre *l'ordre du jour motivé* proposé en modification de l'adresse. (*Moniteur*.)

1er janvier. — Discours au roi, à la tête de la grande députation. (Impr. in-8.)

26. — Ordre du jour sur les explications relatives à la réclamation russo-polonaise. * *Chacun y pensera !*

* 14 février. — Défense du droit d'enquête par la chambre. —Enquête ordonnée à la majorité de 241 voix contre 140. (*Moniteur*.)

* 18 mars. — Discours sur la distinction à faire entre l'amnistie par une loi, et la grâce par ordonnance. (Impr. in-8.)

1er mai. — Discours au roi à l'occasion de sa fête.

* 23 mai. — Discours sur la demande en autorisation de traduire M. Audry de Puyravault à la chambre des pairs.

Du 30 mai. — Discours contre la proposition collective, signée par 143 membres, et relative à la somme de 45 millions, réclamée à titre d'arriéré de la Légion-d'Honneur.

TABLE

DES MATIÈRES CONTENUES DANS CE VOLUME.

                                                              Pages.

PRÉFACE.. . . . . i.

RÉVOLUTION de juillet 1830. Caractère légal et politique de l'établissement fondé par la Charte de 1830. 1

Pièces historiques.

N° 1. — Adresse des 221. 53
N° 2. — Extrait du discours du rapporteur de la commission de l'adresse des 221, en réponse à M. de Guernon-Ranville. . . . 54
N° 3. — Extrait de la réplique en défense pour le *Journal des Débats*, devant la Cour royale, le 24 décembre 1829. . . . 36
N° 4. — Rapport au roi, qui a précédé les ordonnances du 25 juillet 1830. 37
N° 5. — Ordonnances du 25 juillet 1830. 44
N° 6. — Avis des jurisconsultes (*MM. Dupin aîné, bâtonnier des avocats, Odilon-Barrot, Barthe et Mérilhou*) consultés par les rédacteurs des feuilles périodiques, le 26 juillet. . . 50
N° 7. — Protestation de MM. les rédacteurs des feuilles périodiques.. . . . . ibid.
N° 8. — Jugement prononcé par M. Ganneron, président du tribunal de commerce, le 28 juillet 1830.. 53
N° 9. — Protestation des députés résidant à Paris, contre les ordonnances du 25 juillet.. 54
N° 10. — Ordre officiel. 56
N° 11. — Les trois ordonnances apportées à la chambre des députés, par M. de Sussy, le 30 juillet. . . . . ibid.
N° 12. — Lettre de Paul-Louis Courrier, sur le duc d'Orléans, reproduite par les journaux du 30 juillet. . . . . ibid.
N° 13. — Proclamation affichée dans Paris le 30 juillet. . . . 58
N° 14. — Acte de la chambre des députés qui défère au duc d'Orléans la lieutenance générale du royaume, le 30 juillet. . . . ibid.
N° 15. — Proclamation du lieutenant-général. 59
N° 16. — Proclamation adressée aux Français par les députés des départemens, réunis à Paris. 60

a.

	Pages.
N° 17. — Déclaration de la chambre des représentans de 1815, publiée de nouveau et affichée en juillet.	62
N° 18. — Ministres nommés par la commission de l'Hôtel-de-Ville.	64
N° 19. — Acte d'abdication de Charles X, et du dauphin Louis-Antoine, transcrit, le 5 août, sur le registre de l'état civil de la maison royale aux archives de la chambre des pairs.	ibid.
N° 20. — Ordonnance du roi sur la composition du conseil des ministres.	66
N° 21. — Ordonnance du lieutenant-général du royaume qui rétablit les couleurs nationales.	ibid.
N° 22. — Ordonnance du lieutenant-général qui prescrit la formule de l'intitulé des jugemens, arrêts, etc.	67
N° 23. — Ordonnance du lieutenant-général qui convoque la chambre des pairs et des députés.	68
N° 24. — Discours prononcé par monseigneur le duc d'Orléans, lieutenant-général du royaume, à l'ouverture de la session des chambres législatives.	ibid.
N° 25. — Rapport fait au nom de la commission chargée d'examiner la proposition de M. Bérard, et au nom de la commission de l'adresse réunies; par M. Dupin aîné, député de la Nièvre.	70
Proposition de M. Bérard.	74
N° 26. — Déclaration de la chambre des députés.	76
N° 27. — Adhésion de la chambre des pairs.	79
N° 28. — Réponse de S. A. R. Monseigneur le duc d'Orléans à la déclaration de la chambre des députés.	80
N° 29. — Discours de la chambre des pairs à S. A. R. Monseigneur le duc d'Orléans.	81
N° 30. — Lettre du duc de Bourbon au prince lieutenant-général du royaume.	ibid.
N° 31. — Procès-verbal de la séance de la chambre des pairs et de la chambre des députés, réunies pour recevoir l'acceptation et le serment de S. A. R. Monseigneur le duc d'Orléans, lieutenant-général du royaume.	82
N° 32. — Rapport de la commission de l'Hôtel-de-Ville.	84
N° 33. — Charte constitutionnelle.	91
N° 34. — Arrêt de la chambre des pairs qui condamne à diverses peines les ministres de Charles X, signataires des ordonnances du 25 juillet.	97
N° 35. — Loi relative à Charles X et à sa famille.	100
ABOLITION DE L'HÉRÉDITÉ DE LA PAIRIE.	103
Article 23 de la Charte de 1814.	ibid.
Article 68 de la Charte de 1830.	ibid.
Projet de loi présenté par C. Périer.	ibid.
Ordre de délibération sur ce projet.	104
Discussion de l'amendement relatif à l'élection des candidats par arrondissement.	ibid.
Discussion sur la candidature des propriétaires payant plus de 3,000 fr. d'impôts.	112
Discussion sur la candidature proposée pour les évêques et archevêques.	114
1re Lettre d'un magistrat, sur l'aristocratie vue de 1789 à 1830.	118

	Pages
2ᵉ Lettre d'un magistrat, sur l'hérédité de la pairie sous la charte de 1830..	129
Loi du 29 décembre 1831, destinée à remplacer l'article 23 de la Charte relatif à la pairie, et qui prononce l'*abolition de l'hérédité*..	137
Exemple du mode de rédaction employé dans la rédaction des ordonnances de nominations de pairs, en vertu de cette loi.	140
DES MAJORATS..	141
Discussion établie en 1826, sur l'inconstitutionnalité des majorats..	ibid.
Loi du 2 mai 1835, portant abolition de l'institution des majorats..	150
DU DROIT D'AÎNESSE, à l'occasion du projet de loi présenté par les ministres en 1826..	153
A mes frères..	154
§ 1ᵉʳ. Pourquoi cet écrit..	155
§ 2. Objet précis du projet de loi..	157
§ 3. Historique du droit d'aînesse..	ibid.
§ 4. Abolition du droit d'aînesse et des substitutions..	165
§ 5. Effets de cette abolition..	166
§ 6. La proposition de les rétablir est-elle constitutionnelle?..	168
§ 7. Aînesse et substitutions politiques..	169
§ 8. Prétexte tiré du droit électoral..	173
§ 9. Quel serait le but non avoué du projet..	177
§ 10. Brusquerie de la proposition..	178
§ 11. La loi proposée est-elle réclamée par l'état actuel des mœurs et par l'opinion?..	179
§ 12. Réponse à l'objection, que le père de famille peut, s'il le veut, rétablir l'égalité..	180
§ 13. Le projet blesse les droits acquis..	183
§ 14. Vice de la loi proposée, dans sa trop grande généralité..	185
§ 15. Immobilité prescrite aux fortunes..	189
§ 16. Questions graves que le projet ne résout pas..	190
§ 17. Conclusion..	192
Passages remarquables de quelques auteurs sur le droit d'aînesse. — Texte du projet de loi, présenté à la chambre des pairs le 10 février 1826..	193 200
Loi sur les substitutions, du 17 mai 1826..	201
DISCOURS DE M. DUPIN, député de la Nièvre, relatifs aux circonstances critiques des premiers temps de la révolution de juillet..	203
Du 30 septembre 1830. — Défense du premier ministère. Comment il a conçu la révolution de juillet..	203
Du 9 novembre. — Réponse à M. Odilon-Barrot, sur les causes de la séparation de ce ministère..	214
Du 20 décembre. — Sur le *complot* et les *rassemblemens* formés à l'occasion du *procès des ministres*, et sur les menaces proférées contre les *accusés*..	220
Du 6 décembre. — De la politique étrangère, question de *la*	

TABLE

Pages.

guerre et de la paix, à l'occasion de la levée de 80,000 hommes.. 225

Du 15 janvier 1831. — *Aurons-nous la guerre?* Réponse à MM. Lamarque et Mauguin..................... 228

Du 27 janvier. — Encore sur la question de *la guerre et de la paix*.................................. 234

Du 29 mars. — Contre l'établissement de *l'association* dite *nationale*, à l'occasion de la loi contre les *émeutes*....... 241

Du 31 mars. — Encore sur les *associations*, et spécialement sur la participation des fonctionnaires à ces associations, en réponse à M. Odilon-Barrot.......................... 244

Du 19 février 1831. — A l'occasion des *troubles* du lundi 14 février et de l'attaque dirigée contre la personne et le domicile d'un député.. 249

Du 6 juillet 1831. — Discours au collège électoral de Clamecy, après les opérations de ce collège (sorte de *compte-rendu* par le député réélu.)....................... 254

Du 21 septembre — Sur *la situation intérieure* de la France, l'état des partis, et spécialement sur les *émeutes* qui ont désolé Paris, leurs causes, leurs effets désastreux pour le commerce, l'industrie et les ouvriers, et la nécessité d'y mettre un terme.................................. 262

Du 19 décembre. — Discussion relative aux premiers troubles de Lyon....................................... 285

Du 20 mars 1832. — Réponse à M. Garnier-Pagès, au sujet des troubles de Grenoble............................. 299

Du 16 février 1833. — Discussion sur la pétition des condamnés politiques sous la restauration, pour lesquels on demandait une réhabilitation en masse, des places et de l'argent...... 303

PROCÈS de *la Tribune*, devant la chambre des députés, du 16 avril 1833.. 308

CE QUE NOUS VOULONS : discours prononcé le 9 janvier 1834, par le président de la chambre, dans la discussion du projet d'adresse, en réponse au discours du trône............ 320

Du 5 décembre 1834. — Crise ministérielle. Présidence du conseil. Ordre du jour motivé....................... 330

Du 14 février 1835. — Droit d'enquête parlementaire........ 347

— Enquête sur les tabacs.............................. 350

Du 18 mars 1835. — Distinction entre l'amnistie par une loi, et la grâce par ordonnance............................ 351

Du 9 mai 1835. — Droit de la chambre en matière de vérification de pouvoirs, et de réélection de députés promus à des fonctions publiques.................................. 356

Du 25 mai 1835. — Extradition des députés pendant la durée

DES MATIÈRES.

	Pages
des sessions législatives. Demande en autorisation de poursuites contre M. Audry de Puyravault.	359

DISCOURS DU PRÉSIDENT DE LA CHAMBRE,

— Le 25 novembre 1832, en prenant place au fauteuil, la 1re fois.	362
— Le 27 avril 1833, pour la 2e fois.	363
— Le 27 décembre 1833, pour la 3e fois.	365
— Le 9 août 1834, pour la 4e fois.	368
Paragraphe financier de l'adresse du 12 août 1834.	370

DISCOURS AU ROI, PAR LE PRÉSIDENT,

— Le 1er juin 1833.	370
Réponse du Roi.	371
— Le 1er mai 1833.	372
Réponse du Roi.	ibid.
— Le 1er janvier 1834.	373
Réponse du Roi.	374
— Le 14 avril, (à l'occasion des troubles).	375
Réponse du Roi.	ibid.
— Le 1er mai 1834.	376
Réponse du Roi.	377
— Le 1er janvier 1835.	378
Réponse du Roi.	ibid.
— Le 1er mai 1835.	379
Réponse du Roi.	380

DISCOURS sur la tombe de Daumesnil.	581
— aux obsèques de C. Périer.	583
— aux funérailles de Bailliot.	584
TABLE CHRONOLOGIQUE des discours prononcés à la chambre des députés par M. Dupin, député de la Nièvre.	388

FIN DE LA TABLE.